周口店北京人遗址　桂立新 摄

西周琉璃河东城墙排水沟遗址　祁庆国 摄

大葆台西汉墓　祁庆国 摄

石经山雷音洞　司徒剑萍 摄

银山金代塔群　查杉 摄

妙应寺白塔　吴锴 摄

慕田峪明长城　司徒剑萍 摄

故宫　王一非 摄

# 北京史

增订本

北京大学历史系《北京史》编写组 著

北京出版集团公司
北 京 出 版 社

**图书在版编目(CIP)数据**

北京史／北京大学历史系《北京史》编写组著. —增订本. —北京：北京出版社，2012.6
ISBN 978-7-200-09305-6

Ⅰ. ①北… Ⅱ. ①北… Ⅲ. ①北京市—地方史 Ⅳ. ①K291

中国版本图书馆 CIP 数据核字(2012)第 102054 号

**北京史**

**增订本**

BEIJING SHI

北京大学历史系《北京史》编写组 著

*

北京出版集团公司
北京出版社 出版
（北京北三环中路6号）
邮政编码：100120
网址：www.bph.com.cn
北京出版集团公司总发行
新华书店经销
北京虎彩文化传播有限公司印刷

*

787毫米×1092毫米 16开本 28.5印张 350千字
2012年6月第1版 2023年7月第3次印刷

ISBN 978-7-200-09305-6-01
定价：68.00元
质量监督电话：010-58572393

# 内容提要

本书为我社1985年出版的《北京史》的增订本，系北京大学历史系许多教授多年研究和编写的成果。这次增订，作者根据近年来考古新发现和研究新成果以及现代读者的需要，对北京的古代史部分进行了修订补充，特别对明清时期的北京部分增订较多，又增写了“民国时期的北京”一章及其他部分章节。全书自远古写到1949年新中国成立之时，从地理、政治、经济、科学技术、文化艺术等诸方面讲述北京地区的历史发展，介绍在这一地区发生的重大历史事件和活动过的重要历史人物，以及寺庙、园林等名胜古迹及文物、民俗、宗教等，内容丰富、充实。本书堪称是一部较为完整、系统、科学、简明的北京通史。

# 目　　录

# 第一章　远古的北京

## 第一节　北京人及其文化

北京是我们远古祖先的故乡，也是世界人类的发祥地之一。

大约二十万至七十万年前，在北京房山周口店地区，就有原始人类在那里劳动、生息，这就是举世周知的“北京人”。

周口店北京人遗址

北京人居住在周口店龙骨山北坡的山洞中，那里遗留着他们的骸骨化石，使用过的工具，用火的遗迹和大批哺乳动物的化石。这是一座打开人类起源之谜的历史宝库。

北京人复原像

人类的诞生大约已有二百多万年的历史，北京人是原始人类发展过程中的一个中间环节。对北京人四十多个个体的研究表明，他们的体质和外形已经同现代人差不多。他们主要用右手进行劳动，能自由地直立行走，这些都跟现代人一样。他们的头颅形状和内部构造还保留着很多原始的性质，脑量约为现代人的百分之八十。然而他们的大脑又比大猿发达得多，现代大猿的平均脑量只等于北京人平均脑量的百分之四十左右。他们的面部短并向前突出，额部低平又向后倾斜，眉骨粗壮，左右连在一起，颧骨高，鼻骨宽，嘴向前伸，没有下颏。他们已经有了简单的思维能力并开始有了最初的语言。

在北京人的时代，北京地区的地形基本和现在一样，但气候比现在湿润温暖，动物的种类比现在繁多。在周口店龙骨山的北面、西面和西南面是大大小小的山丘，山丘上密布朴树、紫荆之类的丛林。丛林里有虎、豹、狼、熊、梅花鹿、野猪和大猕猴。龙骨山的东麓，有一条宽阔的河，河的近旁有水草丛生的沼泽，巨大的水牛、水獭、河狸和水龟等时常在这里活动。沼泽地带的东南面是广阔的平原，平原上有草地，也有干旱的沙地。在草地上，一年四季都有成群的野马、野牛、野羊在那里奔驰追逐。秋末冬初，扁角肿骨鹿也从远方来到这里。在干旱多沙的地方，有缓慢移动的驼群，也有常常把头埋在沙里的鸵鸟。

北京人在几十万年的漫长岁月中，祖祖辈辈劳动、生息、繁衍在这样洪荒的世界里。为了争取和维持自己的生存，他们用壮实的双手，以木棒、石头作原料，制造了原始的劳动工具和武器，同自然界进行顽强的斗争。

尖状器

（周口店出土）

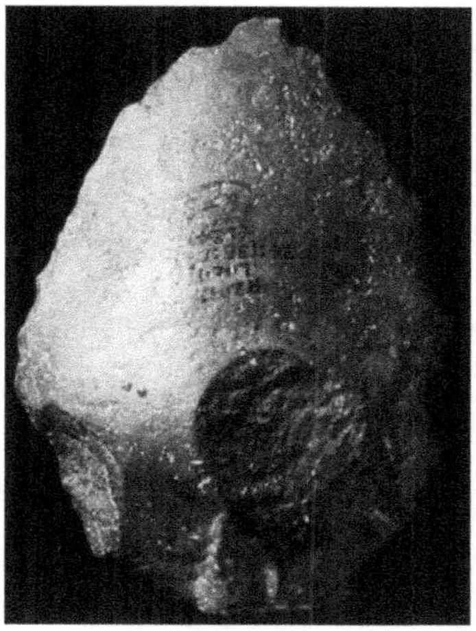

砍砸器

（周口店出土）

北京人所处的时代，在人类经济文化史上属于旧石器时代初期。他们的石器是用原始的打制方法制成的，技术还不大熟练。他们在附近的河滩上选取石英岩、绿色沙岩、火石等作原料，做成各种形状的石器，最大的是厚刃砍伐器，较小的有双刃尖状器，还有刃部锋利的刮削器和两端刃器等。这些工具分别用于砍伐树木、刮削兽皮和切割兽肉，同时也用作狩猎的武器。北京人在辛勤劳动和艰苦斗争中不断获得进步。

在周口店北京人居住洞穴的外面，发现了用火烧过的灰层和兽骨；在洞穴的里面，也发现了一堆堆很厚的灰烬、木炭、烧骨和朴树子。

这是北京人用火的遗迹。

原始人面临着严重的生存的困难、与自然作斗争的困难的压迫。北京人经常遇到猛兽的侵袭，遭受饥饿与寒冷的威胁。在艰难环境的折磨下，他们的寿命一般很短。根据对三十八个个体的北京人化石的研究，死于十四岁以下的就有十五人，死于五十岁以上的仅有一人。

在当时，由于生产力水平低下，集体劳动是唯一可行的方式，这使他们结成了每群约数十人的原始群。他们必须依靠群体的力量，才有可能战胜凶猛的野兽；必须成群地协作劳动，才有可能维持最低限度的生活。他们共同劳动，共同分享劳动成果，共同过着艰难但却是平等的生活。这种原始群体虽然还不大稳定，但正是这种群体，保证了他们在生存斗争中战胜艰难险阻，促使人类社会向前发展。原始群，是北京人时代唯一的社会形式。

采集和狩猎在北京人的生活中占有重要的地位。他们采集植物的根、茎、果实和鸟卵做食物。在他们居住过的山洞里，还残留下烧过的朴树子、紫荆木炭、豆科植物种子和鸵鸟蛋化石。他们猎取的动物，多数是野生的鹿、马、牛、羊、猪等兽类，也有少数的虎、豹、狼等猛兽。鹿类是他们主要的猎获对象，夏秋之交猎取梅花鹿，冬春之际猎取肿骨鹿。此外，他们也捕食野鼠、水龟之类的小动物。

艰苦的生活折磨了北京人，但也锻炼了北京人。他们在集体的社会生活中，以创造性的劳动克服了后人不能想象的困难，缓慢地但却顽强地战胜了自然，在远古亚洲的原野上，揭开了人类历史的序幕。

北京人化石和文化遗存在北京周口店的发现，为北京的历史增添了光辉。北京人骸骨化石个体数目之众多，文化遗存之丰富，发掘记录之完整，在世界远古人类发展历史的研究上是独一无二的。这不仅是我国远古文化遗产的瑰宝，也是世界文化宝库中的奇珍。

## 第二节　从新洞人到山顶洞人

北京人在周口店居住了很长时间，在距今大约二十万年以前的旧石器时代中期，他们的体质特征发生了显著的变化，由猿人变成了早期智人——新洞人。

新洞人是在1973年发现的，其个体仅有一颗牙齿，为左上第一臼齿，形态比北京人的进步。在同一层位中发现了较厚的灰烬，有烧过的石头、石器、骨头和一颗朴树子。烧骨中有最大的象和最小的食虫类，草食性动物多于肉食性动物。这些都是新洞人已经熟食的证明。

又过了若干万年，在大约两万年以前，北京出现了新的人类——山顶洞人，他们同北京人、新洞人虽然相隔了几十万年，却都生活在同一座小山的不同山洞中。

山顶洞人复原像

山顶洞人属于晚期智人，他们的体质特征已与现代人没有什么差别，从他们的脑容量看来，山顶洞人已经具有相当发达的智力。

一些外国学者曾把山顶洞人的三个头骨说成是分别属于蒙古人种、美拉尼西亚人种和爱斯基摩人种，并说即使那个蒙古人种头骨也具有某些欧洲人种的特征。这是不正确的。实际上，这三个头骨都具有原始蒙古人种的特征，更细的种族在当时还没有分化定型，可以认为，他们是现代蒙古人种的祖先。

山顶洞人所处的时期属于旧石器时代晚期。山顶洞人使用的石器发现甚少，器形可分为砍伐器、刮削器和两端刃器。这些石器的制造技术，虽比北京人和新洞人的进步，但仍然很粗糙。在山顶洞还发现了许多制造精致的骨角器。骨针的发现证明，当时的居民已用兽皮缝制衣服，裸身露体的时代已经成为过去。

在山顶洞人的经济生活中，狩猎起着极其重要的作用。他们的猎获物有兔、鹿、野牛、野羊、虎、豹、鬣狗、熊等共计五十余种，数量最多的是兔和斑鹿，这反映了狩猎技术的进步和劳动组织的发展。劳动的自然分工在这时大概已经基本完成，狩猎的职务主要由男子负担，采集已成为女子、小孩和老人的专门职务。在山顶洞文化层中，曾发现了很多鲤鱼骨和一条长约三尺的青鱼骨，说明山顶洞人也从事渔捞。

生产力的发展要求人们结成更巩固的集体，以血缘关系为基础的母系氏族产生了。

山顶洞人时代，原始的交换关系已经出现，在山顶洞发现的渤海沿岸所产的蚶子壳、宣化一带所产的赤铁矿和黄淮流域以南所产的巨厚的蚌壳，说明当时北京地区的居民已经和很远的地区发生了交换关系。

山顶洞人不仅以骨角为原料制造生产工具、生活用具，还采用兽牙、鱼骨、蚌壳、鸟骨管，应用刮挖、钻孔、磨光和涂色等技术，做成大批精巧的装饰品，在原始艺术中表现了相当高的成就。山顶洞人的装饰品上，大都涂有红色，墓葬中也撒上赤铁矿粉末。或许红色在当时是人们最喜爱的颜色，也可能与他们原始的宗教信仰有关系。

## 第三节　北京的新石器时代

在距今大约一万年至四五千年期间，北京地区处于新石器时代。当时，人们以血缘为纽带结成原始氏族公社，在北京的周围，到处都遗留下先民们生活与斗争的足迹。

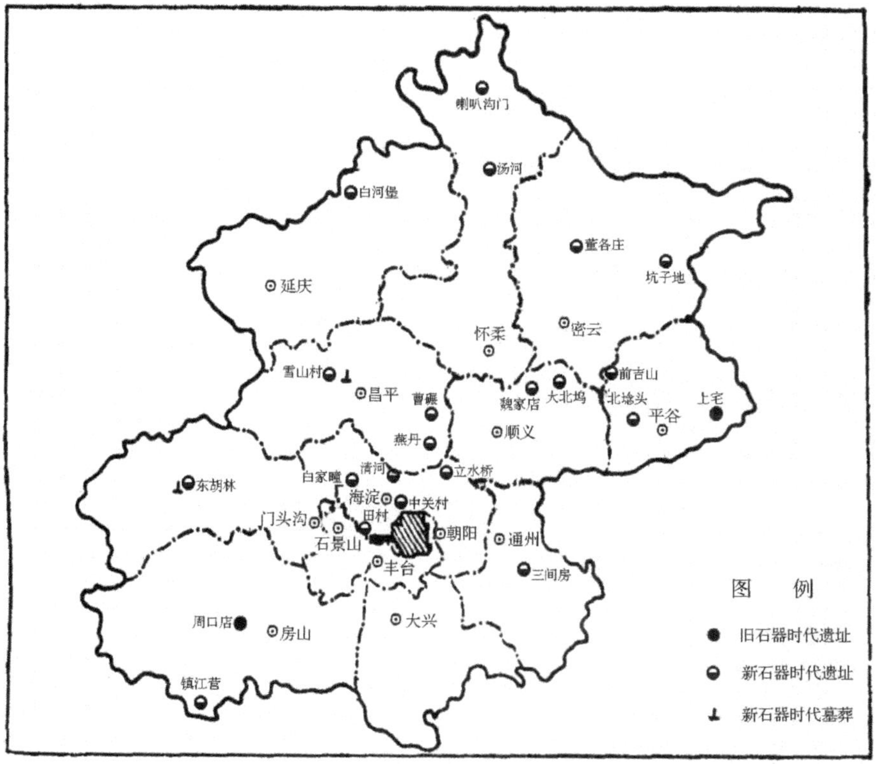


北京地区石器时代遗址、墓葬分布示意图

在门头沟区东胡林村西侧，发现了距今一万年左右的人类骸骨化石。这里，清水河蜿蜒东流，注入永定河，河两岸是层峦叠嶂，间或是依山面水的低矮黄土台地。先民的遗骸就掩埋在黄土台地上的墓葬里。这是一座以女性为中心的三人合葬墓，两个成年男性骨骼叠压，排列杂乱，为二次葬。另一个是少女，骨骼排列有序，是一次葬。这时，先民们的体质特征已与现代人基本一样。在生产与生活相对提高之后，先民们已有可能利用生产的余暇，制造装饰品来美化自己和点缀生活。少女的颈项上挂着用匀称的小螺壳穿系而成的项链，腕部佩戴着以小段牛肋骨磨制串连制成的手镯。以女性为主的合葬之风以及装饰品首先被用于妇女的现象，意味着当时对于妇女的尊敬，是女权制的一种体现。

山顶洞人的居住洞穴也兼作墓葬，而东胡林的先民将他们的遗骸掩埋在黄土台地上。这个变化说明当时的人们可能已经离弃了祖先世代居住的岩洞故居，开始在谷地间的黄土台地上，开辟新的劳动和生活的区域。

随后，先民们沿着河流，走出谷地，来到平原上，在河流两岸的台地上或河流交汇处，选择高亢平坦的地方，建立起原始聚落。这些地方水草肥美，又有膏壤沃土，是种植庄稼、放牧牲畜、制造陶器的理想地点，有广阔的生活资源。这个时期的文化遗址，在北京地区星罗棋布，分布很广泛。在近郊的海淀区、朝阳区，西南的房山，东南的通州，东面的平谷，东北的怀柔、密云，北面的昌平，以及地处塞外的延庆，都发现过新石器时代的石斧、石铲、石凿以及石纺轮等文化遗物。在房山区镇江营①、平谷区上宅与北埝头②、昌平区雪山村发

① 1986—1990年，北京市文物研究所考古工作者在房山区镇江营、塔照村河边台地上，发掘了距今九千多年起至战国时代的文化遗址。发现房屋基址13座，墓葬24座，出土陶、石、骨、角、铜、铁质器物标本三万多件，为研究上古至战国时代北京地区地方文化面貌，提供了丰富、崭新的资料。（引自《北京文博》1997年第四期）

② 1984—1987年，北京市文物研究所考古工作者在平谷区上宅、北埝头发掘了新石器时代中期的文化遗址。北埝头遗址发现了房基址10座，为半地穴式建筑，平面呈不规则椭圆形。房址地面用火烘烧过，中部有灶膛。石器为打制、琢制或磨制，有耕植用的石斧、石铲和锄形器，有加工谷物的磨盘、磨棒，敲砸坚果的石砧。陶器全为手制，有泥条盘筑法与贴筑法，多为夹沙、夹云母的红、灰陶色的炊食器。另外，打猎用的掷球、弹丸，捕鱼的工具以及陶塑、石雕工艺品猪头、羊头、熊头、石猴、石龟、石鱼等都颇具特色。（参见《北京考古四十年》）

现的古代文化遗址，典型地代表了北京地区新石器时代早期、中期、晚期到夏、商时期的基本线索，体现着北京先民从原始氏族社会到奴隶制时代的步伐和进程。

在距今九千年前，北京地区的先民已经不是原始的猎人，他们已开始从事农业生产和饲养家畜，并开始建造陶窑烧制陶器。此后又经历四五千年之久，先民们依靠氏族公社集体的力量，使用原始的木、石工具，砍伐树木，芟除草莱，播种谷物。在不懈地奋斗与经验积累中，石质的耕植工具石斧、石铲等逐渐得到改进，制作方法由打琢发展为磨制，既适于操作，又提高了功效。当农业生产相对提高之后，先民便发明了石磨盘和石磨棒，用压磨的方法除去谷米的糠皮。他们还饲养禽、畜，从事渔猎，用以增加肉食和皮毛。在那个时代，人们已学会纺织毛麻以御寒蔽体，建造半地穴房屋以遮风避雨。他们的房舍排列密集，成为氏族聚居的村落。在村落之旁，建造陶窑，烧制盛储炊爨的陶器。在很长的年代里，先民用一种原始的泥条盘筑法，手工制成器形朴拙的用具，还采用抹、压、划或篦点的方式加以纹饰，有泥质的饮食器和夹沙、夹云母的耐热、耐烧的炊爨用器。到新石器时代晚期，人们已学会慢轮加工与轮制的技术，火候高、质地坚、器表光亮的黑色陶器，代表了这个时期陶器生产的新成就。

这一切都说明，当新石器时代晚期，北京地区的先民已经走到了历史文明时代的入口处。

## 第四节　传说中的幽都

原始社会晚期生产力的发展，引起了社会分工和交换的发展，促进了私有制的出现和发展。氏族酋长和军事首领的权力加强了，他们不断侵吞氏族公社的集体利益，并在频繁的部落战争中掠夺大批财产。这些军事首领和酋长更将交通便利、经济发达的聚落作为自己的据点，建立起最早的都邑，并把这些都邑作为中心，逐步扩大部落的地域，发展部落的力量，征服弱小部落，结成部落间的联盟。传说中黄帝部落与九黎部落、炎帝部落之间的战争，黄帝、颛顼、帝尧等建立幽都和其他都邑，可能就反映了这一历史情况。

在我国传说时代，有一支强大的氏族部落崛起于我国北方，传说中的黄帝就是他们想象中的祖先。部落中各氏族均以动物命名，有熊氏族、罴氏族、貔氏族、貅氏族、貙氏族、虎氏族等，他们“往来迁徙无常处”，从事着原始的游牧生产。

相传黄帝曾“以师兵为营卫”进行南征北战。他率领本部落并与炎帝部落结成联盟，在北京以西的涿鹿打败了九黎部落，杀死了它的酋长蚩尤。后来，炎帝部落败盟，侵凌其他部落，争夺盟主地位，于是，黄帝部落与炎帝部落“战于阪泉之野”，经过三次大战，打败了炎帝部落。此后，黄帝部落又“北逐荤粥”，并在涿鹿建立了都邑。这是有关北京附近都邑的最早传说。

传说黄帝的第三代继承者颛顼，曾到“幽陵”祭祀，“幽陵”就是幽州，是北京地区最早的名称。相传到了帝尧时代，在幽州建立了最初的都邑，称为“幽都”，帝尧还派和叔来管理幽都，治理北方。帝舜时，又曾把治水失败的共工氏流放到这里来。

所有这些传说，都跟原始社会时期的北京有着密切的关系。这些传说和考古发现结合在一起，说明远在四千多年以前，北京地区已经处于野蛮时代的末期，历史的文明时代即将来临。北京地区是全世界最早放出文明光辉的地区之一。

# 第二章　夏商周时期的北京

## 第一节　夏商时期北京地区的青铜文化

从原始社会到奴隶社会之间，有一个相当长的过渡时期。早在原始氏族公社制的晚期，私有制、阶级就已经开始萌芽，而当奴隶制确立之后很久，原始氏族公社的遗迹仍以各种形式留存于世。大约从公元前二千年代初期，北京地区已经沿着历史的道路，从原始社会逐渐过渡到奴隶制社会。

在传说中的夏代，商族的祖先亥曾经驾乘牛车，在北京以南的易水近旁放牧牛羊，并且在各部落之间做买卖。有易部落杀死了亥，夺取亥的牛车和牛羊。后来亥的兄弟恒和恒的儿子上甲微为亥报仇，打败了有易部落。这个故事在许多古书里都有记载。这些商族祖先的名字，也见于商代的甲骨卜辞中。

从新石器时代晚期的龙山文化时代之后，北京地区进入了青铜文化时代。大约在公元前二千年代，即约当我国历史上的夏商两代，活跃在北京地区的，是一种具有显著特色的青铜文化，考古界称之为“夏家店下层文化”。创造这种青铜文化的先民们，生活在相当于今天的河北北部、辽宁西部以及京津地区广阔的范围内。在北京昌平区雪山村，密云县燕落寨及密云水库中心岛凤凰山下，平谷区刘家河，房山区拒马河流域塔照村、镇江营、西营和大石河流域刘李店，都曾发现当时人们的文化遗迹或墓葬。

当时，北京地区的手工业生产有了显著进步，制陶与青铜冶铸已经成为独立的手工业部门，生产了大量精巧的陶器和形、饰俱佳的青铜器。

他们的陶器富有鲜明的地方特征，像用作炊具的陶鬲，有的做成形体典雅的筒状，有的在肩部特制一道折棱。一些陶器的表面，还加绘了红白相间的卷云纹图案，更增加了器物的艺术性。

青铜冶铸业取得了相当高的成就。早期阶段的青铜器，不仅形体小，而且造型简单，如耳环、箭头、小刀等。到商代中期，北京地区出现了纹饰繁缛，形体雄伟的大型礼器，如鼎、罍、盘、盉、卣、斝等。平谷区刘家河出土的三羊铜罍、鸟柱龟鱼纹铜盘，都是当时青铜艺术中的杰作。铜盘有外折的宽沿，沿两侧是对称的鸟形柱，内底中心线刻龟鱼纹图案。盘中承水后，内似龟潜鱼跃，旁有水鸟伫立，不愧是一件艺术珍品，它充分体现出劳动人民的聪明才智。

当时，人们对铁有了一定认识。平谷区刘家河出土的一件铁刃铜钺，是采用天然陨铁锻打成薄刃，然后与青铜浇铸结合而成的。这是我国人民最早开始用铁的尝试，它说明北京人民已具有了三千多年用铁的历史。

生产的发展加剧了阶级的分化。平谷区刘家河发现的商代中期青铜器墓葬，是只有奴隶主贵族才有可能具备的，奴隶主生前作威作福，死后还极尽奢侈之能事。在同一座墓葬里，就陪葬了青铜礼器十六件，金笄、金耳环、金臂钏等金饰四件，连极珍贵、极罕见的铁刃铜钺也拿来用作随葬品。

三羊铜罍（商代中期）

（平谷区刘家河出土）

铁刃铜钺（商代中期）

（平谷区刘家河出土）

金臂钏（商代中期）

（平谷区刘家河出土）

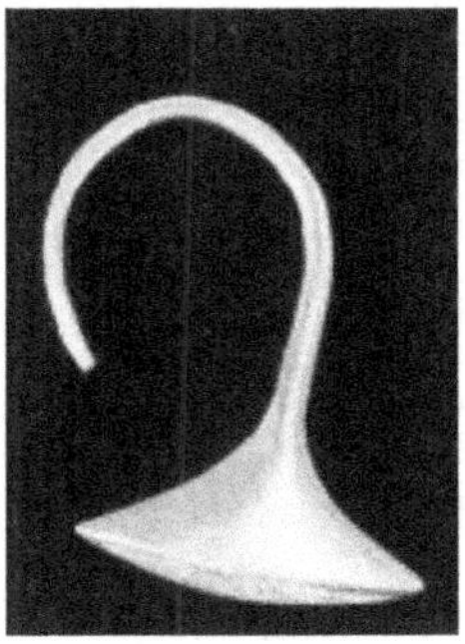

耳环（商代中期）

（平谷区刘家河出土）

奴隶主贵族的享乐与挥霍是建筑在奴隶和平民的痛苦之上的。珍贵的青铜器首先被用作奴隶主阶级的奢侈品，劳动人民却仍然以木、石、陶、蚌制作工具，进行耕种和收获。在已发现的这个时期的多座平民墓葬里，随葬品除一、两件陶器、石器外，便别无其他常物，有的甚至一无所有。这与平谷刘家河的奴隶主墓葬形成鲜明对照。

据文献记载，商代后期北京地区有两个著名部族，即商族的同姓孤竹与燕亳。这两个部族是商朝北方的附属国，也是商在北方的藩屏。孤竹、燕亳的发展，保证了商朝北方的安宁，使这个地区成为我国北方古代文明的中心。

## 第二节　周代北京地区的奴隶制国家——燕

公元前1045年[①]，周武王灭商以后，分封同姓贵族召公奭于北燕。《史记·燕召公世家》记载了公元前九世纪燕惠侯以来三十五代王、侯的世系，自燕召公以下至燕惠侯九代燕侯的名号，西汉时代就已经失传了。

召公奭，文献又称君奭，是周王室的太保，位居三公。他辅佐成王平息了纣子武庚禄父及东夷徐、奄、薄姑等方国的叛乱，巩固了周人在东方的统治。召公奭留相王室而遣其长子克赴燕就封[②]，也曾亲临燕地，从事治理开发燕国的活动，燕国很快发展起来。周初，燕国统治阶级采用“启以商政，疆以周索”的方针，对商代遗留下来的氏

① 关于武王灭商的年代，学术界有四十多种不同意见，这里采用1995年纪念北京建城3040年所采的灭商之年。

② 北京房山区琉璃河燕侯墓地出土的《克盉》、《克罍》铭文有周王褒扬大保（即召公）并“命克侯于燕”的记载，说明克就是史家所说的召公奭的长子，即第一代燕侯。

族或部族，仍旧保留其氏族、宗族组织，并联合、利用原有的氏族贵族，来统治、笼络当地的人民。西周初期，在燕国仍然可以看到许多商代的著名氏族或部族，仍旧拥有本族的彝器，并继续使用原来的氏族名称和徽号。他们的首领人物如复、攸、伯矩等亦受到燕侯的赏赉[①]。燕侯或臣僚时常前往宗周、成周，朝聘贡纳入事王室，燕与周王室之间保持着密切的关系。[②]

堇鼎（西周早期）

（房山琉璃河黄土坡村出土）

从西周初年开始，燕国的势力所及，已经跨越燕山山脉，到达辽西大凌河流域。辽宁省喀左县曾多次发现周初燕国青铜器，其中就有铭有燕侯字样的铜盂。可见，燕国的北部疆域已经延伸到那里。当时，燕的东边与孤竹相接，北面跟肃慎为邻，是周在北方重要的诸侯国。

燕国地处华北平原的北端，燕山山地的两侧。在燕山山地及山地背后，是游牧部落经常出没的地方。从我国古代起，燕地就是华夏文化与戎、胡文化交流的枢纽，是中原与东北经济、文化汇合交融的地区。燕国统治者把姬周文化带到北方，逐渐与当地的土著文化相融合，

① 这些人名和氏族、部族名称见于房山区琉璃河出土的青铜器铭文。

② 圉鼎铭文记载燕侯臣僚前往成周参加王室庆典，燕侯旨鼎铭文载有“燕侯旨初见事于宗周”之语。

并在与戎、胡部族的交往中，互相借鉴，互相影响。先民遗留下来的青铜彝器和其他文化遗物，都鲜明地体现了来自中原与北方两个方面的影响。燕国，在我们多民族国家的发展与成长过程中，曾发挥了重要的作用。

陶壶（春秋）

（昌平松园春秋墓出土）

春秋时期，山戎部族在燕国北部山地发展起来。这是一支具有骑射雄风的游牧部族①。他们逐水草而迁徙，随畜牧而转移，以放牧射猎、食肉衣皮为生。山戎部族的男子崇尚武勇，人人习战。他们时常身佩利剑弓矢，到山地外面放牧牛羊，抢掠财物，严重地危害了燕国的农业生产和人民生活。燕庄公二十七年（公元前664年），齐桓公率师救燕，北伐山戎，大败山戎部族，解除了山戎对燕国北部地区的威胁。

经过长期发展之后，到战国时期，燕国的社会经济发展

① 1986—1989年，北京市文物研究所考古工作者在延庆县军都山沿线发现若干山戎文化遗存地点并发掘三处山戎墓地，出土各类独具山戎文化特征的器物近万件。这是一支以直刃匕首式青铜短剑为代表的具有头东足西埋葬习俗的青铜文化遗存。此项考古工作的发掘者认为，这支青铜文化遗存的年代相当于春秋初期至战国初期，其族属为山戎。（参见《北京考古四十年》）

起来，铁工具在农业、手工业中得到推广和使用，使社会生产力发生了巨大的变革。随着农业、手工业生产的发展，商业也逐渐繁荣起来，具有地方特色的燕国刀币广泛流通于燕国的城市与乡村，燕国都城蓟与下都武阳，都成为当时有名的城市。商业的发展，金属货币的流行，金钱借贷以及随之而来高利贷也不可避免地发生了，土地买卖与集中也迅速地发展起来。阶级分化，阶级矛盾越来越激烈，奴隶、农民的反抗与斗争猛烈地冲击着奴隶主贵族的统治。燕国的一部分奴隶主，为了缓和阶级矛盾，也同中原各国一样，进行了政治改革。

三角云雷纹高足豆

（战国中期）

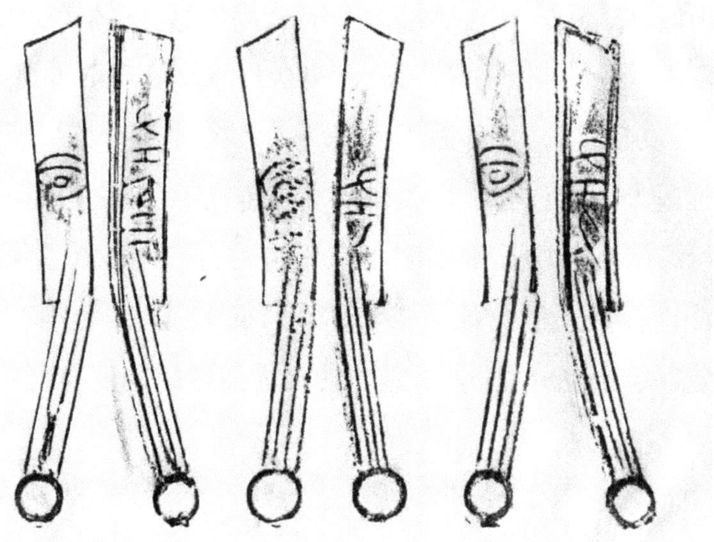

战国时期燕国刀币拓片

公元前320年（燕王哙元年），燕王哙继位。燕王哙五年，为了进行政治改革，把王位让给了相国子之。子之为相国时，办事果断，善于监督考核臣属，得到燕王哙的赏识与重用。子之南面听政，对以太子平为首的保守势力是一个沉重打击。公元前314年（周赧王元年），太子平和将军市被结党聚众，网罗落后、保守势力，在蓟城发动叛乱，“围公宫，击子之”。同时，他们还勾结齐宣王，要求他们派兵到蓟城，作为后援。燕王哙和子之在人民的支援下，奋战几个月，击杀了太子平和将军市被，平定了叛乱。接着，齐宣王起“五都之兵”，大举攻燕，陷蓟城，杀子之和燕王哙，把燕国的宫室抢掠一空。这时，中山王也命相邦司马赒举兵进犯燕国西疆，攻取燕地“方数百里，列城数十”。① 内乱与外患接踵而至，给燕国人民带来无穷灾难。

齐兵退走以后，赵武灵王把在韩国做人质的燕公子职护送回国即位，这就是燕昭王。燕昭王在中原做人质期间，接受了一些进步的政治、经济、文化的影响，具有改革燕国的抱负。燕王哙时的内战以及齐国、中山国的进攻，严重地打击了旧贵族的势力，同时也磨砺了广大人民的斗志，为燕昭王励精图治，实行政治改革扫清了道路。

燕昭王继位之后，在郭隗的协助下，于易水旁修筑了黄金台，卑身厚币以延揽天下豪俊。“乐毅自魏往，邹衍自齐往，剧辛自赵往”，各国贤士纷纷来到燕国，都被昭王重用来进行政治改革。燕昭王接受乐毅“察能而授官”的政治主张，“不以禄私其亲，功多者授之；不以官随其爱，能当者处之”。这是论功授爵授禄的制度。燕昭王还改革

① 1978年，河北省平山县出土中山王鼎与中山王壶，铭文记载中山王因燕王哙禅让王位引发内乱而举兵征燕。铭文指斥燕王哙、相国子之“臣主易位”是“上逆于天，下不顺于人”，是“不用礼义”、“不祥莫大”的举措。铭文还记载了其攻城略地，并掠取燕国吉金铸造彝器的史实。

官吏制度，燕王之下，设相国和将军，分掌政治、军事大权。全国分为五郡，即上谷、渔阳、右北平、辽西、辽东等五郡，郡下设县，郡守和县令都由国王任命。燕国亦制定了严酷的刑法，见于记载的有“系狱”、“斩”、“刳腹”、“截”（腰斩）等。燕昭王经过二十八年的努力，“燕国殷富，士卒乐佚轻战”。

燕国国力恢复以后，开始对外进行长期的战争。燕昭王十七年，燕与赵武灵王合军攻灭中山国，瓜分了中山的土地，恢复了燕国的旧疆。二十八年，拜乐毅为上将军，与秦、楚、韩、赵、魏五国军队会合，共同伐齐，大败齐军于济西。燕取齐七十二城，入齐都临淄，烧毁齐国的宫室宗庙，将齐国的珍宝劫掠一空，给齐国人民造成了深重的灾难。

燕在战国七雄之中最为弱小，燕昭王的政治改革又没能得到继续，乐毅、乐间等相继出奔，从燕惠王起，燕对外战争总是以燕国军队的失败告终。燕王喜四年，燕军伐赵，六十万大军全部覆灭。燕国统治者还驱使劳动人民修筑了两条长城：北长城西起造阳（今河北省怀来县），东到襄平（今辽宁省辽阳市北），蜿蜒千余里，用来防御匈奴和东胡的入侵；南长城由易水的堤防扩建而成，西起今易县西南，沿易水而东，长数百里，用以防御齐、赵的进攻。

燕国长期的对外战争，人力和物资的消耗极大，劳动人民的租税、军赋和徭役负担越来越沉重，死在战场或倒毙在长城下的不计其数。

燕王喜二十八年（公元前227年），秦大将王翦率军在易水以西打败了燕军，占据了燕下都，第二年又攻下蓟城。从此，燕与齐、楚、韩、赵、魏一样，统一于专制主义中央集权的封建国家——秦。

## 燕国的都城

据文献记载，西周初年燕召公的封地称为“燕”或“北燕”。地处今涞水县一带的古北伯领地，也包括在燕召公的封地以内。周武王褒封给帝尧后代（《史记》为帝尧之后，《乐记》为黄帝之后）的蓟，不久也归为燕的领地。史称周初的燕国“地在燕山之野”，就是指今日燕山一线之南，华北平原的北端，北京市的周围。

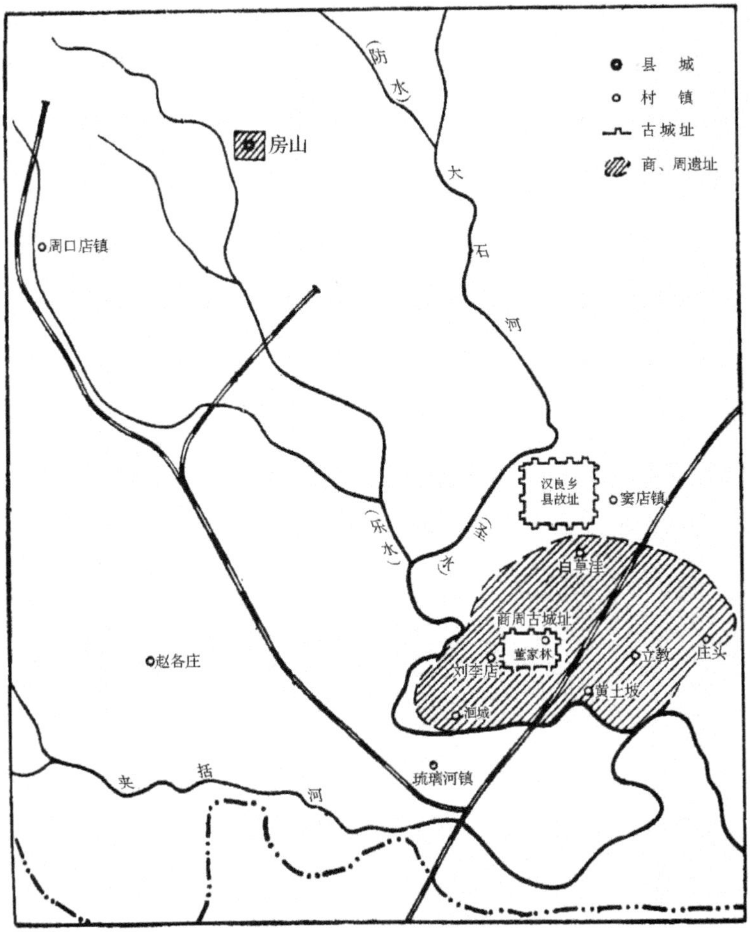


商周古城址示意图

北京地区最早的都邑——“幽都”称作聚，是从原始村落发展起来的。西周时期，燕的都城位于今房山区琉璃河镇东面的董家林村周围，直到北魏时期，这里还被称为圣聚。古圣水（今大石河，又称琉璃河）自北南流，折而流向西南，又转而向东方流去，燕都就建立在这个河湾地带的高平台地上。

残留在董家林村周围的燕国古都基址，东西长 830 米，南北宽约 600 米，是一个东西略长的长方形。城墙由黄土版筑而成，中间为主城墙，内外又各附筑一层护城坡，城墙外面还有环城壕沟。在古城内的遗址中，曾发现西周时代的板瓦，那是燕国宫殿建筑或贵族居室的遗存。

在董家林村燕国古城遗址东南一里的地方有黄土坡村，那里是燕侯和贵族的陵墓区，分布着几百座大、中、小墓葬。大型墓葬有的两条墓道，有的四条墓道，墓前有车马陪葬，墓里架设有大型木椁。中型奴隶主墓葬，也都附葬车马并随葬大批青铜礼器。

燕国青铜器铭文证明，燕召公受到武王的册封以后，仍旧留在宗周，供职于王室，而派他的长子到燕地就封。召公奭曾亲临燕地处理政务，燕侯也时时派出近臣去宗周侍奉召公，燕侯旨就曾经前往宗周，入事王室。在西周时期，燕与周王室之间，保持着十分密切的关系。在武庚禄父伙同三监管叔、蔡叔、霍叔在周的腹地掀起骚乱的时候，燕国依然雄踞北方，保持了周北方的安定。董家林燕国古都，是燕在西周时期政治、经济、文化的中心，燕侯正是在这里进行各种政务活动，经营和开发着祖国的北方。

董家林古城地处华北平原的北端，太行大坊山脉的近旁，正处在南达中原，北通塞外的交通要道上。由此往北，过芦沟渡口，可以到达古蓟城。再往东北，便可穿越燕山关隘，与东北的广大地区发生联系。由此往西，沿拒马河溯流而上，穿越大坊山到达涞水县境，那里是古北伯领地的所在。再往西北，便可与雁代地区进行交往。董家林燕国古都位于整个封域的中心地带，是燕人建立都邑最合适的地点。正是从这里出发，燕国逐渐把它的疆域向外拓展。在西周初年，燕国的疆域已经越过燕山，出古北口关塞，沿大凌河顺流而下，以先进的青铜文化抚育了辽西的广大区域。

随着燕国疆域向东北方向扩展以及山戎部族在燕山山地的发展，董家林燕国古都渐渐失去了它的重要地位，史载春秋中期的燕襄公时期，燕已经以蓟作为都城了。蓟也是一个历史悠久的古国，在武王灭商以后，把帝尧（或黄帝）的后裔分封到这里，后来蓟归于燕的统辖之下，从春秋中期开始，蓟成为燕国的都城。

蓟城的位置，就在今天北京外城的西北部，战国时代人们称之为蓟丘。古时丘又称作墟、聚，即聚落，蓟丘也是由原始聚落发展而成的古代都邑。广安门附近曾发现战国或比战国更早的遗址、遗物，特别是饕餮纹半瓦当，是燕国在战国时期使用的宫殿屋瓦构件，指示着古蓟城的所在。由北京外城西北角，东经宣武门至和平门一带，广安门内外，法源寺东北，陶然亭公园等处，经常发现战国时代蓟城人民汲水的陶井井圈，标示出古蓟城的大致范围。

蓟城地区的西、北、东三面，处在群山环绕之中，群山的后面，有许多游牧部落，蓟城地区的居民，通过古北口和居庸关隘，分别同那些部落发生经济联系。由北京昌平白浮村发现的西周燕国墓葬以及北京延庆多处发现的春秋山戎部族墓葬，可以看出，华夏部族的礼俗已为北方戎族部落所吸收，北方草原地区的青铜艺术也给燕国文化以深刻影响。

考古发现证明，当战国中期的燕桓公、燕文公、燕易王时期，燕

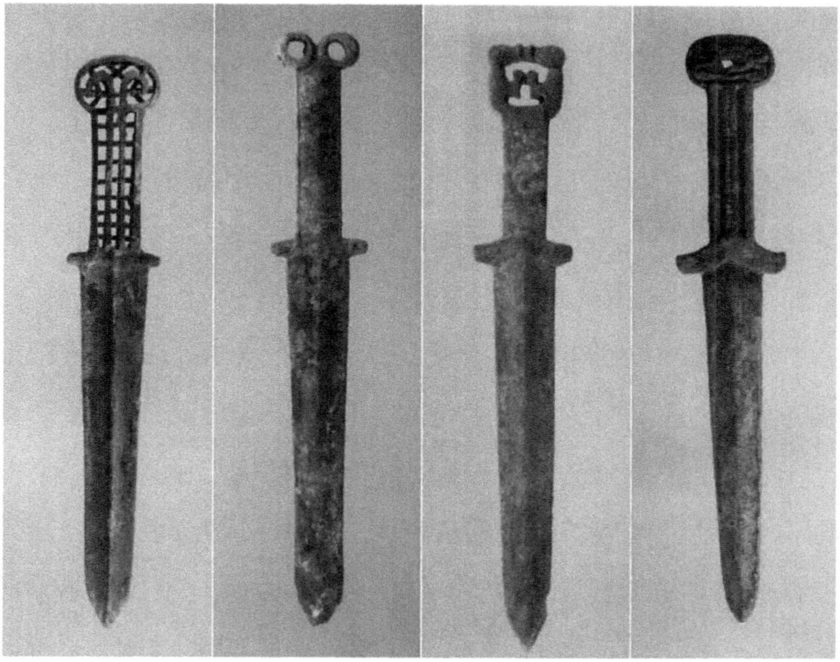

山戎文化青铜短剑

又在易水旁营建武阳城，是为燕下都。在七国争雄的时代，燕下都作为燕西南部的重镇，曾起到南扼强赵的作用。

## 燕都附近的阶级关系

周灭商以后，召公奭被分封到燕地建立起奴隶制国家——燕。

周初，燕侯家族作为燕国的统治者，对封域内的各部族、方国，采取“启以商政，疆以周索”的方针，使他们仍旧保有自己的部族或领地，让他们各守其土地禋祀，臣服于召公奭为首的燕侯家族，共同组成燕国的统治阶层。西周初期，一些由商代遗留下来的古老部族如㠱、北伯等，仍然是燕国地位显赫的部族，他们仍以侯、伯称呼，各族依旧保持着旧日的名称与徽号，为开发燕地与维持北方的安定做出了贡献。这些部族的首领与贵族，经常受到燕侯的赏赉，制造并遗留下许多青铜彝器，记录下燕侯对他们的恩宠，显示着他们当日的荣耀。燕侯家族与燕地原有的部族首领组成了燕国的统治集团。

在燕国的奴隶制度下，平民和奴隶处在社会的最底层。他们以智巧的双手，发展了生产，创造了灿烂的青铜文化，但奴隶主却把他们视同牲畜和工具，残酷剥夺，任意宰割。

在“寓兵于农”的制度下，平民阶级不仅要在农田上劳作，又要经常当兵作战，还不时为沉重的劳役所驱使。当时修筑城堡以及为统治者建造陵墓工程十分浩繁。像绵延数百里的南、北长城，像古燕都那样规模的城池，像燕侯墓地的数座大、中型墓葬，有一些长几十米，深十几米，这样的工程无疑动用了大量的人力，耗费了大量的资财。在以木、石工具为主的时代，平民阶级在连年的劳役中付出的代价，是难以估量的。

燕侯墓葬及车马坑

复尊及铭文（西周）

（房山黄土坡村出土）

对待奴隶，奴隶主操有生杀予夺的权力，奴隶们经常遭到各种虐待和酷刑。在琉璃河黄土坡墓地一个与车马埋在一起的奴隶，十个指骨全然无存了，说明他生前曾遭到残酷刑罚。在燕国，奴隶也被用于赏赐和殉葬。在一个名叫“复”的奴隶主所制造的一件铜尊上，有燕侯赏给他“冕、衣、臣、妾、贝”的铭文。臣、妾就是男女奴隶，他们被列于冕、衣之后，可见他们社会地位之低下。在黄土坡墓地里，还发现了手脚被缚、身负马具的陪葬奴隶，如实地反映着奴隶们如牛似马的悲惨境遇。在同一墓地的多座中、小奴隶主墓葬里，大都发现生殉或杀殉的奴隶。这些奴隶，有的被倒翦双手，有的头遭重创，有的只有首级，有的与车马同葬，有的塞在棺椁之间的夹缝里。他们大都屈肢侧卧，面向奴隶主，保持一种恭候侍奉的姿势。奴隶主则安卧棺椁正中，仰面朝天，妄想死后上升天国，获得幸福。这是奴隶主有意安排的，是世间生活的一个缩影。

奴隶主阶级的残酷统治必然引起平民与奴隶的反抗。到春秋、战国时代，奴隶主贵族阶级走上了没落以至消亡的道路，维持其统治地位的等级制度以及一整套礼仪形式，也逐渐崩溃了，所谓“礼不下庶人”的时代逐渐成为过去。北京地区发现的春秋、战国时代的燕国墓葬，清楚地反映了这一历史趋势。一方面在礼仪制度上不断发生僭越现象，到战国时代，一些平民也以陶礼器作随葬品；另一方面则是奴隶主贵族的没落，他们渐渐失去往日的等级与地位，虽然仍使用成套的礼器，但已是仿青铜礼器的陶制礼器了。

铁器在燕地的推广引起社会生产力巨大进步，进一步推动燕国阶级斗争的发展，燕国面临着一场社会革命的风暴。燕昭王时期所推行的一系列政治改革措施，就是燕国阶级矛盾发展的结果。

## 燕都附近的经济和文化

燕都地处华北大平原的北端，附近是一片沃野，很多条源自和穿过北部山地的大河和细流流经这里，提供了良好的水利资源，很适宜发展农业。从西周初年开始，燕国人民已经在这里开垦了大面积土地，种植黍、稷、豆、麻等作物。农业工具虽然仍旧多是石器和蚌器，但制作技术显然有了进步。当时人们使用的石镰，刃部有一个弯向背部的弧度，蚌镰则制成锯齿状刃，是割刈力很强的收割工具。粮食产量有了提高，贵族们把粮食储藏在窖穴里，很多粮食还用来酿酒。贵族墓地出土的大批酒器既体现了贵族们饮酒成风的腐化现象，也反映出当时农业生产的发展。

战国时期，由于铁器的推广和牛耕的出现，推动着农业生产大幅度发展。

从西周时期开始，燕国的畜牧业已经很兴旺，当时燕国人民放牧牛、羊，畜养狗、猪，马更是燕人放牧的重要牲畜。当时，这些牲畜除开役使和食用外，主要用于祭祀和殉葬。就连中、小奴隶主墓葬里，也动辄以成套的车马陪葬，有的几匹、十几匹，有的则用了几十匹。以狗陪葬，以牛、羊、猪、狗、鸡等牲体祭奠，是每个奴隶主墓葬都有的。

扁足鼎（西周）

（房山黄土坡村出土）

单子卣（西周）

（房山黄土坡村出土）

燕国的手工业生产以青铜冶铸业、冶铁业、制陶业、制盐业为主。青铜冶铸业继承并发展了商代北京地区的冶铸技术，铜器的数量和工艺上都有了长足的提高。在西周初叶，燕侯和燕国贵族驱使劳动人民，铸造了大批青铜礼器、兵器、车马器和铜质手工工具。青铜礼器有鼎、簋、尊、爵、盘、盉、卣、罍、瓿、盂、觯、壶、甗、鬲等，兵器有戈、矛、剑、戟、斧、钺、刀、盾牌、铜盔、弓形器等，车马器如当铲、镳、衔、节约、铜軛、銮铃、车辖、车軎、轴饰、横木饰等，青铜工具如斧、锛、凿、削、锥、针等。单青铜礼器一项，就充分显示

伯矩鬲（西周）

（房山黄土坡村出土）

出燕国青铜冶铸技术取得的辉煌成就，重达75斤体势雄伟的大铜鼎、造型奇特的虎足、象足簋、通体以牛面纹作装饰的铜鬲，都是出类拔萃的作品。牛面纹铜鬲是贵族“伯矩”为纪念燕侯的赏赐而制造的。器身、器足、器盖、盖钮皆采用牛面为纹饰，在雕刻技术上有浮雕也有立体雕刻。鬲的三个袋足（足中空），因势制宜，浮雕出三个牛面，牛吻部内收而额部前倾，做斗牛状。牛面有鼓起的大鼻，如铃的巨目，两支粗壮的角向斜上方翘起，与相邻的牛角两两相对，给器物增添了森严的气氛。盖、钮各由两个牛头相背组成。盖上四支牛角稍稍翘出器耳上方，使器盖中部自然下陷。立体雕刻的双牛盖钮，在凹陷处突然竖起，组成一个完整和谐的整体。燕国青铜礼器具有与中原大体一致的风格，但以虎、牛等形象作器足，是周初燕国青铜工艺的一个特点。另外，武器一项，除开与中原相同的类型而外，还有与北方草原游牧部族风格一致的刀、剑、匕首、铜盔。这些器物，以鹰首、马头作装饰，这在北方草原地区发现的同类器物上是普遍采用的。这些现象充分体现了南北文化在燕地的汇合与交融。

到战国时期，燕地的青铜器也很少有轻率的风格，鼎、豆、盒、壶、钫、镦等器物，多以银、嵌、错黄金和红铜作为器物的纹饰，使青铜器的面貌焕然一新。

战国时代，燕国的农具有锄、镰、镬等，也有斧、凿等手工工具。与北京密云为邻的河北兴隆县出土的战国铁范，是由含碳量 4.45% 的标准白口铁铸成的。铁范外形轮廓和铸件形状相似，壁厚均匀，这样就使各部散热、收缩一致，增强范的寿命，说明当时冶铁工艺已具有很高水平。

燕国的制陶业已很发达。西周时代，这里的陶器主要是以绳纹为装饰的灰、红陶鬲、簋、罐等。到春秋战国时期，这里生产的陶器除开一般生活用器如鬲、罐之外，主要是仿青铜礼器的陶鼎、豆、壶、盘、匜、盨、簋等。

战国时期，蓟城是个商业发达的都市。城里有定期的集市，除了本地和来自中原的商人以外，还有来自东北的东胡、朝鲜等族的商人。市面上的商品有粮食、麻、枣、栗、布帛、铁器、铜器、陶器、食盐、狐裘、毡子、马匹等。货币已广泛使用，主要的货币是燕国自铸的“明刀”，也有三晋地区的各种刀、布（货币）。蓟城已成为北方各民族共同的经济中心，成了战国时代的“天下名都”之一。

青釉瓷罐（西周）

（房山黄土坡出土）

燕国改革以后，经济有很大的发展，同时，新的社会矛盾也在发展。新出现的大批小自耕农，对于发展生产有一定积极性。但是他们又在迅速地分化着，多数人逐渐失掉了田地，变成新兴地主的佃农或雇农，田地大量集中到贵族、官僚和商人手中。官营手工业作坊的组织庞大，政府设有“工尹”管理生产，工尹以下还有各级属员。工匠的地位和奴隶差不多，他们白天在鞭打下从事繁重的劳动，夜里被关闭在作坊里。

燕国虽然远离中原，但是与中原的经济文化联系却很密切，燕国人民也被看做华夏人。从西周初期开始，燕地人民就具有了与中原地区相同的宗教习俗和文化素质。燕人也使用龟甲兽骨进行占卜。甲骨经过攻治，加施钻、凿并用火烧灼，有的还在卜兆旁刻写了卜辞。青铜铸造工艺也相当发达，器物各部多以动物的形象作装饰，是燕国铜器的突出风格。铜器铭文风格质朴无华，都不失为珍贵的艺术品。由于燕人与“胡人”在很多地区错居杂处，燕人的青铜工艺也渗透着游牧民族的艺术风格。武器的装饰或取材于天上盘旋的雄鹰，或取材于草原奔驰的骏马，真实地反映着游牧民族风驰电掣般的骑射雄风，那造型美观的铜盔也是游牧骑士特有装束。燕国的仿青铜陶礼器，不仅式样美观大方，花纹也极精致。陶器上的纹饰有彩绘、暗纹和附加纹，就其图案来说，可分为流云纹、蟠螭纹、水波纹、鱼纹、兽纹等。许多瓦当上饰有饕餮纹和树叶纹。蓟城一带劳动人民创造的这些作品，不仅代表了当时燕国的科学文化水平，也具体体现了当地人民的艺术修养和热爱生活的思想感情。

蓟城人民喜爱唱歌和舞蹈，他们的歌舞和生产、生活密切结合在一起，内容丰富多彩。民间艺人很多，他们常常在集市、酒肆就地作场，击筑鼓琴，引吭高歌。他们的歌声反映了劳动人民的喜怒哀乐，因此很为一般群众所喜爱。“燕、赵自古多慷慨悲歌之士”，这话也反映了这一地区劳动人民的豪爽性格特点。

燕国的官府设有女伶官，管理一批能歌善舞的优伶和乐师，专供王公贵族寻欢作乐。

# 第三章　秦汉至五代时期的北京

## 第一节　秦汉时期的北京地区

### 秦代的广阳地区

秦于公元前222年（秦王政二十五年）灭掉燕国，次年又挥军南下，灭掉齐国，统一了中国。秦仍以咸阳为国都，建立了专制主义的中央集权的封建国家。地方行政采用郡县两级制。在旧燕国地区，北边的行政区划基本上沿用原燕国的制度，即沿长城一线，自西而东，仍设置上谷（治沮阳，今河北省怀来县大古城）、渔阳（治渔阳，今北京市怀柔区梨园庄）、右北平（治无终，今天津市蓟州）、辽西（治阳乐，今辽宁义县）、辽东（治襄平，今辽宁辽阳）五郡。原燕国的都城蓟及其以南地区至燕下都武阳（今河北易县）一带，新置广阳郡，治蓟（今北京城西南）。秦时的蓟虽不再是诸侯国的都城，而成为一郡的治所，可是它仍是旧燕国地区的政治、军事和经济、文化的中心。

秦灭燕以后，燕地对秦朝来说，是一个边远地区。旧燕国的军队虽被消灭了，可是为数众多的燕旧贵族尚存在，随时准备推翻秦王朝在这里的统治，恢复旧国。在秦、燕激战之时，燕为了抗拒强秦，把长城沿线的驻军内调，北部边防空虚，匈奴乘机而入，进至北部山区，不时内侵。公元前221年（秦始皇二十六年）秦刚刚统一天下之时，秦的朝廷上曾经进行过如何统治边远地区的争论。丞相王绾等建议始皇，应当在这些地区立王建国，以镇守这些地方。他们说："诸侯初破，燕、齐、荆（楚）地远，不为置王，毋以填（镇）之，请立诸子。"这个建议遭到了李斯的反对。李斯主张全国"皆为郡县，诸子、功臣以公赋税重赏赐之"。他认为这样，"天下无异意，则安宁之术也。置诸侯不便。"①始皇采纳了李斯的意见，分天下为三十六郡，其中旧燕国分为六郡，今北京地区分属于上谷、渔阳、右北平和广阳四郡。

始皇对于边远地区的统治是很不放心的，灭六国后，即下令迁徙关东六国的贵族、豪富于关中、巴蜀等地，又收缴销毁六国散藏于民间的兵器，派将军蒙恬率三十万大军北逐匈奴。为了便于据守，将旧秦、赵、燕长城修缮并连接起来。"因地形，用险制塞，起临洮，至辽东，延袤万余里。"②这就是著名的万里长城。蒙恬居于上郡（今陕西榆林南），以指挥军队。这时，进入北京地区北面的匈奴人被赶出长城之外。始皇还下令在全国范围修筑驰道。驰道以首都咸阳为中心，"东穷燕、齐，南极吴、楚，江湖之上、濒海之观毕至。道广五十步，三丈而树，厚筑其外，隐以金椎，树以青松。"③始皇在位的十一年中，曾五次沿着驰道巡游全国。始皇三十二年（公元前215年）第四次巡

① 《史记·秦始皇本纪》。

② 《史记·蒙恬列传》。

③ 《汉书·贾山传》。

游时，就到过旧燕国地区，大约经今太行山东麓北上，渡治水（今永定河）至蓟，再经无终，到达辽西郡的碣石（今河北昌黎北）。他使燕人卢生入海访仙人羡门、高誓，还派韩终、侯公、石生访仙人，都是为了求长生不死之药。始皇西归时，就便“巡北边”，大约是沿旧燕国北长城一线至今内蒙古地区，再南至上郡，回到咸阳。

秦朝为修长城、御匈奴、开驰道、修宫殿、造坟墓而征发的徭役繁多，赋税也很重。公元前209年（秦二世元年），又大发徭役。其中自河南征发的一支约九百人，由县尉押着，到渔阳戍边。这支被征发的农民在行到蕲县大泽乡（今安徽宿县东南）时，由于阴雨连绵，道路不通，耽误了行期。按照秦朝的法律，误了行期是要斩首的。于是这九百被征发的农民在陈胜、吴广的领导下，发动了起义。原六国贵族也乘机起兵复国。陈胜派武臣为将军，率领三千人北略赵地。“不战以城下者三十余城，至邯郸”，[①]武臣自立为赵王，脱离了陈胜、吴广的节制。武臣又以旧燕上谷卒史韩广为将，北略燕地。燕旧贵族亦拥立韩广为燕王，恢复了燕国，以蓟为国都。公元前208年（秦二世二年）后九月，秦以王离为统帅，自上郡率数十万大军东向，围赵王歇（歇为赵旧贵族，时武臣已死）于钜鹿（今河北平乡）。秦将军章邯率二十余万大军自中原地区北渡黄河，修甬道，自黄河北至钜鹿以南，为王离供运军粮。这时钜鹿危急，赵一再派人向各反秦势力求援。燕王韩广即派将军臧荼率军前来救赵。次年，在钜鹿会战，救赵各路军以项羽率领的楚军为主力，大败秦军。秦将王离被虏，苏角被杀，涉间自焚，章邯南逃。臧荼等各路将领共推项羽为“诸侯上将军”，为反秦联军的统帅。项羽在殷墟（今河南安阳）接受了章邯的投降后，

① 《史记·张耳陈余列传》。

举兵而西，入函谷关，直至咸阳。

这时刘邦已先于项羽而入关灭秦。但刘邦的军力较小，只有十万人。项羽有四十万人，军力强大。项羽以盟主身份大封诸侯王，共封立随他入关的主要将领和关东已复国的贵族为十八个王国。其中的燕将臧荼因率军随项羽入关有功，被封为燕王，以蓟为国都。原燕王韩广改为辽东王，以无终为国都。臧荼回蓟时，韩广不承认项羽的分封，并以武力抗拒臧荼入蓟。臧荼击败韩广，在无终追杀韩广，并占有韩广的辽东地区，建立新的燕国，仍以蓟为国都。楚汉战争中，韩信在灭赵后，接受了广武君李左车的建议，遣使至燕，臧荼投降，刘邦仍以臧荼为燕王。

公元前202年（汉五年）冬，刘邦灭项羽。同年七月，臧荼反，攻下代郡（今河北蔚县）。刘邦亲率大军进讨并俘虏了臧荼，另立卢绾为燕王，统治旧燕国地区。次年，割蓟以南二十九县置涿郡。

## 西汉时的燕国

西汉初年，今北京地区为燕国，以蓟为都城，诸侯王是卢绾。因与刘邦不同姓，史称为异姓诸侯王。

卢绾与刘邦同里，两人同日生，少时同学，“壮又相爱”。刘邦起兵时，卢绾也参加了。在楚汉战争中，卢绾官至太尉，封长安侯。汉五年七月，在随刘邦击灭臧荼后，被封为燕王。汉十一年（公元前196年）秋，陈豨在代地反。刘邦亲率大军至邯郸（今河北邯郸市），自南面进讨陈豨。燕王卢绾亦率兵自东北击陈豨。后卢绾怕刘邦灭陈豨后，进而消灭他，就又与陈豨勾结，暗地支持陈豨抗拒刘邦；还与匈奴通使，互为声援。次年，刘邦击杀陈豨，得知卢绾与陈豨通谋，遣使召卢绾，卢绾托病不行。于是，刘邦以樊哙为将军，率军击燕。后又改以周勃代樊哙，攻下蓟，虏燕大将抵、丞相偃、太尉弱、御史大夫施等，并接连攻下了上谷、渔阳、右北平、辽西、辽东等郡。卢绾带着他的家属、宫人、亲信等共数千骑，逃到匈奴。一年后，死于匈奴。

刘邦在击卢绾时，与大臣们盟誓曰："非刘氏而王者，若无功上所不置而侯者，天下共诛之。"①并封其子刘建为燕王。立十五年（吕后七年，公元前181年），因病死，谥曰灵王。建子幼小，为吕后所杀，国除。次年，吕后又封其侄吕通为燕王。不久，吕后病死，吕通和吕氏其他亲族一起被消灭。文帝立，又封族人刘泽为燕王。刘泽原为琅邪王，以反对吕氏有功，迁为燕王。泽至燕两年，病死，谥曰敬王。子嘉继位，是为康王。康王死，其子定国继位，因犯罪，于武帝元朔元年（公元前128年）自杀，国除，改为燕郡。元狩五年（公元前118年），武帝复置燕国。次年四月，封子旦为燕王，仍都蓟。昭帝元凤元年（公元前80年），燕王旦与盖长公主、左将军上官桀、御史大夫桑弘羊勾结，阴谋废昭帝以自立。事发，燕王旦自杀，国除为广阳郡。昭帝赐旦谥曰刺王，太子建免为庶人。后六年（公元前73年），宣帝即位，立建为广阳王，改广阳郡为国，仍以蓟为都城。据平帝元始二年（公元2年）西汉官府的统计，广阳国下辖蓟、方城、广阳、阴乡四县，共有户二万七百四十，口七万六百五十八。王莽篡位，国除，改为广有郡，又改蓟为伐戎。

西汉前期，在秦末农民大起义之后，土地占有情况有所调整；西汉统治者又实行"轻徭薄赋"的政策，对缓和阶级矛盾、恢复发展社

① 《史记·汉兴以来诸侯王年表》。

会经济方面也起了一定的作用。农业生产有相当发展。从考古发掘来看，这时已广泛地使用铁器。新中国成立以来，北京地区出土西汉铁农具有铁镬、铁锄、铁库铲、铁耧角等。这些铁器是当时重要的耕田、除草和播种工具。铁农具的大量使用，使北京地区的荒地得到大量开发，水利事业得到发展，耕作技术也有进步。新中国成立以来，在北京城的内外发现了大批的属于汉代的水井，其中的大部分是西汉时期的。这些水井都是用陶质的井圈筑成。1956 年，在永定河引水工程中发现了汉代的陶井有一百五十余座，主要密集于宣武门豁口两侧到和平门一带。1965 年又在这一带发现了汉代陶井五十余座；此外，在今琉璃厂、新华街、象来街、北线阁、广安门内大街、校场口、牛街、陶然亭、姚家井、白纸坊等地，直至西单的大木仓，也都发现有陶井。这些密集的陶井不似单纯为了饮水之用，很可能也是为了灌溉田地和园圃而开凿的。果树的种植很普遍，主要有枣、栗等，产量很大，已成为这一地区重要的经济构成部分，甚至用以代替粮食。

这里的手工业也有相当发展。据文献记载，渔阳和涿郡都设有铁官，主开山鼓铸。在今北京城北郊的清河镇发现的汉代冶铁遗址中，出土铁器很多，有兵器如剑、戟、钺等，有农具和手工工具如锄、镬、铲、耧角、锛、凿、环刀等，此外还有鼎、镜、车具、马饰和其他器具。这些器具的发现，说明了当时的冶铁业相当发展，产品的种类很多；同时也反映了与之有关的其他行业，如农业、木工业、运输业等，亦相当发达。1975 年在丰台区大葆台发掘的西汉墓中，有不少铁器出土。其中有铁斧、铁箭铤、铁笄、铁扒钉、铁环首工具、铁戟等。有一件铁斧，一面铸有“渔”字，可能是渔阳铁官铸造的。

制盐业也相当发展。文献记载，在渔阳郡的泉州县设有盐官，这里是重要的产盐地。制陶业也有发展。在大葆台西汉墓出土的陶器有鼎、罐、壶、盘、盆、魁、钫、瓮及耳杯等。器表多施一层黑漆衣，亦有里施红漆外施黑漆的。

这里的商业也很发展，这是和当地的农业、手工业的发展及地邻北边民族地区分不开的。蓟是这一地区的贸易中心。《史记·货殖列传》说："夫燕亦勃、碣之间一都会也。南通齐、赵，东北边胡。上谷至辽东，地踔远，人民希，数被寇，大与赵、代俗相类，而民雕捍少虑。有鱼盐枣栗之饶。北邻乌桓、夫余，东绾秽貉、朝鲜、真番之利。"《盐铁论·通有篇》说："燕之涿、蓟，赵之邯郸，魏之温、轵，韩之荥阳，齐之临淄，楚之宛丘，郑之阳翟，三川之二周，富冠海内，皆为天下名都。"这一地区的主要商品除本地的农业、手工业以及土特产品外，还有来自中原地区的布帛、漆器，来自乌桓、夫余、秽貉、朝鲜、真番等北方和东北方少数民族的皮毛、牲畜等。《史记·货殖列传》说："燕、秦千树栗。"又说："枣栗千石者三之，狐貂裘千皮，羔羊裘千石，旃席千具……此亦比千乘之家。"据此可知当时的北京地区在西汉的前期和中期，已出现了不少大商人。

北京地区长期设置王国，历代诸侯王多奢侈、腐朽，政治黑暗。燕王刘旦为了篡夺帝位，"从相、中尉以下，勒车骑，发民会围，大猎文安县"。又"遣孙纵之等前后十余辈，多赍金宝走马，赂遗盖主、上官桀及御史大夫桑弘羊等，皆与交通"①。这样多的金宝、走马，当然是榨取人民的血汗而来的。大葆台的一号汉墓全长40多米，由墓道、甬道、外回廊、"黄肠题凑"、"便房"和椁室构成。黄肠题凑是用一万五千余根长约90厘米、宽厚都是10厘米的柏木叠砌四壁，用长方木盖顶。椁内置棺，棺共有五重。随葬的珍贵物品现在只残留下

① 《汉书·武五子传·燕刺王旦》。

一些盗劫之余，尚有陶、铜、铁、玉、玛瑙和丝织品等，共四百余件。其中有鎏金铜龙头枕、玉衣片、玉璜、玉璧、玉饰、铜镜、鎏金铜豹等，有些相当精美。在墓道中放置的随葬车马，保存完整，计有朱轮华毂车三辆，马十一匹。从这座墓葬的规格和出土文字资料来看，应是广阳王刘建之陵。

大葆台一号墓全景

北京地区的贫富分化日益严重。大商人和豪强地主对广大劳动人民的剥削和压迫是极残酷的。《汉书·酷吏列传·严延年传》说：涿郡“大姓西高氏、东高氏，自郡吏以下皆畏避之，莫敢与牾，咸曰：‘宁负二千石，无负豪大家。’宾客放为盗贼。发，辄入高氏，吏不敢追。浸浸日多，道路张弓拔刃，然后敢行，其乱如此。”西汉后期，北京地区的土地兼并与剥削、压迫更加严重。

早在武帝时期，北京地区的阶级矛盾和阶级斗争已很尖锐。《汉书·酷吏列传·咸宣传》说：“吏民益轻犯法，盗贼滋起。南阳有梅免、百政，楚有段中、杜少，齐有徐勃，燕、赵之间有坚卢、范主之属。大群至数千人，擅自号，攻城邑，取库兵，释死罪，缚辱郡守、都尉，杀二千石，为檄告县，趋具食。小群盗以百数，掠卤乡里者，不可称数。”西汉末年，全国各地的农民纷纷起义。更始二年（公元24年），刘秀以绿林军的破虏将军行大司马事持节北徇，至蓟时，王郎在邯郸立为天子，移檄以十万户购刘秀。刘秀命将军王霸到蓟的市中招兵，准备进击王郎，“市人皆大笑，举手揶揄之。霸惭愫而去”。[①]这时，故广阳王刘嘉之子刘接起兵于蓟中，响应王郎。蓟中秩序混乱，转相惊恐，传言王郎的使者已到，城内的大小官吏都出来迎接。刘秀以兵力薄弱，就率众南逃，后得上谷太守耿况、渔阳太守彭宠之助，攻破邯郸，杀王郎。次年，刘秀又遣吴汉率十二将军在潞（今北京通州）东和平谷（今北京平谷区）一带，大破尤来、大枪、五幡等起义军。当时，将军马武等建议刘秀在蓟称帝，刘秀不肯。后至鄗（今河北柏乡），自立为帝，建立东汉王朝。

## 东汉的幽州

东汉初年，今北京地区曾长期处于战乱之中。建武二年（公元26年）二月，渔阳太守彭宠反，自率士卒二万余人，进攻幽州牧朱浮于蓟，并分兵攻略广阳、上谷、右北平各郡。八月，刘秀遣游击将军邓隆助朱浮讨彭宠。隆军在潞（今北京通州）南，浮军在雍奴（今天津武清县兰城村）。彭宠以轻兵大破邓隆军。次年三月，涿郡太守张丰反，自称无上大将军，与彭宠连兵。宠攻破蓟城，自称燕王，又攻拔

① 《后汉书·王霸传》。

上谷、右北平数县，北通匈奴，南结割据势力张步等，以抗拒刘秀。建武四年（公元28年）五月，刘秀遣将军祭遵、刘喜等攻破涿郡，擒张丰。祭遵又进屯良乡（今房山窦店），刘喜进屯阳乡（今河北涿州长安城）。匈奴派兵增援彭宠，为上谷太守耿况击破。彭宠退出蓟城，据守渔阳。次年二月，宠为其奴仆子密杀死，子密投降刘秀，渔阳遂平。

东汉在今北京地区的行政区划基本上沿用了西汉的制度，但亦有变化。更始时期，这里划归幽州，州牧以蓟为驻地，州牧苗曾后为刘秀杀死。刘秀又以朱浮为州牧，亦驻蓟。后州牧改为刺史。东汉末年，又改为州牧。州之下为郡（国），幽州下属十一个郡（国），其中的广阳、涿、上谷、渔阳、右北平五郡（国）的全部或部分地区，在今北京市境内。建武二年（公元26年）四月，刘秀置广阳国，以其叔父刘良为广阳王，都蓟。刘良未就国，建武五年（公元29年）三月，徙为赵王。次年六月，刘秀以国家财政困难，各地人口稀少，下令裁减郡县，全国裁并了四百多个县，占他当时实际控制县数的三分之一；同时减损吏职，十置其一。建武十三年，省广阳国，并入上谷郡。和帝永元八年（公元96年），复置广阳郡，下辖五县，为蓟（阴乡并入）、广阳、昌平、军都（二县原属上谷）、安次（原属勃海）。原辖之方城改属涿郡。据顺帝永和五年（公元140年）的官府统计，广阳郡共有户四万四千五百五十，口二十八万六百。

刘秀在统一全国以后，执行“休养生息”的政策，注意恢复发展农业生产。刘秀对官吏的选任很慎重。当时渔阳郡因为彭宠叛乱的破坏，社会秩序混乱，经济破坏严重。刘秀于灭彭宠的次年，任命郭伋为渔阳太守。“伋到，示以信赏，纠戮渠帅，盗贼销散。时匈奴数抄郡界，边境苦之。伋整勒士马，设攻守之略，匈奴畏惮远迹，不敢复入塞，民得安业。在职五岁，户口增倍。”[1]后又任张堪为渔阳太守，继续沿用郭伋的治术。“捕击奸猾，赏罚必信，吏民皆乐为用。匈奴尝以万骑入渔阳，堪率数千骑奔击，大破之，郡界以静。”[2]张堪很重视农业生产的发展。他在狐奴县（今顺义），利用沽水（今白河）和鲍丘水（今潮河）流经其境，开稻田八千余顷，让人民耕种，改善了当地的农业生产和人民的生活。因此，张堪任太守八年，渔阳比较安定。

这里的手工业也有进一步的发展。据文献记载，渔阳郡的渔阳（今怀柔）和泉州（今天津武清）两县均设有铁官，泉州还产盐。铁器使用的普遍，对于农业生产和其他手工业的发展有很大的作用。制陶业也有发展，从出土的为数众多而技术高超的陶器来看，这时的制陶业已发展到了一个新的阶段。代表性的陶器有釉陶器、彩绘陶器等。其中绿釉陶制的庄园明器使用得很普遍，所塑庄园的类型繁多，庄园内有亭、台、楼、榭、井亭、粮仓、猪圈、禽舍等建筑，有炉、灯、壶等用具，还有奴仆俑以及狗、猪、羊、鸡、鸭等家畜。这样的陶制明器是当地的地主庄园经济发展的反映。

商业也有相当发展，蓟城仍是这一地区的商业中心，也是内地与东北各民族间贸易的枢纽。东汉中后期，乌桓和鲜卑族南迁，部分人迁入长城以内居住，各民族之间的交换关系更加发展。在朝鲜出土的用中国技术织成的菱形纹绢残片和各种漆器，就是从蓟城转运去的。

东汉一代，国力比西汉武帝时薄弱得多，边疆地区一直不很安定。建武十五年（公元 39 年），为了躲避匈奴人的侵扰，徙雁门、代郡、

---

① 《后汉书·郭伋传》。
② 《后汉书·张堪传》。

上谷三郡沿边的居民六万余口，置于常山关和居庸关以东。可是匈奴和乌桓连年侵扰，使上谷、渔阳沿边屡遭破坏。建武二十二年（公元46年），乌桓击破匈奴，匈奴西徙，乌桓向西南发展。辽西乌桓大人郝旦等九百二十二人要求内属，并到洛阳朝见刘秀，以奴婢、牛马及弓、虎豹貂皮为礼物。汉封乌桓渠帅为侯、王、君长者八十一人，都居于渔阳以东的边塞之内。汉于上谷宁县（今河北万全）置护乌桓校尉，“开营府，并领鲜卑赏赐、质子，岁时互市焉”。[1] 东汉中期，乌桓族人民与汉族人民友好相处，边塞无事。这时鲜卑族也自东北方向南下，多次侵扰渔阳、上谷，有时进攻居庸关。如安帝建光元年（公元121年）秋，鲜卑进攻居庸、云中，围乌桓校尉徐常于马城。度辽将军耿夔与幽州刺史庞参发广阳、渔阳、涿郡甲卒，分为两道救之，鲜卑始退。十一月，东汉王朝为加强幽州的边防，开始设置渔阳营兵一千人。灵帝初，幽州北部连年遭到鲜卑的侵扰。以后，鲜卑分裂为数部，侵扰稍减。

东汉中后期，今北京地区土地兼并日益发展，贫富分化严重，地主阶级对于农民的剥削和压迫很残酷，阶级矛盾日益尖锐。灵帝初年，太平道教的首领张角等利用宗教宣传革命。当时的革命口号是“苍天已死，黄天当立。岁在甲子，天下大吉”。中平元年（公元184年）二月，以张角为首的黄巾大起义爆发，同时起义的有青、徐、幽、冀、荆、扬、兖、豫八州的数十万群众。他们以黄巾包头为标志，“所在燔烧官府，劫略聚邑，州郡失据，长吏多逃亡，旬日之间，天下响应”。[2] 蓟城一带的起义人民捕杀了幽州刺史郭勋和广阳太守刘卫，革

① 《后汉书·乌桓鲜卑列传》。

② 《后汉书·皇甫嵩传》。

命形势蓬勃发展。后来张角病死，黄巾军各部为东汉官军和地主武装分割包围，各个击破。至十一月，终于失败。今北京地区则陷入军阀刘虞、公孙瓒、袁绍的长期争夺之中，乌桓的势力也侵入上谷、渔阳、右北平等地。

## 秦汉时期北京地区的文化

秦汉时期今北京地区的文化相当发展，这从当时的手工业工艺水平和文化教育事业的发展等方面，都体现出来。以青铜器具为例，一般用具，器形都制作得工巧精致，美观大方。大葆台汉墓出土的鎏金铜铺首、龙枕、星云纹铜镜、四螭镜、昭明镜等，都是工艺水平很高的作品。当时这里流行使用的一种博山式铜熏炉也是极富有特征的，器整体镂空，烟雾袅袅，具有很高的工艺水平。

陶器的种类很多，工艺水平也很高。许多陶壶、陶罐不仅体势端庄，而且在器表绘有红白花纹，远远看去，和漆器制品差不多。还有一类陶器通体涂有黑色漆衣，油黑闪亮，是一种仿漆器的陶制品。东汉时期，许多陶器加施了绿釉，是陶器制作技术的一大进步。顺义临河村出土的大型绿釉陶楼，丰台区大葆台出土的黑漆衣博山盖陶壶和陶耳杯，都是这类陶器的代表作。

金玉器物都是为贵族和官僚们制作的。其中玉雕的工艺达到了很高的水平。大葆台出土的透雕玉璧、玉螭佩、凤形玉觿等，形体之优美，雕技之精巧，都是出类拔萃的。出土的玉舞人，一袖高扬，一袖下拂，姿态蹁跹，栩栩如生。

玉舞人

（丰台大葆台汉墓出土）

螭虎玉佩

（丰台大葆台汉墓出土）

玉觿

（丰台大葆台汉墓出土）

两汉的统治阶级为了加强专制主义中央集权统治，都很重视儒家经典。西汉初年，时在秦朝“焚书坑儒”之后，社会上没有什么书籍可读，只依靠老儒口头背诵传经。文帝时，蓟城人韩婴为汉王朝的博士，传《诗》，弟子们用当时通行的隶书记录下来，号称“韩诗”。“韩诗”与齐人辕固生所传“齐诗”、鲁人申公（名培，或称申培公）所传“鲁诗”，为《诗》今文经三派。据传，韩婴撰有诗《内传》四卷、《外传》六卷，另有《韩故》三十六卷、《韩说》四十一卷，流传很广。燕、赵一带研究《诗》的，多以“韩诗”为宗。东汉后期，涿郡人卢植也是一位经学家，曾从名儒马融受学，与郑玄同门相友，学成归涿教授，远近闻名。汉灵帝初立，征为博士，后曾任庐江太守，又征拜议郎，转为侍中，迁尚书。黄巾大起义时，曾以北中郎将参加镇压黄巾军。董卓专权时，卢植以反对董卓被免官。他逃出洛阳，隐居于军都山中，立学教授，远近来从学的很多。著有《尚书章句》、《礼记解诂》，是当时在文化上的一个著名人物。

## 第二节 魏晋十六国北朝时期的蓟城

### 蓟城的政治状况和蓟城的居民

黄巾起义军的主力被残酷地镇压下去了，广阳黄巾也被迫退出了蓟城。豪强地主原有的私家武装，在镇压黄巾的过程中大大加强；州郡官吏也纷纷招募军队，扩充势力。东汉以来封建经济发展所导致的分裂形势进一步明朗化。为了防止农民军再起，为了控制州郡以拯救自己的危亡，东汉政权把一些重要地区的州刺史改为州牧，选择一些宗室和其他有名望的官员充任，让他们执掌一州的军政大权。汉宗室刘虞出任幽州牧，于公元189年（汉中平六年）到达蓟城。一年以后，由于董卓之乱，蓟城和名存实亡的东汉政权中断了固定的联系。

蓟城进入了它的发展史的新阶段。它曾经是统一的秦汉帝国的边城，是抵御东北方和北方各族入侵的重镇；到这时，它却成了北方封建割据势力的一个中心。由于这里的割据者援引塞外各族作为自己逐鹿中原的助力，由于接着出现的边塞各族大量进入内地，蓟城在很长的时期内又陷入了各族统治者轮番蹂躏之中。

刘虞在蓟，消平了勾结乌桓、为害幽冀的张纯的叛乱，同时也恢复了上谷（怀来东南）旧有的与塞外各族交易的关市，发展了同乌桓、鲜卑等族的和平交往。他注意农业生产，继续开发渔阳（今密云西南）的盐铁之利。幽州在刘虞统治之下，比军阀混战的中原地区要安定富实一些，因此，中原人大量地向北流入幽州。

公元193年（汉初平四年），刘虞被部将公孙瓒杀死，公孙瓒和袁绍相继割据幽州，直到公元204年（汉建安九年）曹操占领幽冀、统一北方为止。在这段时间内，蓟城的割据者都以乌桓、鲜卑骑兵作为自己武装的重要部分，乌桓、鲜卑人民也大量进入幽州，与当地的汉族人民错居杂处，互相影响，开始走上逐渐融合的道路。

但是，乌桓王蹋顿却经常领军骚扰蓟城地区，抢掠人口财货，破坏生产。公元207年（汉建安十二年），曹操率领大军从冀东出卢龙塞（今喜峰口附近），大破蹋顿的军队，救回了在乌桓的几万户汉民。曹操对乌桓的战争保障了北方的安全，保护了生产，并且在一定程度上杜绝了幽冀统治者勾结乌桓贵族进行割据的可能性，有助于北方的统一。

这里的一些汉族封建统治者，对边塞各族也继续实行民族压迫。

曹魏的幽州刺史毌丘俭曾经把辽东塞外的高句骊人民远徙到河南荥阳。西晋的幽州刺史王浚更勾结鲜卑贵族段务勿尘，率领鲜卑、乌桓军队参加八王之乱，在邺城纵容军队烧杀掳掠，并且逼令鲜卑兵把抢来的汉族妇女八千人沉溺于易水之中。

十六国的混战开始以后，幽州地区暂时战乱较少，北方人民投奔这里的很多。但是他们在王浚的搜刮和压迫之下，并没有找到生活的出路。公元314年（晋建兴二年），王浚被羯族石勒的军队杀死，蓟城落入鲜卑段部的手中。公元319年（晋大兴二年），石勒夺得蓟城。为了防御辽西地区鲜卑慕容部南下，石勒在他的根据地襄国（今河北邢台）和蓟城之间种植成行的榆树，在滹沱河上架设浮桥，以加强襄国与蓟城的联系，把蓟城作为攻守的基地。

公元350年（晋永和六年），当冉闵夺取后赵政权的时候，鲜卑慕容部的统治者慕容儁从辽西地区南下，分兵由今冀东、喜峰口、居庸关三路，攻进蓟城。从这时开始到公元357年（晋升平元年），蓟城为前燕的都城。以后半个世纪，蓟城除了处在氐族前秦统治之下的十几年以外，一直是慕容部的故都龙城（今辽宁朝阳）同新都邺城（今河北临漳）之间的枢纽，是鲜卑部落经常出入的地方。四世纪末，蓟城被鲜卑拓跋部的北魏政权取得。北魏分裂以后，蓟城先后属于北齐和北周。

蓟城地区政治形势变幻无常，蓟城居民的民族成分也部分地发生变化。在魏晋十六国北朝时期内，这里居民的主体仍然是汉族人民，但内迁的乌桓、鲜卑人民却也不少。当慕容儁以蓟城为都时，曾把前燕文武官员、兵士以及鲜卑人民迁到蓟城居住。丁零族一部分聚居在密云等地，蓟城附近的一条河流就是以丁零川为名的。公元429年（魏神䴥二年），北魏把塞外高车族几十万人强制安置在从阴山到滦河上游的地带进行农牧。幽州北部接近这一地带，可能也有高车人的聚落。公元432年（魏延和元年），北魏又从东北诸郡徙民三万家于幽州。除此之外，在中原混战时，流民也常常自发地向幽州移徙。刘虞时，中原流民进入幽州的达百多万口；后燕慕容农做幽州牧时，四方流民有几万人聚集到这里；北魏尉诺做幽州刺史时，逃亡在外的幽州人民回乡的有一万多户。这些流民以汉人为主，也有久居塞内的其他各族人民。公元523年（魏正光四年），六镇起义时，边镇各族兵民流入蓟城地区的非常之多，领导流民和蓟城地区人民起义的杜洛周，就是柔玄镇（今内蒙古兴和县西北）的流民。

蓟城地区的人民向外流动的现象也常发生，这除了由于蓟城地区统治者的压迫剥削之外，还由于各族征服者掠夺人口的野蛮行为。公元338年（晋咸康四年），后赵石虎强徙蓟城居民万多家于中原；公元340年（晋咸康六年），又从渔阳掠走户口；同年鲜卑慕容皝掠徙蓟城和附近居民三万多户北走；公元385年（晋太元十年），后燕叛将徐岩入蓟，掠走了千多家居民，等等。陆续入居蓟城地区的鲜卑慕容部人民，除了已与本地原有居民完全融合了的以外，绝大部分被北魏征服者强徙到平城（今山西大同）去了。

人口的流动，统治者的强制迁徙，使蓟城地区居民的民族成分不断起着变化。在魏晋十六国北朝的将近四百年的长时期中，蓟城是一个民族融合的巨大熔炉。蓟城周围广阔的原野，是入塞各族人民从游牧生活过渡到定居农耕生活的良好场所；蓟城附近发达的封建制度，是入塞各族融合的共同基础。定居蓟城的各族人民都是蓟城的主人，他们同以汉人为主的原住居民一起，创造着蓟城的物质财富和精神财富，发展着蓟城的历史。

蓟城地区各族人民的融合，是在反对民族压迫的斗争中进行的。

例如北魏军队占领蓟城后，渔阳的乌桓人库傉官韬聚众起兵。他们顽强地进行战斗，失败了再起来。直到公元416年（魏泰常元年），北魏统治者才把乌桓起义领袖库傉官女生俘送平城。蓟城地区人民的斗争与北方各地各族人民的斗争互相呼应，迫使北魏统治者在一个很长的时间内不敢把都城迁到河北、河南地区来，迫使他们逐渐缓和民族压迫。

## 蓟城及其周围的建设

蓟城，这一历史悠久的名城，尽管经历了纷繁复杂的变化，它的城市基址却在从战国到辽代的一千多年中没有变动。

根据北魏地理学家郦道元（他是蓟城附近的涿县人）的《水经注》以及其他文献，根据新中国成立后北京出土的器物和西晋幽州刺史王浚妻华芳墓志[①]，我们可以推断蓟城城址在现在北京城的西南部，蓟城的大部分与现在北京外城的西北部相重合。

蓟城处在许多水道的环绕之中。在蓟城城南七里，今天的永定河之北，是当时㶟水（永定河）的河道。今西直门外紫竹院公园的湖泊，就是当时高梁河的源头。高梁河绕过蓟城的北面和东面，向东南灌注于流经蓟城南面的㶟水。蓟城南面的清泉水，是游人赏玩的场所。

公元206年（汉建安十一年），曹操为了打通蓟城附近地区的海运，作进攻乌桓的准备，曾经从泃河口凿渠入潞水，名叫泉州渠。泉州渠可以同通海的平虏渠（在呼沱河和泒水之间）连通。这样，蓟城

① 华芳墓于1965年在今八宝山西侧半公里处出土，墓志有“假葬于燕国蓟城西廿里”之文。

地区开始有了由潞水通海的水道。不过在各族统治者混战的年代，这个通海水道并没有得到维护和加修，没有起到它应起的作用。

在蓟城的西北，从居庸关到山西大同，修起了屏蔽蓟城的长城。蓟城从战国以来作为都城或封国所在地，城内陆续修建了一些大的建筑物。前燕慕容儁在这里修建了太庙和宫殿，宫殿还沿用了燕昭王时碣石宫的旧名；又在东掖门下建立了一座铜马像，铸造出塞外骏马的雄姿。可惜这些建设成果，都被后秦幽州刺史烧毁了。后来北魏军进攻后燕，后燕太子慕容宝又席卷蓟城府库北走龙城。

## 蓟城人民的经济生活

蓟城地区，农作物以粟类为主，但也有种植水稻的传统。战国以来，历三国、北朝以至隋唐，都留有蓟城人民种植水稻的记载。

戍守蓟城的兵士，常常是这里的一支重要劳动力量。他们被组成屯田兵，同本地人民一起进行耕垦。东汉末年，公孙瓒在这里开置屯田；魏国刘靖的军队在蓟城屯田种稻；后赵石虎在幽州以东兴办屯田；北齐在邻近蓟城的范阳督亢陂（今涿县以东）开置屯田，每年收稻谷数十万石。

水利灌溉是蓟城地区农业生产发展的重要条件。公元250年（魏嘉平二年），刘靖开置屯田时，在梁山（今石景山）的㶟河（今永定河）上修建了一座拦河大坝，叫做戾陵堰。在大坝东端开凿引水渠，叫做车箱渠。车箱渠拦截一部分永定河水流向蓟城东面的高梁河，使高梁河水更为充沛。高梁河两岸开凿了许多沟渠，灌溉田亩两千顷。山洪暴涨季节，㶟河水还可以部分地从车箱渠疏泄，以减轻蓟城南面的泛滥之灾。公元262年（魏景元三年），樊晨主持重修戾陵堰，并从高梁河上游开渠直通温榆河，扩大了灌溉面积。公元 295 年（晋元康五年），戾陵堰被山洪冲毁四分之三，曾作过一次大修。二百多年以后，北魏裴延儁做幽州刺史时，又有修复戾陵堰的记载。公元 565 年（齐河清四年），北齐幽州刺史斛律羡组织蓟城地区人民再一次把高梁河水引向温榆河，然后东注潞水，沿岸溉田很多，免去了北齐运输边食之劳。

戾陵堰、车箱渠等水利工程，最初是由兵士千人修成的。公元 295 年（晋元康五年），修复时出动了兵士两千人，用了四万多工人，蓟城附近人民也有好几千人参加了劳动。但是许多统治者为了一己的私利，独自占有或任意破坏水利。例如西晋末年蓟城的统治者王浚同他的部将，为了引水灌溉自己的田地，不惜淹没附近居民大片的土地和坟墓。因此，在魏晋十六国北朝这一时期内，水利工程难于长久维持，人民一次又一次地建造的渠、堰，都在使用不久以后逐渐堙废了。

蓟城地区人民有经营畜牧业的传统。幽州的马是自古驰名的。幽都的筋角，是制造弓弩的贵重材料，魏人陈琳的《武库赋》和晋人江统的《弧矢铭》中，都对用幽都筋角做成的弓弩倍加赞扬。蓟城地区畜产品的著名，与塞外游牧部落不断进入这里有着密切的关系。

蓟城地区的手工业生产，在混战中受到很大的破坏。北魏统治者把北方各地的手工业者强徙到平城去，也是促使蓟城手工业生产衰落的重要原因。但是蓟城民间麻、布生产仍有相当大的数量，人民负担的户调，就是用麻、布缴纳的。今密云县是出铁的地方，刘虞时有继续开采的记载。今平谷区西北有盐池，出产食盐，北魏在这里设斛盐戍，驻兵守卫。蓟城附近有“胡市”，是与塞外各游牧民族交易的处所，它起着促进各民族经济交流的作用。根据历代“胡市”的传统推测，这里输出的主要商品，应当是粮食、铁器以及其他手工业品。

在蓟城地区，也和在北方其他地方一样，大地主多是强宗豪族。他们拥有大量土地，拥有以宗族、亲戚、邻里为主的成百成千的苞荫户（依附农民），以及相当多的耕织奴婢。他们还把苞荫户武装起来，组成部曲家兵。在北魏前期，这些人被称为宗主，他们“督护”一方，取得了代替北魏政权统治地方的权力。

在封建剥削之下的蓟城农民，生活在水深火热之中。东汉时期，幽州地区政权机构的费用，除了靠本地剥削所得以外，还经常仰给于人烟稠密的青、冀等州赋调的补充。东汉以后，这里战争越来越多，相应增加的军政费用只能取之于本地人民，得不到外地的调补。负担租税的自耕农民，越来越多地脱离官府的控制，沦为豪强地主的依附农民。自耕农为数日少，他们的租赋兵徭负担却日益加重。公元555年（齐天保六年），北齐统治者为了修筑从居庸关到平城（今山西大同）的长城，征发民丁竟达一百八十万人，在长城起点上的蓟城各族人民，自然大量被征发去从事苦役。长城工程完毕之后，北齐统治者抛弃了羸弱的服役者，其中有许多就饿死、冻死、病死在他们亲手筑成的长城之下。

无论是自耕农民还是依附农民，他们都在饥饿线上挣扎着。封建地主高筑谷仓，囤粮拒粜，地方官吏也搜刮粮食，不顾人民死活。例如王浚积粮达五十万斛，而幽州人民却求食无路，不得不四散流亡。与战乱相伴而来的各种天灾，经常袭击蓟城人民。每一次千里飞蝗、山洪暴发的灾害都要使蓟城地区成千上万的人丧失生命。在封建时代，天灾有时是残暴统治的直接结果。

## 杜洛周领导的反魏斗争

十六国时期以来，蓟城地区的阶级矛盾就尖锐地存在着，只是由于各族人民暂时为民族界线所分隔，阶级矛盾还难于发展成为大规模的农民战争。北魏中期以后，民族融合进程加快了，民族差异逐渐减少了。随着北魏统治力量的加强，随着社会经济的发展，统治者的贪婪腐朽越来越厉害，迁都洛阳以后更为明显。这样，北方社会大规模阶级斗争暴发的时机日益成熟。公元499年（魏太和二十三年），幽州人王惠定聚众起兵，自称明法皇帝；公元514年（魏延昌三年），幽州和尚刘僧绍起兵反魏，自称净居国明法王。幽州地区的这些斗争，是北方人民反对北魏统治的大规模斗争的先兆。

公元523年（魏正光四年），北方边塞地区各族人民掀起了震撼北魏统治者的大起义，很快波及蓟城地区。公元525年（魏正光六年），柔玄镇兵杜洛周在上谷（治今延庆境）起兵抗魏，进军蓟城。蓟城各族人民纷纷揭竿而起，抛弃了过去在起义中使用的宗教外衣，集中到杜洛周的旗下来了。公元526年（魏孝昌二年），北魏安州（治今河北隆化）三戍兵二万多倒戈策应，起义军的声势更壮大了。他们连续在军都关（今居庸关）和蓟城北面大败北魏军，逼使北魏燕州刺史（治今河北涿鹿）弃城南走。十一月，起义军进攻范阳（今河北涿县），范阳人民活捉了魏军的统帅常景和刺史王延年，开城门迎接起义军。这样，蓟城地区就完全掌握在起义人民手中了。公元528年（魏武泰元年），杜洛周被杀，他的起义军归并于葛荣军中。强大的葛荣起义军前锋几度进到离北魏心脏洛阳不远的沁水、滑城等处。但是，在邺城以北一仗中，葛荣主力不幸被敌人击溃，他本人也在被俘后牺牲了。

葛荣起义军失败后，军中的蓟城地区人民，一部分转向青州，与邢杲的反魏军并肩作战，另一部分由韩娄、郝长率领，回到蓟城继续斗争达一年之久。

### 蓟城的经学

随着民族融合的进展，各族统治阶级，也同汉族地主逐渐联合。他们开始提倡经学。那时蓟城聚集了一批研究经学的士大夫。久住蓟城的梁祚精通公羊《春秋》和郑氏《易》。蓟人平恒除了综研经籍以外，还写过一本《略注》，记述历代统治阶级的兴衰过程。渔阳人高闾博通经史，北魏的许多诏令，都出自他的手笔。

那时，燕齐赵魏一带私人讲学风气比较盛行。梁祚在蓟，设馆教授门徒。北方著名的经学家徐遵明曾经在范阳研究经学，不少的蓟城人跟他学习。私人讲学传经，是当时教育的一种主要形式，对于汉族文化学术的延续，起着很大的作用。到了北齐时候，蓟城的学校也开始恢复起来了。

少数民族中的一些人，也致力于经学的学习和研究。聚徒讲学的密云丁零人鲜于灵馥，就是其中的一个。各民族在过渡到定居农耕生活，走上封建制道路的过程中，吸收汉族文化是他们很自然的要求。鲜于灵馥讲授经学，说明了汉族文化在民族融合中所起的作用。

## 第三节　隋唐五代时期幽州地区的城市和居民

今北京地区在隋代包括当时幽州的大部分地区；在唐代包括当时

幽州的大部、檀州全部（今密云、怀柔、平谷境）和妫州东部（今延庆境）地区。隋炀帝大业三年（公元607年），将幽州改称涿郡，唐初改郡为州，复称幽州，唐玄宗天宝时一度改称为范阳郡，以后又改为幽州。幽州治所设在蓟城，城址和北魏相同，一直到五代没有什么改变。

隋代涿郡户口达八万四千多户。经过隋末动乱，唐初幽州剩下二万多户，檀州只有一千七百户。到玄宗天宝年间（公元742—755年）幽州增加到六万七千户，三十七万口；檀州增加到六千户，三万口。整个北京及其附近地区①，八世纪中叶人口达四十万人左右。

幽州的居民主要是汉族，同时包括相当数量的少数民族人口。幽州由于地处华北通往东北的要冲，一直与北方和东北少数民族地区保持着密切的联系。汉族劳动人民常常迁入少数民族地区谋生，少数民族人民也常常到这里来经商，或者就定居下来。隋唐统一多民族国家再建，给民族之间的来往提供了更多的便利条件。隋代居于辽西的一部分粟末靺鞨人，唐武德六年（公元623年）迁入幽州城，唐以其首领为世袭刺史，于蓟县罗城内置衙署。开元二十五年（公元737年），又迁往今怀柔西南的桃谷山。贞观四年（公元630年），唐太宗打败突厥，一部分突厥人迁入幽州地区。唐太宗时有一万四千高丽人迁入幽州城，以后散处幽州各地。唐高宗时一部分新罗人迁入良乡广阳城。七世纪末，契丹人反抗地方官府的压迫，一度攻占了营州（治所在今辽宁朝阳），长期居住在营州地区的突厥、靺鞨、奚、契丹、室韦人迁入内地，其中一部分先后定居在幽州的良乡、昌平、潞（今通州）和

① 以上唐代幽州户口数字尚包括今武清、永清、安次、涿县、固安、新城等地户口数字。见《旧唐书》卷三九《地理志》，《新唐书》卷三九、卷四三下《地理志》。

幽州城内外等地。玄宗开元二十年（公元732年）又有奚的李诗部落五千帐迁入良乡广阳城。这些入居幽州的少数民族，除了一部分迁还营州，一部分迁离的以外，到玄宗天宝年间留居在现北京市境内的还有七千一百三十八户，三万四千二百九十三人。①

幽州城在隋唐五代时期始终有许多少数民族定居在这里，是北方农业居民和牧业居民物资交流的中心，不同民族的文化也在这里交流和传播。

## 幽州地区的政治情况

幽州地区的豪强大族地主经过北魏末年杜洛周起义军的冲击，到隋时已经衰落。原来他们世代直接控制本地政权，隋文帝时燕荣为幽州总管，故意把代为著姓的范阳卢氏"皆署为吏卒以屈辱之"。②地方行政完全掌握在隋王朝委派的地方官吏手中。

隋炀帝时，幽州地区的人民曾被大批征调去服各种沉重的劳役，开凿沟通南北的大运河永济渠，并在幽州城内修建临朔宫。男子不足，妇女也被征调。隋炀帝三次攻打高丽，都以涿郡作为兵马粮饷的集结地。大业七年（公元611年）二月隋炀帝下令攻打高丽，从四月到次年正月，他亲自坐镇涿郡，监督各项准备工作的进行。到大业八年初就在涿郡集中了军队一百一十三万三千八百人，出师时用了四十天方发遣完毕。每次退兵也都在涿郡进行休整。这些都给幽州人民带来了极大的灾难。

---

① 以上民族迁徙材料见《旧唐书》卷三九《地理志》；《新唐书》卷三九、卷四三下《地理志》；《旧唐书》卷一八五下《宋庆礼传》。

② 《隋书》卷七四《燕荣传》。

在隋末农民战争初起的年代里，涿郡驻有辽东还兵，农民的斗争受到很大影响。大业十三年（公元617年），窦建德在河间大败薛世雄所率幽蓟精兵后，农民起义军在幽州地区迅速发展。易州起义军数万人进攻幽州，其他起义军也竞来进攻，隋的涿郡留守官多不能拒。唐武德三年（公元620年），窦建德派兵进围幽州，屯兵笼火城（在今北京城与大兴之间）。九月，窦建德亲自率兵二十万围幽州，几次攻到幽州城下，并一度攀上了城墙。

隋唐时期幽州城一直是朝廷统治华北人民、控制东北各个少数民族的军事重镇。七世纪末，契丹和奚强大起来。为了控制和防御契丹和奚，唐玄宗于开元二年（公元714年）设立幽州节度使，统兵九万一千人，马六千五百匹。其中驻扎在今北京市境内的，有幽州城内的经略军，统兵三万人，马五千四百匹；密云城内的威武军，统兵万人；其余的则分布在今北京市附近各地。这些军队每年衣赐八十万匹锻，军粮五十万石。

玄宗天宝三载（公元744年），平卢节度使（治所在今辽宁朝阳）胡人安禄山由于镇压东北少数民族有功，兼任范阳节度使。安禄山阴谋夺取中央政权，他以御寇为名，筑雄武城，内贮粮食、兵器和一万五千匹战马；他还奏请于上谷（今易县）铸钱五炉，派商胡到诸道贸易，以积聚财力；并以汉族失意文士高尚、严庄等作为自己的谋士。天宝十载，安禄山复兼河东节度使后，更加紧进行准备。他以同罗、奚、契丹等少数民族士兵八千人作为自己的亲兵，又奏请用“蕃将”三十二人代替汉将。天宝十四年（公元755年）十一月，安禄山以讨杨国忠为名，发所部兵及同罗、奚、契丹、室韦凡十五万人，号称二十万，从幽州起兵，一直打到了洛阳和长安。自安禄山陷两京，常以骆驼把两京御府珍宝运回幽州。后来安禄山集团发生内讧，安禄山为其子安庆绪所杀，安庆绪又为部将史思明所杀，最后史思明也为其子史朝义所杀。在安史父子的统率下，叛乱前后持续了八年，历史上称为安史之乱。安史之乱是一场统治阶级内部争权夺利的战争。安史等人用纵容部下烧杀抢掠的办法来鼓舞士气，焚人室庐，掠人玉帛，壮者死锋刃，弱者填沟壑，社会经济受到了严重的摧残。

安史之乱被平息后，投降唐朝的安史余部仍然盘踞在河北地区，实力还很强大。唐王朝为了换取他们表面的拥戴，都给以节度使的名号，承认他们的割据。河北地区从此分属幽州卢龙（治今北京市）、魏博（治今河北大名）和成德（治今河北正定）三镇。幽州地区从公元763年（代宗广德元年），李怀仙作幽州卢龙军节度使起，到公元913年（后梁乾化三年），李存勖从山西攻占幽州止，一百五十年间先后更换了二十八个统治者。

藩镇的统治是十分贪婪残暴的。唐末五代初，刘仁恭割据幽州，统治尤其黑暗。他在境内使用铁钱，还用胶泥做成钱币，强迫人民使用，而把民间铜钱搜刮进自己的腰包，“于大安山巅凿穴以藏之，藏毕即杀匠石以灭其口”。他还禁止茶商入境，把山上的草叶采来当茶叶卖。后来他与开封的朱梁政权争夺河北，连续失败，竟然强迫征发境内十五岁以上、七十岁以下的男子全去当兵，并且要自带兵粮，以致“闾里为之一空”。当兵的男子“无贵贱并黥其面，文曰定霸都；士人黥其臂，文曰一心事主”。①

公元十世纪初，耶律阿保机统一了契丹各部，于公元916年建立了契丹国。幽州地区的统治者刘守光和太原的李存勖，都企图勾结契丹统治者来消灭自己的敌对力量。契丹统治者则利用他们之间的矛盾，

① 以上有关刘仁恭的引文均见《旧五代史》卷一三五《刘守光传》。

乘机发展自己的势力。913 年晋王李存勗攻占了幽州，并南攻朱梁，准备统一北方。917 年阿保机亲自率领军队三十万围攻幽州城。契丹兵从四面挖地道攻城，城中掘开地道，灌油燃烧以阻击敌兵；又堆土山攻城，城中熔铜汁以洒杀敌兵。由于幽州兵民的奋战，晋军固守幽州孤城近二百天，使契丹南侵的企图受到严重的挫折。后唐统一北方后，契丹不断进扰幽州。公元 928 年，新即位不久的耶律德光又出兵支持河北定州的割据势力，破坏北方统一。契丹兵冒险向南深入，曲阳一战，大败而逃。契丹复遣七千骑救定州，在唐河被打败北走，沿途受到人民的袭击，溃不成军。逃经幽州时，被后唐军邀击，“余众散投村落，村民以白梃击之，其得脱归国者不过数十人。自是契丹沮气，不敢轻犯塞”①。

为了防御契丹，后唐在山西、河北地区屯驻了大量的军队，积存了大量的军事物资。河东节度使石敬瑭为了夺取中央政权，不惜出卖人民的利益，无耻地向契丹皇帝称儿称臣，答应事成之后把雁门以北、幽州节度管内的十六州割让给契丹，以换取契丹的军事支持。936 年，石敬瑭在契丹骑兵五万人的帮助下，推翻了后唐。耶律德光册命石敬瑭为大晋皇帝，幽云十六州被割让给契丹。幽云十六州中的幽（今北京）、檀（今密云）、顺（今顺义）、儒（今延庆）四州以及妫州（今怀来）的一部分均在今北京市境内。长期以来人民用鲜血保卫住的幽州城及其附近的广大地区，被统治者轻易地出卖了。

## 幽州经济的发展

唐代幽州地区的土地得到进一步的开垦，农业有所发展。永徽中

① 《资治通鉴》卷二七六后唐明宗天成三年。

(公元650—655年)幽州农民引芦沟水，广开稻田数千顷，百姓赖以丰给。但是，幽州作为隋和唐在北方的军事重镇，经常驻有大量军队，仅仅依靠本地的粮食是不够供应的。隋末“仓粟盈积”，是作为军粮从外地运来的。贞观时幽州设常平仓，是作为灾年赈救或贷为种子用的。武则天以后，契丹、奚与唐王朝的关系紧张，不断发生战争，幽州的军粮经常由江南运来。公元696年陈子昂在《上军国机要事》中说，“即日江南、淮南诸州租船数千艘已至巩、洛，计有百余万斛。所司便勒往幽州，纳充军粮。”[①]杜甫在《昔游》一诗中写道，“幽燕盛用武，供给亦劳哉。吴门转粟帛，泛海陵蓬莱”。《后出塞》中也说：“渔阳豪侠地，击鼓吹笙竽。云帆转辽海，粳稻来东吴。”[②]都说明长江下游稻米运到幽州的情形。唐朝后期，幽州处于藩镇割据政权统治之下，粮食供应主要依靠幽州附近的妫州（治怀戎，在今官厅水库北岸）及北边七镇（在今密云、平谷一带）。

唐代幽州的果木生产有一定发展。栗是幽州重要的贡品之一。[③]幽州附近的涿州（今涿县）城内并有果子行，专门出售干鲜果品。燕山还出产木材。开元初张说为幽州都督，“命杼人斩木于燕岳，使通林麓之财。”[④]幽州和檀州的土贡有人参，檀州的土贡还有麝香。按唐令，土贡“皆取当土所出”，[⑤]说明唐代蓟城附近和密云一带还出产人参和麝香。

绫、绢都是幽州向朝廷贡献的土产，幽州城里开设有各种绢行，说明这里的丝织业有一定的规模。蓟城附近有铁冶，城里也开设有生

① 《陈子昂集》卷八。

② 《杜工部诗集》卷七、卷三。

③ 《新唐书》卷三九《地理志》；《通典》卷六《食货六・赋税下》。

④ 《全唐文》卷三一二孙逖《唐故幽州都督河北节度使燕国文贞张公遗爱颂并序》。

⑤ 《新唐书》卷三九《地理志》；《通典》卷六《食货六・赋税下》。

铁行。铁的开采和冶炼是幽州的重要手工业之一。唐高祖时，在幽州设有铸钱监。开元初张说命人“采铜于黄山，使兴鼓铸之利”。[①]说明幽州的冶铜业在继续发展之中。幽州地区还有盐池，唐政府在这里设立了盐屯，每屯配丁五十人。[②]

幽州的地理位置决定了它在唐代国内商业贸易上的重要地位。马和皮毛等关外产品的输入，以及关内农产品和手工业品的输出，都以幽州作聚散点。不少胡商也集中到这里。范阳节度使安禄山就曾经“分遣商胡诣诸道贩鬻，岁输珍货数百万”。[③]贸易额是相当可观的。天宝（公元742—756年）、贞元（公元785—805年）间，幽州城里的各行各业十分发达。城北部设有一个固定的商业区和手工业区，称为“幽州市”。各行业都在市里进行营业。行业种类见于房山云居寺石经题记的有白米行、大米行、粳米行、屠行、肉行、油行、五熟行、果子行、椒笋行、炭行、生铁行、磨行、染行、布行、绢行、大绢行、小绢行、新绢行、小彩行、丝绵彩帛绢行、幞头行、靴行、杂货行、新货行等近三十种行业，不仅行业种类繁多，而且各行之间的分工也很细。行是由经营同一种类商品的店铺组成的，业主称为铺人。铺人有的有许多伙计和学徒，有的则是依靠自己和家人劳动为生的小商人和小手工业者。

唐代幽州的交通更加发达了。从长安到幽州，有从长安出发经太原出娘子关，和经洛阳然后沿今京广线北上两条路线。沿途都设有店肆，备有酒饭和驿驴，便利商旅往来。从幽州到东北，可经密云从北

---

① 《全唐文》卷三一二孙逖《唐故幽州都督河北节度使燕国文贞张公遗爱颂并序》。

② 《金石萃编》卷一〇三《大唐河东盐池灵庆公神祠碑》：“盐池之数有九，七在幽朔，二陂河东。”《通典》卷十《食货十·盐铁》。

③ 《资治通鉴》卷二一六唐玄宗天宝十载。

口（今古北口）出长城至奚王牙帐（今辽宁宁城东），亦可沿今京承铁路线而至东北。还可出居庸关（唐时亦名纳款关、军都关）至妫州和山西北部。唐武宗灭佛，五台僧多亡奔幽州，幽州节度使张仲武封二刀付居庸关曰："有游僧入境则斩之。"说明居庸关在当时是从北边进出幽州的重要门户。水路，可由永济渠从幽州直达洛阳，还可经海上通往江南和东北。

## 幽州的文化

《隋书·地理志》说，涿郡等郡"皆连接边郡，习尚与太原同俗，故自古言勇侠者皆推幽并云。然涿郡、太原自前代以来，皆多文雅之士。虽俱曰边郡，然风教不为比也"。唐代，幽州地区也产生了不少的文学家和艺术家。例如，天宝时精通棋艺又工诗文的张南史；以"推敲"称著的中唐诗人贾岛；博通经义，文宗时在对策中指斥朝政而轰动一时的刘蕡等，都是当时的知名之士。

武则天时，著名诗人陈子昂从征到幽州，登蓟北楼，抚今感昔，泣然流涕而歌曰："前不见古人，后不见来者，念天地之悠悠，独怆然而涕下！"这就是著名的《登幽州台歌》。开元初，一代文宗张说为幽州都督。开元二十年前后，著名诗人高适来到幽州，诗人王之涣也寓居在蓟城郊区的蓟门。他们在这里也写下了许多反映幽州风貌，记录他们在幽州生活的诗篇。

唐代和亚洲各国的经济文化交流日益频繁，中亚、西亚一带的乐舞和体育游戏不断传到中原，受到广大人民的喜爱。从波斯传来的打球（击鞠）就是唐代很流行的一种体育游戏，有骑马打和步打两种。幽州地区打球之风很盛行，球场规模很大，通常还作为阅兵的场所。

幽州还有一些表演杂技的民间艺人。《朝野佥载》说："幽州人刘交戴长竿，高七十尺，自擎上下。有女十二，甚端正，于竿上置定，跨盘独立。"《杜阳杂编》也记有幽州妓女石火胡："于百尺竿上张弓弦五条，令五女各居一条之上，衣五色衣，执戟持戈，舞破阵乐曲，俯仰来去，赴节如飞。"可见当时幽州的杂技是相当流行的。

幽州地区的雕塑在唐代也取得了高度成就。天宝末年，安禄山在幽州，以白玉石雕为鱼、龙、凫、雁及莲花献给唐玄宗，其"鱼龙凫雁皆若奋鳞举翼，状欲飞动"。①可见雕镌的巧妙。房山石经山的辽塔周围保存有睿宗景云二年（公元 711 年）至玄宗开元十五年（公元 727 年）期间的四座小塔。有些小石塔上有佛、菩萨、天王和力士像的浮雕，姿态生动，雕刻都很精美。在北京房山磁家务的南山坡上，有一座无梁殿，名万佛龙泉宝殿，又叫万佛堂。殿内墙上嵌有《万佛法会图》浮雕石刻，据考刻于唐大历五年（公元 770 年）。雕刻也十分精美，保留至今。近年在北京出土的唐信州刺史薛氏墓内的五个精美的汉白玉石俑（鸡、蛇、龙、猪、羊），线条生动，姿态自然，栩栩如生，雕技非常成熟。这些都反映了唐代幽州地区雕刻艺术的高度发展水平。薛氏墓室内还残存有壁画，上有花卉和水鸟的残迹，反映唐代正在兴起的花鸟画已出现在幽州地区了。

隋唐时期的佛教是非常盛行的。北京西南房山区大房山的云居寺是古时幽州重要的佛教寺院，以珍藏石板经著称于世。据记载，北齐南岳惠思大师鉴于北周武帝灭佛焚经的教训，决心刻石经藏于山中。其徒幽州僧静琬秉承师嘱，于隋大业中"发心造石经藏之，以备法灭。"这受到了封建统治者的支持，隋炀帝萧后曾布施绢千匹。唐玄宗

① 《资治通鉴》卷二一七唐玄宗天宝十四载注引《明皇杂录》。

时还特别颁赐佛经四千余卷，作为刻经的底本。

静琬开凿的华严堂（雷音洞）的四壁，嵌有一百四十六块隋和唐初刻造的石经。从书法上看，石经与虞世南、褚遂良等唐初大书法家的字体相近，具有内含刚柔，外露筋骨，阴劲瘦硬，笔力益刚的风格。这些石刻都不是出自著名书法家之手，而是那些不畏艰辛的无名艺术家的作品，是他们的劳动和智慧的结晶。

北京房山石经山的藏经洞华严堂

石经山上有上下两层石窟，上层七窟，下层两窟，大都是隋唐时期开凿的。这九窟所藏石经，到目前为止，已发掘出四千四百多块。有些刻经题记还保存了当时幽州、涿州行会的名称。这些石经对于校正佛经，研究我国佛教、石刻、书法艺术和经济文化史都具有重要的价值。

北京郊区一些风景秀丽的地方也修建了不少寺院。隋文帝时，为藏“舍利”而在弘业寺（今天宁寺）建有高塔。此塔后来倒塌，今天宁寺砖塔乃辽代建筑（详见本书辽代部分）。唐高祖武德五年（公元622年）在今西郊马鞍山下，创建了一座慧聚寺（今戒台寺），这里有流泉山花，山峰秀丽。唐贞观年间建兜率寺，在西山山麓北部，即今卧佛寺。悯忠寺（今法源寺）是唐太宗贞观十九年为纪念阵亡将士建立的，是为了缓和将士的不满和笼络人心。东西曾建有两塔，高十丈，是安禄山、史思明所建。寺内现仍保存唐肃宗至德二年（公元757年）张不矜撰、苏灵芝书的《无垢净光宝塔颂》，和唐昭宗景福元年（公元892年）的《唐悯忠寺重藏舍利记》。开元年间还建立了天长观（今白云观），是一座规模很大的道教寺院。

唐悯忠寺故址

# 第四章　辽宋金时代的北京

## 第一节　辽代的南京和北宋的燕山府

### 辽代的南京

**幽云十六州的割让**　公元936年，后晋的石敬瑭卖身投靠契丹，依靠契丹的支持，代后唐称帝。作为献媚和酬谢，他无耻地称契丹主为父皇帝，贡纳岁币，并把包括今河北与山西两省北部的幽、云等十六州之地割让给契丹（平州等地先已割弃）。从此，契丹的势力伸入了华北大平原。中原地区直接暴露在契丹的军事威胁之下。

幽州背枕燕山，西凭太行，东临渤海，形势十分重要，历来是中原王朝在东北方的重镇。它依靠北面的古长城和榆关（山海关）、松亭关、古北口、居庸关、紫金关等五关天险，有力地屏卫了沃野千里的华北大平原，阻挡北方游牧民族骑兵的南下。

从地形上看，幽州以北，军都山陡起，形成通向漠北草原的第一步阶梯。居庸关素称天险，但从北口到南口，地势陡降，北方的来犯者居高临下，从防守的角度看是很不利的。因此，居庸天险必须有山后诸州作为它的屏蔽，其中宣化、大同的地位尤为重要。由此再往北，阴山横亘，又构成地形相同的第二步阶梯。因此，阴山的防线又必须把它北面的大戈壁作为藩篱。我国历史上中原王朝与北方游牧民族统治者的长期交往中，有统一，也有纷争。汉唐极盛时期，整个漠南漠北都在其直接控制之下，国家是统一的。在统一情况下，幽州作为汉族与北方少数民族间经济文化交流的枢纽而发挥积极作用；一当漠北被少数民族政权割据之后，幽州便成了中原王朝在东北前沿的军事重镇。一般来说，在这种情况下，如果当时的中原王朝能守住戈壁的南缘，巩固藩篱，北方的边患还是能够有效地控制。如果阴山失去，便会造成消极被动，防范为劳。等而下之，如果双方争在燕山，那就会处处挨打而穷于招架。一旦幽燕尽失，中原王朝便在大平原上与之对峙，以骑战擅长的北方民族便可以充分发挥他们的优势，长驱纵横，建都在汴梁（开封）的中原王朝，直接暴露在他们铁骑的威胁之下，形势是极端不利的。

后周和北宋的统治者做过不止一次的努力，想收复幽云。公元959年（显德六年），周世宗北伐，收复了三关之地，不幸在军前染病死去。北宋的统治者在统一了南方，并经过长期的准备之后，公元979年（太平兴国四年），宋太宗灭掉了盘踞在太原的北汉，想乘胜恢复幽燕。文臣赵昌言附和说："自此取幽州，犹热鏊翻饼耳！"大将呼延赞反驳说："书生之言不足尽信，此饼难翻。"宋军在镇州集结后，北进至燕京城下，督诸将攻城，围城三周，穴地而进。城中的汉人多怀二心，辽将耶律隆运全力防守。由于宋军在太原战役之后，已经师老兵疲，加以孤军深入，后援不继，因此，当辽将耶律斜轸率大军南下救援时，两军交战于高梁河（今北京西郊），宋军全师溃败。公元985年（雍熙二年），宋太宗再一次以曹彬等分道北伐，但同样遭到了失败。从此，双方划白沟为界，维持南北对峙的局面。为了阻止契丹骑兵的南侵，宋在燕南一带推行所谓塘泺政策，利用滹沱河、易水、白沟河等河道湖泊，筑堤贮水，使西起顺安军（今河北高阳东），东达于海，东西三百余里，南北五、七十里之地，尽潭为水田陂泽，并置寨戍兵，备置船只，进行防守。以后的一百多年，在北宋每年输纳大量岁币的情况下，宋、辽之间，大体上保持和平相处的局面。

**辽建南京** 契丹得到幽云十六州之后，便把幽州升为五京之一的南京，又称燕京，府名幽都〔开泰元年（1012年）改称析津府〕，军号卢龙，统檀、顺、涿、易等六州和析津、宛平等十一县。

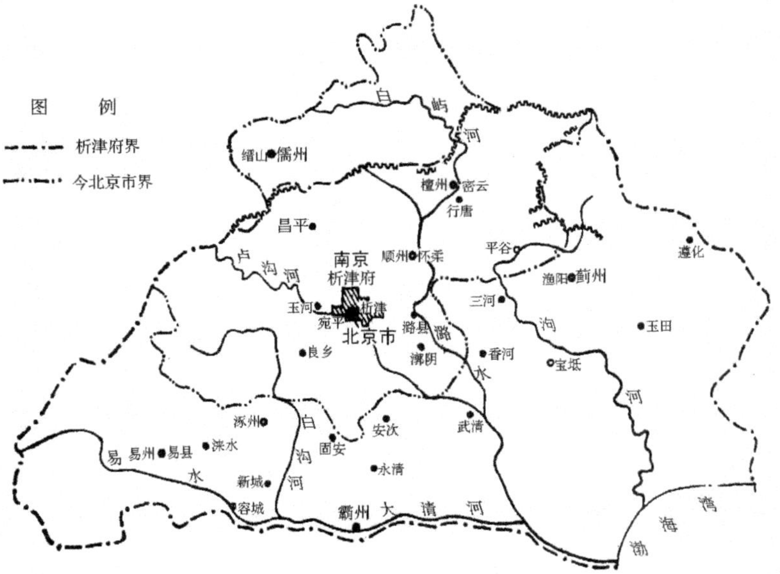


辽析津府行政辖区示意图

幽州地区从古以来就是中原与北方和东北少数民族经济联系及文化交流的桥梁。契丹和东北的其他少数民族都通过这里吸取汉族的先进文化，从而加速自己社会经济的发展。阿保机在每次南侵时把幽燕地区的汉人迁向东北，为治城郭、邑屋、廛市，如幽州制度。上京临潢府里，组成邑屋市肆，从事绫锦诸工作的汉人也大多是幽州人。他们和东北各少数民族人民一道，辛勤劳作，使东北地区得到了进一步的开发。

契丹得到幽云十六州之地以后，国内的政治组织和经济状况都有了重大的变化。当时，契丹人还处在以渔猎和畜牧为主的奴隶社会，而燕云地区则是经营定居农业的、高度发展的封建社会。契丹统治者既来不及立即接受先进的汉文化以改变其落后的生产方式，又无法把本民族的那套方式强加来管理并改变燕云地区。唯一的可能便是维持这里原有的社会状况，而满足于征收贡赋。因此，在国家行政组织上推行所谓“胡汉分治”的办法，“以国制待契丹，以汉制待汉人”。在中央分设北、南两枢密院，北院统治契丹和北方游牧民族；南院统治汉人。至于燕云地区地方上的统治机构，则大体上仍是沿袭唐以来的旧制。绝大部分的南面朝官与燕云地方官也都是由汉人地主来担任。燕京的韩、刘两姓都是辽代有名的强宗富族。韩延徽佐阿保机，树城廓，分市里，以居汉人之降者。又为定配偶、教垦艺以之生养，以故逃亡者少，对阿保机的勃兴起了决定的作用。他的孙子韩德让，圣宗朝以顾命大臣而任大丞相、蕃汉枢密使、南、北面行营都部署，赐姓耶律，名隆运。韩氏家族中，先后在中央任执政的七人，大官九人，一般官吏二百多人。幽燕地区的社会经济结构基本上也没有改变。地主占有大量土地，分佃给农民耕种，对农民进行残酷的剥削。由于胡汉分治政策的推行，幽燕地区归入契丹后并没有造成社会经济的破坏和倒退。而且，长期以来因边患而造成的战祸停止了，给人民带来了安定。幽燕地区的汉人与契丹人间的关系基本上是良好的。每年冬天，契丹游牧民进入燕地避寒，他们放牧、住坐，也只在荒地上，不侵犯汉人的农田。随着经济联系与两族人民间文化交流的加强，两族间差异逐渐缩小。圣宗时期（公元 983 至 1030 年），契丹开始进入了封建社会，汉化的程度也大大增强了。

南京地区在辽王朝的财政收入上占有极端重要的地位。南京的官吏多是财赋官，政府每年税入的一半是取给于这个地区的。田赋方面，“围桑税亩”，此外又有义仓粟、三司盐铁钱、农器钱、商税、房税、酒税、诸杂税、院务课程钱等名目。徭役有驿运、马牛、旗鼓、乡正、厅隶、仓司诸项。契丹统治者又把一些土地圈占为牧马草场或打猎的围场。每年还把大批战马赶到雄州、霸州一带放牧。幽燕地区农民的经济负担至少是和北宋统治下的人民同样沉重的。辽的后期，史籍上屡见南京流民的记载。大安四年（公元 1088 年），南京饥荒，许良人自卖为奴。耶律、萧、韩三姓贵族，又每年横索燕地的良家女子为妻妾，使民无宁处。人民生活的困迫，可以想见。

*南京的规模*　辽的南京大体仍沿袭唐代藩镇城的旧有规模，但在辽的五京中，它却又是最大和最繁富的一个。城周二十余里①，城墙高三丈，宽一丈五尺，配置有坚固的敌楼战橹九百一十座，地堑三重。设八门：东为安东、迎春，南为开阳、丹凤，西为显西、清晋，北为通天、拱辰。大内在城的西南角，罗郭而成，幅员五里。正南为启夏门，东为宣和门。中有元和、仁政、洪政（武）诸殿，建筑颇称壮丽。辽皇帝经常在外游猎，即所谓“春水秋山”、“四时捺钵”，多半只在春秋季节，才到南京来做短暂的停留。平时则以重臣充南京留守兼府尹事，统辖军民。又设南京统军司统军事，转运使

① 《辽史·地理志》作城方三十六里，然路振作二十五里，许亢宗作二十七里。经考古实测，经过拓建后的金城为三十七里，故疑三十六为二十六之讹。

等理财赋。

城中有二十六坊，每坊各有门楼，上面大书坊名，如罽宾、肃慎、卢龙、棠阴、永平等名字。这些名字大多是唐代的旧称。城内“居民棋布，巷端直列，肆者百室”。市区在城的北部，“陆海百货，萃于其中”。居民俗皆汉服，亦多有胡服的契丹人、渤海人等。

青釉纹注壶

（石景山辽韩佚墓出土）

经济概况　南京的手工业、商业都有颇高的水平。许亢宗在描写南京地区的富实时说：“锦绣组绮，精绝天下”，“水甘土厚，人多技艺”。[①] 公元1005年（宋景德二年），宋真宗把辽所赠送的精美丝织品分送给近臣，同时又取前朝所献礼物进行比较，指出过去的产品明显地质地粗朴，而现在则工巧得多，其原因当然是在于幽州织工的技艺[②]。辽政府禁止南京私造御用彩缎，又命把三司盐铁钱折绢输纳，以刮取更多的丝织品。瓷器的质量也相当高。

① 许亢宗：《奉使行程录》。

② 《宋会要》卷一九六《蕃夷一·契丹》。

南京西郊的龙泉务有瓷窑，它的产品主要是白瓷，釉色莹白而微泛青，呈半透明状。辽政府设置了瓷窑官来进行管理。顺州（今顺义）的北面有银冶山。书籍的刻印也很发达，这可以由《大藏经》的刻成而得到说明。有名的金澜酒，是用金澜水酿成的，味极醇厚，是辽南京的名产。

南京也是松漠乃至蒙古草原与内地进行商业交换的枢纽。它在南面通过宋辽的榷场保持有限的互市；北面通过榆关路、松亭关路、古北口路和石门关路等驿道与塞外相交通。和高丽、西夏乃至西域也都保持商业联系。南京市场上通行以铜钱为交易，这些钱除少量是辽自己铸造者外，大部分则来自五代和北宋。辽圣宗时，还凿大安山，找到了刘仁恭所埋藏的铜钱，以供行用。

农业产品中，“蔬蓏、果实、稻粱之类，靡不毕出。而桑柘、麻麦、羊豕、雉兔，不问可知”①。水稻是南京近郊的主要农作物。道宗清宁中（公元1055至1064年），高勋以南京郊内多隙地，请疏畦种稻。耶律昆驳斥说：高勋必有异志，按照他的建议种稻，引水为畦，如有人据南京反叛，官军将无法进入。政府接受了他的意见，于是有禁南京民决水种秔稻之令。咸雍中（公元1065至1074年），才允许除军行地外，其余皆可种稻。栗子也是古来的名产，政府在这里设有栗园。有名的契丹文学家萧韩家奴曾受命管领栗园。有一次，圣宗问他在外地有何异闻。他托炒栗子为喻，进行讽谏说：我只知道，当炒栗子时，小个的熟了，大个必生；大个的熟了，小个已焦。如果能使大小均熟，才是尽美的啊！②可见炒栗子的历史，至少已有近千年了。

---

① 《契丹国志》卷二二。

② 《辽史》卷一〇三《萧韩家奴传》。

辽韩德钧墓壁画（局部）

辽韩德钧墓壁画（局部）

建筑寺庙　辽南京的建筑，有名可考的，如南城有于越王廨，又有永平馆，旧名碣石馆，都是官僚、使者宴集之所。西城之上建有凉殿。由于佛教盛行，城内外庙宇相望。金初的洪皓说城中规模较大的庙宇有三十六所。悯忠寺的高阁，摩天入空，俗称“悯忠高阁，去天一握”。开泰寺是魏王耶律汉宁所建，以银铸的佛像而著名，“殿宇楼观雄壮，冠于全燕”。此外还有延寿寺、延洪寺、三学寺、仙露寺、昊天寺等。当时，辽境盛行律宗，这些大的寺庙都是律院。后来始有南僧来传禅学，另创了大觉、招提、竹林、瑞像四个禅院，从此禅宗大盛。这些寺庙的建筑情况，我们已无从窥知，不过从保存到今天的蓟县独乐寺观音阁看，足可想见它们雄伟浑厚、美轮美奂的盛况。坐落在今城西阜成门内白塔寺的白塔，世传创建于道宗寿昌二年（1096

北京妙应寺白塔

年)，是为藏释迦佛舍利而建造的，形如幢而色白，故称白塔[①]。塔高50.9米。塔内原贮舍利二十粒，青泥小塔二千，《无垢净光陀罗尼经》五部。元世祖时又对白塔加以修饰，增加铜网石栏，使愈见庄严华丽。据刘侗的《帝京景物略》载：相传辽主于燕京五方各镇以塔，塔分五色，但只有白塔保存下来。“今四色中，黑塔、青塔废，其寺在，人呼黑塔寺、青塔寺云”。[②]据专家考证，现今在北京城内广安门附近的天宁寺砖塔，是辽代在旧塔址上建造的。这座塔是北京现存古建筑中最古老的一个，也是我国现存密檐式砖塔中比较典型的。这座古塔的平面为八角形，共十三檐，总高为57.8米。这里，原来是北魏的光林寺，隋曰弘业寺，唐开元中改为天王寺。到明朝，朱棣未当皇帝时，“特扩崇构”[③]，宣德中改名天宁寺。清朝仍之。这座古塔在明清时重修过。

天宁寺砖塔

房山石经山云居寺所藏的石经是珍贵的佛教文化宝藏。隋代幽州僧静琬始刊石为碑刻经，唐初，其弟子相传，续有刊刻。石经收藏在石室中，用石块灌铁汁作门，以资保存。辽圣宗时，韩延徽的孙子绍芳打开石室，进行检对，呈奏圣宗，命僧人可玄继续刊刻，补缺续新。

① 白塔寺在元代称大圣寿万安寺，明代改称妙应寺。

② 即大天源延圣寺与永福寺。

③ 《日下旧闻考》卷九一《郊坰》。

这个工作一直继续到辽亡，完成大小石经板近五千块。它不单有利于佛经的保存，同时也是对佛经的一次较大规模的校勘整理。辽代所印的《大藏经》，通称为《丹藏》（《契丹藏经》）。兴宗曾命燕京僧人觉苑搜集和校刊佛经。道宗时，觉苑与玉河县人邓从贵印《大藏经》五百七十九帙，在阳台山清水院（今大觉寺）收藏。其后易州涞水县金山演教寺又印五百余帙收藏。《丹藏》被誉为“帙简部轻”，“纸薄字密”，在印刷与装帧等工艺方面具有很高的水平。

民族矛盾与反抗斗争　辽实行南北分治，这对保护燕云地区的社会经济有积极作用，但同时也是民族歧视和民族压迫的一种表现。辽代的汉人，无论在纳税、刑法和入仕等方面的待遇，较之契丹人都是不平等的。当然，在民族压迫政策下受害的主要是下层人民。北宋苏辙说：“北朝之政，宽契丹，虐汉人，盖已旧矣。然臣等访闻山前诸州祗候公人，止是小民争斗杀伤之狱，则有此弊；至于燕人强家富族，似不至如此。”① 这就清楚地表明了民族矛盾的阶级实质。

被石敬瑭所出卖的燕云人民，怀着深切的故国之思，盼望恢复。周世宗北伐的胜利，便和汉人军将的归降相关。宋太宗围燕京，“招胁甚急，人怀二心”，“谋欲劫守将出城而降”。当宋师败退的消息传来，城中父老抚其子叹息说：“尔不得为汉民，命也。”边民中被俘掳者逃亡至燕，人们便为他们凑足川资，提供向导，把他们送入宋境。②北宋所派出使契丹的人，在燕京驿舍里，看到墙壁上画着一只乌鸦，旁边写着：“星稀月明夜，皆欲向南飞”，正是人心思汉的一种反映。

辽代中期以后，在苛重的压榨与天灾侵袭下的燕京人民，接连起

① 《栾城集》卷四二《北使还论北边事劄子》。

② 路振：《乘轺录》。

来反抗。圣宗太平七年（公元 1027 年），“幽蓟民饥，寇盗繁滋”。兴宗重熙十三年（1044），“香河县民李宜儿以左道惑众伏诛”。到了辽的末年，女真族在东北崛起。为了对女真用兵，天祚帝更加重了对燕京地区人民的榨取。当时南京的正额课税高达五百四十九万贯之巨，其他苛征勒索还未计算在内。许多民丁被征发往东北防边。涞水县的农民董才，外号董庞儿，也被征发去当兵，后来他私逃回来，在 1107 年（乾统七年）聚合一千多农夫，揭竿起义。董才自称“扶宋破虏大将军”，举起了反民族压迫的旗帜，动员广大汉人起来斗争。辽派遣大军镇压，董才屡仆屡起，在众寡悬殊的艰困条件下，进行了顽强的斗争。最后被迫南走，投附北宋。

## 北宋统治下的燕山府

宋金联兵与北辽的灭亡　女真对辽的严重威胁，使腐败的北宋统治者认为有可乘之机。宋徽宗在 1120 年（宣和二年）派赵良嗣（原名马植）从山东浮海与女真联系，订立“海上之盟”，议定两国合兵攻辽，金人攻中京大定府，宋取燕京析津府，以长城为界，彼此用兵不得过关；事成，则以燕云十六州之地归还宋朝，宋仍以每年输辽的岁币绢五十万匹两给金。金人兴师攻辽，势如破竹，1122 年（宣和四年）春陷中京，天祚帝西走云中。宋朝听到消息后，才匆忙令宦官童贯率师巡北边，以应金师。

辽天祚帝西逃后，在南京的大臣耶律大石、萧干、李处温等拥立耶律淳为帝，号天锡皇帝，改元建福（1122 年），史称北辽。耶律淳很快病死，葬在香山永安陵。遗命遥立秦王定为帝，以德妃肖氏称制听政，改元德兴。五月宋军进到白沟，但一战即溃，退保雄州。七月，复令童贯、蔡攸进兵，由于郭药师的“常胜军”以涿易二州降，宋军才得以进逼良乡。郭药师是渤海铁州（今营口东南）人。耶律淳募辽东饥民为兵，使之报怨于女真，故称“怨军”，后来又改称“常胜军”。宋、辽两军隔芦沟河（今永定河）对峙，郭药师出奇兵率轻骑乘虚绕道固安、安次，早晨混在入城的草车行列里，夺迎春门而攻入南京城，列阵在悯忠寺前。郭药师下令让燕人归降而尽杀契丹、杂虏，并遣使于萧妃促降。这支军队酗酒攘夺，毫无纪律，加上连日战斗，疲困不堪；而刘延庆所率大军则屯芦沟河南，不作增援的打算。下午，萧干的“四军”还城入援，战于三市，郭药师仅与少数人弃马缒城逃脱。怯弱的宋军，听到郭药师的败讯，大为惊恐，便放火烧营，纷纷溃退。熙宁以来，长期蓄备的军需器械因此而损失殆尽。童贯因军事的一再失利，担心无法收复燕京而获罪，便秘密派遣使者求助于金人。十二月，金人从居庸关、得胜口两道南下，萧后、耶律大石等自古北西走天德。金兵自南门进入南京城。辽宰相左企弓、枢密使刘彦宗等出降。

北宋的燕山府　宋要求金按照原约交还燕云十六州之地，而且提出收复原不在石敬瑭割让之列的营、平、滦三州。金则责宋人出兵失期，认为原约已不再有效，而只应允把燕京及山前的蓟、景、檀、顺、涿、易六州予宋。而且威胁说，如果宋必欲求平、滦等州，则连燕京也不给予。同时又以燕京为金兵所取为理由，要求把每年燕京租赋六百万中的一百万缗为代租钱赠予金人，作为酬谢。几经交涉，宋人只好全部接受金人的条件。为了免使金人追索辽的降人郭药师所部常胜军，宋人且主动提议，凡是幽燕境内家财在一百五十万贯以上的富实人户，可以尽数由金俘迁到关外去。1123 年（宣和五年），金人彻底破坏了燕京的城壁楼橹要塞工程后，便席卷所有的财货，并驱迫富室三万余户北去，因而造成“民庶寺院，一扫而空”，“城市圻墟，狐狸穴处”的景象。宋人所得，不过空城而已。

宋朝把南京改称为燕山府，郡为广阳，以王安中知燕山府。当时，燕山府地区，在金人掳掠之余，“桑柘生具，为之一空”。[①]宋朝收复之后，政府不单得不到斗粟尺帛的收入，而单是常胜军和戍军的军粮，每月就需十多万石，其他各军和诸州官吏食粮还不计算在内。这些粮食都靠河朔、山东、河东运来，往往运来一石要花费十石到二十石。因此不到一年就使内外帑藏空乏，齐、赵、晋、代的民力也同时告竭。宰相王黼于是行免夫之令，以燕山之役，天下应起夫役为理由，而令免其调发，“计日多寡，尽出免夫钱，违期限者斩”。全国共计征得免夫钱达六千二百余万缗，但却又仅以三千万应付燕山的费用，其余三千万储存备用，实际上尽被朝廷挪作他用浪费挥霍。这样，在 1124 年年底王黼罢职时，燕山的费用“日夕告乏”，而山东河北又民怨沸腾，反抗四起，少者数千，多者数万，政府连科配也已无法进行了。[②]

燕山府的陷落　1123 年（宣和五年），当金人驱迫燕山府的富室北迁，路过平州（今卢龙）时，这些被俘迁的人户和当时任平州留守的张觉联合起来，举行反抗。张觉原是平州地方的土豪，乘乱据平州降金，金人升平州为南京，以觉为同中书门下平章事。张觉等叛金之后，决意归附宋朝。金人闻讯，立即派兵进袭，张觉等于是走避燕山府。但是，当这些被俘迁而反金南还的富户们回到家乡时，却发现原有的房舍、田地已尽为常胜军的军将所占夺，因此而失望怨苦。这时，金人又遣使来迫胁王安中交还张觉。怯弱的宋朝害怕得罪金人，竟责

① 参见徐梦莘《三朝北盟会编》卷一六引《平燕录》、《北征纪实》。
② 参见徐梦莘《三朝北盟会编》卷一六引《平燕录》、《北征纪实》。

令王安中缢杀张觉，把首级并其两子送交金人。这就更激起燕地人民的怨愤，产生了离叛之心。1125 年（宣和七年），金消灭了在山后的天祚帝残余势力后，就以败盟纳叛为借口，开始分两路大举南伐北宋。西路由粘罕统领，出云中；东路由斡离不率领进攻燕山府。宋朝令郭药师以兵七万拒敌于潞县（今通州），大败，逃归燕山。郭药师于是又背叛宋朝，将燕山知府蔡靖拘捕，迎降斡离不。幽燕地区从此归入金人手中。

## 第二节　金代的中都

### 金初的南京

金初对南京的统治　1127 年（金太宗天会五年），金军在灭亡北宋后，俘虏了徽宗、钦宗二帝、后妃、皇子、公主以及宗室贵戚三千余人，并席卷汴京宣和殿、太清楼和龙图阁的图籍、珍宝和文物而北。其中包括著名的天文仪象之器、岐阳石鼓、九经石刻，宋仁宗篆书的针灸经石刻，定武兰亭石刻等珍贵文物。这些文物除少数途中散失外，后来都置放在燕京。此外，金人还俘虏了大批工匠、优娼人等，他们也大多被安置在燕京，“各便生养，有力者营生铺肆，无力者喝货挟托，老者乞丐于市，南人以类各相嫁娶”①。徽宗被俘至燕后，曾囚于延寿寺；钦宗则囚于悯忠寺。不久，便都北迁去了五国城。

金占领燕山府后，又把它改名为南京，并把原设在平州的南京中

① 《三朝北盟会编》卷九八引赵子砥《燕云录》。

书枢密院移到了这里。南京的中书枢密院或行尚书省，都委派当地汉人世家如刘彦宗、时立爱、韩企先等先后担任宰相，负责搜刮税粮、签发军丁；凡是所属地区一品以下的官吏，都可以承制除授。这正是落后的女真统治者，在急剧的武力扩张中，对先进的征服地区，无力进行直接控制的表现。据《南迁录》记载：粘罕曾有志于建都燕京，并且“因辽人宫阙于内外城筑四城，每各三里，先后各一门。楼橹城堑，悉如边城。每城之内立厫仓、甲仗库，各穿复道与内城通。”由于《南迁录》一书的真伪性一直有怀疑，因此这一记载的可靠性仍有待于考古资料的印证。

燕京、华北地区人民的反抗斗争　女真占领华北后，实行落后和残暴的统治，恣意掠取金帛、子女和田地，大量签发壮丁为军；又把许多人降为奴隶，甚至把他们驱往鞑靼和西夏换取战马。他们还推行民族压迫与民族歧视政策，强制人民薙头辫发，禁止汉服。这些暴行激起了华北人民的坚决反抗。在河北有王彦领导的“八字军”，河东有以红巾为标志的忠义民兵，沃州（今河北赵县）五马山有冒名的信王赵恭与马扩领导的义军。京南的中山，刘里忙据界接山，有众万人。京东的玉田山有杨浩、僧智和所领导的忠义民兵，人数也达万余。杨浩还亲到南京城中探听虚实与纠集同志[①]。这些义军大多与南宋的爱国将领宗泽、岳飞等保持联系。1140 年（南宋绍兴四年，金天眷三年），岳飞大军先锋及于郑州、洛阳等地，北方义军也在敌后配合出击，使燕京以南，金的号令已无法推行。由于金在华北地区的统治不稳定，也由于当时金政权仍处于原始落后状态，所以，在它攻占华北的最初十多年内，还是继续以会宁府（今哈尔滨东南）作为首都。

① 《三朝北盟会编》卷九八引赵子砥《燕云录》。

## 金中都的建立

海陵王迁都　1149年（天德元年），完颜亮杀金熙宗而即帝位，史书上通称他作海陵王。

这时，金与南宋的对峙已稳定在东起淮河、西至秦岭一线。金太宗吴乞买时在河南所扶植的刘豫傀儡政权也早已撤销。金的统治区包括了从东北到华北、中原的北半个中国，而首都却仍然僻在会宁，这就明显地愈来愈不符合统治的需要了。

早在熙宗时期（公元1136至1148年），吸取先进的汉文化以改更女真落后旧俗的政治革新工作已在积极地进行，并取得了很大的成绩。但政治改革招来了保守派贵族的猛烈反抗。海陵王即位后，继续在以汉制改更旧制的道路上大步前进。为了有效地巩固对华北中原地区的统治，迁都问题就显得十分迫切。特别因为海陵王是以庶长通过谋弑而取得帝位，宗室中对他多怀不满和不服。这种情况更加深了海陵王为借迁都而彻底打击守旧派贵族，以摆脱他们的阻挠而加速政治革新的决心。

1151年（天德三年）海陵王颁发的《议迁都燕京诏》中说："昨因绥抚南服，分置行台。时则边防未宁，法令未具。本非永计，只是从权。"在行台既撤之后，"京师粤在一隅，而方疆广于万里。以北则民清而事简；以南则地远而事繁。深虑州府申陈，或至半年而往复；闾阎疾苦，何由期月而周知。供馈困于转输，使命苦于驿顿"。[①] 因此下决心经营南京，作迁都的打算，并派遣张浩、刘筈、刘彦伦、梁汉

① 李心传：《建炎以来系年要录》卷一六二，绍兴二十一年（天德三年）。

臣、孔彦舟等负责南京的修建工程。宫阙制度，完全模仿汴京，先遣画工写汴京宫室制度，阔狭修短，曲尽其数。

整个工程分为城池的扩建与宫殿的兴修两大部分。张浩等取真定府潭园的材木，营修宫室。工役是在苛暴严急的强制下进行的。三年之间，役使民伕达八十万，兵士四十万。从涿州到南京，把伕匠排成一长列，用筐传递运送土石。繁重的劳作，加上盛暑天气，瘟疫流行，许多伕匠因而致死。宫殿皆以黄金五彩为饰，“一殿之成以亿万计”。穷奢极侈，使南宋人见了也为之惊叹。

1153年（天德五年），宫城竣工，海陵王正式下诏迁都，改南京为中都，改析津府为大兴府。其他上京（会宁府）、东京（辽阳府）、西京（大同府）仍旧，另以汴京（开封府）为南京，中京（大定府）为北京。海陵王于是尽毁上京宫殿、宅第，并夷为耕地；所有宗室也都被迁来中都。

海陵王迁都不单在金朝的发展史上标志为一个新的阶段，而且在北京历史上也是一个意义重大的新纪元。从此，北京就成为一代王朝的正式首都，一直沿行到元、明、清三代。海陵王本人，在历史上所起的作用，如剪除守旧的奴隶主势力，促进女真社会与金政权的封建化等方面，其作用是积极的，应该肯定。在他南侵中被杀后，世宗完颜雍继位。“大定三十余年，禁近能暴海陵蛰恶者，辄得美仕。故当时史官修实录，多所附会。”当时人认为，所有那些污辱攻击之词，只能百可信一。[①]元朝人苏天爵也说：“海陵被弑，诸公逢迎，极力诋毁，书多丑恶”。[②]这一桩历史的公案还有待彻底翻过来。

① 元好问：《遗山先生文集》卷三四《东平贾氏千秋录后记》；《金史·贾益谦传》。
② 《滋溪文稿·三史质疑》。

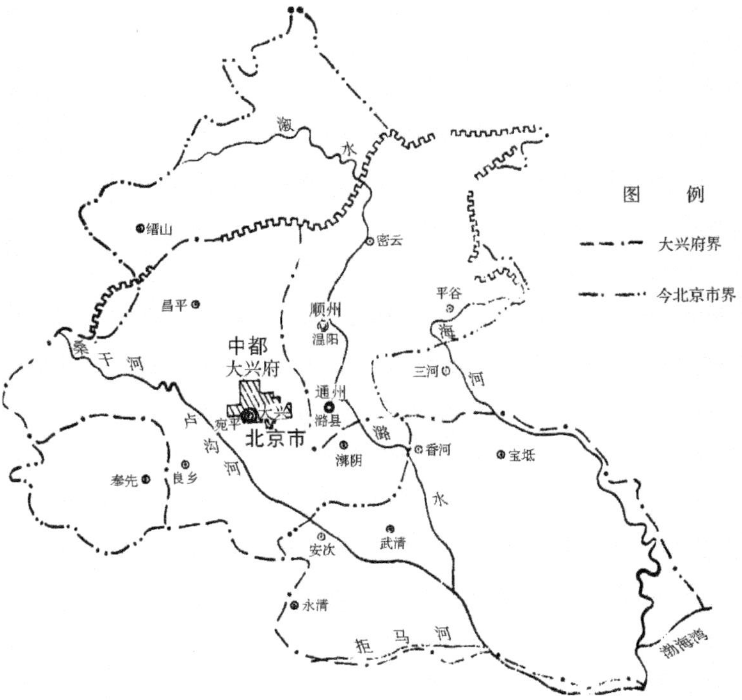


金大兴府行政辖区示意图

**中都宫阙制度** 金中都是在辽南京的基础上把东、南、西三面加以拓展而成的。有名的汉两燕王墓，辽时在东城之外，经过扩建后，已被围在东城之内。城周计三十七里余（实测为18.69公里），设城门十三座：东为施仁、宣曜、阳春；南为景风、丰宜、端礼；西为丽泽、颢华、彰义；北为会城、通玄、崇智、光泰①。宫城在城中央的南部，周回九里三十步。南为宣阳门，北为拱辰门，东西两侧分别为宣华门、玉华门。主要的宫殿建筑是以从城南门丰宜门北通宣阳门、拱辰门的直线为中轴展开的。沿着柳荫匝地的大道入丰宜门，前面就是龙津桥。桥下河水东流，水清而深。桥以燕石构成，颜色洁白，上面镌镂着精

① 《金图经》所记无光泰门。《析津志辑佚》谓“改门曰清怡，曰光泰”。

巧的图画。桥分三道，中间是御道。循御道进入内城的南门宣阳门，夹道有沟，沿沟植柳，道旁为东西千步廊。文楼、来宾馆、太庙分布在廊之东；武楼、会同馆、尚书省在楼之西。再往北便是内城的正南门应天门，四角皆有垛楼，覆琉璃瓦，金钉朱户。内城中殿计九重，凡三十有六所，楼阁倍之。前殿为大安殿；后殿为仁政殿，为皇帝常朝之所在。其东有东宫，太子所居；寿康宫，母后的住所。西边为十六凉位，以处妃嫔。1162 年（大定二年），世宗入据中都，为了显示行“仁政”，下诏放免一批宫女。有称心等几名宫女因不得放免，怨愤而放火烧十六位，延及到太和、神龙、厚德诸殿。世宗又进行了重修。同乐园在玉华门外，其中有瑶池、蓬瀛、柳庄、杏村诸胜。中都的宫殿完全是按照北宋汴京皇宫的规制构筑，甚至屏扆牕牖，以及所陈玉器珍玩，也多是宣和旧物；在建筑风格上也承袭了北宋末年崇尚奢丽纤巧的风气，滥肆奢华。“其宫阙壮丽，延亘阡陌，上切霄汉，虽秦阿房、汉建章不过如是”。[①]工巧无遗力，真所谓穷奢极侈。由于过分地追究形式和华饰，造成建筑的质量窳劣，因而必须经常维修粉饰。世宗曾因此而感叹辽时的仁政殿，全无华饰，经久不坏。说明金宫殿的质量比起辽来要低劣很多。

## 社会经济

**人口、工商业**　大兴府所属十县、一镇[②]，共计人户二十二万五千五百九十二。中都城中民族成分是颇复杂的。汉、契丹、奚在金代

① 《日下旧闻考》卷二九《宫室》引《海陵集》。

② 十县：大兴、宛平、安次、漷阴、永清、宝坻、香河、昌平、武清、良乡。镇一：广阳。

已经统统目为汉人。此外还有女真、渤海、诸乣人等①。一些西域来的回鹘商人也定居在这里。在女真奴隶制的影响下，华北地区的奴隶数目大增。奴隶的来源主要是战争的俘虏。“燕山有市卖人。凡军兵虏得南人，视人立价卖之”。稍后许多失去土地或因债务破产的农民也沦为奴隶。当时在京的贵族官僚都拥有奴婢，多者甚至达到万数。据1183年（大定二十三年）的统计：在都宗室将军司户一百七十，口二万八千七百九十。其中正口才九百八十二，奴婢口为二万七千八百零八。大批奴婢的出现是女真落后统治给华北地区社会生产带来倒退与破坏的有力证据。

中都的手工业，在辽的基础上，由于有被俘迁来的汴京工匠而进一步有所发展。政府设有诸匠作局，如少府监所属裁造署、文绣署及修内司等。它们都是设官管领，工匠由政府供给钱粟衣物；民匠则日支钱一百八十文。他们都是为宫廷生活服务的。

中都的商业也颇为繁荣。政府设有中都都商税务司，“掌从实办课”。金制：商税金银百分取一，诸物百分取三。大定间，中都商税为十六万四千四百四十余贯；承安元年增至二十一万四千五百七十九贯。明昌三年中都路年谷不熟，由于有“商旅运贩继至”，谷价得稍有减低，这些都说明商业颇为活跃。

运河、交通　为了转输京东地区的税粮，辽曾在香河与宝坻间浚凿运河，俗称苍头河（窝头河），也称萧后运粮河，上通牛栏山水、窝头庄水，下通三路堤口，北与蓟州城南十里之紫金洴相通。

金朝首次修通了由中都东到通州的漕渠。它利用高梁河、白莲潭诸水，沿途设闸门八座，节制水流，以通山东、河北之粟帛。但因为

① 乣，音扎，是金北方沿北边诸部族的泛称。

沿河地势的高低差降甚大，水量又很有限，舟行浅滞，从通州到中都往往需十多天才能达到，远不足以应运输的需要，因此当时的运输主要还是依靠陆运。由于漕渠日形淤塞，1171 年（世宗大定十一年），朝臣请开卢沟金口，引卢沟河（今永定河）水至中都城北，入壕东流，以加大漕渠流量。金口渠成后，“以地势高峻，水性浑浊，峻则奔流漩洄，啮岸善崩；浊则泥淖淤塞，积滓成浅，不能胜舟”，只能放弃。特别考虑到金口牐高出都城一百四十余尺，如果一旦洪水冲决，将直接威胁京师，所以只好重加堵塞。泰和中，韩玉又建议导引一亩泉水，开通州潞水漕渠，船运至都，终因为流量小而效果不大。①

卢沟桥全景

为了改善与京南的陆路交通，1192 年（章宗明昌三年），修成了横跨卢沟河的大石桥，名为“广利”。卢沟桥修筑成后约一百年，意

① 《金史》卷二七《河渠志》。

大利的著名旅行家马可波罗曾亲身经行这座桥，留下了动人的记载。他把这条桥称作 Pul-i-Sangin，波斯文 Pul 义为桥，Sangin 义为石，即石桥。他称赞说各处桥梁之美鲜有及之。“桥长三百步，宽逾八步，十骑可并行于上。下有桥拱二十四，桥脚二十四，建置甚佳，纯用极美之大理石为之。桥两旁皆有大理石栏，又有柱，狮腰承之。柱顶别有一狮。此种石狮巨丽，雕刻甚精。每隔一步有一石柱，其状皆同。两柱之间，建灰色大理石栏，俾行人不致落水。桥两面皆如此，颇壮观也。”①卢沟桥在明正统中曾进行过修理，到今天桥身依然屹立，充分证明了我们勤劳智慧的祖先在工程科学上的卓越成就。

农村经济概况　京郊的土地掌握在政府、贵族、官僚和大地主手中。汉人世家大地主中，韩、刘、马、赵四姓从辽以来就是幽燕地方的巨富。官田和牧地是由国家直接控制的土地，中都路的牧地总数达六万三千五百余顷。贵族通过受赐和豪夺而占有大量土地，城内的一百七十家宗室占地达三千六百八十三顷。一般的猛安、谋克②人户在内迁以后，也由政府按户分赐土地，使其耕种，以为平时的口粮。随着贞元迁都，在上都的原属太祖阿骨打、辽王宗干、秦王宗翰的猛安（三者合并为“合扎猛安”）和右谏议乌里补猛安以及太师勗、宗正宗敬的族属都迁到中都。其他人户则分迁于山东、河北各地。许多的民田因此而受侵夺。这些以军事为职业的猛安、谋克人户，既骄且惰，不耕不稼，把土地分佃给汉族农民耕作，而征取繁重的租课。由于挥霍过度，他们甚至预征二三年以后的租子。有的则让大片土地荒芜，把桑枣树任意砍伐当柴卖，“一家百口，垄无一苗”。这样，内迁的猛

① 《马可波罗行纪》冯承钧译本，中册，第418页。

② 女真语：猛安义为千户，谋克义为百户。猛安、谋克是女真人初期军政合一的组织形式，进入中原以后，变成为单纯的军事组织。

安、谋克很快就贫困不堪，无力应付军役。为了防止女真人的腐化和贫困，以保持军队的战斗力，世宗一再拘刷良田，重新分配给他们，督促他们农耕生产，但全无效果。而许多汉族农民却失去仅有的小块土地，甚至祖坟井灶也都被圈去。人民因此痛恨万分，加剧了民族矛盾。

京郊的农民，除了沉重的赋税、徭役负担外，还要忍受许多特殊的剥削与限制。王公贵族之家，常常滥征人夫。一些田地被圈作为牧场，人民还被派无偿为政府养马。为了保证皇帝田猎的需要，政府规定自京畿至真定、沧、冀，北及飞狐，数百里内皆为禁地，捕杀狐兔的都要受到严厉的惩罚。

京郊的土产，除稻麦桑麻、瓜果蔬属之外，据《金史·地理志》，大兴产金、银、铜、铁，药物有滑石、半夏、苍术、代赭石、白龙骨、薄荷、五味子、白牵牛等。良乡的金粟梨、天生子以及易州的栗子，小而甜，都是有名的果品。范成大在诗中说："紫烂山梨红皱枣，总输易栗十分甜。"南宋来的使臣，对于这些名果是颇为欣赏的。

## 园陵名胜

辽代以前，燕京地区的名胜主要是一些规模弘大或历史悠久的庙宇。金海陵王迁都之后，这里成了一代王朝的首都，一批供皇帝贵族游赏的离宫别苑，和为文人骚客所流连吟咏的风景古迹就应时而生。特别是金章宗在位时期（1190 至 1208 年），承世宗大定（1161 至 1189 年）全盛之后，国家富实，政治安定，朝野的风气趋于奢靡。章宗本人，"极意声色之娱"，京郊的许多名胜，都因为他的修造经营、品题游幸而著名于时。所以说："西山古迹，多金章宗所造"。

琼华岛、梳妆台　琼华岛在中都东北，是高梁河所汇的湖沼区的小岛。金朝的皇帝在这里修建了一座离宫——大宁宫，把岛命名为琼华岛，湖命名为太液池。史敩《宫词》：“宝带香褠水府仙，黄旗彩扇九龙船。薰风十里琼华岛，一派歌声唱采莲。”通过它，仍可以想见当时翠荷接天，龙舟泛彩，歌声荡漾的图画。琼华岛上的假山石，相传也是汴京的旧物。宋徽宗为了追求奢侈腐朽的享乐生活，大起“花石纲”，把江南的奇花异石运至汴京，修造艮山。然而，转眼之间，女真亡北宋，徽宗沦为俘虏，客死五国城。他所搜括得来的珍玩，包括这些玲珑奇特的假山石，又都成了敌国的胜利品。琼华岛上的梳妆台，俗讹为辽萧太后梳妆台，是金章宗为元妃李氏所修筑的。

燕京八景　自从北宋的画家宋迪以潇湘风景写平远山水八副，世目为“潇湘八景”以后，文人状地方风景，习惯上都有八景、十景之目。《明昌遗事》（明昌是章宗的年号）中也出现所谓“燕京八景”之说。它们是：居庸叠翠、玉泉垂虹、太液秋风、琼岛春阴、蓟门飞雨、西山积雪、卢沟晓月、金台夕照。

卢沟晓月

八景之外，《春明梦余录》又载有金章宗西山八院，都是章宗游宴之所。“其香水院在京口山，石碑尚存。稍东为清水院，今改为大觉寺。玉泉山有芙蓉殿，基存。鹿园在东便门外，通惠河边”。这些现在大都已无遗迹可寻了。

**寺庙、道观** 金代中都的佛寺，禅多而律少。著名的有弥陀寺（法藏寺）、护圣寺（功德寺）、甘露寺（香山寺）、圣安寺、隆恩寺、功德寺、柏王寺、香林禅寺、大觉寺、雀儿庵和从容庵等，其中香山寺的规模尤为巨大。香山寺址为辽时中丞阿里吉所施舍。金代又进行了大规模的兴修，1186年（大定二十六年）完工，名大永安寺。香山之名，据金李宴《香山记略》说："相传山有二大石，状如香炉，原名香炉山，后人省称香云。"香山寺有祭星台，相传是章宗祭星的地方。其西南有护驾松，章宗道经这里时，道旁松阴密覆，因呼为护驾松。又有感梦泉，据说是章宗梦中发矢，其地泉涌，第二天掘地，果得泉水，因以为名。这个寺在明正统中太监范弘又加拓展，花费至七十余万两。从今天的遗址里，我们还可以约略想见当时规模的弘丽。

昌平银山的金代古塔群

道观之中，比较著名的有玉虚、天长、崇福、修真等。全真教"七真"之一的王处一，号玉阳子，多次受世宗、章宗之召来到中都，住居天长观。世宗向他问养生和为治之道，王处一回答说："含精以养神，恭己以无为。"后来章宗封他为体元大师。

金陵　金初，阿骨打与吴乞买的陵墓在上京护国林之东。海陵王迁都中都后，卜地于大房山云峰寺，兴建陵园，把包括阿骨打和吴乞买在内的始祖以下十二帝的梓宫迁葬到这里，为设万宁县以奉山陵，其后改称为奉先县。熙宗至章宗诸帝都葬在这里，到了元代这里又改称为房山县。房山之名是因大房山而来。大房山雄峻秀丽，古来都称这里是"幽燕奥堂"；金陵大概在金元之际已遭到毁灭性的破坏。明朝人储巏，在《大房金源诸陵》诗中已经说它"翁仲半存行殿迹，莓苔尽蚀古碑阴"，说明到明中期它久已残破不堪了。

## 蒙古军威胁下的中都

成吉思汗围中都　十三世纪初，蒙古部的首领铁木真统一了蒙古草原诸部，号成吉思汗，随即南向侵金。1211 年（金卫绍王大安三年），成吉思汗亲自率军败金师于野狐岭，下乌沙堡，拔德兴府。金居庸关守将弃城走，蒙古大将者别进围中都。据《大金国志》记载：金人"命京城富室迁入东子城，百官家属入南子城，宗室保西城，戚里保北城，各分兵二万。凡市庐小民，听其奔避。""毁在京桥梁，瓦石悉运入四城，往来以舟渡，运不及者投之水。拆近城民屋为薪，纳之城中。凡城市有储蓄，纵其搬运入子城内，不许闭。"蒙古兵攻城，城中多次展开巷战。四子城坚守，与内城策应①，使蒙古军无法得手；加之各地援军稍集，成吉思汗只得暂时北撤。战争使中都受到了极其

① 《大金国志》卷二二《东海郡侯上》。

严重的破坏。据这一年使金的南宋使者程卓的报导，中都南城一带“方遭残修葺”，真定以北，一路上都遇到前往添筑燕城的丁夫和运粮军士。金朝政府在常赋之外，又创立和籴、初借等名目加重对百姓的搜刮。“燕京粟值每石十千足。军兵合给月米每石折钱一千，仅得时值十之一而已”。金人的狼狈情状可以概知。

为了防备蒙古军的卷土重来，卫绍王出榜招贤，任命一个名叫王守信的骗子加巫师为行军都统。王守信组成一支头戴缁巾、身穿黄袍、手持腊牌及牛头响环的“鬼兵”。这种“鬼兵”当然不能用来退敌，却天天出城杀戮百姓以邀功。

1213 年，成吉思汗又一次大举伐金，克宣德，陷怀来，败金行省完颜纲、元帅术虎高琪军。高琪退保居庸关，凭险拒守。蒙古军被坚固地阻滞在北口外，无法通过。成吉思汗于是留兵相拒，而亲率大军绕道出涿鹿，败金西京留守胡沙虎，从紫金口而进入京南，攻下涿州、易州，并令者别从南面夹攻居庸而下之，与北口的拒军会合。

胡沙虎逃回中都后，屯军通玄门外。八月，胡沙虎举兵反叛，夺通玄门，攻破东华门入宫，杀卫绍王而拥立丰王完颜珣为帝，是为宣宗，改元贞祐。与此同时，蒙古军分三道深入华北平原，河北郡县，除中都等十一城外尽陷。1214 年（贞祐二年）春，成吉思汗与诸王返军，会集在中都的北郊。宣宗遣使请和，献岐国公主，并彩绣衣三千件、御马三千匹及其他金银珠玉。成吉思汗大军便尽驱所俘山东、两河少壮数十万北去，避暑渔儿泺（今达尔泊）。这时的中都，已残破不堪。城中久围乏食，饿死的人十有四五，甚至白银三斤还换不到三升米。

**贞祐南迁与中都城的陷落**　为了躲避蒙古军的威胁，懦弱的金宣宗不顾百官、士庶的劝阻，决计把都城南迁汴京。1214 年五月，宣宗命丞相完颜承晖和抹撚尽忠辅佐太子守忠，留守中都，自己则尽发文书、珍宝并亲王宗族，慌忙南巡。随行的有由契丹人和诸乣组成的乣军。行至良乡，宣宗怕这支军队不可靠，打算夺还原给的铠甲、马匹。乣军因此哗变，杀其统帅，共推斫答、比涉儿、扎刺儿为长，掉转队伍，北返中都。完颜承晖闻变，派军扼守卢沟桥，使他们无法通过。砍答便遣裨将塔塔儿率轻骑千人潜师渡河，从北岸袭击守桥军，夺卢沟桥而北。叛军北去后，遣使降于成吉思汗。成吉思汗便派三模合拔都、石抹明安等与乣军合围中都。七月，太子守忠也亡走汴京。

为了援救中都，1215 年二月，金遣元帅左监军完颜永锡率中山、真定兵，乌古论庆寿率大名等处军三万余，并以御史中丞李英运粮，参知政事大名行省孛术鲁德调兵继发，分路北进，企图解中都之围。永锡军进至涿州，为蒙古军所败；李英在行军途中酗酒不醒，军无纪律，进至霸州，受到蒙古军的围歼，军粮全部丧失。庆寿听到消息，掉头南窜。从此，中都援绝，孤立难守。这年五月，守忠弃城南逃；承晖自杀，中都落入了蒙古军之手。

频年的战争给中都带来了几乎是毁灭性的破坏。雄伟豪华的宫阙，为乱兵所焚，火月余不绝，变成了一片瓦砾荒墟。庄严富丽的寺庙，也在残破之余，变成为民舍。城郊更是田园荒芜，蓬蒿丛生，村舍为墟，狐兔出没。据当时中亚的花剌子模沙派往成吉思汗处的布哈丁使团报导，在他们来到时，战争虽已结束，但中都地方可怕的破坏痕迹仍到处可见：枯骨成山，疫病流行。中都的城门外横着大堆枯骨。他们还听说，当城陷时，有六万（?）名女孩为免使落入蒙古军之手而跳城自尽。[①]这是一幅多么悲惨的画图！

---

① 巴托尔德《迄于蒙古侵略时期的土尔其斯坦》（英文本）第 394 页。

# 第五章　元代的大都

## 第一节　大都的建立

### 大都的建立

燕京等处行尚书省的统治　中都城陷后，成吉思汗立即派来亲信汪古儿等，肆行搜刮，把大量的金银财帛捆载而去。

战火下幸存的中都居民，在孤城久困之后，食粮告罄，城中甚至出现人相食的惨相。在投附蒙古的汉人将军王檝的请求下，蒙古统治者允许军士给粮，入城转粜，以解决饥饿的威胁。当时城中所积货物，无所交易，至以银为马槽，金为酒瓮，大者重数千两。因为实行了王檝的建议，“士得金帛，而民获粒食”。王檝又建议差官在卢沟桥上，十中取一，索回军士所掠的耕牛，以给农民，使部分农民得以复业。在成吉思汗统治时期，王檝曾以宣抚使的官衔总领归附工匠。拖雷监国时期，他又奉汪古部监国公主之命，领省中都。他是这一时期内作为蒙古的政治代理人，负责中都地区的重要官员之一。当时，都城的庙学毁于兵火，1229 年王檝取旧枢密院地址重兴庙学，春秋时节率诸生行释菜礼，还取旧岐阳石鼓列于庑下。士大夫都称赞这是儒道重兴，弦歌再起的盛事。其实，这个时候的中都，一直处在极不安定的状态之中。单就1228年来说，京南就发生了信安人民的反抗运动。反抗者与北山的李密相结合，进攻近郊各县。中都城内的秩序也十分混乱，盗贼公行，甚至驾车行劫，无法禁止。拖雷派中使偕同耶律楚材驰驿来燕，查明这些匪徒都是权贵子弟。楚材建议痛加惩治，城中秩序才稍得安定。同时期任燕蓟留后长官的石抹咸得卜，贪暴异常，杀人盈市。另一个蒙古将官三模合睡的是金饰龙床，足踏金杌子，奢侈如此，又征求无已。当时的中都人民正处于水深火热之中。在这种情况下重开庙学，不过是虚伪的粉饰而已，当然也难于继续维持。

1234年，窝阔台灭金之后，以胡土虎为中州断事官，敛括户口，横征赋税，并分拨诸王军将采邑。南宋的使者徐霆，曾亲见这位胡丞相在燕京的苛暴诛求，“下至教学行及乞儿行，亦出银作差发”。燕京教学行作诗说：“教学行中要纳银，生徒寥落太清贫。金马玉堂卢景善，明月清风范子仁。李舍才容讲德子，张斋恰受舞雩人。相将共告胡丞相，免了之时捺杀因。”[1]与此同时，蒙古统治者又推行扑买课税（包税）的办法，如刘庭玉以银五万两扑买燕京的酒课。这些豪商，任意增加课额，从中取利，使备受摧残的燕京人民更遭受定额之外的苛重盘剥。

蒙哥即汗位后，建立了燕京等处行尚书省，以牙剌瓦赤、不只儿、斡鲁不、睹答儿等为断事官，总天下财赋于燕。同时以皇弟忽必烈总理漠南汉地军国庶事。不只儿在上任的第一天便杀二十八人。有一人盗马，已经受杖释放。恰好这时有人来献环刀，于是他便把那个人追

① 《黑鞑事略》。

回，亲手杀死来试刀，其横暴到了何等程度。处在这样黑暗统治下的燕京人民，连生命也完全没有保障。

大都的营建　从1211年成吉思汗伐金起到1260年忽必烈即大汗位的半个世纪中，蒙古军不断向中亚、东欧发动侵略战争，建立了地跨欧亚的大蒙古国。这时，汗国的政治中心仍然是蒙古草原上的哈剌和林。燕京只是蒙古统治者控制华北、中原的重要据点。忽必烈受任来总理漠南汉地军民事后，把驻节地点选在草原边缘的开平（今内蒙古正蓝旗东），以便和林与华北间的联系。1260年，蒙哥死，忽必烈匆忙从鄂州北返燕京，随即在开平即大汗位，与留守在和林的弟弟阿里不哥展开了汗位争夺战。忽必烈以燕京为基地，在东部诸王和汉人军将、儒士谋臣的支持下，打败了代表草原贵族保守势力的阿里不哥。并积极改更旧制，建立起一个与中原经济基础大体适应的封建王朝，仪文制度，遵用汉法。王朝初建时，忽必烈的都城仍然在开平，称为上都。但同时他也决定在燕京“修建宫室，分立省部”，以兼顾对华北、中原地区的统治，借以保证财赋收入的需要，并为下一步的迁都做好必要的准备。因此他在1264年（至元元年）把燕京改名为中都，府名仍旧作大兴。

中都的营建是在1267年（至元四年）开始的。先年的十二月，诏安肃公张柔、行工部尚书段天祐等同行工部事筹建宫城。先后参加营建工作的还有高镌、野速不花、王庆端、张弘略、刘思敬以及西域人也黑迭儿等。城址的勘定、宫城的规划则主要出于刘秉忠以及助成其事的赵秉温、赵铉。由于金中都旧城经过金元之际半个世纪的残毁，促使忽必烈决心放弃旧城址，而在旧城东北，以金代的琼华岛离宫为中心，兴建起一个新的都城。新城选择在高梁河的下游，使宫苑的水源得到了进一步的改善。为了运送木石工料，又重凿金口，导卢沟水以漕西山木石。

元人所绘卢沟运筏图（局部）

工程进展得十分迅速。1267 年（至元四年）四月，新筑宫城。次年十月，宫城成。1271 年（至元八年），始建大内，并正式建国号为“大元”。1272 年（至元九年）二月，改中都为大都，并定为元朝的京都，而把原设在开平的上都作为每年夏秋季节消暑的行都。1274 年（至元十一年）正月，宫阙告成，忽必烈始御正殿，受诸王百官朝贺。1276 年（至元十三年），城成。至元二十二年（1285 年）二月，“诏旧城居民之迁京城者，以赀高及居职者为先，仍定制以地八亩为一分；

其或地过八亩及力不能作室者，皆不得冒据，听民作室”。贵族功臣，悉受分地，以为第宅①。1293 年（至元三十年），最后完成了大都东连通州的通惠河，与贯通南北的经济动脉大运河相接，整个大都的营建工作才算最后完成。这样一个浩大的工程主要是由饱经金元之际的长期丧乱，元气才稍有恢复的北方人民负担的。从至元四年到十二年之内，几乎每年都有成千累万的农民、军士被征发来服工役，如至元八年（1271 年），“发中都、真定、顺天、河间、平滦民二万八千余人筑宫城”。元朝政府虽有“敕修筑都城，凡费悉从官给，毋取诸民，并蠲伐木役夫税赋”的规定，实际只是一纸具文。因工役而造成北方广大人民的痛苦，无疑是十分沉重的。

## 大都的规模

大都的设计思想，完全恪守《周礼·冬官考工记》所规定的“匠人营国，方九里，旁三门，国中九经九纬，经涂九轨。左祖右社，面朝后市”的原则。《周礼》是儒家的政治理想蓝图。元大都完全是在平地上有计划地兴建的，可以毫无因袭限制，因此它才有可能在某种程度上把这种理想付诸实现。忽必烈建国号为“大元”，“盖取《易经》‘乾元’之义”，以显示“绍百王而纪统”的受授正统。他建年号为“至元”，也是语源于《易经》的“至哉坤元”。其他如宫殿名大明、咸宁；城门名文明、健德、云从、顺承、安贞、厚载，也都是取自同书乾坤二卦之辞。这些都是当时忽必烈行“汉法”，“仪文制度，遵用汉法”的部分内容。通过这些，忽必烈极力显示新建立起来的、

① 虞集：《道园学古录》卷四二《襄敏杨公神道碑》。

蒙汉封建主联合专政的新王朝是中原王朝正统的合法继承者，以争取汉人地主士大夫的支持，并为下一步灭亡南宋、统一全国做好思想上和舆论上的准备。当时为忽必烈担任政治设计师的刘秉忠，是一个出家还俗的儒者，“尤邃于《易》及邵氏《经世书》”。元大都宫城的设计思想就是在这样一个历史背景下产生的。

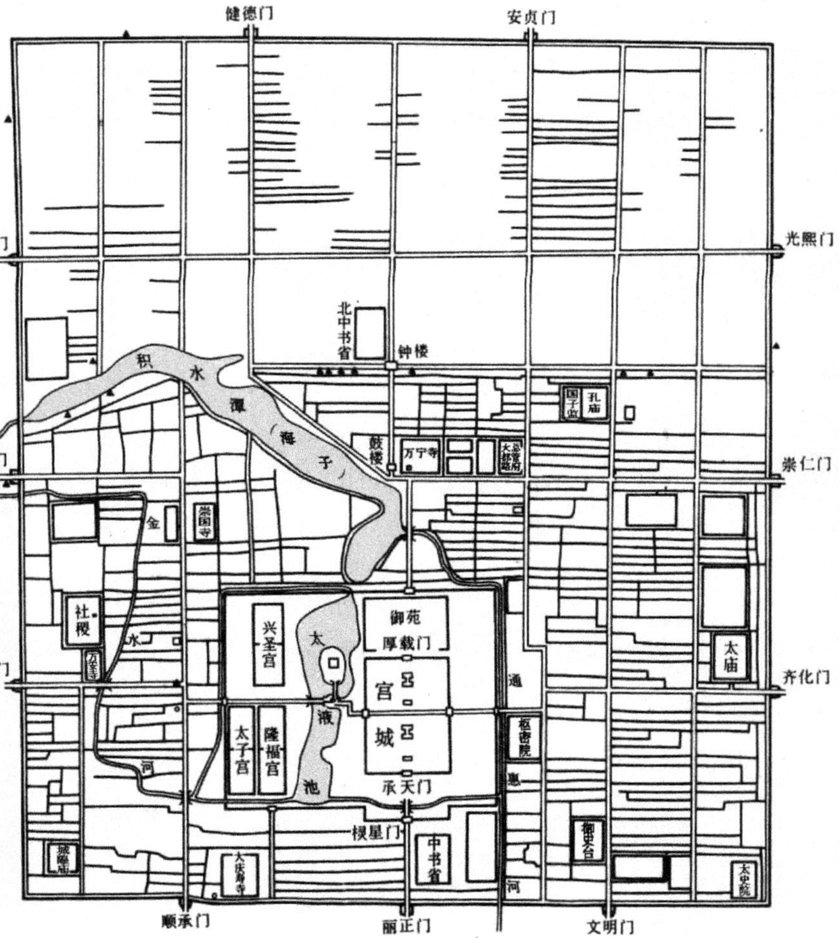


元大都城平面示意图

元大都城是当时世界上最光辉的城市。无论就它的建筑规模、建筑艺术、科学布局和工程水平来说，世界上的其他城市都是难于比拟的。它也是当时世界瞩目的政治、商业和文化中心之一。西方人习惯于称之为“汗八里”①。“八里”，是突厥语“城市”的译音。汗八里义即大汗之城。它以雄伟、富实和华丽而广泛为西方所传颂和羡慕。

城市　大都坐北朝南，呈一个规则的长方形，它的南墙在今天北京市东西长安街的南侧，北墙在德胜门外八里的小关一线，土垣的遗迹宛然可寻。东、西两侧的南段大体上与后来的城墙相合。城周实测为二万八千六百米，十一门。正南中央为丽正门（今天安门南），南之右为顺承门（今西单），南之左为文明门（今东单）；北之东为安贞门（今安定门小关），北之西为健德门（今德胜门小关）；正东为崇仁门（今东直门），东之右为齐化门（今朝阳门），东之左为光熙门（今和平里东）；正西为和义门（今西直门），西之右为肃清门（今北师大西），西之左为平则门（今阜成门）。著名的旅行家马可波罗记云：“全城有十二门（当是记忆有误），各门之上有一大宫，颇壮丽。四面各有三门（北面实有二门）、五宫，盖每角亦各有一宫，壮丽相等。宫中有殿广大，其中贮藏守城者之兵杖。”城墙用夯土筑成，基部厚达二十四米。马可波罗记载则说土墙“墙根厚十步，然愈高愈削，墙头仅厚三步。遍筑女墙，女墙色白，墙高十步”。② 为了保护土墙，防止雨水淋蚀，故以苇草覆被。并在文明门向东五里处设立苇场，岁收苇草，编成苇帘以供使用。张昱《可闲老人集·辇下曲》云：“大都周遭十一门，草苫土筑哪吒城。谶言若以砖石裹，长似天王衣甲兵。”但终元一代，都没有来得及用砖裹。

皇城在城南部的中央而偏西，这是因为皇城在设计上希望充分利

① 伯希和怀疑早在金代，中亚人已称金中都为汗八里。参见《马可波罗注》（英文本），第一卷。

② 《马可波罗行纪》中册，第334—335页。

元大都和义门遗址

用太液池（今北海和中海）风景区而造成的。皇城之北为海子。海子，一名积水潭，聚西北诸泉之水，流入都城而汇于此。海子附近是繁华的商业区。太庙在宫城正东、齐化门之内；社稷台在宫城以西。这些都是按古制王都“左祖右社，面朝后市”原则安排的。海子东岸有中心阁，阁的稍西有石，上刻“中心之台”，这是全城的几何中心。从城南正门丽正门到中心阁正南北走向的直线是全城的中轴线，宫城的主体建筑都是按这条中轴线均衡地展开的。根据专家的研究，中心阁地址的选取与中心阁到丽正门距离的确定，构成为全城四至的基准①，从而达到既合理地利用了客观地形，又充分突出了建筑效果的目的。这种匠心独具的设计规划，表现了很高的创造性。

城市供水问题是忽必烈放弃金中都旧址，而选择以太液池和海子湖区作为新址的重要因素。金中都利用莲花池储水，流量有限，不够

① 侯仁之：《北京旧城平面设计的改造》，载《文物》1973 年第 5 期。

扩建的大都城的需要。海子受高梁河贯注，金代曾引玉泉及瓮山泊（今昆明湖）诸水东南流，扩大了高梁河的水量。特别是在忽必烈末年郭守敬开通惠河时，修筑了白浮堰，引昌平东南的神山、一亩诸水灌注，流量更加增多。郭守敬又把海子水东引，然后，紧依皇城的东墙南流出城，与金朝所开的金口河下流的故道相会东流，构成为大都与通州之间的运河通惠河。为了保证宫苑用水，元朝又特别开凿了金水河，引玉泉水经和义门南入城，折而南流，从西南角入注太液池。为使水流清洁，在金水河中洗手也悬为厉禁。水源的开发利用，滋育了大都的园林景色，也繁荣了它的商业交通。

城中的街道，按照《周礼》的原则，由一些南北和东西走向的干道区划成方整的棋盘形。自南至北谓之经，自东至西谓之纬。大街二十四步阔，小街十二步阔，三百八十四火巷，二十九衖通。“此端可见彼端。盖其布置，使此门可由街道远望彼门”。[①]官僚贵族的院宅也划定为八亩一区，因此，坊巷也是很规整的。当时把巷道称为衖通或胡同，是蒙古语“水井”之义。考古发掘表明：当时豪富之家住着宽敞的院落，有的房屋（如后英房遗址）墙壁的下部采用“磨砖对缝”的方法砌成，室内用方砖铺地，并且安装有雕饰华丽的格子门。至于贫民的房子则非常简陋。整个城市的北部地旷民稀，可能即是城中的贫民区。

**宫殿** 从城南的丽正门入城，往北便是长可七百步，直通皇城灵星门的千步廊。皇城元代称为萧墙，俗称红门阑马墙，周回约二十里。灵星门内数十步有河东流，河上建白石桥三座，称周桥，石栏上雕琢着龙凤祥云图案，晶莹如玉。桥下面有四条白石龙。河岸尽是柳树，

① 《马可波罗行纪》中册，第335页。

郁郁葱葱，西面远远地与西宫海子相望。渡桥约二百步，便是宫城的崇天门。宫城周回九里三十步，高三丈五尺。城呈长方形，崇天门两旁，右为星拱门，左为云从门；东西两侧有东华门、西华门；北为厚载门。星拱门之南有御膳亭，亭东为拱宸堂，是百官会集之所。宫城内的建筑，主要有两组，前为大明殿，后为延春阁，均衡地布置在全城的中轴线上。大明殿是皇帝登极、正旦、寿节朝会之正衙。青石花础，白玉石园碣，文石甃地，上藉重裀，丹楹金饰，龙绕其上。四面朱琐窗，藻井间金绘，饰燕石。重陛朱阑，涂金铜飞雕冒。中设七宝云龙御榻，白盖金缕褥；并设后位。诸王百寮怯薛[①]侍宴坐床重列左右。前面设置有贮水为动力的自动灯漏，一个小木偶按时刻棒牌出来报时。殿中有一个木质大樽，内裹银而外裹金，上面云龙环绕，高一丈七寸，可以贮酒五十余石。雕像酒桌一张，长八尺，阔七尺多。此外还陈列有许多乐器，其中有兴隆笙，这种乐器植九十管，分列为六排于柔革囊，用大匏鼓风，按其管，则簧鸣。笙首为二孔雀，笙鸣机动，则应声而舞。凡燕会之日，此笙一鸣，众乐皆作；笙止，乐亦止。皇帝、皇后与诸王怯薛列坐，以及酒瓮、酒桌和兴隆笙的设置，与蒙古初期和林大斡耳朵的陈设相仿，明显地是从蒙古的旧俗沿袭下来的。[②] 相传忽必烈还从漠北把成吉思汗所居地的一株莎草移植于大内丹墀之下，名之为“誓俭草”，意思是告诫子孙，保持蒙古原来的淳朴习俗。大明殿的东面有文思殿，西有紫檀殿，后面有柱廊通寝殿，并有连抱长庑，以通前门，前面绕以金红阑槛，满画花卉。这是妃嫔

① 怯薛早期是蒙古大汗的护卫军与宫帐执事人员，入元后是担任宫廷宿卫和负担宫内各种职务的近侍人员。

② 斡耳朵突厥语义为宫帐。这种陈设，在鲁不鲁乞行纪中（道森《出使蒙古记》）有详细的描述。

的住所。

寝殿后面为宝云殿，再往北入延春门，便是延春阁，有梯，从东面三折而上。重檐，文石甃地，藉花毳裀，檐帷咸备。白玉石重陛，朱栏。阁上御榻二，柱廊中设小山屏床，皆楠木饰金制成。后面的寝殿中设有楠木大御榻。皇帝常在这里召见大臣和大修佛事。阁之东有慈福殿，西为明仁殿。阁的后面为清宁宫，有长廊远连延春宫，都是妃嫔们的住所。再后面便是宫城的北门厚载门，御苑便在这里，用水碾从玄武池中吸水溉种花木与粟豆瓜蔬之属。

苑囿　1162年（中统三年），忽必烈曾将金代的琼华岛加以修整，作为驻跸之所。宫城筑成后，把这里改名为万岁山，组成为宫苑的主体。

万岁山在大内西北，太液池之阳，南面有长达二百余尺的白玉石桥，与池心的园坻（今团城）相通。园坻上面有仪天殿。它的东面有木桥，与大内的夹垣相接。万岁山上峰峦隐映，奇石玲珑，松桧隆郁，秀若天成。马可波罗描绘说：万岁山"人力所筑，高百步，周围约一哩。山顶平，满植树木，树叶不落，四季常青"。"世界最美之树皆聚于此。君主并命人以琉璃矿石满盖此山。其色甚碧，由是不特树绿，其山亦绿，竟成一色。故人称此山曰绿山"①。循白玉石桥抵山之南，这里怪石林立，左右两边都有登山的道路，"萦纡万石中，洞府出入，宛转相迷"。山半有仁智、荷叶、介福、延和诸殿。山顶则为广寒殿。至元二年（1265年）琢成的渎山大玉海便置放在这里，"玉有白章，随其形刻为鱼兽出没于波涛之状。其大可贮酒三十余石"。通过某种巧妙的机械动力，又把金水河水由山后汲至山顶，从一个石龙口泻入方

① 《马可波罗行纪》中册，第325页。

池，然后伏流至仁智殿后，从石雕的昂首蟠龙口中喷出，东西分流入太液池。山之东为灵囿，养着各色奇禽异兽。

## 第二节 大都的政治经济情况

### 民族矛盾与政治斗争

刺杀阿合马的暴动　忽必烈依靠汉人儒士和军将取得汗位，建立了新王朝，但很快在李璮的叛乱后，他便感到汉人的威胁，因而积极推行民族歧视和民族压迫政策，并引用色目人[①]来充当自己的帮手，牵制和防范汉人。色目人阿合马以皇后媵臣而渐得亲任，主管政府的财政，进而专擅相权。阿合马又征利敛刮，引起人民广泛的愤怨。在朝廷中汉人官僚与色目官僚之间的明争暗斗一直十分激烈。

东平人王著，字子明，做过小吏，为人沉毅有胆气，轻财重义，不屑小节。他私铸大铜锤，同一个民间的宗教首领高和尚相结纳，以杀阿合马自誓。至元十七年（1280 年），任枢密副使的张易荐高和尚于朝，说他有秘术，能役鬼为兵，可遥制敌人。忽必烈便命和礼霍孙领兵与高和尚同去北边，王著也以千户同行。高和尚在秘术无验而归之后，便诡称死去，四十天后复出，诳称复生，大都人以为神，争相趋附。

至元十九年（1282 年）二月，忽必烈照例每年一度前往上都清

① 色目，义为各色各目。色目一词，唐宋以来习用之，元代色目人则专指移居中国的中亚和东欧诸民族，当时亦称为“回回人”。

暑，以阿合马留守大都。王著等乘机发动，三月十七日，他们一面派兵控制居庸关，一面集兵拥仪仗向大都进发，并先行派西番僧二人至中书省，通知说当晚皇太子真金与国师回京做佛事。王著本人也在当日往见阿合马，通知太子将至，令所有中书省官员迎候于东宫前。省中因二僧言语支吾，东宫的僚属又都不认识他们，怀疑有诈。宿卫宫中的高觿与尚书忙兀儿、张九思聚兵为卫。这时，枢密副使张易也领兵驻宫外。高觿问他发生了什么事。张易说："到晚上便知道了。"高觿一再询问，张易才附耳告诉说："皇太子来杀阿合马。"阿合马平时很惧怕真金，听到通知后，立即派郎中脱欢察儿出城迎接。脱欢察儿等北行十余里，与正拥簇入城的伪太子的一行人马相遇，尽被杀死。这支队伍乘夜入健德门，来到东宫的西门叫关。高觿以皇太子平日往来都不由此门，拒绝启关。他们于是便转往南门。到了东宫前，在烛影朦胧的仪仗中，伪太子立马指挥，呼省官前来听训。信以为真的阿合马俯首上前，伪太子厉声申责，王著便把阿合马牵去，用所袖的铜锤将他击死。接着又杀阿合马的同伙左丞郝祯，囚系右丞张惠。所有来迎的官员噤声遥立，不知所为。张九思看出来其中有诈，在宫中大呼报警。宿卫军弓矢乱发，伪太子一行队伍奔溃，大多数当场被擒。王著挺身受捕；高和尚则乘乱逃去，两天后也在高梁河被擒。大都的市民对阿合马被杀死感到无比欢快。据说"贫人亦莫不典衣，歌饮相庆，燕市酒三日俱空"。①

事变发生后，忽必烈急令枢密副使孛罗、司徒和礼霍孙等回大都平乱。王著、高和尚等被杀。王著在临刑前大呼："王著为天下除害，今死矣！异日必有为我书其事者"，年才二十九岁。张易也以"应变

① 郑所南：《心史·大义略叙》。

不审，而授贼以兵”坐诛；同时牵连受诛的还有右卫指挥使颜义、崔总管等。从这次事件计划的周密，进行的规模以及前后所牵及的人物来分析，其背景是深刻的。当时正在大都的马可波罗记载：当王著定计杀阿合马后，“遂以其谋通知国中之契丹要人，诸人皆赞成其谋，并转告其他不少城市友人，定期举事，以信火为号，见信火起，凡有须之人悉屠杀之。盖契丹人（指汉人）当然无须，仅鞑靼人、回教徒及基督教徒有须也。契丹人之厌恶大汗政府者，盖因其所任之长官是鞑靼人，而多为回教徒，待遇契丹人如同奴隶也。复次，大汗之得契丹地，不由世袭之权，而由兵力，因是疑忌土人，而任命忠于本朝之鞑靼人、回教徒或基督教徒治理，虽为契丹国之外人，在所不计也”。①这些记载应该说大体上是反映真实的。

阿合马死后，他生前的奸状暴露。据说，有一天，忽必烈想求一巨型钻石来饰皇冠。有两名商人奏报说，他们曾以一巨钻石献给皇帝，并早已交阿合马转呈。忽必烈听到后，立即遣人向阿合马之妻引住索取，果然在他家中取到钻石。忽必烈大为震怒，对阿合马开始产生了怀疑。在真金的鼓动下，阿合马的大量罪行被揭发出来。为了安抚汉人官僚，平息人民的愤怨，忽必烈转而以阿合马为有罪，说：“王著杀之，诚是也。”于是发墓剖棺，戮尸于通玄门外。其子忽辛、抹速忽、哈散、忻都等也都在各地伏诛。②

文天祥就义　刺杀阿合马事件明显地反映了当时民族矛盾的紧张状况，因而也更加深了蒙古统治者的疑惧心。同年十二月，又有一个名薛保住的人，上匿名书告变，说有人称宋王，将聚众千余，分两路

① 《马可波罗行纪》中册，第342页。

② 参考《元史·世祖纪》阿合马、张九思、高觿诸传及《史集》（俄译本）第二卷，第187—190页。

攻大都城，图谋劫出囚禁在狱中的南宋丞相文天祥。元廷闻讯后十分惊恐，立即把原南宋的小皇帝、瀛国公赵㬎及宋宗室从大都移往上都，并决心把文天祥处死。

文天祥在1278年（至元十五年）兵败潮阳被俘，次年十月，被执至大都。途中绝食八日，不死。到大都后，元廷厚加款待，如奉上宾，但文天祥坚决拒绝，坐以达旦。五天以后，文天祥又被转送到兵马司，械系在空屋中。十二月，才因病去械，但仍系颈，就这样渡过了四年的囚徒生活。丞相孛罗审问他，他拒绝在孛罗前屈膝，并从容辩论。当孛罗指他弃德祐嗣君（即赵㬎）而继立福、广二王为不忠时，文天祥慷慨申言："社稷为重，君为轻。吾别立君，为宗庙社稷计也。"并且表示"有死而已，何必多言。"忽必烈屡次使人劝降，文天祥始终坚贞不屈。他在狱中编辑宋亡以来自己的诗作，题为《指南录》，表明如磁针指南，誓不忘宋。他在狱中所写的《正气歌》，抒发了"富贵不能淫，威武不能屈"的高风亮节。至元十九年十二月初九日（公元1283年1月9日），文天祥从容就义于柴市口（今北京菜市口），年四十七岁。

文天祥祠

元朝在统一全国，开拓边疆，发展祖国多民族大家庭方面起过积极作用，但它的落后统治与民族压迫政策又不可避免地激起各族人民的反抗。中国各族人民，都赞成平等的联合，反对外来的压迫。和所有历史上各族人民中献身反压迫的民族英雄一样，文天祥坚贞不屈慷慨牺牲的斗争精神，是永远值得人民怀念的。

两都鏖兵　元朝在忽必烈以后，皇位的继承一直是朝廷局势动荡的重要原因。依照蒙古旧俗，大汗生前，虽有指定继承人的权利，但新汗即位前必须经由宗亲、贵戚和大臣参加的忽里台（蒙语，义为“聚会”）的推戴。入元以后，虽有依仿汉制，确立太子的制度，但忽里台制仍然保持。这就便利于权臣和野心家的操纵利用。加上元朝的皇帝很多都是短命的，这就使争夺皇位的闹剧演出频仍，甚至由弑杀而发展到公开的内战。

英宗至治三年（1323 年），御史大夫铁失等弑英宗于上都南坡。这时，也孙铁木耳以晋王总大兵于漠北，被拥立为帝，是为泰定帝。泰定五年（1328 年）七月，泰定帝在上都清暑期间病死。丞相倒剌沙和梁王王禅等立九岁的皇太子阿剌吉八继位。但留守在大都的签枢密院事、钦察人燕铁木儿乘机发动政变。他以他家世代掌握的京都宿卫军精锐钦察军团为主力，封锁府库，拘收百官印信，派兵扼守居庸诸隘，并遣使者迅速迎接出居江陵的武宗次子图帖睦尔来京。图帖睦尔途经汴梁，河南行省平章伯颜大征兵丁，发府库，扈从北行。九月，图帖睦尔在大都即帝位，是为文宗。当时，他的哥哥和世球还远在阿尔泰山以西之地。文宗公开表示他即皇帝位只是暂时的从权措施，当“谨俟大兄之至，以遂朕固让之心”。扈从去上都的军将家属都留在大都，事变发生后，他们先后脱身南走。阿速卫指挥使脱脱木儿、贵赤卫指挥使脱迭也率军来归。这就大大增强了大都的军势。

上都兵分道进攻大都。王禅等率军南迫榆林，燕帖木儿乘其不及布阵，立即发动进攻，北军败走。而这时另一部上都军由诸王也先帖木儿与辽东平章秃满帖儿率领，已自辽东进抵迁民镇。文宗急令燕帖木儿东出蓟州抵御。燕帖木儿正挥军东向时，王禅兵又重新反扑过来，袭破居庸关，兵逼昌平。燕帖木儿于是分兵令脱脱木儿往御辽东兵于蓟州檀子山，自己则与北军大战于红桥，再战于白浮，双方胜负难分，彼此相持三日。入夜，燕帖木儿出奇兵绕出敌后，又夹营吹铜角作为疑兵。北军惊骇大扰，自相撞击，弃营争先逃走。燕帖木儿乘势追逐至昌平以北，王禅单骑亡走。燕帖木儿进一步收复了居庸关，分兵三万，加强防守。这时又传来了古北口不守的消息，又一部上都军知枢密院事竹温台已进掠石漕。燕帖木儿急忙倍道直趋，掩其不备，转战四十余里，至于牛头山，大败竹温台军，收复古北口。在燕帖木儿倾全力应付古北口方向敌军的当儿，辽东军已攻陷通州，将进袭京城。燕帖木儿急忙调转军锋，十月初一日傍晚，逼近通州，乘敌军初至，立脚不稳而进行突袭，辽东军狼狈渡潞河而走。初五日，两军又大战于檀子山之枣林，辽东军大败。上都军的三路进攻都被击退。

北面的压力才得减轻，由诸王忽剌台所率领的第四股上都兵已出紫金关，进犯良乡，游骑逼近都城的南郊。初七日燕帖木儿又以旋风般的速度，率诸军沿北山而西，去掉马衔，在嘴下系囊盛蒭豆以饲马，星夜兼程，突然出现在卢沟桥。忽剌台一见大惊，望风西走。第二天，燕帖木儿凯旋而还，由肃清门入城。同一天，秃满迭儿又入古北口，燕帖木儿再次出征，在檀州南大败敌军，秃满帖儿走还辽东。

在京郊鏖战正酣的同时，湘宁王八剌失里、赵王马扎儿罕响应上都军进犯冀宁，陕西行台御史大夫也先帖木儿也分军三道东犯，河南一路已进至虎牢。四川行省囊家台、云南行省也儿吉尼也称兵遥为呼应。整个形势是不利于文宗和燕帖木儿一方的。恰在这时，驻军东北的燕帖木儿之叔、东路蒙古元帅不花帖木儿与齐王月鲁不花乘虚围困上都，倒剌沙等不支出降。上都集团的支持者们在闻败后也相继解体，文宗与燕帖木儿意外地很快取得胜利。当双方混战中，京郊遭到了严重的破坏，京东之地，“野无居民”。加上这年天灾肆虐，南北各地，饥民动辄百十万，流民相属，死亡枕藉。

## 经济概况与居民生活

商业　大都是元朝最大的商业中心，据天历时的统计，大都宣课提举司所入商税每年一十万三千余锭，占全国商税总数的九分之一弱。元朝规定，商税三十分取一。忽必烈时，为了鼓励大都商业的发展，曾下令旧城市肆迁入新城的减为四十分取一。而且，除牛马果木诸市和酒醋而外，“若鱼虾、药果之属，以及书画、藁席、草鞋、篠帚、砖瓦、柴炭诸色，灯铜、铁线、麻线、苧绵、草索、曲货，皆为不合税之物”①，比起明代崇文门税课条目来还要轻省一些。

大都城内各种专门的市集三十多处。最繁华的地方在全城的中心钟鼓楼和西城羊角市一带。钟鼓楼西濒海子。海子是南北大运河的终点，南来的商船聚泊在这里。沿岸满布着歌台、酒楼，是贵族富商寻欢逐乐的所在。钟楼的附近有米市、面市、缎子市、皮毛市、帽子市、鹅鸭市、珠子市、铁市和“沙剌”等市。“沙剌”义为珊瑚。羊角市一带有羊市、马牛市、骆驼市；附近还有专门贩卖驱奴的人市。忽必烈的后期，人市被迫废止了，但人市的坊楼仍然保存着。在钟楼的最北以及南城的文明门、丽正门和顺承门外，又有所谓“穷汉市”。至元十年（1273 年），据中书省的报告，“大都等路诸买卖人口、头匹、

① 《日下旧闻考》卷六三《官署》引《稼堂杂抄》。

房屋，一切物货交易，其官私牙人侥幸图利，不令买主、卖主相见，先于物主处扑定价直，却于买主处高抬物价，多有尅落，深为未便”。因此，规定“今后凡买卖人口、头匹、房屋、一切物货，须要牙保人等与卖主、买主明白书写籍贯、住坐去处，仍令知识（认识）卖主人或正牙、保人等保管，画完押字，许令成交，然后赴务投税。”[①]坊市的划分和买卖双方各不见面，单凭牙行居间活动，对商业的发展是巨大的束缚，同时也反映了当时大都与北方地区商业的落后方面。到了至元二十三年（1286 年），政府决定：“先为盖里赤（蒙语‘牙人’）扰害百姓，已行禁罢。况客旅买卖，依例纳税，若更设立诸色牙行，抽分牙钱，刮削市利，侵渔不便。除大都羊牙及随路买卖人口、头匹、庄宅，牙行依前存设，验价取要牙钱，每十两不过二钱，其余各色牙人，并行革去。”[②] 部分牙行的取消，对商业的发展无疑是一个促进。

保存下来的黄仲文的《大都赋》，是有关大都繁华景况的文学描述。其中说：“论其市廛，则通衢交错，列巷纷纭。大可以容百蹄，小可以方百轮。街东之望街西，髣而见，髴而闻。城南之走城北，去而晨，归而昏。华区锦市，聚万国之珍异；歌棚舞榭，选九州之秾芬。招提拟乎宸居，廛市主于宦门。酤户何泰哉，扁斗大之金字；富民何奢哉，服龙盘之绣纹。奴隶杂处而无辨，王侯并驱而不分。庖千首以终朝，酿万石而一旬。”“若乃城闉之外，则文明为舳舻之津，丽正为衣冠之海，顺则为南商之薮，平则为西贾之派。天生地产，鬼宝神爱，人造物化，山奇海怪，不求而自至，不集而自萃。是以吾都之人，家无虚丁，巷无浪辈。计赢于毫毛，运意于倍蓰。一日之间，一闵之内，

① 《通制条格》卷一八《关市》。
② 《通制条格》卷一八《关市》。

青白釉水月观音像

（元大都遗址出土）

重毂数百，交凑阛阓，初不计乎人之肩与驴之背。虽川流云合，无鞴而来，随销随散，杳不知其何在。至有货殖之家，如王如孔，张筵设宴，招亲会朋，夸耀都人，而费几千万贯。其视钟鼎，岂不若土芥也哉。若夫歌馆吹台，侯园相苑，长袖轻裙，危急管。结春柳以牵愁，凝秋月而流盼，临翠池而暑清，褰绣幌而雪暖，一笑金千，一食万钱。此诚他方巨贾，远土浊宦，乐以销忧，流而忘返，吾都人往往面谀而背讪之也。”① 长期留居在大都的旅行家马可波罗在记述汗八里城贸易发达、人口繁盛的景况时则说：“应知汗八里城内外人户繁多，有若干城门即有若干附郭。此十二大郭之中，人户较之城内更众。郭中所居者，有各地来往之外国人，或来入贡方物，或来售货宫中，所以城内外皆有华屋巨室，而数众之显贵邸舍，尚未计焉。”“尚应知者，凡卖笑妇女，不居城内，皆居附郭。因附郭之中外国人甚众，所以此辈娼妓为数亦夥，计有二万有余，皆能以缠头自

① 《宛署杂记·民风一》。

青花凤首扁壶

（元大都遗址出土）

给，可以想见居民之众。外国巨价异物及百物之输入此城者，世界诸城无能与比。盖各人自各地携物而至，或以献君主，或以献宫廷，或以供此广大之城市，或以献众多之男爵骑尉，或以供屯驻附近之大军。百物输入之众，有如川流之不息。仅丝一项，每日入城者计有千车。用此丝制作不少金锦绸绢，及其他数种物品。附近之地无有亚麻质良于丝者，固有若干地域出产棉麻，然其数不足，而其价不及丝之多而贱，且亚麻及棉之质亦不如丝也。”“此汗八里大城之周围，约有城市二百，位置远近不等。每城皆有商人来此买卖货物，盖此城为商业繁盛之城也。”①

当时城中的商业主要操持在官府、贵族和富商手中。如酒一项，

① 《马可波罗行纪》中册，第379—380页。

除大都酒课提举司所属的糟房多达一百所外，富豪户多酿酒酤卖，价高味薄，且课不时输。顺帝时的丞相脱脱之父马扎儿台，在通州置榻坊，开酒馆、糟房，日至万石。盐是国家的专利品，由商贾凭购得的盐引贩运，至一定的行盐区贩卖。大德中，因大都的商贩把持行市、民食贵盐，政府于是置局设官卖之。但官局的侵盗克扣，同样为人民所厌恨。政府又取消官局而听商贩卖，每盐一斤，价高达一贯，更造成人民的痛苦。珠宝香货则大多操在回回富商手中。这些回回富商与朝中的权贵结成“斡脱”（由贵族具资与商人共营的商业组织）利用特权，到处横行。他们以向皇帝呈献宝物为名，往往取得十倍于实价的回赐。泰定帝时，丞相、色目人倒剌沙奏请给付累朝未酬的宝价，一次便达四十余万锭。

运河与海运　《元史·食货志》说：“元都于燕，去江南极远，而百司庶府之繁，卫士编民之众，无不仰给于江南。”运河与海运便是输送江南丰盛的物资，滋育大都繁荣富庶的两大动脉。至元二十六年(1289年)，会通河修凿成后，沟通南北的大运河建成，但它的终点在通州，离大都城仍有一段距离，运输很不方便。这时，金代的漕渠久已堙塞。至元初也做过一些修浚，但限于水量，最后还是废弃。著名的水利学家郭守敬重新设计了从大都到通州的运河方案。他创造性地北引昌平白浮村的神山泉，汇合一亩、玉泉诸水，扩大了运河的水量，并在大都到通州之间增置闸门二十处，按时宣泄，以解决地形起伏的落差问题。全部工程在至元三十年（1293年）完成，赐名为通惠河。从城南的丽正门与文明门之间的南水门入城，沿宫城的东墙再西折而入海子。这样，“川陕豪商，吴楚大贾，飞帆一苇，径抵辇下。”①这年

① 《日下旧闻考》卷六引元李洧孙《大都赋》。

的秋天，忽必烈从上都回来，经过积水潭，见海子中舳舻蔽水，大为高兴。郭守敬还计划在澄清牐稍东，引水与北壩河接，并立牐丽正门西，使舟楫能环城往来，但这个计划始终没有实现。

与此同时，元朝政府又大力发展从长江口的刘家港越海直航直沽的海运，设都漕运万户府二，以督岁运。南北大运河凿通后，由于运河岸狭水浅，运输量仍然有限，海运一直被当成为运送南方岁粮的重要方式，最高每年达三百五十万余石。据估计，河运比陆运节省十分之三四，而海运又比河运省十分之七八。海运船每年两次趁季风从长江口漂海，顺利的情况下半个月便可抵达直沽，交仓收储。海运的实行，“民无輓输之劳，国有储蓄之富”。虽然风涛不测，粮船漂溺是常有的事，然在运河的运输量仅能解决京师粮食需要量一半的情况下，海运对于保证大都庞大的官俸、军需是意义巨大的。无怪在元末农民大起义中，当海运被迫停止后，大都便立即陷于饥饿的威胁中。

手工业、矿业和工匠的生活　大都的手工业十分发达。蒙古统治的初期，到处俘掳工匠，随后又大批拘刷各色手工匠人。忽必烈建都大都后，便把一部分处在漠北等地的工匠迁来。在工部、将作院、徽政院、武备寺、储政院和大都留守司等衙门下，分设有各色匠局和提举司，督率工匠进行生产，为宫廷的生活和军事需要服务。如大都留守司所属的修内司，其下分领大木局、小木局、泥厦局、车局、粧钉局、铜局、竹作局和绳局，共计工匠一千二百七十二户。又如器物局下设铁局、减铁局、盒钵局、成鞍局、羊山鞍局、网局、刀子局、旋局、银局、轿子局、采石局和山场等，“掌内府宫殿、京城门户、寺观公廨营缮，及御用各位下鞍辔、忽哥轿子、账房车辆、金宝器物，凡精巧之艺，杂作匠户，无不隶焉”。局设提领，下面又分置工长，分层进行监督。如小木局，有制造小木器具的工匠数百人，每十人或五人分成一组，每组都设工长。采石局的工匠多达二千余户，犀象牙局也达一百五十余户，大都四窑场（专烧琉璃砖瓦）领三百余户。可见当时大都的官办手工业机构繁多，分工细致，工匠的数目也很庞大。

蒙古入侵中原初期所俘的工匠，在性质上是奴隶。随着蒙古的封建化，这些工匠也演变成人身依附关系很强的封建制匠户。工匠有匠籍，世袭其业，他们的子女，“男习工事，女习黹绣”，不许脱籍。根据当时人的记载，京城的匠户，比起地方上所征的匠户，条件要稍好些。匠户除担负其专业的工役外，可免征丝银、差徭，有田四顷以内的可以不纳税粮。每家以四口为限，正身每月给米三斗，盐半斤；家属和驱奴也各有供给。此外，他们还可以自己开铺席买卖。应役之暇，可以还家工作。这些都是外路当工者所不能比拟的。不过，就一般下层匠户来说，监官克扣口粮、强派私活和依势敲诈勒索的事是很平常的。因此匠户中分化很剧烈，他们中的贫困下户，往往被迫典妻卖子。政府规定：“在局人匠，不得妄称饰词，恐吓官吏，扇惑人匠，推故不肯入局，耽误工程；及一等不畏公法闲杂人等辄入局院，沮扰造作者，”严加惩治。各处管匠官吏、头目、堂长人等，“每日绝早入局，监临人匠造作，抵暮方散，”对工匠进行严格的控制和镇压①。沉重的封建束缚和剥削对手工业是严重的阻碍，官局中通常是浪费极大，成本高昂，产品低劣，而且也给商品经济的发展带来很大的打击。

京畿的矿冶业也很兴盛。檀州奉先等洞、蓟州丰山、宛平的颜老山等处都有银冶，清水村有铁矿。檀、景地方设有双峰、暗峪、银崖、大峪、五峪、利贞和锥山等铁冶七所。元初曾在燕南、燕北一带总设铁冶十七所，每年课铁一千六百余万斤，冶铁人匠达三万余户。他们

① 《通制条路》卷三〇《营缮》。

有的是政府所签拨的民户，有的是罪人或孛兰奚（义为遗失）人户。西山的采煤业也很发达。宛平西的大谷山有黑煤三十余洞，西南桃花沟有白煤十余洞，是大都燃料的主要来源。矿工们“操锤凿，穴道篝火，裸身而入，蛇行鼠伏，至深入数十里始得之”，然后负载而出。故“其霑污憔悴，无复人形”。[①] 加上窑常有崩塌，窑工经常处在死亡的威胁中。

**市民生活** 大都是元代多民族国家的缩影，城中各民族杂处。除契丹、女真、渤海等民族久已同汉民混杂之外，作为统治民族，大批蒙古人入居京都，也与汉人相错而居。元朝中期，漠北草原在大风雪为灾和叛王的窜扰下，蒙古牧民纷纷南流，在通州一带，到处有流亡来的押当赤（蒙语义为贫困者），政府为他们发放口粮，以资救济；又特置蒙古侍卫军，进行收容。唐兀人、畏吾儿人来仕于元廷的人很多。大都城西北的畏吾村（后讹为魏公村），当是以畏吾儿人聚居而得名。由于蒙古人尊崇喇嘛教，西藏僧人之来往于京藏之间的空前增多。各民族间的密切交往有利于彼此间的文化交流和传统友谊的增长。除此之外，因为蒙古人的三次西征和元朝皇帝在四大汗国中的宗主地位，所以在大都城里，又有大批的中亚各族人民。他们当时统称为“色目人”，包括康里人、钦察人（吉卜赛人）、斡罗思人（俄罗斯人）、阿速人、突厥蛮（土库曼人）和伊朗人等，在习惯上他们又往往统称为回回人。据1263年（中统四年）的统计，当时中都路共有回回人户二千九百五十三户。其中多系富商大贾、势要兼并之家[②]。这些人依仗特权，“兴贩营运，百色侵夺民利，并无分毫差役”。权豪富

① （残本）《顺天府志》卷一一《宛平》，北京大学出版社出版。
② 王恽：《秋涧先生大全文集》卷八八《乌台笔补》。

商之外，色目人在工匠、军士与驱奴中都占很大的比重，加上远道来自欧亚的商人、罗马的教士和各国的使者，云集辐辏，使大都成为当时重要的国际政治和贸易的中心。

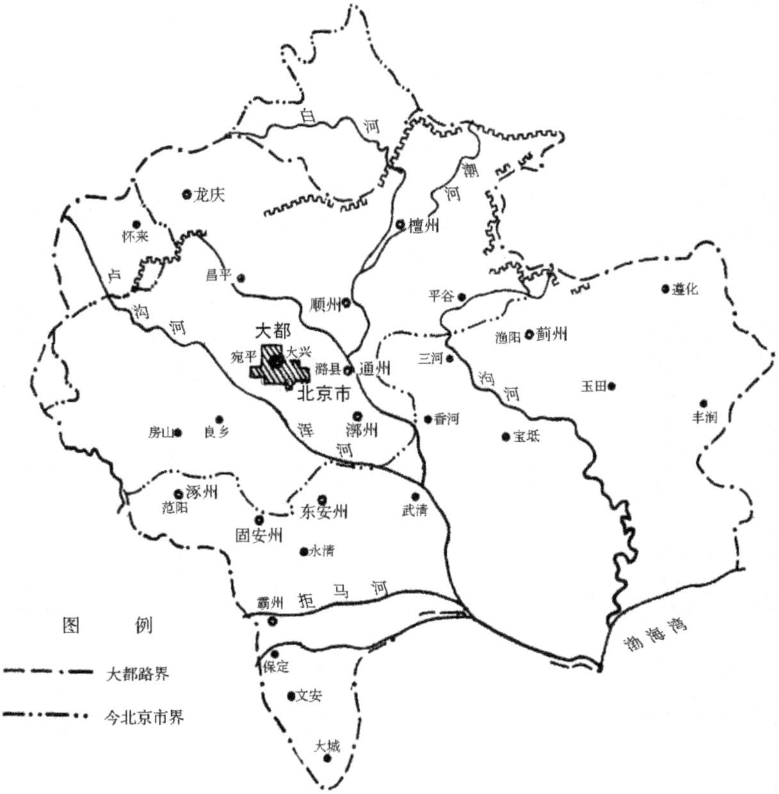


元大都路行政辖区示意图

《元史·地理志》载：大都路总管府领右、左二警巡院和六县、十州①。州领十六县。总计人户一十四万七千五百九十，口四十万一千三百五十。右、左二警巡院是负责分领坊市民事的机关。新城计五十坊，旧城共六十二坊。坊各有名，有的坊名仍是沿古幽州的旧名。

① 六县为大兴、宛平、良乡、永清、宝坻、昌平。十州为涿州、霸州、通州、蓟州、漷州、顺州、檀州、东安州、固安州、龙庆州。

负责城市治安的是大都兵马司，领军兵二千，专司捕盗。

作为元王朝的京城，在大都城里麇聚着贵族官僚和豪富，也生活着大批穷困的城市平民与地位低下的驱奴，阶级的对立是十分鲜明的。在沉重的差役和高利贷盘剥下的穷苦小民，往往破产而沦为奴婢。王恽在一份奏章中说："切见在都贫难小民，或因事故，往往于有力之家典身为隶。如长春一宫约三十余人，元约已满，无可偿主。致有父子夫妇出限数年，身执贱役，不能出离。又有亲生男女，诡名典嫁，其实货卖。"① 这种现象在当时是十分普遍的。在京城之内，还常发生攘劫未成年男女，胁充奴婢的事。有的则把他们运往北方，换取牛马羊驼，以取厚利。阶级的尖锐对立使大都城中的社会秩序一直是不稳定的。至元初的一年又三个月内，城中发生强窃盗贼案六十余起。中期大批的外地流民涌向都城，给市内的生活和社会秩序带来更多的问题。元朝政府为了缓和矛盾而实行赈粜。至元十四年（1277 年）以大都物价翔踊发官廪万石，赈粜平民。至元二十二年，在京城和南城设铺各三所，分遣官吏减价粜粮，岁以为常。1295 年（成宗元贞元年），京师米贵，政府被迫增设肆所三十处，发粮七万余石减价赈粜。以后肆所虽有所减少，而每年所粜则增至五十余万石。因为赈粜粮多为豪强巧取多得，贫民却不能周给。大德中，政府又实行"红帖粮"。由官府登记两京贫乏户口之数，"置半印号簿文帖，各书其姓名口数，逐月对帖以给。大口三斗，小口半之。其价视赈粜之值三分常减其一，与赈粜并行"②。这些措施当然无法改变日趋尖锐的社会矛盾。因此，大都城内重案一再发生。至元二十八年，文明街之右，"盗杀银千户"。

① 王恽：《秋涧先生大全文集》卷八四，《乌台笔补》。

② 《元史》卷九六，《食货志·赈恤》。

大德六年（1302 年），八作司失盗。泰定三年（1326 年），有盗入太庙，窃走武宗的金神主和贵重祭器。这种动荡的形势引起统治者的担心和警觉。至大二年（1309 年），当武宗出发去上都清暑时，御史台建言："京师工役正兴，加之岁旱乏食，民愚易惑，所关甚重，乞留一丞相镇京师。后为例。"接着，又把两警巡院增为四所，并陆续增派巡逻兵丁，且遣刑部长官来直接掌管大都兵马司的工作，加强镇压。这些都表明，愈是到元朝的后期，大都城内的阶级矛盾已越来越尖锐了。

京郊农村与农民状况　京郊的土地绝大部分控制在政府与贵族富豪手中。政府以军屯的方式，把京郊的农田分拨给环戍京师的五卫亲军等部，进行屯种，以收成所得作为供办军装、给养家口的费用。据统计，在大都近县诸卫军和大司农、宣徽院等所辖屯田总数高达一万五千七百余顷。这些屯军在地方上侵占田土，骚扰百姓，恣为不法。武清县北乡有中卫万户阿海所部的屯军，至元二年（1265 年），他们依仗权势"于上司原拨屯田地段四至外，强将诸人庄子及开耕作熟桑枣地土侵夺讫二十余顷"，造成农民失业，冤苦不能自申。军官们还任意勒索侵欺。中卫所属的军人，自至元五年（1268 年）八月前来武清北乡等处，"于民家安下，每日取要饮食，及递互敛索马匹草料，至甚骚扰不安。少不应付，恃赖众力，辄发恶言，恐吓侵凌，无所不至。每年直至来春三月，才方起离"①。这种现象在当时是相当普遍的。

贵族官僚通过赐产和兼并，也各拥有大量的土地，"怯薛"是贵族官僚入侍宫禁，担任宫廷禁卫和大小事务的近侍人员，并往往同时在外廷担任政府要职，在元朝政治生活中占很重要的角色。政府一再分拨给他们田土，因而造成"扈从之臣，种地极多"的现象。著名的

① 王恽：《秋涧先生大全文集》卷八八卷八九《乌台笔补》。

大寺院也是大地主，政府赐给他们大量土田财货。所有这些人，包括军、站户的上层在内，都有不同的政治特权，免征赋税杂徭。至元二十八年（1291年），中书省在一份奏章中说：“桑哥大都的富户每根底，自己隐藏着，和买检抄时分，不拣什么差发不教着，却教穷百姓每生受来；别个的官人每隐藏着来的也多有。”一些贫弱百姓，为了规避赋役，也都投靠他们，沦为他们的私属。蓄奴的现象在当时十分普遍。贵族、官僚和军官之家，驱奴往往多达千百。驱奴不单用于家内侍御，而且也广泛地用于手工业和农业生产以及经商和代充军役等等。

在元代，农户的赋役负担一般来说，比起军户、站户和匠户来都要沉重，而京郊的农民更有许多特殊的负担，如宫城的修葺、运河的疏浚、府邸的营造、皇帝的巡幸、官府的杂役、官吏的非法勒索以及贵族大官之家黠奴悍仆的巧取豪夺等。养马也是京郊农民的沉重负担。元朝政府在两都附近饲养大批马驼。至大元年（1308年）的统计：大都饲马九万四千匹，外路十一万九千匹。它们是供皇室贵族取乳和骑载的。人民不单要负担马草的供应，而且为了便于牧放，还禁止秋后翻地。政府又禁止用马拽车、拉碾、耕地。这些对于农业的发展无疑是严重的阻碍。此外，西山的薪炭、玉泉山的林木、金水河的水流都禁止人民开采利用。为了满足皇帝春秋围猎的需要，大都四面各五百里内，“不以是何人等，不得飞放，打捕鸡兔”。为饥饿所迫的农民，偶有捕杀，都要受到严厉的惩罚。在重役和天灾侵迫下的京郊农民，元中叶以后，破产流亡，甚至卖身为驱的日益增多。

## 元末农民大起义冲击下的大都

**财政破产中的大都**　元朝末年，政治黑暗，财政溃坏，阶级矛盾和民族矛盾都空前尖锐起来。统治阶级内部的倾轧争夺也有增无已。1333年，和世瑓子妥懽贴睦尔即位，是为顺帝。这时燕帖木儿病死，伯颜代起擅政。接着伯颜的侄子脱脱又设计排倾其叔而代为右丞相。为了挽救财政，改进通惠河运输，脱脱在1342年（至正二年）力主重开金口，凿新河一百二十余里，引浑河水东至通州南之高丽庄，与御河合，接引海运税粮至大都城内。全部工程在四个月内完毕，开闸放水。但因水流湍急，泥沙壅塞，船不可行，只好填塞。结果，劳民伤财，所费不赀。京师流传脱脱丞相开干河的笑柄。随后。脱脱又在至正十年（1350年）一意孤行，改更钞法，印造至正宝钞。结果也是“行之未久，物价腾涌，价逾十倍”。在大都城中料钞十锭，易斗粟而不可得。从京师到江南，流行一首《醉太平》小令，说：“堂堂大元，奸佞专权，开河变钞祸根源。惹红巾万千。官法滥，刑法重，黎民怨。人吃人，钞买钞，何曾见。贼作官，官作贼，混贤愚。哀哉可怜！”① 其实，元朝的病症深入膏肓，并不始于脱脱任相。不过脱脱所推行的挽救财政的措施乖谬，所以，结果更引起民怨沸腾。从1341年（至正元年）以来，全国各处人民的反抗斗争，此伏彼起。这一年，山东、燕南，“盗贼纵横，至三百余处”。1342年，“京城强贼四起”。1346年，“京畿盗起”，1347年，“通州盗起”，说明在京城辇毂之下，民变也如火燎原，势难扑灭。京师流行童谣说：“一阵黄风一阵沙，千里万里无人家。回头雪消不堪看，三眼和尚弄瞎马。”又说：“塔儿黑，北人作主南人客。塔儿红，朱衣人作主人公。”② 这些都从一个角度上反映了人心浮动和当时风雨欲来的动荡不安局面。1351年（至正十一

① 陶宗仪：《辍耕录》卷二三。

② 《元史》卷五一《五行志》第三下。

年），江淮地区爆发了声势浩大的红巾军大起义。元朝中央的绝大部分军国之需和大都城的各种生活物品主要依靠运河和海运而取得。据统计，承平时期，每年由会通河运至京师的米达五百万石。海运粮最高每年达三百五十余万石。再加上其他的征输，总计每年岁粮入京师为一千三百五十万八千八百八十四石。其中江浙占百分之四十强，河南百分之二十强，江西百分之十强，腹里（即中书省直辖之河北、山东及山西等地）百分之十强，湖广、陕西、辽阳共为百分之二十。此外还征收金三百余锭（每锭五十两），银一千余锭，钞一千余万锭，丝一百余万斤，棉七万余斤，布帛四十八万余匹①。这些物资中的一半都来自江浙。农民起义把元帝国拦腰截成了两段。“失苏州，江浙运不通；失湖广，江西运不通”。于是“元京饥穷，人相食”，兼之中原连年旱蝗，田禾尽空，人无食，捕蝗为粮。元朝也就迅速陷入政治瘫痪、财政破产的境地。

为了补救食粮的缺乏，至正十二年（1352 年），用脱脱的建议，在京郊西自西山，南至河间、保定，北至檀、顺，东至迁民镇之地，开辟稻田，招募江南农人，立法佃种，设分司农司领导。年收入达二十万石，名曰“京粮”。在实行过程中，官吏以屯田为名，大肆侵占良田，给人民带来痛苦；加之吏治腐败，管理混乱，所费累巨万，而收成则杯水车薪，远不足以纾匮乏于百一。特别是随着中原地区农民战争的高涨，又有大批山东、河南、河北的人逃亡入大都，城中人口大量增多，粮食问题更显得严重。饥荒笼罩着大都城，疫病也相应肆虐。1358 年、1359 年（至正十八、十九年）间，民饿死、病死的近百万。在十一门之外，各掘万人坑掩埋。这时的大都已荒凉满目，凋

① 《庚辛外史》。

敝不堪，完全无复旧观了。

京郊的破坏尤其严重。官军贪暴，“师冗无律，数百里内掠人为粮，郡邑率自残毁”。京郊的诸城中仅涿州比较完好，因而更成为诸军阀所垂涎的目标。至元十九年（1359 年）三月，一支官军入据涿城，“民之膏其鼎镬者（被吃掉的）日以千百计”，这样一直过了十五日而离去。明年四月，又一支官军攻陷州城，剽掠焚荡，更为惨毒。①通过涿州一例，就可以概知京郊各地的破坏达到了何等严重的程度。

一方面是饿殍满城，哀鸿遍野；而另一方面，作为元朝最高统治者的顺帝，却愈益沉溺在奢侈腐朽的生活之中。西番僧教他放肆淫乐，又告诉他人生几何，当受我“秘密大喜乐禅定”。于是，帝日从事于其法，广取妇女，君臣宣淫，“丑声秽行，著闻于外，虽市井之人，亦恶闻之”。他又选宫女为十六天魔舞，荒淫宴乐，以夜作昼。诸仓积粟，尽入女宠家，而百官俸禄，则只能以茶、纸、杂物来充折。顺帝与奇后、皇太子之间，互有矛盾，朝臣也分别结为党羽，且同地方上拥军对立的孛罗帖木儿及扩阔帖木儿联结，互相倾轧。孛罗帖木儿两度称兵犯京，囚系奇后，驱走皇太子，而由自己独揽大权。至正二十五年（1365 年）六月，顺帝因不堪孛罗帖木儿的凌辱，遣人刺杀孛罗帖木儿，且发令百姓，见孛罗帖木儿所部川军皆杀死。百姓纷纷上屋，以瓦石投击，川军死者填巷。接着扩阔帖木儿以兵卫太子返京。他们的队伍每次入城，城中就多遭受一番洗劫。

**红巾军北伐**　1358 年（至正十八年），由韩林儿、刘福通所领导的红巾军分三道大举进兵，除西路出关中以任牵制之外，其他东路、中路都是以包围和夺取大都为目标的。由毛贵所领导的东路军在二月

① 《日下旧闻考》卷一二九《京畿・涿州三》，夏以忠：《昭祐灵慧公庙碑记》。

攻占济南后，乘胜向北挺进，攻下清、沧、长芦。三月，进逼漷州（今河西务），前锋已达离大都一百二十里的枣林（今通州区东南）。元枢密副使达国珍战败被杀。元廷张皇失措，群臣多主张迁都暂避。丞相贺太平力争以为不可，急调驻军彰德的同知枢密院事刘哈剌不花前往堵截。毛贵兵受挫后退兵济南。

与此同时，关先生、破头潘等所领导的中路军避开卫辉、彰德一线元朝所驻屯的重兵，进入山西，乘胜北上。这支军队“分道踰太行，焚上党，掠晋、冀，陷云中、雁门、代郡”。九月，关先生东攻保定，不克。这时，毛贵的东路军已撤回，失去了策应。察罕帖木儿大军又封锁了南山的归路。这支农民军于是远飏塞外。十二月，攻占上都，焚烧宫阙。然后东进辽阳，入朝鲜，最后终于失败。但由王士诚所率领的起义军仍然活动在晋北地区，继续威胁京西一带。元廷调孛罗帖木儿移兵镇大同，以为京师捍蔽。1359 年（至正十九年）三月，京城北兵马司指挥周哈剌歹与林智和等谋为反抗，事觉被杀。在农民起义浪潮猛烈冲击下，京城的官僚贵族惶惶不可终日，京师十一门皆加筑瓮城和造吊桥，加强防守。1368 年（至正二十八年），朱元璋在南京即皇帝位，建国号为明，命大将徐达、常遇春率大军北伐。明军在攻取山东、河南之后，齐集军马，由山东沿运河线水陆并进。闰七月，攻下通州，杀元知枢密院事卜颜帖木儿。二十八日，顺帝在清宁殿召集御前会议，决定北走上都，而以淮王帖木儿不花监国，庆童为中书左丞相，同守京城。当晚夜半，顺帝开健德门仓皇北走，从者不过百余人。北过居庸关，道路萧条，关无一兵。八月初二日，明军进抵大都城下，猛攻齐化门，将士填壕登城而入，帖木儿不花等皆被擒杀。元亡。

## 第三节 大都的文化

### 大都的文化

理学的传播 理学到南宋的朱熹而集大成，但它在当时全国思想界仍不居统治地位。在北方，金代流行的是三苏（洵、轼、辙）之学，北方的学者多不曾见过朱注的《四书》。1235 年，窝阔台以阔出伐宋。当时杨惟中、姚枢正随军，奉命搜求有技业的儒、道、释、医、卜人才。在他们的庇护下，凡是被俘的儒士都予解脱。江西德安人赵复，字仁甫，是一个理学的信徒，被俘后，姚枢把他带回燕京。在这以前，“南北道绝，载籍不相通”。赵复来到燕京后以所记程、朱所著诸经传注，尽录以付枢。这时，王檝在燕京所创办的庙学已经停闭，杨惟中于是建立太极书院，请赵复讲授程朱理学，学者尊称他为江汉先生。杨惟中在书院中立祠以祀周敦颐，并以二程（颐、颢）、张（载）、杨（时）、游（酢）、朱（熹）配食。在赵复的影响下，姚枢、许衡等都改宗理学，“北方知有程朱之学，自复始”。充当赵复讲学助手的王粹（元粹），早年流落襄阳，后来只身归燕，做了道士。他的诗，悲凉凄苦，颇能反映当时社会残破，人民流离困苦的惨状。

为了培养翻译人才，1233 年，窝阔台下诏建国子学于燕京，遣蒙古子弟十八人学习汉语文字；汉人子弟十二人，学习蒙语、弓箭，选儒士为教读。并规定受业生徒在学习汉人文书之外，“兼谙匠艺，事及药材所用、彩色所出、地理州郡所纪，下至酒醴麴蘖、水银之造，饮食烹饪之制，皆欲周览旁通”。当时，全真道士在燕京势力甚大，儒士大夫多托庇于道门。燕京的学宫也“摄于老氏之徒”。学宫的主持者除杨惟中之外，葛志先、李志常之徒都是当时有名的全真道士。

元朝建立以后，至元七年（1270 年），忽必烈选侍臣子弟十一人受学于许衡、王恂。许衡是元代著名的理学家，传朱熹之学。至元二十四年（1287 年），政府扩建国子学，生员一百二十人，蒙古、汉人各半，由许衡的弟子耶律有尚任祭酒，“其教法一遵衡之旧”。“其立教以义理为本，而省察必真切；以恭敬为先，而践履必端悫。凡文词之小技，缀缉雕刻，足以破裂圣人之大道者，皆屏黜之”。[①]从此，国子学就成为理学传播的中心。大德二年（1298 年），丞相哈剌哈孙在城东北兴建孔子庙和国子学舍，皇庆初，虞集任大都儒学教授，又把岐阳石鼓安置其中。

宗教　元朝是多民族的统一国家，同西方又保持特殊的联系，在宗教政策上一贯执行兼容的政策，因此，在大都城内各种宗教教派同时流行。就中，喇嘛教因得到皇帝的崇信而最盛。

喇嘛教在窝阔台时期传入蒙古，得到蒙古统治者的信奉。忽必烈时期，萨斯迦派的八思巴，受封为帝师，尊荣无比。八思巴死后，累代帝师相承。皇帝即位，必先请帝师受戒七次，才登大位。元朝的皇帝都大修佛寺：如忽必烈在高梁河建大护国仁王寺，在城内建大圣寿万安寺，成宗建大天寿万宁寺，武宗、仁宗相继在城南建大崇恩福元寺（初名南镇国寺），又建大承华普庆寺，英宗硕德八剌建寿安山佛寺，寿定帝也先铁木儿建天源延圣寺，文宗图帖木儿建大承天护圣寺。这些寺庙都是规模宏大，修饰豪华。政府每年做佛事累增至五百多起。为做佛事每天用羊万头，全年费面四十三万九千五百斤，油七万九千

① 《元史》卷一七四《耶律有尚传》。

斤，酥二万一千八百七十斤，蜜二万七千三百斤。缮写一部佛经，耗金三千二百余两。其他银钞、田产的赐予更不计其数。武宗时，张养浩上书说："国家经费，三分为率，僧居二焉"。可见在这方面浪费的严重。

金元时期流行于大都的佛教，除喇嘛教以及临济、云门、曹洞一流的禅宗诸派外，还有一些被视为外道的禅宗别派，即所谓糠禅、瓢禅之类。金朝政府曾下令严禁糠禅、瓢禅、五行、毗卢等教派。糠禅的创始者是刘纸衣。它流传到金末已达百余年，相信弥勒佛出生。耶律楚材指责它是"毁像谤法，斥僧灭教，弃布施之方，杜忏悔之路，不救疾苦，败坏孝风，实伤风化之甚者"。成吉思汗时期，糠禅在燕京城内十分流行，"市井工商之徒，信糠者十居四五"，士大夫中也多信奉者。入元以后，糠禅以头陀教的名称流行，甚至在宫廷中也多有信奉者。张昱《辇下曲》云："肩垂绿发事糠禅，淡扫娥眉自可怜。出入内门装饰盛，满宫争迓女神仙。"就是很好的证明。这一派的庙宇著名的有胜因寺。白莲宗也是释教外道的一种。耶律楚材《西游录》说："西域九十六种，此方、毗卢、糠瓢、白莲、香会之徒，释氏之邪也。"至元十一年（1274 年），大都屠文正集百余人，建白莲社。不过，这种白莲社与当时流行在南宋的白莲会在教义上有否联系，则不清楚。

元代流行在大都的道教有全真、正一、真大、太一诸派。全真道士邱处机，号长春真人，1219 年受召，跋涉万余里，往返历三年，在中亚见到西征中的成吉思汗。他对成吉思汗说：为治之方，以敬天爱民为本；长生之道，以清心寡欲为要，大得成吉思汗的欢心。按照当时中亚回教徒得免赋役的制度，成吉思汗赐予邱长春圣旨："邱神仙应有底修行底院舍等，系逐日念诵经文，告天底人每，与皇帝祝寿万万岁者。所据大小差发赋税都休教著者。据邱神仙底应系出家门人等，随处院舍都教免了差发赋税者。”[①] 长春真人返回燕京后，居天长观（后改长春宫），又迁居琼华岛的万安宫。当时琼华岛久经兵火，已受到严重破坏。邱长春据为道院后，“樵薪捕鱼者绝迹，数年，园池中禽鱼蕃育”。全真道因持有蠲免赋役的玺书，入教求庇的人越来越多。道徒仗势横行，侵占佛寺，势力极盛。1227 年夏，邱长春染痢疾死。道士们编造故事，说长春是登葆玄堂仙化，“异香满室”。僧徒们则极力揭露他病中的狼狈状，并作歌说：“一把形骸瘦骨头，长春一旦变为秋。和濉带屎亡圊厕，一道流来两道流。”[②] 由于道徒过分横行，佛教徒、回教徒和基督教徒联合起来攻击全真道。蒙哥时期，在和林由阿里不哥主持宗教辩论会。结果道徒失败，道士被勒令落发，归还侵寺二百余所，焚毁《老子化胡经》。这以后，喇嘛势力益盛，继续对全真道进行攻击和排斥。忽必烈于是在至元十七、十八年（1280 和 1281 年）两次下令焚烧道藏伪经杂书及印板，仅保留老子《道德经》一书不毁。不过，因为全真教基础深厚，虽然迭经打击，而社会上的尊崇不衰。忽必烈死，成宗即位，元贞元年（1295 年）正月，便下诏凡道家所行金箓科范，在不侵犯佛教的条件下，任从发展。终元一代，全真道与其他宗教一样，都受到政府的尊奉，享受豁免赋役的特权。

随着元朝时期中西关系的密切和中西交通的发展，大批的中亚乃至东欧的各族人民涌入大都，或定居，或侨寓。其中包括官吏、商贾、传教士、使臣、军士、工匠和奴婢。这就促成了大都城内伊斯兰教和基督教的盛行。

---

① 李志常：《长春真人西游记》。“底”即“的”，“每”即“们”。

② 《至元辨伪录》卷三。

有关大都伊斯兰教的情况，史料保存下来的很少。可以知道的是：在元初，中央设有回回哈的所。至大四年（1311 年），随着朝廷政潮的起伏。一部分色目高官失势，于是政府同时明令“罢回回哈的司属”。规定“哈的大师每，只教他每掌教念经者。回回人应有的刑名、户婚、钱粮、词讼，大小公事，哈的每休问者，教有司官依体例问者；外头设立来的衙门并委付来的人每革罢了者”①。文宗即位，致和元年（1328 年）11 月，又“罢回回掌教哈的所”。在统治阶级内部复杂尖锐的斗争中，色目人官僚集团一再受到挫折，伊斯兰教组织也在连续打击下遭到取缔。

大都的基督教既有东方的聂斯托利派（景教），也有罗马天主教的圣芳济派。大都景教徒的数字据说超过三万。他们中包括蒙古地区的克烈、汪古、乃蛮诸部以及一些新疆和中亚境的少数民族。他们都是“很富有的人”，“把持各种官府，享有很大特权”。他们建有漂亮的教堂。著名的景教徒列边·霞马就是大都人。霞马的父亲失班是景教会的视察员。霞马在至元十二年（1275 年）左右偕东胜人马儿古思前往耶路撒冷朝圣。马儿古思在至元十七年（1280 年）曾被任为契丹和汪古（?）的大主教。1281 年又被选为景教的总主教，更名为亚伯拉罕三世。霞马则在 1286 年作为伊利汗与总主教的使者遍历欧洲诸国。②

大都的天主教是在至元三十年（1293 年）左右由著名的传教士约翰·孟德喀儿维诺传入的。孟德喀儿维诺是意大利北部人，受教皇尼古拉四世的派遣，经小亚细亚、印度，涉海而抵达大都。到大德十六

① 《通制条格》卷二九《僧道》。

② 参看《中国皇帝忽必烈的僧侣们》（英文本）。

年（1306 年）为止，他在大都先后建成了两所教堂，受洗礼者六千人。孟德喀儿维诺的传教活动特别受到移居在大都的阿美尼亚人、阿兰（阿速）人的欢迎。当时在大都的阿速人据说有三万人，分属于右、左卫阿速亲军都指挥使司，是元朝京师卫戍军的主力军团。在孟德喀儿维诺的请求下，教皇又在大德十一年（1307 年）派教士七人来大都，协助传教，并传达任孟德喀儿维诺为大都大主教的敕令。这七名教士仅格拉德、彼得格林和安德烈等三人约在元至大四年（1311 年）抵达大都。孟德喀儿维诺大约是在泰定五年（1328 年）死去。阿速军的显贵曾在元顺帝后至元二年（1336 年）又遣使于罗马教皇，请求派遣继任的主教。教皇于是在至元四年（1338 年）派遣了包括马利诺里在内的使团由陆路东来，向元顺帝赠送了“天马”。使团在大都居留三年后，才循海道西归。①

根据当时传教士的报导，他们在大都可以自由传教，很受皇帝的尊崇，并从皇帝那里得到衣食所资的“阿剌法”（阿剌伯语，义为粮食或军士的薪金）。《元史・世祖纪》：至元十九年（1359 年）载“敕也里可温依僧例给粮”。这里的“粮”，便是传教士们所说的“阿剌法”。“也里可温”是元朝对基督教徒的称呼。

文学艺术　元曲是中国文学史上一朵与唐诗、宋词争艳的绚丽鲜花。早期的元杂剧主要就是在大都这块肥沃的花圃中滋长出来的。据钟嗣成《录鬼簿》所载元曲作家之有籍贯可考者八十七人中，大都便占十九人。其中包括著名的作家关汉卿、马致远和王实甫等。在明初编成的《顺天府志》引《析津志》残编里保存有关于元曲大家关汉卿

① 穆勒：《1550 年前在中国的基督教》（英文本）第 252—253 页；玉尔：《契丹及通往其国的道路》（英文本）第三册，212 页。

的记载，说："关一斋，字汉卿，燕人，生而倜傥，博学能文，滑稽多智，蕴藉风流，为一时之冠。是时文翰晦盲，不能独振，淹于辞章者久矣！"关汉卿的创作生活，绝大部分是在大都度过的。在现存的元人杂剧中，乔梦符的《黄金台》、沈和甫的《燕山逢故人》和无名氏的《燕山梦》都是以发生在大都的历史故事为题材而写成的。

杂剧的表演艺术家主要是政府教坊司所属的官妓。珠帘秀本姓朱，被推为"杂剧当今独步"。她对表演花旦、软、末、泥等角色都有很深造诣，与关汉卿有很深的交谊。连枝秀本姓孙，她的表演也很动人，"占排场曾使万人喝彩"。天然秀也名噪一时，她和元曲大家白仁甫是好朋友。李兰秀能够演出杂剧三百余种。其他如李心心、杨隶儿、袁当儿、于盼盼、牛四姐等都是有名的表演艺术家，牛四姐的丈夫也是一个唱社的主角①。优伶娼妓在封建时代身份是很低贱的，她们通过自己的表演活动继承并大大发展宋金以来的院本、诸宫调，为元杂剧的繁荣提供了取之不尽的素材和丰富的表演技艺。她们在杂剧发展中的作用是不容忽视的。元朝政府规定："除系籍正色乐人外，其余农民市户良家子弟，若有不务本业习学散乐，般唱词话，并行禁约。②"对在大都街头唱琵琶词货郎儿人等民间艺人，也以"聚集人众，充塞街市，男女相混，不唯引惹斗讼，又恐别生事端"为由③，严加禁止。

大都的画家也是人才辈出。擅长山水画的有刘融（伯熙）、乔达（达之）、韩绍煜（子华）、高克恭（彦敬）、李希闵（克孝）；竹石则有李衎（仲宾）、于士行（遵道）、张德琪（廷玉）、李有（仲方）、刘德渊（仲渊）以及张敏夫、高吉甫、刘广之。花果则有谢佑之；人

---

① 《青楼集》。

② 《通制条格》卷二七《杂令》。

③ 《元典章》卷五七《刑部十九·杂禁》。

物则有李士传；传写则有焦善甫、冷起。其他僧人、道士中善绘画的还不少。

著名的塑画家刘元，宝坻人，早年出家为道士，师事青州杞道录，多才多艺，而特别长于塑像。至元七年（1270年），忽必烈建大护国仁王寺，选召刘元塑造佛像。刘元于是又从在都的尼泊尔的名师巧匠阿尼哥学造西天梵像。“神思妙合，遂为绝艺”。所有两都著名寺庙，“有塑土范金，抟换为佛者，一出刘元之手，天下无可与比”。所谓“抟换”，是先在土偶上漫帛，再在帛上漆绘，然后去土，髹（漆）帛俨然成像。京师土语谓之“脱活”。后来的人把刘元的名字讹为刘兰。到玄都胜景看“刘兰塑”是京师居民喜爱的游赏活动。相传这里的塑像便是出自刘元之手。右殿的三清，“仪容肃穆，道气深沉”。左殿的三元帝君，“上元执簿侧首而问，若有所疑；一吏跪而答，甚战栗。一堂之中，皆若悚听严肃者。神情动止，恍如闻其謦欬，真称绝艺”①。元人塑像，以高肉髻、细腰为特征，明显地具有西域的风格。

曲阳县人杨琼，是著名的石刻家。他家世为石工。他的玉刻，忽必烈十分欣赏，许为绝技。在大都营建中的石刻，很多都是由他完成的。②

科学技术　元代大都的科学技术成就，主要是同著名天文历算学、水利学家郭守敬的名字相联系的。元朝完成全国大统一以后，郭守敬等受任改作历法。郭守敬提出：“历之本在于测验，而测验之器莫先仪表。”金所使用的司天浑仪是北宋汴京所造的旧物，用在大都则纬度相差，不能准确。郭守敬于是加以改作，又创简仪、候极仪、玲珑仪、

① 高士奇：《金鳌退食笔记》下。
② 光绪《曲阳县志·工艺传》。

郭守敬像

仰仪、立运仪、证理仪、景符、窥几、日食月食仪、星晷定时仪等天文仪器；以及正方案、丸表、悬正仪、座正仪作为出外测候的仪器，此外又作仰规覆矩图、异方浑盖图、日出入永短图等与以上诸仪互相参考。至元十六年（1279 年），郭守敬等在北起西伯利亚，南至海南岛和占城的广大范围内，测验晷景。在这个基础上创制了授时历。每年定为三六五·二四二五日，和地球环绕太阳的周期只差二十六秒，与现在通行的格力哥里历相等，但比它的出现早三百多年。司天台坐落在城的东南角，所有仪器都以铜铸成，其性能“皆臻于精妙，盖有古人所未及者”。

白浮堰的修筑，也充分显示了郭守敬的智慧和创造。为了扩大通惠河的水源，郭守敬引昌平东南的白浮、神山诸泉向西，折流而南，过双塔、榆河，合一亩、玉泉诸水，汇于瓮山泊（今昆明湖），全长三十余里。渠道的选择，说明当时已能精确地掌握大都附近地形起伏的变化。郭守敬又曾以海平面比较大都与汴梁的地形，得出汴梁高于京师的结论。郭守敬还主张开金口引永定河水到大都使用。为预防洪水泛滥，他创造性地提出在金口河西岸开一道分水河，以减除洪水的威胁，但这一计划没有得到实现。

在机械制造上，当时也有很高的成就。民间的纺纱碾，“其制甚巧，有卧车立轮，大小侧轮，日可三五十斤。”① 京西斋堂的水磨，以水力推动，日夜可碾粮三十余石，扇糠也可以由水轮带动。尚食局的面粉房，“其磨在楼上，于楼下设机轴以旋之。驴畜之蹂践，人役之往来，皆不能及。且无尘土臭秽所侵”。它是巧匠瞿氏的创造②。元宫里的兴隆笙、玉漏，制作都十分精巧。元朝的末代皇帝顺帝荒淫无度，却喜爱机械造作，且颇具匠心。他亲自设计的龙舟，游动时，“龙首眼口爪尾皆动”。他所做的水晶宫漏，比起原来的玉漏来更为精巧、复杂。这些都是当时科学技术水平的反映。

中外文化交流　大都经济文化的空前繁荣是建立在全国的统一和国内各兄弟民族间经济文化交流的基础上的。中西之间经济文化交流的频繁也是促成她繁荣的有力因素。

随着大批色目人的迁入，中亚的医学、天文学、数学、音乐和舞蹈以及多种精湛的手工技术、科学仪器都先后传到大都。大食人也黑迭儿，在大都宫殿的修筑中担任工匠总管，“受任劳勚，夙夜不遑，心讲目算，指授肱麾，咸有成画”③。慧忽思的《饮膳正要》一书，是专门研究饮食卫生的著作。景教徒爱薛，弗林（东罗马）人，忽必烈令

① （残本）《顺天府志》卷十《土产》。
② 《南村辍耕录》卷五《尚食面磨》。
③ 欧阳玄：《圭斋文集》卷九《马合马沙碑》。

掌星历、医药二司，后改称广惠司，管理“修制御用回回药物及和剂，以疗诸宿卫士及在京孤寒者”。扎马鲁丁在至元四年（1267年）曾经向忽必烈献过《万年历》。元政府中专设有回回司天台，以扎马剌丁为提点，“掌观象衍历”。至元十年（1273年），北司天台统计其所用的回回书籍共二百四十二部，其中都是关于天文历算、仪器制造、医学的著作以及一些天文仪器。郭守敬所做玲珑仪，“镂星象于其体，就腹中仰以观之”，便是从回回天文仪中学习来的[①]。而这些仪器的铸造，则是由阿尼哥完成的。这些外来的科学知识，进一步丰富了我国的科学遗产。

随着中西交通的发展，一些欧洲的旅行家也仆仆东来。在他们的游记中，都保存了不少有关大都的篇章。

马可波罗是意大利威尼斯人。1271年他父亲和叔父再度来华时，他也随同前来。他们横穿中亚，于1275年（至元十二年）抵达上都。他在中国旅居十七年，自称颇得忽必烈的信任。他的旅居生活绝大部分时间是在大都度过的。他对大都的城池、宫殿、琼华岛（书中称“绿山”）、街道、夜禁、商业贸易、纸币、赈粜以及朝仪、制度和阿合马被刺等重大政治事件，都作出了详细的描述，而且基本是准确的。他使用最美好和最富丽的形容词来称赞大都的各个方面。他形容大明殿，“此宫之大，向所未见”，“壮丽富赡，世人布置之良，诚无逾于此者”。绿山上，“世界最美之树皆聚于此”。他盛赞大汗宫中金银器皿之富，“非亲见者未能信”；在宫廷的只孙[②]宴上，每一次大汗与为数达一万二千人的怯薛皆服同色之衣，“世界之君主殆无能及之者”。

① 叶子奇：《草木子·杂制篇》。

② “只孙”，蒙语义为颜色。《元史》卷七八《舆服志》说：“质孙，华言一色服也，内廷大宴则服之。”

每年正旦这一天，国中数处入贡富丽之白马十余万匹，又有五千头象和无数骆驼身披锦衣，负载着金银宝货，皆列行于大汗之前，“是为世界最美之奇观”。他详细描述了大汗的行猎，说：“故余敢言世界之人，娱乐之甚，能为之优，无有逾大汗者。”大汗的行帐所覆之银鼠皮、貂皮，“是为价值最贵而最美丽之两种皮革”，“二帐及寝所价值之巨，非一国王所能购置者”。他把纸钞的实行说成是“大汗获有超过全世界一切宝藏的财货之方法”，等等①。无怪当时的西方人读到他的游记之后，惊羡不已，因而燃起了寻找通往东方商道的热潮。

另一个意大利旅行家斡多里克，在 1322 年（至治二年）到 1328 年（天历元年）间，曾有三年旅居在大都。斡多里克也详细记载了大都的宫殿、仪卫、怯薛组织、游猎、宴会等，基本也是准确的。他特别记到大明殿玉榻前的大酒瓮，全由宝石制成，并以金箍箍着，每个角上有一条龙，价值连城。从皇宫里有一条管道把酒引入其中，旁边有许多金杯子，供饮酒之用。斡多里克也对元朝的纸币颇表惊奇，认为这就是让大批财富流入皇帝手中，使能维持其浩大支出的手段。②

## 园林名胜

白云观、东岳庙　在大都新城建成之后，旧城民迁入新城，旧燕城开始零落，然道观寺庙却仍然香火盛行，成为大都人民岁时游乐观赏的处所。白云观始建于唐开元时期，金代称天长观，金末元初改称太极宫，1227 年又奉成吉思汗诏改名长春宫。长春真人邱处机曾令弟

① 《马可波罗行纪》，中册，第 323—420 页。

② 玉尔：《契丹及通往其国的道路》（英文本），第 2 册。

白云观大门

子王志谨主领修建，历时达二十年才完成。“层檐峻宇，金碧烂然”。邱处机死后，弟子尹清和等把他安葬在处顺堂之后，改观名为白云。“四方倾心归向，来奉香火者不可胜计”。大概从这以后，每年正月十九日，京城的居民纷纷来这里游玩，称之为“燕九节”，或作“宴邱节”。届时人流拥挤，摩肩接踵，热闹非常。道徒们造言：在这一天里，邱真人会变化临凡，或为绅士，或为淑女，或为乞丐。善男信女们都渴望能见到他，这就更增加了这一节日的神秘气氛。

城东齐化门外的东岳庙是龙虎山正一天师张留孙所创。他的弟子董宇定、王用亨在庙中建石坛，绕坛植杏千余株。每当春来杏花怒放的时节，游人络绎。乃贤诗云：“上东门外杏花开，千树红云绕石坛”。这里也是当时有名的游览区。

双塔寺、万松老人塔　双塔寺即有名的庆寿寺，原址在今西长安街一带，初建于金大定末，元初经过重修，精美雄壮，“为京师之冠”。寺中多金元碑刻及壁画。因为在寺的西南有僧海云与可庵的二灵塔，故俗称为双塔寺。高九级的是海云的灵塔。海云名印简，山西宁远人。蒙古军陷岚州，得海云。海云北觐成吉思汗于行宫，颇受礼待，被尊称为“小长老”。以后他来到燕京，居庆寿寺，号称“燕国大师”。元初的著名政治家刘秉忠是他的弟子，并由他推荐而成为忽必烈的幕僚。可庵继海云主庆寿寺，七级者就是他的灵塔。据元初王恽的记载：“庆寿精兰丈室之前，松樾盈庭，景色萧爽。尝引流水贯东西梁，今水堙桥废，止存二石，屏上刻‘飞渡桥’、‘飞虹桥’六字……相传亡金道陵（章宗）笔也。”至元四年作大都，塔正处在南城墙线上。忽必烈特令绕避。明初，佐成祖朱棣即皇帝位的著名僧人姚广孝就住在庆寿寺，因改为大兴寺。

万松老人塔在今西四牌楼西，塔高七级。万松老人是耶律楚材的师傅，金元之间居燕京从容庵，著有《从容录》。元亡，从容庵废，几经世变，塔被圈在酒食店之内无人知晓。明万历中，僧乐庵才发现塔上有“万松老人塔”石额，于是募资收赎而居守，使塔能够完整地保存下来。

寿安山寺　在西山余脉寿安山（亦称五华山或聚宝山）南麓，有一座寺院，因为寺院内有一尊特大的释迦牟尼侧卧造像，人们俗称为卧佛寺。卧佛寺初建于唐代贞观年间，名兜率寺，供有香檀雕制的卧佛。之后，虽然各代都有修建，但比较大的一次重建是在元代。卧佛寺（俗称）在元代称寿安山寺。《元史》记载：“延祐七年九月甲申，建寿安山寺”。当时，虔诚的佛教徒元英宗硕德八剌“给钞千万贯”，下敕进行大规模的重建。次年春正月，改元至治。这一年，“冶铜五十万斤”（据推测实重约在五十四吨左右）铸成铜佛造像。此铜佛至今保留完好。铜佛长五米多，作侧卧入睡状，各部位匀称，体态自如，是我国的一件珍贵的历史文物。元至治三年，英宗被大臣铁失在上都南坡杀死。在这以后，建寺工程停止下来。直到十年后，文宗至顺二年（1331 年），“以寿安山寺，英宗所建未成，诏中书省，给钞十万锭供其费”，因而得以完成。建成后，称大昭孝寺，后又改称洪庆寺。这是元代的一项规模宏大的工程，当时人记述说：“凿山开寺，最称巨刹。”

*名园*　大都园亭，主要集中在城的西南郊。其中著名的如廉园万柳堂，它是元初著名的维吾尔族政治家廉希宪的别墅。园中名花几万本，号称京师第一，特别是牡丹名品，尤为当时人所称羡。在元朝诗人的吟咏中保存不少有关廉园景物的描绘，如“万柳堂前数亩池，平铺云锦盖涟漪”（赵孟頫诗）。张九思的遂初堂，“绕堂花竹水石之胜，甲于都城”。城西的玉渊潭，相传金末的王郁隐居钓台，便是在这里。元代为丁氏所居，“柳堤环抱，景色肖爽，沙禽水鸟，多翔集其间，为游赏佳丽之所。元人游此，赓和极一时之盛”。

*瓮山·耶律楚材墓*　玉泉水东流后，汇为西湖，即今颐和园。湖后有山，名金山，又称瓮山。相传有一老者在山上得一石瓮，华虫雕龙，不可细识，中有物数十。老者把藏物取走后，仍把瓮留在山之阳，并写下谶语说：“石瓮徙，贫帝里。”据说到了明朝嘉靖年间，瓮便不知所往。正好明廷也从这时候开始，国用日渐消乏，人们相信这便是那条谶语的应验。瓮山脚下有耶律楚材墓。契丹族人耶律楚材是蒙古初年著名的政治家，他辅助太宗窝阔台，推行政治制度的改革，对改变蒙古落后的奴隶制度，使之适应于华北中原城居农业的封建基础，对当时社会生产和蒙古族本身的社会发展，都起过进步的作用。他死

后葬瓮山之阳。至少在明朝中期，他的墓地已经荒没无存。据明人沈德符记载，他的一位友人在京城外西山建别墅，偶发一冢，打开棺木后，中有一个大头颅骨，比常人要大许多；接着，又在一旁掘出石碣，证实是耶律楚材的坟墓。当时坟上尚有一石翁仲仅存。明天启七年（1627 年）夏夜，数百只萤火虫集聚在翁仲头上，闪闪有光。居民出于迷信，惊骇大哗，说："石人眼光。"天明，便群起把石像砸碎。入夜，萤火虫复集在坟旁的树上。居民又相惊扰，把树也砍去。从此，他的坟上便荡然无存了。

# 第六章　明代的北京

## 第一节　迁都北京

洪武元年（1368年）八月，明军攻入元大都。明朝统治者把大都改称北平府，随即在这里设立了一个地方行政机构——北平布政使司。这时，北平不再是全国的首都，但是在政治和军事上仍然占有重要的地位。明王朝把它作为防御元朝后裔在北方和东北的残余势力的主要据点。逃往应昌的蒙古贵族①，还时刻想要夺取北平，与明朝抗衡。

明代边地各民族与内地的联系继续加强，各族统治者在政治上都与明朝保持着隶属的关系，各族人民与汉族人民的经济、文化交往更加频繁了。当时，蒙古地方的统治者虽然与明朝处于对立的地位，但是蒙古族人民与汉族以及其他各族人民的联系并未断绝，不少蒙古族人仍然留在内地生产，也有不少蒙古族人正在向内地迁徙②。蒙古地

---

① 应昌在今内蒙古自治区达里泊（达来诺尔，原捕鱼儿海）附近。

② 《明太祖实录》卷六六记载，洪武四年六月，以“沙漠遗民三万二千八百六十户屯田北平府管内之地”，其中就有很多蒙古族人民。以后在永乐、宣德、正统时期还有不少蒙古军民向南迁徙。

区的蒙古族人民从事农业经济生活的比重越来越大，牧民也迫切需要内地的物资。加强汉族与蒙古族人民的联系，是两族人民的共同意愿。

各民族联系的进一步加强，也要求政治上进一步统一。在当时，北平具有很多作为这个统一的多民族国家的都城的优越条件。

北平曾经是元朝的首都，有着作为多民族统一国家首都的传统。

北平离蒙古和东北都很近，又是东北与内地联系的必经之地，明朝统治者认为，建都在这里，便于维系对东北的统治，从而可以牵制蒙古族统治者的势力。

明政权建立以后，力图承继元朝所有疆土的统治权，也希望把塞外的蒙古族地区纳入明朝的版图，但是这遭到了蒙古族统治者的抗拒。以后蒙古族内部分裂为三大部。鞑靼居于蒙古草原中部，西面是瓦剌，东面是兀良哈部。三部的统治者之间，互相残杀，争斗不息，一方面又都不断地向内地侵扰。这对新建立的明政权，是个最严重的威胁。明政府曾以重兵驻守北平，派大将主持北方军事。明朝统治者逐渐看出，如果以北平为首都，把北平作为最高统帅部的驻地，就可以更及时地掌握情况的变化，更及时地部署和调配军事力量。

北平地区的形势非常险要。东、北、西三面的奇峰峻岭，是北平的天然屏障，而且，“水甘土厚，物产丰富”，也有利于长期据守①。它与南方的联系也较为便利：可以取海道上下，也可利用运河来往；与东北和西北联络也为便捷。

洪武初，明政府就曾经有过建都北平的打算。但是，由于北方在元末遭受了很大破坏，地旷人稀，经济凋残；运河也未及时修复，江南的粮食和物资无法大量北运，只得把首都建在南京。明成祖朱棣即

① 《明成祖实录》卷一三〇。

位之后，客观形势更迫切地要求迁都北平，而朱棣本人曾被封为燕王，长期驻守北平，对北平的重要地位有更深刻的了解。永乐元年（1403年），以北平为北京，设北京留守行后军都督府、行部、国子监，改北平府为顺天府。① 从这时起，明朝就筹划迁都北京，并且作了长期的准备。

明成祖朱棣像

首先解决的是北京城粮食和其他物资的供应问题。北京附近驻扎了大量的军队；又要迁来庞大的官僚机构；还有很多工匠在这里进行营造。因而对粮食的需要最为迫切。

解决粮食的办法，第一是在北京屯田。元朝末年，北京地区的农村残破不堪。经过洪武时期，农业生产已有一定的恢复。永乐初年，明政府一面下令流徙的人民回乡复业，一面又从山西等地移徙无地或者少地的农民来北京耕种。在北京地区的军队也进行了屯田，还有一些“罪囚”也发来北京屯田。在这些劳动者的辛勤耕作之下，北京的农业生产有了显著的发展。

第二是施行“开中”盐法。“开中”是为了解决边地驻军的粮饷，鼓励商人向边地运送粮食，然后换给他们“盐引”，到指定的地区去

① 《明史》卷六成祖本纪二。

领盐。永乐时，曾经一度停止了其他地区的“开中”，把粮饷尽量集中到北京。

北京的粮食还要依靠南方的漕粮来接济。永乐初，明朝曾依照元朝的老办法，从海道运粮北上，可是海运常常碰到风暴或者遭遇倭寇的邀劫，损失很大。陆路运输所费的代价更为高昂。因此，永乐九年（1411 年），开凿了从临清到济宁的会通河。对于从扬州到淮安的“湖漕”，从通州到北京的通惠河，也都进行了整理。永乐十三年（1415 年），从江南到北京的运河畅通了。这一年输送北京的粮食达到六百四十六万九百九十石。

粮食供应基本上有了保证，北京城的修建也在积极进行。永乐十八年（1420 年），宫殿初步完工。九月，下诏自明年改京师为南京，北京为京师。① 十九年正月，成祖朱棣御奉天殿受朝贺，正式迁都北京。

北京建成为明朝的都城，对于统一的多民族国家的巩固和发展，对于北京城本身的发展，都有重要的影响。

明朝定都北京后，各个兄弟民族与北京中央政权的联系更为紧密，全国的统一进一步加强了。当时，东北女真族各部的首领接受了明政府的封号和官职，经常派代表或者亲自来北京述职。乌斯藏各部首领也不断地派官员来北京朝贡请封，如帕木竹巴法王系统的每一代新法王，都曾派代表来北京请求中央批准他的地位。当时来往北京的不仅有女真人、藏人、蒙人、回人和维吾尔人，还有西南各地的壮、苗、傜、傣等各兄弟民族的代表。明朝政府在北京设有会同馆招待他们，这样就加强了全国各民族之间的联系，促进了各民族的经济文化交流。

① 《明成祖实录》卷二百二十九。

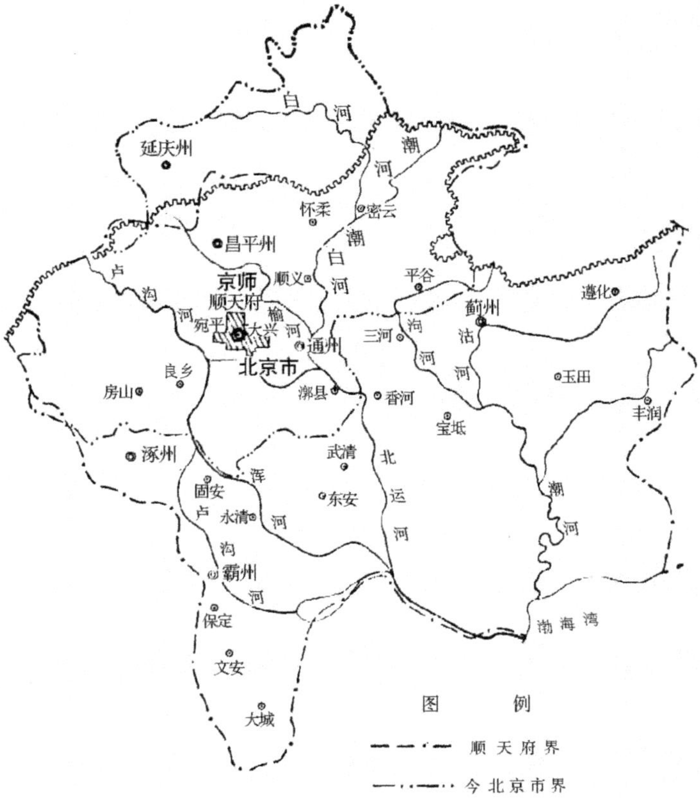


明顺天府行政辖区示意图

跟随各民族代表来北京的还有大量的僧侣和商人。弘治十二年（1499年），乌斯藏人来北京的就有两千八百多名。特别是北方各族人民，更是络绎不绝地来北京进行贸易。有些兄弟民族的人民甚至就留居在北京了。

迁都北京也是加强明朝统治的重要措施，因为明朝中央政府迁到北京以后，既可以有效地防止蒙古贵族进攻的威胁，又可借此解除北方诸王的军权和政权，尽可能消除分裂割据的因素，使统一得到进一步的巩固。

北京再次作为全国的首都后，在政治和经济上也有很大的变化。

明政权是极端专制主义中央集权的政权，代表这个政权的皇帝和封建统治机构的中央枢纽都在北京，全国各地的一切重大事件，都在北京得到集中的反映。明中叶和明末的大规模的农民起义，最后总是把矛头指向北京。

由于封建统治阶级的力量在北京最为强大，政治压制和阶级压迫也比其他地方更为严酷。特别是作为镇压人民的重要工具的东厂、西厂和锦衣卫尤甚。然而北京人民始终没有屈服，反抗封建统治的斗争时起时伏。

由于聚集了大批官僚、贵族，驻扎了几十万军队，加上那些挥霍无度的富豪巨贾，使北京成为全国最大的消费城市。商人们从四方八面来这里经营。尤其是运河疏通之后，南方的物资源源地进入北京。商业特别繁盛，也使北京成为当时北方最大的市场。

北京在十五世纪初年建成为明朝的首都，对于以后数百年中北京城历史的发展，也具有重大的意义。

## 第二节 北京的经济

北京从永乐十九年（1421 年）起正式成为明王朝的首都。这时，贯穿南北的大运河已经疏通了，全国各地的商品和物资川流不息地运载到北京，农业、手工业生产技术也在这里得到广泛的交流，北京的经济有了显著的发展。以皇帝为首包括勋戚、宦官、官僚地主的明朝最高统治集团也大批地搬进北京城来。北京的农业、手工业和商业也突出地为封建统治者服务，北京成为全国最大的一座消费城市。

## 农业和土地占有关系

元末农民战争推翻了蒙古贵族的统治，同时极其沉重地打击了汉族地主阶级。蒙古贵族和一些汉族地主被迫放弃了他们原来霸占的一部分土地，农民和地主的紧张关系暂时有一定缓和。在全国某些地区，包括北平府地区，荒田和闲田增多了。在农民的辛勤耕作下，耕地不断开垦出来，洪武二年（1369 年）北平府所报民地才七百八十顷，八年（1375 年）增至二万九千一十四顷，廿六年（1393 年）至少已超过七万顷。①

早在建都前，明朝政府就先后从山西太原、平阳、泽、潞等地迁民至北京屯种，给以耕牛、农具、种子。宣宗宣德时，又规定北直地方，比照洪武间山东河南的事例，“民间新开荒田，永不起科”。② 这样做的目的是为了把农民束缚在土地上，但在客观上有利于加速北京地区农业的恢复和发展。

北京近郊的土地大都播种小麦，小麦成为北京地区主要的农产品。远郊的山区除种植小麦外，还出产大麦、荞麦、高粱、小米、穭豆、黑豆等杂粮。逐步向北方推广的经济作物棉花，明初已在北京顺天府所属各县种植了。③

个别地区也种植了水稻。京城内的西苑、积水潭，近郊的海甸、西湖、青龙桥、草桥，京西的房山大石窝，京东的通县、蓟州、玉田、

① 永乐大典辑本《顺天府志》卷八引洪武《图经》。七万顷地系据正德《明会典》卷十九《田土》所载顺天等八府洪武二十六年田土五十八万二千四百九十九顷估算。

② 《明经世文编》卷二〇二夏言：《勘报皇庄疏》。

③ 永乐大典辑本《顺天府志》卷十一《土产》；万历《顺天府志》卷三《食货》。

宝坻、丰润，甚至京西南的良乡、易州，都有连畦的水田。

园艺业也有很大的发展。平则门（阜成门）外的居民，有的即以种菜为业，菜田修整得很好，每隔数十畦就置有水井和桔槔。蔬菜的品种很多，并且长得很茂盛。[①] 北京地区的蔬菜以蔓青（萝卜）和菘菜（白菜）最著名，蔓青有红、白、青、水、胡五种，菘菜中的箭杆白菜，棵大，味美，一入冬季，大家纷纷掘窖贮存，更是为北京人民所喜爱的特产。[②] 明末人徐光启说，北京菘菜的施肥技巧要胜过南方。丰台、草桥一带的农民多以种花为业。在那里，"牡丹、芍药，栽种如麻"。农民们不仅善于接枝，还采用了"穴地煴火"的种植法。[③] 于是，隆冬时候，也可以得到春夏秋三季盛产的瓜菜和鲜花。

一些土地是直接被皇家占有的，属宦官衙门经管，叫做"禁地"或"禁场"。禁地包括有护坛地、护陵地、海子地、牧养地、畜养地、果园地、菜地、牧马草场、公田和皇庄。这些地方都严禁普通军民出入，捕鱼、打猎和割草都不允许。在这里耕种的农民很多是从外地迁来的，或是由顺天府准其"投充"。他们虽然被分给一些土地，并减免赋税徭役，但要替皇家负担特殊的科差，如坛户、陵户要备办祭祀用的供品，牧养户畜养牛马，畜养户畜养鸡鸭，海户栽树狩猎，园户培植蔬果。在皇庄和牧马草场上耕种的农民，要向皇家缴纳高额的地租。

另一些土地是直接被封建国家官府或卫所占有的，其中分给军士的叫军屯，分给农民耕种的叫民屯。军士每户领田五十亩，每年缴粮二十四石。尽管要给一些军饷，如果每年每亩地只收五斗粮食，那么，

---

① 孙承泽：《春明梦余录》卷六四引杨士奇《郊游记》。

② 陆容：《菽园杂记》卷六。

③ 杨士聪：《玉堂荟记》下。

他们的生产品就都要被封建国家拿走了。农民每户也领田五十亩，每亩缴租粮一斗，但民屯的亩弓都比较狭小，而且多在贫瘠的山区，除纳租外，还要负担沉重的徭役。屯民的生活是毫无保障的，他们是封建国家的佃农。

除官田外，其余的为民田。民田有征粮地和免粮地两种，征粮地要纳粮当差，免粮地要代官养马。永乐十年（1412 年）令北直隶人民领养孳生马匹①，从此养马成为北京人民的一项繁重的差役，种马病死或孳生马驹不及数都要赔偿。以后马政不修，又改为计亩编派银两，农民的负担更为加重。

在北京城内居住的王公、勋戚和宦官也在近郊和顺天府所属各县占有很多土地。明朝中后期，一股更大的土地兼并浪潮在这些地区掀起了。王公勋戚在表面上是向皇帝“请乞”荒田，实际上是大量兼并民地，也有的是占用吞没官田，还有的是由于地主的“投献”。地主们献出土地，既可逃避差役，更可以投为王公勋戚的庄头和亲随，或是能因此让他们的子侄充任锦衣卫的校尉、力士，倚势鱼肉人民。孝宗弘治二年（1489 年）统计，京畿各项勋戚、中官（中官即宦官）庄田共三百三十二座，占地三万三千一百余顷，② 到了武宗正德十六年（1521 年），蔓延至北直的庄田已达二十万九百余顷。

参与兼并的还有皇庄，皇庄是皇室或皇帝私人的庄田。弘治时，京畿内外的皇庄只有五处，正德以后增至三十六处。其中在北京近郊的即有十里铺、大王庄、深沟儿、高密店、石婆婆营、六里屯、三里河、土城等九处。管理皇庄的宦官、军校，每一处多至三四十人。这

---

① 《宛署杂记》卷九《马政》。

② 《明史》卷一八五《李敏传》。

些人一到庄地，除征租银外，“凡民间掌驾舟车，牧放牛马，采捕鱼虾螺蚌莞蒲之利，靡不刮取”，以致“辇毂之下，生理寡遂。闾阎之间，贫苦到骨”。[1] 管庄军校们打着皇帝的招牌，毒害人民，其酷烈又超出王公勋戚之上。

无论是皇庄或王公勋戚的庄田最初都征收实物租，随着商品经济的发展和统治阶级贪欲的增长，到明中期，就相继改为“见亩征银”，每亩租银至三分、五分，甚至一钱。这种地租被称为“子粒银”，是按照粮食的“时价”折合的，[2] 基本上还是折租，是从实物租转变到货币租的一种过渡形态。

明世宗嘉靖、穆宗隆庆和神宗万历统治的初期，北京地区土地兼并之风略有收敛，这是因为起于京南的刘六、刘七起义对明朝统治者造成了巨大的冲击，因而他们多少采取了一些查勘、限制和丈量庄田的措施。但这些措施毕竟收效甚微。嘉靖时，外戚陈万言请武清、东安地千顷，帝命赐与八百。隆庆时，又赐外戚杜继宗田七百顷。神宗万历时，在北京先后设立了清河皇庄、梁山河皇庄和寿宫皇庄。根据《宛署杂记》所载，环城百里之间，王侯、妃主、勋戚、中贵护坟、香火等地以及各种寺田、赐地是很多的。[3] 近京房山、良乡、涿州开出的水田，也多被豪强吞没。熹宗敕赐宦官魏忠贤田一次达两千顷，而魏忠贤在京师一带“封公侯伯之田土，拣选膏腴，不下万顷”。[4] 这又都说明了北直地区，特别是北京地区土地集中的严重程度，始终未见削弱。

① 夏言：《勘报皇庄疏》。
② 正德《大明会典》卷十九《田土》。
③ 《宛署杂记》卷四《山川》。
④ 《明熹宗实录》七年十月，不分卷。

## 手工业与匠户制度

元末农民战争以后，原来终年在蒙古统治者官营手工业部门服役的匠户，也获得一定程度的解放。明朝统治者为了继续奴役手工业工匠，把匠户分为轮班、住坐两种。匠户们除去定期为皇家服役外，还有一些自由时间来从事小手艺营生，这对明代手工业的发展是非常有利的。

永乐迁都，明朝政府规定要有十八万户轮班匠定期分批来北京服役，每隔三年或四年为一轮，每户出工匠一人，估计每年来京上工的工匠有四万五千多人，每季有一万一千多人。此外，还有二万七千户住坐匠从南京搬来，这些人以后就附籍大兴、宛平两县，长期留住在北京了。①

全国各地的工匠来到北京，把全国各种各样的手工业技术也随之带到北京。手工工匠在这里创造了很多精巧的手工艺品，而且与其他军民一起修建了气魄雄伟的北京城。明初北京的官营手工业，无论是冶铁、铸铜、纺织或是军器、火药的制作技巧，都超过了前代。在织染局、蓝靛厂工作的工匠有三十二种行业，从打线、络丝、挑花、纺织、洗白到染色，包括织和染的工序，分工极细。在兵仗局服役的工匠有三十四种行业，其中如弓匠、火药匠、神箭匠等，都具有特殊的制作技能，他们和军器局的工匠共同生产的火器已达五十八种之多。在内府服役的工匠制成的漆器、香炉、景泰蓝瓶、镂金器物、宫扇之类的工艺品都十分精巧细致，雕漆和景泰蓝已成为驰名全国的珍品。

① 顾炎武：《天下郡国利病书》十四江南应天府条。《明宣宗实录》卷六四。

在城郊各地受官府控制从事凿石、烧灰、冶铁的窑工和炉工们，专门为修建北京城垣、宫阙、寺院和居室供给原料，其中窑工所烧造的金碧辉煌的琉璃瓦更是独具风格。手工工匠们改变了北京的面貌，但他们受官府的剥削极其沉重，生活艰苦，逃亡的还要“枷锁上工”。

最初，在北京的手工工场和作坊，大部分是官营的。明朝政府把一切营建和制作的工程分由内府和工部管理，在其下，又设立了若干局、厂和窑、作。局、厂是管理手工业或建筑的机构，包括著名的五大厂，即神木厂、大木厂、琉璃厂、黑窑厂和台基厂①。窑、作是从事生产的基层组织，如内官监的土、木、石、漆等十作②。属于内府的手工作坊，生产品专供皇家消费；属于工部的手工作坊，生产品则是供应封建国家的大工程和军需。各个作坊从原料到工匠都是从全国各地强迫征集来的，制成的产品主要不是为了出卖，与市场没有什么联系。

但到了明朝中后期，官营手工业已有走向衰落的趋势，手工工匠们不断以各种方式反抗官役，如“脱籍”、“失班”、消极怠工和逃亡等，致使官营作坊的工匠日益减少，产品日趋低劣。又因在商品货币经济日益发展的影响下，统治者也感到使用劳役制的工匠反不如用银雇工更为有利。宪宗成化二十一年（1485 年）统计，内织染局只有工匠一十人，针工局三十八人，银作局二十三人，巾帽局才五人，这就使明朝政府不得不改变一下工匠制度，先后两次宣布，把南北工匠轮班至京赴役的办法改为征银雇役，一部分住坐匠也改归政府雇用短工③。于是无论是回乡或是留在北京的工匠们，都大量走向民间，出

① 朱一新：《京师坊巷志稿》引高道素《明水轩日记》。

② 刘若愚：《酌中志余》卷下附天启宫词。

③ 万历《大明会典》卷一八九《工匠》二。

现了“若闾里之间，百工杂作，奔走衣食者尤众”的现象[1]。政府不但逐步使用雇工生产，甚至需用之物，也不得不依赖日益扩大的商品市场，而随时到民间去购买了。

在北京城郊还有一部分私营的手工作坊和矿场。手工作坊如磨坊、酒坊、机坊、染坊、铜作坊、铁作坊等等。嘉靖时，有一些胡同，如马丝绵胡同、包头张家胡同、石染家胡同、唐刀儿胡同、沈篦子胡同、唐洗白街[2]，据我们推测，这很可能是因住居该地的手工业者而得名。这些手工业者正是以他们出色的技能和优秀的产品而博得北京人民的称誉。很多作坊都与店铺相连，前面是店铺，后面就设有小作坊。其中隆庆、万历间最著名的，制帽业有王府街的纱帽，金箔胡同的纱帽，双塔寺的李家冠帽；制鞋业有东江米巷的党家靴，大栅栏的宋家鞋；制香业有本司院的刘鹤家香，前门外的李家线香；生药铺有西鹤年堂的丸药，帝王庙街刁家的丸药；布店有勾栏胡同的何阛门家布。以上这些作坊、店铺主要也是为封建贵族服务的，所以万历时张瀚在论述全国和北京地区拥有大量百工杂作时，紧接着便指出：“以元勋、国戚、世胄、貂珰，极靡穷奢，非此无以遂其欲也”。[3] 尽管如此，他们都与市场有直接的联系，生产的目的是为了出卖，这与官营手工作坊已有显著不同。

北京的酿酒业在当时是比较突出的，城郊各地都有酒店和酿酒的作坊。酒的品种很多，北京的名产有玉兰酒、腊白酒、珍珠酒、刁家酒、麻姑双料酒、奇味薏米酒，最流行的是用高粱酿制的白酒。皇帝享用的“御酒”多由御前作坊酿造。在皇宫北安门东的“廊下家”，“凡宫内答

① 张瀚：《松窗梦语》卷四《百工纪》。

② 张爵：《京师五城坊巷胡同集》。

③ 同上《百工纪》。

应、长随，皆于此造酒射利”，其酒呈殷红色，叫做“内酒”。

北京的印刷业在明朝中后期也有所发展。“金台岳相”家所刻的小说戏曲以印绘精美著称。还有国子监和都察院的刻书，都可到市场上去出卖，与民营刻书业争利。此外，打磨厂和西河沿都有刻书作坊。崇祯十一年（1638 年），原来抄写传阅的《邸报》也在北京开始用活字板排印了。

在北京郊区还有煤窑、石窑和灰窑。以煤窑为例，在成化、弘治间，门头沟等地已有不少私营的煤窑。此后，该地潘阑庙、孟家胡同一带的居民，多以市煤为生①。煤炭的销售市场较大，故邱浚早就指出：“今京师军民百万之家，皆以石煤代薪。”② 万历三十一年（1603 年），顺天府尹许弘纲上疏说，西山等地采煤业，“官窑仅一二座，其余尽属民窑”③，反映了官营矿场的衰落和私营矿场的代之而兴。

民窑很多是合股经营，并且雇工采运。雇工生活极其贫困。在这里，在广大的商品市场的基础上，已有可能出现资本主义的萌芽。可是另一方面，明朝人又记载卢沟桥以西的开窑之家，往往诱掠居民子女入煤窑劳作，逃出的便横加杀害④，说明在民窑中，也还保存有极其野蛮落后的工奴制的痕迹！

## 商业的繁荣与佥商勒商政策

永乐初年，北京的商业还非常萧条，当时“商贾未集，市廛尚

① 朱彝尊：《日下旧闻》卷二四引宋启明《长安可游记》。
② 《明经世文编》七三邱浚《守边议》。
③ 《明神宗实录》卷三八一。
④ 《明孝宗实录》卷九十三。

疏”，城外交通很困难，城内到处都是大片的空地。在这里建都后，明朝政府就先后在皇城四门（大明门、东安门、西安门、北安门），钟鼓楼、东四牌楼、西四牌楼，以及朝阳、安定、西直、阜成、宣武各门附近，修建了几千间民房，一部分“召民居住”，一部分“召商居货”，都叫做“廊房”①。这样一来，市容就比较繁盛了。

随后，运河沟通，在北京和通州城内外，又先后修建了很多新的“客店”和“塌坊”。“客店”即专门召歇客商负责介绍买卖的牙店；“塌坊”是存放商货的货栈。

在北京城郊也出现了很多集市。北郊的碧霞元君庙，每逢市集之期，有很多农民来此赶会，买卖粮食、农具等日用必需品。城内有米市、猪市、骡马市、菜市、驴市、果子市，在德胜门桥头和崇文门外有穷汉市②，这都是贫苦市民、中小商人和小商贩进行贸易的地方。西城旧刑部街的都城隍庙，在永乐时修筑一新。每逢初一、十五及二十五日庙会，商品陈列达三四里，有绫罗、瓷器、书画、纸张等，品种甚多，还有杂技场和食品摊。都城隍庙是明朝北京的一个繁华的文娱场所，也是北京城内最早的一个庙会。还有东城的灯市于每年正月十一至十八日开放，届期有各铺行的商人在此销货，既有珠宝玉石和绫罗绸缎，又有各种烟火和花灯。至于皇城东安门的内市，往往有更多的珍品出售，如果园厂的漆器、景泰御前作坊的珐琅器等等，那就是王公、勋戚、宦官、大臣活动的场所了。

此外，在北京的街市上，还新开了很多大小店铺，这些铺商被称为铺户或铺行。铺户只专门出售商货，如前所述，也有少数是附设作

---

① 《宛署杂记》卷六《廊头》。

② 一说正阳桥有穷汉市，见刘侗《帝京景物略》卷四《城隍庙市》。

坊的。

有的铺户拥有几千两、上万两甚至几万两的资金，铺主在农村占有土地，本身就是坐食租利的地主。他们在北京开张店铺，自己不劳作，大多雇佣店伙或雇工劳作。这些人包括“富户”[①] 和一部分“军户”[②]、“匠户”[③]、“民户”[④] 在内，还有资金雄厚的大商人，完全是城内的消费剥削者。其间还有“贵戚铺行”，是勋戚们驱使家人开设的店铺，他们倚仗权势，把持行市，劫夺商人，无所不为。明朝人曾指出，贵戚铺行，是京城一大害。

也有的铺户只有百十两或更少的资金，他们是中小商人、小商贩或小手工业者，是城市的下层。有的人自己和全家都参加劳动，个别的收用一两个学徒和店伙，平时“贷人房舍”，甚至在街头临时售卖杂货。这些人也包括一部分“军户”、“匠户”和“民户”，一般是自食其力，除此之外，别无营生，长期生活在贫困中，并且受到封建国家和大商人的剥削，随时都有赔本或失业的可能。

明朝统治者把北京每一家铺户的财产、人丁都登入户册，又把铺户分为三等九则，遇有临时军需，或内府各衙门缺乏物料，就按籍佥派铺户买办。明朝政府规定北京铺户为一百三十二行，这是按当时的行业来划分的，其目的是为了“应官取用”[⑤]。负责督促自己行业内铺

① “富户”是指永乐时从全国各地迁来北京的地主们。这些来北京的人共有三千八百户，明朝政府把他们安插在德胜门和安定门城厢居住，其中有的人就兼营商业，甚至“一家有数处之开张”。

② 军户中有一部分人有丰厚的财产。他们在农村中领有军屯地，但却把屯地“借贷人种，分收子粒”，事实上已成为剥削收租的地主，而自己则进入城市，别寻营生。

③ 当时有一种人，因避粮差，冒名匠户，来北京开张店铺，见《皇明文衡》二十七周忱《与行在户部诸公书》。

④ 民户也包括一部分地主，他们在农村占有大量土地，同时在城内兼营工商业。

⑤ 《宛署杂记》卷十三《铺行》。

户替封建国家买办服役的人叫做“行头”，被佥中买办的人叫做“当行”。当行的人不仅随时要供政府的役使，并且要赔垫很多资财。勋戚官僚们所开的店铺，都由封建国家给以“免帖”，富豪巨商又与勋戚们勾结在一起，用行贿的手段，千方百计地躲避“当行”，真正“当行”的人还是小手工业者和中、小商人。

《皇都积胜图卷》（局部）

《皇都积胜图卷》（局部）

北京在孝宗弘治时已经是“生齿日繁，物货益满，坊市人迹，殆无所容”了①。城内居民既满，许多人就住在城外。到世宗嘉靖年间，南郊的人口大增，位居京城南郊的外城城墙也修筑起来。外城已成为新的商业区，全国各地来京的客商都在外城赁屋居住，民营的客店、塌坊、大店铺更多了，正阳门外大街已经成为北京最繁华的街市之一。《皇都积胜图卷》中描绘的正阳门外的商业情况，反映了明代嘉靖末年至万历初年北京商业繁盛的情景。位居大明门前的棋盘街，也是

① 吴宽：《瓠翁家藏集》卷四五《左都御史闵公七十寿诗序》。

“天下士民工贾各以牒至，云集于斯，肩摩毂击，竟日喧嚣”①。

这一时期，全国各地的商品有很多都汇集到北京来。在这里，有苏杭二州的锦缎，有松江的三梭布，有江西的南丰大篓纸，还有景德镇的瓷器和佛山镇的铁锅。在这里，有来自全国的生铜、熟铜、响铜、生铁、熟铁、钢材、桐油、棉花和各种染料，又有来自全国的药材、香料、茶叶、蔗糖和干鲜海味等。根据《酌中志》的记载：熹宗天启以前，每年来京的货物，由政府直接征税，除宝石、金珠、铅、铜、砂汞、犀象、药材、布帛、绒货之外，还有貂皮一万余张，狐皮六万余张，平机布八十万余匹，粗布四十万匹，棉花六千包，定油、河油四万五千篓，荆油三万五千篓，烧酒四万篓（京师自烧的未计入），芝麻三万石，草油二千篓，南丝五百驮，榆皮三千驮（供各香铺做香所用），北丝三万斤，串布十万筒，江米三万五千石，夏布二十万匹，瓜子一万石，醃肉二百车，绍兴茶一万箱，松罗茶二千驮，大曲、中曲、面曲一百四十万块，四直河油五千篓，四直大曲二十万块，玉五千斤，猪五十万口，羊三十万只等等②。当然，这都是一个约略的估计数，它反映明后期商品经济的发展。

还有很多货物经北京转运至西北鞑靼、东北女真等少数民族地区。万历年间，沈德符在北京会同馆前，目睹装货情况，仅瓷器一项装货，每车木箱高三丈余，共达数十车之多③。由吕宋传入的烟草，天启时“北土亦多种之”，崇祯十五年（1642 年），在北京已是“鬻者盈衢”了，而且早已传至“九边”④。

① 蒋一葵：《长安客话》卷一《棋盘街》。
② 刘若愚：《酌中志》卷十六《内府职掌》。
③ 沈德符：《敝帚轩剩语》卷中。
④ 杨士聪：《玉堂荟记》卷四，方以智：《物理小识》卷九。

这时，白银已成为北京市场上通行的货币，商品多以银计。雇工也开始以银计价。城郊的贫民到市肆佣工，早出晚归，工资每日二十五文或三十文，每三十文约折银四分①。至于受内府宫眷雇佣的厨师，除零星赏赐外，每月还可得工食银数两之多。

随着商品货币经济的发展，明朝政府也在嘉靖四十五年（1566年）规定，除上二等铺户外，其余七等铺户一概缴纳行银，以银代差。万历七年（1579年）又把在北京的一百三十二行中的网衬、针篦、碾子、烧煤、刊字、淘洗等三十二行，皆革去“当行”的名目，免其纳银②。这对当时城市工商业的繁荣是有利的。但另一方面，明朝统治者又对商人进行了种种控制和掠夺。从武宗正德以后，北京出现了更多的官店，著名的有福德店、福顺店、和远店、宝源店、顺宁店和普安店等等③（皆在今王府井大街一带）。来京的商人大多要在官店内卸货，他们只有经过官店的介绍，才能把货物售给铺商。这些官店由宦官管理，每年要向商人征税银数万两，已成为皇家的一笔巨大收入。万历时，神宗又把崇文门和张家湾的官店赐给他的兄弟潞王和皇三子福王，他们在那里既征店租，又征商税，既招歇客商，又批卖商货，并且在皇帝处取得了专卖权，把附近的私牙商利也一概攘夺。万历二十四年（1596年），神宗还派宦官四出征商税、矿税。北京也与全国一样，由于税监张晔和王忠的大举征商，商税额增加到十余万，于是出现了“河西务税于外矣，又有通湾之查税；崇文门税于内矣，又有巡拦之拏害；城中复有税课司”，“京东首冲，水陆要会，重征叠税，

① 《明经世文编》四八八徐光启疏，参见黄暐:《蓬窗类记》五《黠盗记》。

② 《宛署杂记》卷十三《铺行》。

③ 《酌中志》卷十六《内府职掌》。

几至数十”的景象[①]。对城中的铺行，既征行银，又复佥商，“令下，被佥者如赴死，重贿求免”，或“另佥贫民顶替”[②]。在这种横征暴敛之下，不但外商裹足不前，铺商也多倒闭罢市，这就使工商业的发展受到严重的阻碍。

## 第三节　北京的政治

明朝在迁都北京以后，其最高统治集团——皇帝、王公、宦官、皇亲国戚和中央政府中的大小官僚们全部聚居在这里，一支庞大的共分为七十八卫包含四十八万人的军队驻扎在京师。北京是明帝国政治和军事的中心。明朝政府从北京向全国各地颁布政令和军令，全国的阶级矛盾和统治阶级的内部的矛盾在这里都有集中的反映。

### 专制主义集权统治的加强

从成祖永乐到英宗正统初，是明朝强盛的时期。这时，在全国范围内生产都有了一定的恢复和发展，社会矛盾比较缓和，明代的政治统治也比较稳定，在明太祖洪武统治时期的基础上，专制主义和中央集权制度比以前更加强了。

专制主义和中央集权的加强，主要表现在皇权的高度集中，皇帝“虽小事必闻”。[③] 皇帝最信任的人是内阁大臣和司礼监的太监。内阁

① 《明神宗实录》卷五〇三。

② 《明史》卷八二《食货》六《上供采造》，《明神宗实录》卷三七三。

③ 《明成祖实录》卷四五《诏谕》。

从南京迁来，设在北京皇城午门内，是明朝统治者处理全国性重大政务的地方。内阁大臣由皇帝亲自从官僚中选拔，这些人只能做皇帝的顾问，在皇帝的指挥下协助办理政事。司礼监是明朝北京宦官二十四衙门中的第一个衙门，这里的宦官权势最大，他们是皇帝最亲信的奴仆，自从宣宗宣德时令大学士陈山在内书堂教宦官读书后，他们既能代皇帝审阅奏章，又能代皇帝传布政令，权势实际已在内阁大臣之上。至于具体执行政务的中央机构，则是吏、户、礼、兵、刑、工六部和都察院。

在北京还有两个直接受皇帝控制的特殊权力机关，叫做“东厂”和“锦衣卫”。东厂是一个以宦官为首脑的侦缉机构，永乐十八年(1420年)，始置于北京东安门北（今东厂胡同一带）①。“锦衣卫”原是皇帝的卫队。这两个机构结合起来，共同在北京从事特务活动。锦衣卫内还设有特种法庭、监狱和特制的各种刑具，在其中任职的指挥、校尉和东厂的小番、档头中品职较高的都是勋戚宦官家的子弟，其余的大都是由顺天府境的恶霸地主和流氓投充。档头和校尉头戴尖帽，脚蹬白靴，经常在北京城内外巡逻，遇见他们认为是形迹可疑的人，就捕捉到锦衣卫狱中拷问。“厂卫”除去侦察统治阶级内部对皇家有不满的反对者之外，主要是对劳动人民进行监视。京城市民对于“厂卫”都切齿痛恨。

明朝政府为了加强对北京地区人民的镇压，还在城内设置了五城兵马司，又在兵马司内设置了很多巡捕，协同校尉等守城巡夜，并负责搜查行人。明朝政府又把城内各坊的居民，按人数分为很多铺，每铺设有铺头、火夫三五人，由总甲统领。郊区的居民则划分为保甲，

---

① 《明史》卷九五《刑法三》。

每保设牌甲数人，并勒令一些精壮的人民为兵，由捕官统领。总甲和保甲的职务是替明政府征兵征役，并限制人民的自由流迁。这一基层组织的加强，说明明朝政府为了防范人民的反抗，已经把统治力量伸入城坊和乡村了。

## 北京保卫战

明英宗正统以后，明朝地主阶级政权日趋腐化，统治阶级政权内部的矛盾也日趋尖锐，出现了宦官专政的局面。宦官专政是极端专制的中央集权政治的产物，也是明朝地主阶级政权走向腐化的标志。这时，全国土地兼并趋势日益猛烈，人民对封建国家负担的赋税和徭役也加重了，离开土地而逃亡的人民愈来愈多，农民起义相继在各地爆发。

北方边境的形势也紧张起来，蒙古草原上瓦剌部的统治者脱欢统一了蒙古诸部。脱欢死后，他的儿子也先继续扩充实力，积极准备向明朝进攻。

在明朝统治阶级内部，操纵政权的宦官首领王振不但不积极部署边防，反而接受瓦剌使者的贿赂，暗地私运兵器和瓦剌统治者贸易。以内阁为中心的官僚集团中有一部分人，看到瓦剌的强大是明朝的大患，担心北京有被侵袭的可能，主张加强军备。但是这些人受到宦官的排斥，无法实现自己的主张。

正统十四年（1449 年）七月，瓦剌军分为四路南下，也先亲自率兵攻打大同，明朝沿边各地都点燃了烽火。英宗在宦官王振的策动下，轻率地下令“亲征”。

也先的军队在各地受到人民英勇的反击。但是英宗和王振等到了大同，由于害怕也先的兵力，马上就又率兵转回宣化。明军在土木堡（今河北怀来县东）与瓦剌军相遇。英宗被瓦剌俘虏，王振死于阵，明军几至全军覆没。瓦剌军大肆劫掠，搜山杀掠军民男女数十万人。这即是所谓的“土木之变”。

明军在土木堡溃败，北京城陷入非常危急的状态中。这时明廷的官僚们有两种不同的态度。依附于宦官的大官僚徐有贞等把妻子送回原籍，并主张朝廷南迁避难，这些人是可耻的逃走派。以兵部侍郎于谦为首的一些人则主张立时备战，他们认为北京的存亡，关系着整个明朝的存亡，必须保卫北京。他们是抗战派。经过一场辩论，最后抗战派取得胜利。

于谦画像

以于谦为首的抗战派在这时进行了几项紧急的措施。第一，宣布如再有主张南迁的，要按军令斩首；第二，宣布诛杀王振的党羽；第三，宣布立英宗的弟弟郕王为皇帝；第四，驰书北直隶、河南、山东等地，令其火速调兵来京支援。这几项措施，起了鼓舞士气的作用。当王振的党羽锦衣卫指挥马顺的尸首被拖到街头示众的时候，“军民犹争击不已”①，可见人民对于这些无恶不作的刽子手们怀着多么强烈的憎恨！

① 《明英宗实录》卷一八一。

为了保卫北京，北京人民立刻开始了战斗的行动。

军仗局和盔甲厂的手工工匠以出色的劳动，在几天之内就赶造出大批盔甲。[①] 军器局的手工工匠也紧张地投入了军器、火炮和战车的生产。战车是用骡车改装而成的，车厢用铁索连裹，每车可装载“神铳”一个，刀牌手五人。

城市居民也积极投入了九门防御的工事。几天之内共完成了沙拦五千一百余丈。

居民们又纷纷参加了运粮的工作。这时通州所储的仓米还有四百万石，足够京军一年的粮饷。明朝政府下令官吏军士出城取粮，居民都帮助搬运，于是军粮的问题也得到圆满的解决。

还有更多身强力壮的人拿上了枪刀，“赴官投报”，直接参与了这次保卫战。原来城内兵士不满十万，到九月为止，增加到二十二万人。

这一年十月，也先果然拥英宗进入紫荆关，一路烧杀劫掠，直抵北京城下。宦官派的将领石亨主张把城门紧闭，于谦则披上甲胄，驻营于德胜门外，以示抗战的决心。瓦剌军猛攻德胜门，于谦率领军民迎战，砍杀其将领“铁颈元帅”，也先的兄弟孛罗也被“神炮”轰死，敌军共伤亡一万余人。瓦剌军猛攻西直门，都督孙镗率军民迎战，打退了敌人。瓦剌军又猛攻彰仪门，明军战车四出，“神炮”齐发。这时，北京西郊的农民，多登屋掷砖瓦助战，喊声动地。战斗延续了五日，在北京军民的打击之下，也先被迫往良乡退却。

良乡、清风店、大同等地的军民也都起来邀击侵略者，与北京军民相呼应，有力地支援了北京人民的斗争。

北京保卫战是一场可歌可泣的正义性的战争，它在北京的历史上

① 《明史》卷一五三《周忱传》。

写下了光辉的一页。杰出的军事家和政治家于谦出色地完成了这一次战斗的部署，在组织和指挥这次战争中表现了卓越的才干，而且后来又设立了团营以加强战斗力。① 但是若没有人民的支持，没有人民的坚持抗战，没有人民意气激昂的战斗热情，只凭几个统治者内部的军将，是不可能取得胜利的。于谦在这次战斗中所以能发挥很大的作用，也正是由于他能够依靠北京人民。

瓦剌把俘获的明英宗放回到北京，他不久就勾结了宦官派的徐有贞、曹吉祥、石亨等人，和他的弟弟景泰帝展开了皇位的争夺。景泰八年（1457 年）正月，英宗和他的爪牙夺东华门，重新登上皇帝的宝座，立刻下令逮捕于谦，七天以后就把于谦杀害了。于谦在“西市”② 被杀时，人民对他寄予深切的同情。于谦原住在北京崇文门内的裱褙胡同，后人就在这里建立一个祠堂来纪念他。

## 京城人民疾苦日深

代表大地主利益的最反动的宦官集团一得势，全国人民所受到的痛苦，特别是北京人民所受到的痛苦就更加深重了。

在北京的宦官、勋戚、大官僚和大地主们，通过敕赐寺院，乞请庄田等等方式，侵占了大量的民田。他们派遣很多庄头和“伴当”（即家奴），对所属佃户和农村中的贫民任意欺凌压榨。他们还在城内垄断客店，把持铺行，举放高利贷。

① 永乐时，设“五军”、“三千”和“神机”三营兵于北京，以待征调，称为“三大营”，又称“京营”。以后三大营军政不修，军士多不操练，军令也不统一，于谦即选其精壮，合为“团营”。

② 西市是明廷处决囚犯的地方，在城内西四牌楼。

明中期，锦衣卫的指挥、将军、校尉、力士的数量已增加到几万人，其中很多都是勋戚大臣和顺天府附近土豪地主的子弟。宦官统辖的侦缉机构，这时也日益扩大。宪宗成化时在东厂之外设立了西厂，武宗正德时又在东、西厂之外设立了内行厂。东、西厂和锦衣卫的校尉在京城内外到处“驾帖捕民”，“诬民为盗”。成化时为了镇压人民的反抗，西厂的特务头子汪直还经常布衣小帽，骑着驴在北京城乡密访，对北京城内外的居民进行政治迫害。当时的农民和市民正在利用弥勒教的组织进行反抗统治者的活动，厂卫的刽子手们就和五城兵马司的巡捕到处搜访“妖书”（指弥勒教的经典），捉拿弥勒教人。捉拿不到，他们就又派人装扮成弥勒教的僧侣，劝人信教，人民一入圈套，就被拿捕到官，称为“种妖言”。

内阁大臣中很多人被控制在宦官手中。宪宗成化时，皇帝长期不问朝政，有一次忽然临朝，大学士万安率百官，口呼万岁，京师人称呼他为“万岁阁老”。另一大学士刘吉，在北京为官十九年，因贿赂宦官，御史们多次对他弹劾不倒；越弹越升官起用，京师人送他一个外号，叫做“刘绵花”。武宗正德时，宦官刘瑾专政，内阁大学士焦芳甚至跑到他家内去“检点题奏，拟议批答”，明朝政治的败坏，由此可窥一斑。

宦官勋戚和大臣们过着极其骄奢淫侈的生活。他们的住宅都“穷极壮丽，朱门洞开，画戟森列。所藏者唯玉帛狗马”。而城市的贫民，在一亩地之内，要居住上百户的人家，“往往床案相依，庖厕相接，其室宇湫隘，至不能伸首出气”。①

住在城外的地主土豪都与管理勋戚、宦官、庄田的庄头、伴当相

① 吴宽：《瓠翁家藏集》卷三一《陋清阁记》。

勾结，有的就投靠在勋戚、宦官的门下做鹰犬。而农民的生活，在王公勋戚和地主富豪的残酷剥削以及科差频繁的压榨下，景况日趋贫困悲惨。在整个顺天府统辖的地区，农民流亡的数量也日益增多。

一部分流亡到北京城内的人民，有的为人佣工，有的沦为乞丐，有的就倒死在街头。明统治者非常害怕，曾经前后三次把在北京的流民和无籍的佣工驱赶出城，但都因遭受到反抗而作罢。[①] 武宗正德四年（1509 年），内行厂赶走了在北京城内居住的磨工、水工和店肆佣工共一千余人。佣工们聚集在东直门外，声称不杀刘瑾决不罢休。刘瑾害怕，只好把命令取消。[②]

在皇庄、宫庄庄头军校的逼迫下，有很多农村的人民聚集起来反抗。弘治十年（1497 年），宦官李广等在京畿侵夺土地，几乎激起人民的武装暴动。这一时期，在北京西北郊的西山和天寿山附近都有农民组织的武装。正德十二年（1517 年），顺天府境的武清、东安、固安、涿州、卢沟桥和清河店的人民都纷纷起来反抗统治者。北京西郊的农民也是“千百为群”地袭击官吏。[③]

当时对明统治者打击最大的，是震动全国的刘六、刘七领导的农民大起义。

## 刘六、刘七领导的农民起义

刘六、刘七领导的农民起义，是在武宗正德五年（1510 年）十月爆发的，前后共坚持了两年，活动的范围包括今山东、河北、河南、

① 分见陆容：《菽园杂记》卷十，《明武宗实录》卷四一，夏燮：《明通鉴》卷五九。

② 《明武宗实录》卷五一。

③ 《明武宗实录》卷一五七、一六三。

湖北、山西、江西、安徽和江苏八省，并曾四次威逼北京。

农民军起于顺天府境的霸州。霸州是明朝的京南重镇，庄田交错，军屯密布，良田美地都被皇家、勋戚、卫所和政府所侵占。在这里居住的贫苦的农民和屯军，其中不仅有汉族，而且有蒙古族和维吾尔族；不仅有土著，而且有迁徙来的流民和流犯。在勋戚、宦官、管庄军校的直接剥削下，在代官养马和特殊科差杂役的压榨下，共同的命运把各族军民联系在一起了。

蒙古人民在这里把熟练的马技传授给汉族人民，要轮流赴北京城骑马操练的屯军也经常依靠人民给他们养马。特别是那些有代官养马负担的农民，马术都非常精熟，马已成为这里农民最心爱的东西。但是，统治者不但用代官养马的名义来剥削人民，甚至把人民的马匹攫为己有。人民在忍无可忍的情况下，常常起来反抗，统治者对这里的人民很害怕，诬蔑这里"民风慓悍"，并把一些人叫做"响马"。

这次农民起义领导集团的组成者正是被统治阶级称为"响马"的农民。刘六、刘七、齐彦名、顾子美等三十四人都是霸州、永清、固安等县的农民。农民军领袖朱千户，原是明副总兵朱桢部下的兵士，杨虎原是都御史宁杲部下的兵士。此外，某些知识分子如文安县生员赵及其弟赵、赵镐等人也参加了起义。

刘六名宠，刘七名宸，二人都是文安人。他们都骁勇过人，精于骑射，以侠义知名于霸州。武宗正德时，统治阶级已非常腐朽，对人民剥削极端残酷。在明朝，文安人有入京当宦官的习俗，刘六、刘七"因乡曲故"，曾有机会到北京，进入紫禁城。他们目睹宫内的腐朽情况，就决心要取而代之。

刘七等号召霸州人民起义，不到几个月，农民军就发展到十数万。农民们把起义军当做自己的军队，所以只要农民军一到，大家就奋不顾身地投进去。

《武宗实录》记载农民军："所过乡落，莫不椎牛供具，甚至为之持门屏以遮矢石，为乡导以攻州县。"又记载，"凡过之处，则乐于供给，粮草器仗皆因于民"，"弃家从乱者比比而是"。[1] 但是明军一到，农民"则闭门逃遁，箠楚驱逼，犹不肯前，悬赏召募，亦鲜赴者"；"牛驴驱杀殆尽，民皆藏匿不出"。由此可见，农民的爱憎多么鲜明。

武宗正德六年（1511 年）三月，农民军已经攻下了山东、河北等二十余州县。其中的两支主力，一支由刘六、刘七领导，从河北、山东经湖北、江西仍由原道回到了京畿霸州；另一支由杨虎、赵鐩、刘惠等领导，由山西入河南，自西而东，在河北威县渡河与刘六、刘七等会合，也来到了京畿霸州。这时明统治集团惊惶万状，立刻宣布了北京的戒严令。兵部命令京营的军队全部束装备战，又派兵到霸州、文安等地镇压。同年七月，农民军先头部队四十四人已来到北京阜成门外，杀死牌甲常礼和巡城的御史。久不上朝的明武宗，也不得不召集内阁大臣入左顺门询问军情。为了应付农民军，明统治者不仅调集了京营的军队，甚至把延绥、宣府的边兵也调来北京。农民军探知明朝有这些戒备后，就没有攻打北京。

正德六年（1511 年）十一月底，农民军又由山东回到京畿霸州。农民军的领袖们绕过了在山东临清驻屯的明军，准备于十二月一日武宗到天坛祭祀之时，来一个迅雷不及掩耳的袭击，把这个昏庸的皇帝置于死地。不幸消息泄露，兵部尚书何鉴当晚写了一个密报，命厕卒递入司礼监，由司礼监宦官面交武宗。武宗害怕极了，立即宣召何鉴进宫。这时统治者慌乱异常，兵部传令城内的勋戚和武官赶快分守京

① 《明武宗实录》卷七十四。

师的九门，又派人缒城去通知通州、良乡、涿州等地的守备官，立刻调遣兵马到京城南羊角房、南海子、卢沟桥等处下营。但是官军严密布防的消息很快就被农民军探知，农民军又主动放弃了这次袭击的计划。

正德七年（1512 年）正月初八日，刘六、刘七领导的农民军攻入霸州，统治者又在北京传布了戒严令。除去派兵分守卢沟桥、羊角房和草桥等地外，还下诏提督军务陆完、总兵毛锐带兵到北京来。农民军仍然采取声东击西的战术，乘虚南入博野、蠡县、临城等地。明朝对农民军继续施加强大的压力，命都御史彭泽、咸宁伯仇钺邀杀河南方面的农民军，又命都御史陆完率兵镇压山东、河北的农民军。

同年三月，刘六、刘七等率领的农民军在山东受到明朝边兵、蒙古兵以及当地地主武装共十余万人的包围，丧失了大批武装力量和杰出的将领。就是在这种情况下，刘六、刘七等仍率领骁骑三百，英勇地闯出重围，轻装北上，很快又聚集了大量的农民武装。这时农民军又回到故乡霸州，并攻打顺天府所属的香河、宝坻、玉田等县，大败明军。同时农民在武清县八里庄打死了参政王杲，又歼灭了刽子手宁杲的军队，北京再一次震动。刘六、刘七等这次并没有直捣北京，却向河南方面挺进，去支援那里的农民军，但这时河南的农民军已被明军打败，他们只好孤军作战，农民军的力量从此也日益削弱了。

这次起义的规模虽然很大，但是农民军本身的缺点也暴露了不少。农民军几次来到霸州但又几次撤走，始终没有能克服“流寇主义”的作风，而且也没有能提出明确的政治主张。地主阶级则为了维护自己的阶级利益，联合起来千方百计地打击农民军。这时统治阶级的军力还很强大，在阶级力量悬殊的形势下，农民军终于失败，进入北京的愿望也就没有能实现。

但是必须指出，农民军在强大的统治者的镇压下，甚至在最困难的条件下，也没有屈服。农民军的领袖刘六、刘七等人全部顽强坚持到最后，直至牺牲了生命。

刘六、刘七领导的起义虽然被明朝镇压下去，但是，这次起义给了统治者以极其沉重的打击，迫使他们不得不采取了一些缓和阶级矛盾的措施，如勘察皇庄、减轻租银、改革赋役以及对宦官势力的抑压等等。

## 明朝后期统治集团内部的斗争

明代中叶以后，在北京地区的勋戚、宦官和大官僚们，在农民起义被镇压后统治政权相对稳定的形势下，为求满足自己的贪欲，都想攫取更多的财富和更大的政治权力，因而在他们的不同集团之间就展开了激烈的争权夺利的斗争。

在明朝内阁大臣之间首先展开的，是争夺“内阁首辅”职位的斗争。这一时期，著名的首辅先后有夏言、严嵩、徐阶、高拱、张居正等人，他们只有拉拢了宦官勋戚，并联朋结党地打败竞争的对方才能取得这个权位。在这种结党营私的斗争的过程中，各地的大小官吏为了逢迎掌权的官僚，把贪污所得以馈赠的名义向他们进行贿赂。以首辅严嵩为例，他的财富之多是十分惊人的，除去大部分财产都集中在他的家乡江西袁州之外，仅在北京一地就有住房一千九百余间，庄田一百五十余所，以及数不胜数的罗缎、金银古玩和珍宝等等。

那时，几乎所有的大小官僚，又都攀附在严嵩的周围，和他一起剥夺民脂民膏，无恶不作。但是也有个别的人物，如杨继盛、沈鍊、海瑞等，则能疾恶如仇，坚决不与严党为伍。刑部员外郎杨继盛曾上疏揭发严嵩、严世蕃父子十大罪恶，被囚禁在锦衣卫狱中。嘉靖三十四年（1555 年）为严嵩所害，死于西市。他始终不畏权势，视死如归，表现了坚韧不拔的气节。北京人民对他很同情，为他修建了一个“杨椒山祠”①。在这些首辅中，除张居正在神宗万历初年（约在 1573 至 1582 年间）还有所作为，力图改革明朝的敝政，并做出成绩外，后继者就更加因循苟且，腐化无能。到了万历中期，宦官、勋戚、王公、内阁大臣等所组织的大地主集团，已成为当时政治上和经济上最黑暗最反动的集团。而有一部分代表中小地主利益的官吏，政治上受排斥，在万历中也形成了一个集团，成为大地主集团的反对派，这即是明末的东林党。

东林党的得名是因为被朝廷排斥罢官的吏部郎中顾宪成和高攀龙等人，经常在江苏无锡的东林书院讲学，评议朝政。他们当中也有一部分人在北京做官。他们所反对的当政的大地主集团的首脑人物，无论是皇帝、宦官、勋戚或是首辅，也都住在北京，因此，高攀龙后来又在北京首善书院讲学。为了和东林党人作斗争，大地主集团还组织了浙、齐、楚、宣、昆各党派，作为自己的工具。当时只要东林党人提出一种意见，这些人就纷纷起来反对。

东林党和大地主集团，都想利用自己所要拥立的皇帝来压倒对方，因而就围绕着明神宗立太子的“国本”问题，在长达二十多年的时间里争论不休。尔后，一切政争则所谓“争国本”是主线，在紫禁城内先后发生的三案（即梃击、红丸、移宫）是其余波。

东林党人一直表现为反对神宗的昏庸，反对厂卫对官民的毒害，反对王公勋戚对土地的侵夺，反对宦官们的横征暴敛等等。所有这些

① 椒山是杨继盛的号，“杨椒山祠”在原司法部街。

主张，在一定程度上也反映了当时人民的利益和要求，因而在客观上是有一定的进步性的。但是他们是地主阶级的一部分，他们的目的是为了更好地巩固地主阶级的政权，所以在根本上他们还是和人民对立的。他们的斗争手段也非常软弱，而所上的奏疏，十之八九都是被皇帝“留中”不看的。

## 京畿人民反矿监、税监的斗争

万历二十四年（1596年），以万历皇帝为首的统治集团，为了加强对工商业的掠夺，就开始派遣大批宦官并以开矿为名大肆掠夺金银，后又到全国各地征收商税。

宦官的开矿和征商都是从北京开始，然后推行到全国各地的。矿监、税监遍天下，造成了极大的扰害。征商则深入穷乡僻壤，连米、盐、鸡、豕都要纳税；一般土豪劣绅更乘机纳贿于宦官，取得政府的符札，借势残害商民，肆意攘夺他们的资财。开矿也同样是一种敲诈勒索的手段。宦官和土豪劣绅勾结起来，任意指人的田宅之下有矿脉，向他们要索重赂，稍不遂心，就率役围捕，甚至“断人手足”，“辱及妇女”。

反矿监、税监的斗争是从湖广开始的，以后在临清、苏州、景德镇等地都陆续发生了这种斗争。北京顺天府以及附近的蔚州、香河、广昌以及门头沟等地都展开了反税监的斗争。

万历二十八年（1600年），宦官王虎在香河县征收鱼苇矿课，派其爪牙勒索人民。“生员士民”约一千余人，手执棍棒砖石，向王虎举行了一次大示威。必须指出，这里说的“生员士民”是地主阶级的知识分子，他们的斗争主要是地主阶级内部的斗争。但是这一次示威也有劳动人民参加，因为反对大地主集团的横征暴敛是对人民有利的。

这时，宦官王朝也在京西房山、门头沟一带征收矿税，他经常率领京营的“选锋”在这里“劫掠立威”。当时门头沟有很多采煤的窑工和运煤的脚夫。他们受到窑户残酷的封建剥削，生活非常贫困。有的人被窑户骗入窑洞，终身不能出来；有的人虽然与窑户立契，按日取得工资，但是工资很低，根本不足以养家口。宦官王朝到此征税，对窑户也是不利的，窑户不愿意把自己剥削所得分给封建国家。王朝每年向窑户索银五千两，窑户要求减免税课，就派代表王大京来北京交涉，王大京却被锦衣卫逮捕。

王朝在这里“劫掠立威”更激怒了广大的窑工。万历三十一年（1603 年）三月，一支由窑工和运煤脚夫组成，并且有窑户参加的队伍向北京进发了。这些“黧面短衣之人”在北京城内“填街塞路”，向明朝统治者展开了大示威，要求撤换宦官王朝，减免矿税。

这个北京历史上第一次大规模的矿工反对矿监税使的斗争，使明朝政府大为震恐。一部分官僚纷纷上书请求撤换王朝，有的说：“今者萧墙之祸四起，有产煤之地，有运煤之夫，有烧煤之家，关系性命，倾动畿甸。”有的说：“一旦揭竿而起，辇毂之下，皆成胡越。”这都充分说明统治阶级对群众力量的畏惧。在矿工们的巨大压力下，统治者终于不得不把宦官王朝撤换。①

## 京城阉党的猖狂

天启时期（1621—1627 年），明政权已经到了穷途末路，并且已

① 分见《明神宗实录》卷三八〇、三八一。

是腐朽透顶了。这表现在垂死挣扎的大地主集团更加疯狂地残害人民以及统治阶级内部党争的进一步激化。

宦官魏忠贤成为明政府中权势最高的人。魏忠贤是司礼秉笔太监，又提督东厂，全国军政大权都掌握在他手中。依附在他周围的官吏都称他为“九千岁”，并且甘愿作他的义子干孙。天启五年，一些无耻的官僚们纷纷给他建立生祠，一时“都城数十里间，祠宇相望”。[①] 魏忠贤又在香山碧云寺预先修建自己的坟墓，其豪奢靡费不下于皇帝的陵墓。他的暗探遍布于北京城内，只要人民在街头巷尾说他一句坏话，就要被锦衣卫捕杀。

当时，齐、楚、昆、宣、浙各党都依附魏忠贤，形成了“阉党”，并且坚决与东林党为敌，明代统治阶级内部的党争至此已到了最高潮。

阉党把他的反对者一概称为东林党人，并拟有一个包括三百零九人的名单，按照这一名单到全国各地去捕人。东林党人杨涟、左光斗、黄尊素、周顺昌等都被阉党捉来北京，囚禁在锦衣卫狱里，被惨无人道的刑罚折磨而死。但是他们一直坚持与阉党斗争，视死如归。

## 白莲教大起义

明朝末年，整个统治阶级都加强了对农村人民的剥削和镇压，特别是住在北京的勋戚、宦官和大官僚们更加疯狂地在其邻近侵占田土，剥削农民，他们已经成为严重阻碍社会生产发展的最反动的势力。而一般农民则在地租、高利贷和商业资本的残酷剥削下，生活极端贫困，有更多的人离开了自己的土地。

---

① 《明史》卷三〇六《阎鸣泰传》，文秉：《先拨志始》下。

这时，一出北京城郊，就有农民的反抗武装。农民武装长期聚集在北京南城外海子等地。万历二十四年（1596年），当宦官四出征税之际，有一千多人在京南农民左文俊的领导下，起义抗拒剿捕的“官军”。天启三年（1623年），京营操军先后在北京、通州两地发动了兵变，这是由于当时京营军官对军士的残酷压榨所造成的。统治者逮捕了兵变的领导人成铎、柴登、李成、姜才等人，把他们杀害了。其余的兵士都逃入南海子，与这里的流民结合起来。至此，京南农民军的力量更加强大，一遇机会，就对统治者进行沉重的打击。①

北京地区的农民利用白莲教来进行反抗活动已有长期的历史了，白莲教在农民战争中往往起着很大的宣传作用和组织作用。农民们平时就利用它来保持紧密的联系，白莲教经书中的神秘预言更加强了农民战斗的信心。万历初年，顺天府蓟州皮工王森倡行白莲教。受尽剥削的农民正需要组织起来，于是纷纷加入了白莲教。白莲教徒遍布河北、山东、山西、河南、陕西和四川等地。农民们用竹签传暗号来进行联系，同时还在各地设立了教主、大传头、小传头的名目。这时，白莲教的经书已增广到三四十部，通行的教派多至十六七种。②

万历二十三年（1595年），王森来北京领导秘密的活动，白莲教声势大盛。后来王森被捕下狱病死，他的弟子徐鸿儒和于弘志继承其教，各地教徒不下二百万人。万历四十三年（1615年），内阁大学士的奏疏说，在北京“游食僧道，千百成群，名为炼魔，行踪诡秘，莫可究诘”；又说：“白莲、红封等教，各立新奇名色，妖言惑众，实繁

① 分见《明神宗实录》卷二九二、二九三、四九三，《明熹宗实录》卷二三、三〇、三四、五四。

② 当时在北方通行的白莲教支派有红封、无为、红阳、净空、黄天、龙天、南无、南阳、悟明、金山、顿悟、金禅、还源、大乘等教。

有徒。”① 这引起了北京统治者极大的恐慌。流入北京城内的流民和僧侣中不少都是白莲教徒，这些僧侣原都是来自各地农村，他们是起义的组织人。

天启二年（1622 年），徐鸿儒领导的白莲教大起义在山东爆发。不久，京畿南部的人民也起来响应。起义军切断了江南到北京的粮道，攻下山东、河北很多州县。北京城的统治者大为震动，赶快把关外抗御满族统治者的军队调来镇压。

这次起义虽由于酝酿准备不足以及本身教派之争，被统治者很快地镇压下去了，但这次起义军却狠狠打击了明统治者，唤起了全国受压迫的农民群众，成为明末农民大起义总爆发的前奏。

## 满洲贵族对京畿的掠夺和骚扰

万历以后，东北建州部日益强大，建立了后金政权，与明朝进行了长期的战争。由于明朝统治阶级的腐朽无能和政治军事的败坏，先后把辽阳、沈阳等七十二城市都丢失了。北京已处在严重的威胁之下。

崇祯二年（1629 年）十月，后金汗皇太极率兵从龙井关（在喜峰口之西）毁边墙进入关内，攻陷了近畿重镇遵化，屠杀了三河县全城的人民，他们很快就经过顺义和通州，于十一月六日进迫北京。明朝蓟辽督师袁崇焕知道皇太极绕道进迫北京之后，立即率领九千劲旅，连夜从关外赶来北京，从容布置了北京周围的防线，并亲自屯兵于广渠门外。崇祯帝任命袁崇焕调度各镇援兵，相机进止，抗拒后金兵。

---

① 《明神宗实录》卷五八〇。

十一月二十日，明军在众寡悬殊的情况下，与后金兵大战于广渠门外，杀敌一千余人，后金兵大败。袁崇焕亲自率军督阵，他中箭“两肋如蝟”仍继续督军苦战。[①] 皇太极被迫移兵南海子，北京城转危为安。皇太极在军事上失利后，嫉恨袁崇焕入骨，即设反间计加以陷害。他利用两个在南海子被俘的太监，让他们听到袁崇焕与皇太极有密约的谣言，然后把他们放归。谣言被带进了宫廷，昏庸的崇祯帝信以为真，就在十二月初把袁崇焕投入锦衣卫狱。

皇太极阴谋得逞，势力复盛，屠良乡，掠蓟州，转劫河北各州县，直到三年五月，才在各地军民的打击下，退出关外。

崇祯三年（1630 年）八月，袁崇焕被明朝凌迟处死。袁崇焕是明末抗击满族统治者的最杰出的将领，在明朝统治者已经到了极端腐朽无能的时候，袁崇焕能够起来坚持抗战，保卫了关内人民的生命财产，他的抗战得到了人民的支援，并且也符合了广大人民的愿望。[②]

皇太极在崇祯九年（崇德元年、1636 年）建国号为清。这时，清军不仅已控制了山海关外，而且更进一步攻占了内蒙古。从此，明朝的“藩屏”尽失，清军的进攻就更加激烈了。此后，清军三次攻至京畿。他们每次入塞，都屠城市，焚村庄，掳走大量人口、牲畜和财物，对京郊人民的生产造成严重的破坏。崇祯九年，第一次清军在京畿的破坏，直到五年后第二次南下时还没有恢复。就在第二次，清军又掳走了近畿州县的“人畜十八万”[③]。

---

① 周文郁：《边事小记》（《玄览堂丛书续集》）。

② 袁崇焕墓在北京广渠门外，左安门龙潭东湖西岸有袁督师庙。新中国成立后，均由人民政府修饰一新。

③ 《清太宗实录》卷三十。

## 第四节　大顺政权在北京

### 农民军向北京进军

明朝末年，地主阶级疯狂地兼并土地，对农民进行了极端残酷的剥削和掠夺，广大农民衣食无着，陷入了贫困绝望的深渊，纷纷破产流亡，阶级矛盾已经到了极尖锐的程度，农民战争一触即发。

天启七年（1627 年），陕北澄城县的饥民，冲进了县城，杀死了知县，揭开了明末农民大起义的序幕。从此，农民起义像野火般在全国各地迅速燃烧起来。

起义的声势震动了明朝统治者，统治阶级慌作一团。有的人主张严厉镇压农民军；有的人主张采用“招抚”政策来分化瓦解农民军；另一小部分人看到土地问题的严重性，提出了“限田”、“均田”的办法，企图以此来缓和阶级矛盾，挽救摇摇欲坠的明政权。以崇祯为首的顽固派拒绝进行任何改革，决心用武力来消灭起义。

崇祯十三年（1640 年），正当明统治者在北京围绕着“限田”问题争吵不休的时候，李自成领导的农民军已在河南响亮地提出了“均田免赋”的口号，给农民带来了新的希望。农民热烈地支持、拥护起义军，并踊跃地参加到起义军中去。

在不过两三年的时间中，李自成的农民军占领了河南、湖北、陕西等地区。崇祯十七年（1644 年）正月，李自成在西安建立了大顺政权。同年二月，农民军从陕西长驱直捣北京，沿途受到广大人民的欢迎，“举国纷纷，尽以为时雨之霈”。[1]

这时，北京城内的勋戚官僚，已经知道自己的末日快来了。有些人终日醉生梦死，“只图今日，不过明朝”。有些人急忙收拾起金银细软，筹划如何逃跑。而北京居民则公开扬言：只要农民军“到门，我即开门请进”，丝毫也不掩饰他们对农民军的期待。当时，北京城传言农民军“不杀人，不爱财，不奸淫，不抢掠。平买平卖，蠲免钱粮，且将富家银钱分赈穷民”，“颇重斯文，秀才迎者，先赏银币，嗣即考校，一等作府，二等作县”。因此，不仅广大城市居民准备“开开大门迎闯王”，就连一些失意的士大夫，也在宫墙上贴出了“此处不留人，自有留人处”的揭帖。[2]

统治者即使到了此时，也还要做垂死的挣扎。明朝政府命三大营的军队在城外驻防，每座城门和城内的各街巷都配备了守军，安置了大炮。崇祯帝还命令没有跑掉的勋戚官僚捐资助饷。

可是农民军的进军非常迅速，明政府的作战部署还没有作好，他们已从柳沟（今延庆县东南）攻占了明陵，突然出现在北京城下。三月十六日，农民军便包围了北京城。

## 农民军攻克北京城

李自成在攻城之前，曾射书到城中劝降，但崇祯帝拒不投降。

三月十七日，战斗开始了。北京城外的三大营一触即溃，辎重巨炮尽为农民军缴获。

① 顾炎武：《明季实录》。

② 冯梦龙辑《甲申纪事》卷六《北事补遗》。

三月十八日，农民军冒着大风骤雨，猛攻彰仪、西直、平则、德胜等门，战争十分激烈。农民军都穿黄甲，四望如黄云蔽野。北京郊区居民不顾矢石雨下，争负大石，填沟塞壕，帮助农民军攻城。

守城的士卒不肯为皇帝卖命，监督者“鞭一人起，一人复卧”。有的军士还在城上向农民军挥手示意，待农民军躲开，方才燃放空炮。

十八日傍晚，彰仪门攻克。农民军在占领了外城后，立即对内城各门发动了更加猛烈的攻势。其势如暴风骤雨，局势越来越明朗化了。

崇祯见大势已去，就强迫周皇后自杀，又手刃妃嫔公主数人，在数百个太监陪同下企图半夜逃出城去。但是北京城已被农民军围得铁桶一般。这个刚愎自用、顽固不化的皇帝，悄悄跑到万岁山（即现在的景山），吊死在寿皇亭前的槐树下。

在这同时，农民军的骁将刘宗敏、李过身先士卒，登上了北京城。守城士兵丢盔卸甲，狼狈逃窜。德胜、齐化、平则、宣武、正阳诸门迅速攻开，农民军发出胜利的欢呼，像潮水一样涌进城内。

十九日清晨，北京城内家家户户的门上都粘贴着“永昌元年顺天王万万岁”，“新皇帝万万岁”等字样。市民们张灯结彩，设案焚香，齐立在大街两旁及胡同口，准备迎接起义军。中午，大队农民军进城了，其中一个乘乌驳马，着毡笠缥衣的人，就是农民军的领袖李自成。

北京城被农民军占领了，历时二百七十余年的明王朝被推翻了。原来一直生活在社会底层受尽凌辱和压迫的农民，第一次登上了北京的政治舞台。北京的历史揭开了新的一页。

## 农民军在京城

李自成领导的农民军虽然在京城总共只居住了四十三天，却在北京人民的心里留下了不可磨灭的印象。

农民军“出入城，止城上有之，法甚严”。[①]《明史》记载李自成的军令：“不得藏白金，过城邑不得室处，妻子外不得携他妇人，寝兴悉用单布幕绵……马腾入田苗者斩之”。农民军每进一城，领袖们总要三令五申，严格地约束自己的部下。在农民军进入北京城时，李自成曾拔箭去镞，向后连发三矢，宣布：“军人入城，敢伤一人者杀无赦。”进城后，李自成立即传见各衙门吏书班皂，要他们榜示民间，照常营业。同时，军政府也出榜安民：“大师临城，秋毫无犯，敢有擅掠民者，凌迟处死”。李自成的军队大部分驻扎在城外和城上，进城的官兵都分据勋戚仕宦府第及富民住宅，不侵扰一般市民。而违法乱纪的分子，都受到了军法的严厉制裁。因此，市民皆“安堵如故”，并且“安心开张店市，嘻嘻自若”。农民军每天只用随身携带的“黑碎而干”的干粮，和水吞食，过着十分艰苦的生活。北京的市民，赠送他们许多食物，他们都一一婉辞谢绝。[②]

李自成自幼生长在贫农家庭，历尽人世的辛酸和痛苦。他不好色，不饮酒，不贪财利，始终“脱粟粗粝，与其下共甘苦”。在北京的期间，他戴着旧毡帽，穿着蓝箭衣，最后退出北京城时，也不过“多一黄盖”而已。为了集中精力于繁忙的公务，他迟迟不肯即皇帝位。为了更好地鞭策自己，他把明朝乾清宫匾上的“敬天法祖”，改为“敬天爱民”。他在文华殿两次召见北京城内外各村耆老，详细询问“民间疾苦”以及农民军“有无扰害民众”等情事，并且告诉他们：他起兵的目的就是要“救民水火”。

① 杨士聪：《甲申核真略》。
② 释法遁（即杨士聪）：《甲申核真略》（北京图书馆藏）。

随着农民军入城时日的渐长，革命到头和居功自傲的思想在大顺政权上下滋生蔓延。上自将军，下至士卒，都沉湎于欢庆胜利的喜悦之中。李自成等在新的形势下，不能制定新的革命纲领和奋斗目标。他们纵兵入城，不再训练，军纪有所松弛。至夜则以防奸细为名，以兵马拦截街坊，“民始苦之”。[①] 农民军将领的生活也日趋享乐。李自成一进宫，即唤梨园数十人入宫演唱。刘宗敏住进明勋戚田弘遇的豪华宅第，终日歌舞弹唱，饮酒庆功。明廷旧官僚进献给他的黄金、美女，也不断然拒绝。农民军将领的骄傲自满和生活腐化是导致农民起义最终失败的重要因素之一。

## 大顺政权的政治措施

虽然由于时代条件和阶级地位的限制，农民军没有也不可能致力废除封建制度建立新的社会制度的工作。可是，深刻地憎恨现存社会和渴望美好生活的农民军，在北京期间也曾运用他们的经验、智慧和才干，对明朝的政治经济制度进行一系列的改革，力图实现一种合乎他们理想的社会秩序。

负责推行政治经济改革工作的，是由李自成、刘宗敏、李过、田见秀等二十多人组成的领导核心。这些出身于劳动人民的农民军将领，彼此间都以兄弟相称，“同坐共食”，“凡事皆众共谋之”，始终保持着共同议事的民主作风。

早在崇祯十三年（1640 年），李自成在湖北襄阳时，便开始着手建立中央政府组织。崇祯十七年（1644 年）正月，李自成在陕西正式

① 赵士锦：《甲申纪事》。

建立政权，以西安为西京，定国号为大顺，建元永昌。攻占北京之后，大顺政权的政治制度更加完备，在中央设立了内阁和六政府等机构，同时又裁撤和省并了明朝设置的一些骈支机关，并把数以万计的宦官驱逐出宫。

这时，大顺政权所控制的地区有直隶（今河北省）、山东、山西、河南、陕西五省及湖北、安徽、江苏、甘肃、青海的大部或一部。大顺政权在所控制的地区，都设军驻防，遣官治理。地方官职有节度使、府尹、州牧和县令。

随着中央政治机构的改组、扩大和地方政权的增多，大顺政权迫切需要大批官吏，光靠农民军将领和从山西、陕西一带随军前来的穷苦士大夫，远远不能满足这个需要。李自成进北京不久，便下令："凡文武官员俱于廿一日行朝见礼，愿回籍者听其自便，愿顺服者量才擢用。如抗违不出，罪加大辟，藏匿之家，一并连坐"。[①]

明朝官僚原来都"恐以冠裳贾祸，悉毁其进贤冠"。这时见到李自成命令，误以为他们升官发财的好机会来了。于是"笑口顿开，从梨园中觅冠冠之"，飘飘然做起升官梦来了。二十一日早，三千多明朝官僚齐集承天门前，争投授职名单。

大顺政权对这批官僚进行了严格的甄别。三品以上的大官，原则上概不录用，四品以下的官吏，也只有没有罪恶和贪污劣迹的，方才"量才授职"。甄别结果，只录用了九十二名，"大都新科者居多"。

大顺政权又通过考试选录了部分官吏。鉴于科举制度的流弊，还在西安时，农民军就明令废止了八股，改为"以策论取士"的办法。在北京时，依然是以策论取士，考试的题目有："天下归仁焉"，"大

① 钱邦芑：《甲申纪变录》卷一（《荆驼逸史》本）。

雨数千里”，“若大旱之望云霓”等。录取的标准，不只要看应试者是否具有真才实学，还要看他们对农民军的态度。选录标准相当严格。虽然当时“乞考生儒，填拥于市”，但最后只录举人五十名，录取者都量才授职。据史料记载：“有新选兵部从事，从朝中出。‘贼兵’坐而问云：‘汝选何职?’即以实告。乃拍其背说：‘也好，也好，但不可如前朝要钱，我主立法森严，贪官污吏，便要枭首’。‘伪官’唯唯而去。”①这是大顺政权对自己官吏的要求，也是广大农民对官吏的希望。

农民军对这批新选录的官吏并没有失去警惕。大顺政权的许多最重要的职务都是由劳动人民出身的农民军领袖担任的。在北京期间，煅工出身的刘宗敏掌握着军政司法大权，文武将官都得受他节制。在顺天府“管刑名，坐都察院堂比饷”的，是僮仆出身的制将军魏某。后军都督府张家原是个补锅的。赴任的地方官，都得把家属“留质”北京。大顺政权明确向他们宣布：必须到任一两年“做得好时”，方才允许回京来取家眷。

由于大顺政权注重选拔贤能，加之“号令严切”，“立法森严”，所以“所遣守土之吏，无敢暴民”，政治清明，民心安定。特别是这些官吏到了各府县以后，能够遵守农民军的阶级路线，对豪强地主进行镇压，“拷掠助饷”，对贫苦农民实行救济，因而使大顺政权受到广大人民群众的欢迎。李自成在北京设立了由刘宗敏、李过主持的“比饷镇抚司”，专门向明朝的勋戚显宦和富商追赃索饷。三月二十四日，农民军处死了部分明勋戚和厂卫武臣。接着，“比饷镇抚司”在北京展开了大规模的“追赃助饷”。农民军认识到：“卿相所有，非盗上则剥下，皆赃也”，“衣冠所畜皆赃耳”。因此追赃的对象不只限于贪官

① 《甲申纪事》卷六，陈济生：《再生纪略》（下）。

污吏，而且包括明朝一切大小官僚，以及“各当铺绸缎商贾等行，及一切绅监富民”。对明朝官吏按三等处理：一、罪恶昭著的，没收家产，处以死刑；二、贪官污吏，严刑追赃；三、“廉洁的”，听其捐输，不用刑追逼。捐输数额，按官阶高低和家赀多寡而定，大抵：内阁十万，部院京堂锦衣帅七万，科道吏部郎五万、三万，翰林一万，部属以千计，戚勋无定数。一般的乡绅、富户以及大商人，则“税其资十分之三”。

在追赃过程中大顺政权又先后处死大批罪大恶极、血债累累的恶霸、厂卫知名者，要津猾胥以及权臣勋戚，其中有一贯贪暴，“榜挞平民掠财”的阳武侯薛濂；有专门“放债诸贫民，收其息，寝室积钱常满”的嘉定伯周奎，以及有“家赀数百万，典铺数十处，婢妾颇多”的徽商汪箕。北京市民听到处死这批恶棍的消息，无不扬眉吐气，拍手称快。

由于农民军的追赃索饷政策代表了人民的利益，因此得到了北京广大人民的热烈拥护和支持。在追赃过程中，各衙门的长班差役以及贫苦市民，自动地向农民军提供有关官吏富户贪污勒索和家产多寡的材料。他们积极协助农民军追捕逃亡和隐匿的官吏富户，发掘他们埋藏起来的金银财物。由于广大人民的积极协助，很少有贪官污吏能够逃脱。追赃结果，共获银七千万两，其中勋戚的占十分之三，宦官的占十分之三，百官十分之二，大商贾十分之二。

在追赃助饷过程中，大顺政权执法严明。在审讯大贪污犯、明东阁大学士魏藻德时，魏藻德曾经无耻地对审讯他的旗鼓王某说：“愿将军救我。我女年十七而美，愿事将军。”王旗鼓“鄙而蹴之”，义正词严地拒绝了魏藻德的收买，依法处他以死刑。[1]

① 谈迁：《国榷》卷一〇一。

农民军在实行追赃政策的同时，还执行了免除封建赋役，救济贫苦劳动人民的政策。

## 大顺政权的经济措施

李自成在河南时就响亮地提出了“均田免赋”的口号。在北京期间，农民军始终不曾向劳动人民征收过一文钱、一粒粮。农民军的军饷，全靠向富豪追赃索饷供应。在这同时，农民军在某些地区，也曾实行过“均田”。在山东地区，农民军的官吏到任后，就曾“以割富济贫之说，明示通衢：产不论久远，许业主认耕”，于是“巨室膏田”，都为“穷棍”占得。山西某些地区的农民群众，也在农民军官吏的领导下，从豪绅地主手里取得了土地、房屋和其他财产，于是“贫儿陡成富室”。

农民军还一贯执行了保护工商业的政策。针对明朝统治者对城市工商业横征暴敛，肆行勒索，因而引起街市萧条的情况，农民军提出了“平买卖平”的经济政策，实行公平交易。农民军在北京期间，不只北京城内外居民熙来攘往，各安生业，甚至依然在地主统治下的江南地区的商贾，也纷纷满载夏布、扇、茶等物到北方来贸易。①

明末钱法十分混乱。明政府为了应付庞大的开支，下令凡有兵马处即开炉鼓铸，崇祯钱因此多至一百多种，而且质量极差，有的竟至触手即碎。明朝中叶时，纹银一两值钱六百，可是到崇祯时，需钱五六千方能换银一两。这种情况严重地阻碍了商品的流通，影响了人民的生活。农民军进入北京后，立即开铸钱局二十四所，到处收集铜器

① 《明季北略》卷七《张亮奏边议》。

熔毁铸钱，所铸永昌钱“既重且大”，质量很高，这是有利于当时社会经济发展的。

大顺政权这一系列打击封建地主，改善人民生活的措施，受到了劳动人民的拥护，他们歌唱道：

“金江山，银江山，闯王江山不纳捐。”

“盼星星，盼月亮，盼着闯王出主张。”

## 农民军退出北京

农民军进入北京后，全国局势发生了错综复杂的变化。明王朝的中央政府虽然被推翻了，但地主武装并没有被消灭。江南地区，各种复辟势力密集在一起，正在策划建立小朝廷，企图凭借几十万残余军队，推翻大顺政权。大顺政权控制的地区，地主阶级也还有一定的力量，有的结寨抗拒，有的伺机复辟，有的更千方百计地妄图改变大顺政权的性质。东北地区，虎视眈眈的满洲贵族正在与盘踞山海关的明朝总兵吴三桂相勾结，准备大举向关内进攻。北京随时都有被反攻的危险。

在这种险恶的局势面前，摆在农民军面前的主要任务是如何防止地主阶级的卷土重来，如何抵御满洲贵族的军事进攻，并乘胜前进，追歼穷寇。列宁曾经说过，在革命的进程中，“第一件事就是不要陶醉于胜利，不要骄傲；第二件事就是要巩固自己的胜利；第三件事就是要彻底击溃对手，因为对手只是被打倒，但是还没有被击溃”①。但是农民军领袖，包括像李自成那样杰出的人物在内，恰恰在这些问题上

① 转引自《论列宁》，《斯大林全集》第六卷，第47页。

缺乏清醒的认识。他们虽然建立了大顺政权，但因为毕竟不代表新的生产关系，所以终究不能创立新制度去代替腐败的封建制度。他们虽然也提出了“均田免粮”的革命口号，但是没有也不可能提出废除封建土地所有制和封建剥削的政治纲领，甚至对农民军下一步该怎么办，也茫然不知所措。他们被短期内军事上取得的辉煌成就冲昏了头脑，浸沉在胜利的喜悦之中，“犯了胜利时骄傲的错误”。首先表现为农民军中滋长了相当严重的太平麻痹思想。不少的农民军士兵托人代写家书，寄父，寄子，寄妻，表示了对战争的厌倦和回家生产的愿望。相当多的农民军官兵，在战乱未曾平息的时候，就忙着在北京娶亲成家。其次表现为农民军将领的轻敌。他们对豺狼在前，虎豹在后的严峻形势缺少警惕，认为明朝在南方的军事势力“可传檄而下”，[①] 刘宗敏等更不把吴三桂放在眼内，认为山海关是“弹丸”之地，“不足当京师一角，用靴尖踢倒耳！”[②] 即或是最朴实节俭和洁身自爱的李自成，在听到明朝投降官吏的颂扬时，也喜形于色，难免有些飘飘然。在这种情况下，农民军内部领导集团的分歧逐渐地显露出来，出现了三种不同的思想情况：

第一种是流寇主义思想。李自成的军队中，流民、边兵、驿卒占有很大比重，这些人带有浓厚的流寇主义思想作风。在北京期间，流寇主义不但没有克服，反而有所发展。刘宗敏、李过、田见秀等人是这种思想的代表。他们往往互不服气，甚至不服从命令。当李自成要他们去打吴三桂时，刘宗敏竟然在“以响马拜响马，谁肯屈膝”的思想支配下，拒绝出征。

① 谈迁：《国榷》卷一〇一。
② 谈迁：《国榷》卷一〇一。

第二种是官僚地主思想。以在农民起义高潮中卷进来的地主阶级知识分子牛金星、宋企郊、宋献策等为代表。这些人进入北京后，原形毕露，千方百计腐蚀革命政权，妄图把大顺政权改变为封建政权。牛金星极力招揽门生，任用私人，扩大他的政治权力。李自成东征时，他在北京“大轿、门棍、洒金扇上帖‘内阁’字，玉带，蓝袍圆领，往来拜客，遍请同乡”。[①] 宋企郊也营私纳贿，“私其亲故”。宋献策善于以天象编造谎言，先颂扬李自成“十八子，主神器”。进北京后，因没有受到重用，就到处散布李自成“止可为马上王，溷过几年而亡”，“遇秦而兴，遇鲁而亡”等等[②]，蓄意动摇军心。这些人后来形势稍一不利，不是投降，就是逃之夭夭。

第三种是李岩思想。李岩在政治上比较有远见，既反对刘宗敏等人的流寇主义作风，也反对牛金星等人的腐化行为。他希望进行一些适当的改革，迅速建立新的封建秩序。李岩曾向李自成疏谏四事：一、早日登基称帝；二、“追饷”要由刑部负责，根据贪污、抗拒不降、清廉三种情况区别对待；三、住在城内的军队迁至城外，整饬军纪，加强训练，以备征战；四、招抚吴三桂。这些建议虽不完全正确，但有相当一部分是合理的、可行的。遗憾的是李岩的主张没有得到充分的重视，李自成也只是“批疏曰：‘知道了’，并不行”[③]。

不过，上述农民军的分歧还没有发展到十分严重的地步。迫使农民军退出北京的主要原因是满汉统治者勾结起来后所形成的阶级力量对比的变化。

封建地主和农民军之间本来就存在着不可调和的矛盾。大顺政权

---

① 《甲申传信录》卷六《李闯始末》。

② 《明季北略》卷二〇、二三。

③ 《明季北略》卷二〇、二三。

在北京所推行的一系列代表农民利益的措施，更激起了封建地主对农民军的仇恨和反抗。农民军进入北京后不久，官僚地主有的便“负担为佣工，或为僧道状”，纷纷逃出城去；有的则积极收罗兵器，秘密地策划掀起颠覆大顺政权的暴动。宣武门大街出现了“明当中兴”的揭帖。西长安街有“立东宫为帝，改元义兴”的私示。北京附近地区的封建地主更加猖狂，到处组织反革命武装，袭击农民军占领的县城，并且使用令人发指的残酷手段，野蛮地杀害落到他们手里的农民军官兵。

更加危险的是，清军正兼程向关内进发，严重地威胁了大顺政权的安全。

镇守山海关的明总兵吴三桂，因为掌握着十多万的关宁铁骑，同时又把守着清军入关的必经要道，他的向背，便成为关系大顺政权安危的重大问题。李自成曾用过各种办法争取吴三桂。吴三桂一直动摇不定，他要高价而沽。谈判进行了半个多月，依然毫无结果。四月十二日，李自成亲自率领二十万大军东征，准备解决吴三桂问题。这时，吴三桂从逃亡的官僚地主处了解到农民军在北京的情况，加深了对农民军的恐惧和仇恨，他知道只靠自己的武装力量，根本无法与农民军对抗，便决心勾引清军，共同镇压农民军。剥削阶级的本质，使他宁肯做满洲贵族的鹰犬，也不能容忍农民革命政权的继续存在。吴三桂于是一面发布檄文，呼吁地主阶级共同向农民军反攻；一面投降清军，催促清军迅速入关。满洲贵族过去曾经给李自成领导的农民军写信，要求和他们联合，共同夺取明朝天下。当李自成攻入北京之后，他们就转而与吴三桂勾结起来，企图颠覆大顺政权。

吴三桂和清军勾结造成了对农民军十分不利的局势。吴三桂的关宁铁骑，兵精械利。清军更是战斗力很强的队伍，而且吴三桂和清的联合武装在数量上也超过农民军一倍。同时，阶级力量的对比也起了很大变化。吴三桂和清军的联合武装不只得到大官僚大地主的拥护和支持，就是原来与大官僚大地主有矛盾，因而对农民军抱着中立或同情态度的中小地主，现在也开始坚决倒向明朝大官僚大地主和满洲贵族方面去。农民军的敌人增多了，革命的力量相对地削弱和孤立了。

四月二十三日，农民军和吴三桂的军队在山海关外的一片石发生激战。战至中午，蓄锐以待的清军，突然向农民军发动猛攻。农民军猝不及防，损失惨重。

四月二十七日李自成退回北京。四月二十九日即帝位于武英殿，表示决心抗清到底，高举起民族自卫的大旗。三十日，李自成放弃北京，撤回关中，准备以陕西为根据地，继续抗清。临行之际，李自成还满怀着对人民的热爱，叮嘱北京市民："吴三桂来了要屠城，你们赶快走"，并大开城门让百姓出走。

尔后，农民军走上了"联明抗清"的道路，以百折不挠的精神，与满汉地主的联合武装进行了无数次的激烈苦战，终究因为敌人过于强大，最后遭到失败。

## 第五节 明代北京的文化

明代的北京不仅是封建政治和军事的中心，而且也是封建文化的堡垒。在这里，占统治地位的文化是封建文化，是封建统治阶级垄断的文化。但是，直接属于人民的民间文化和进步文化，也不断在斗争中成长。

## 明朝在北京的文化统治

明朝统治者建都北京以后，就立刻在北京设置了一些文化教育机构。明统治者利用这些机构来垄断文化，同时也利用这些机构来培养和选拔地主阶级的子弟，以便于更好地维持封建的统治。明政府中掌管考试的机关是礼部，礼部的主要职责之一是主持三年一次的会试和殿试。在明朝，地主阶级的子弟通过会试或殿试的选拔，就能进到上层统治集团中来，因而每隔三年，即有成千上万的考生齐集北京。会试殿试的主要内容是作八股文章，八股文必须按照一定的程式，只能“代圣人立言”，而且必须以朱熹的四书注作依据。八股文始于成化时，此后，一般追求名利的地主阶级知识分子，思想就完全局限在程朱理学的范围之内了。

北京国子监辟雍

明朝最高的学府国子监是培养地主阶级知识分子的地方，劳动人民根本不能入学。明朝国子监有两处，在南京的叫南监，在北京的叫北监。国子监内有孔庙，有讲堂，有宿舍，有图书馆，有刻书处，入监读书的生员叫监生。宣德时，在北京国子监学习的学生约有一万人，明朝中叶也有五六千人，其中纳监的人数更多。在这里还有各地少数民族的学生，也有高丽、暹罗和越南的学生。学生主要是读四书，学八股文，学习的内容也不能超出程朱理学的范围。

明朝政府又分别在太医院、钦天监、四夷馆附设学习班以培养各项专门的人才，在这里学习的也是地主阶级子弟。太医院分大方脉、小方脉、妇人、疮疡、针灸、眼、口齿、接骨、伤寒、咽喉、金镞、按摩等十三科。正统八年（1443 年），在这里修铸了一个显示人身各穴位的铜人，这个铜人具有很高的科学价值，往往被用来考试针灸科的学生。钦天监设有天文、历日、回回、漏刻四科，此外还设有观象台，里面放着很多测量的仪器。四夷馆又分为八个馆，学生们在这里学习各种少数民族和各国的语言文字，其中有蒙文、藏文、维吾尔文、傣文、缅甸文和梵文。①

明朝政府还组织一批知识分子从事编辑图书的工作，编书的目的是为了垄断文化，为了网罗更多的人为封建统治者服务。明初在南京纂修《永乐大典》时，有二千一百多名文人参加，这部书编成以后，统治者就把它搬来北京，存放在文渊阁内，除去供皇帝“御览”外，没有特许，任何人也不能入内观看。

《永乐大典》共有二二九三七卷，是中国最早最大的一部百科全书，是我国人民最珍贵的文化遗产。明朝共抄录了正副两部，正本早

① 万历《大明会典》卷二二一《翰林院》。

已烧毁，副本到目前还有三百多册。这些珍贵的图书大多数在英法联军和八国联军进入北京时，被帝国主义者焚毁劫掠。

明朝政府还颁布了很多禁令，对一切违反统治者利益和带有进步性、人民性、民主性的思想、文学、小说和戏剧大加摧毁。但是，不管封建地主阶级如何垄断文化，摧残文化，民间文化和进步文化仍在顽强地发展着。

## 王学左派在京师的活动

明朝初年，封建统治者对于客观唯心主义的程朱理学大力提倡，程朱理学成为地主阶级知识分子思想中占支配地位的东西。到了明朝中叶，程朱理学在思想界的支配地位开始动摇，王阳明所宣扬的主观唯心论的“致良知”学说便代之而风行一时。王阳明主张“天地万物皆在吾心中”，“物理不外吾心”，因而他用“致良知”来反对程朱的“格物致知”。王阳明的学说和程朱理学同样属于唯心主义的范畴，都是维护统治阶级利益的。但是，到王阳明的弟子王艮等人，他们不但对于程朱理学更加反对，对于君主专制政体也给予尖锐的抨击。王艮等人也比较能接近人民，同情人民，因而就发展成为“王学左派”，并且已成为王学的对立面。

王学左派的代表人除王艮外，还有颜山农、梁汝元和李贽等人。

梁汝元是颜山农的学生，他有一套空想的原始社会主义的理论，主张同族的人贫富互助，有无相通。这种理论正是和当时农民对未来远景的一种理想相符合的，因而他的理论就能获得一部分群众的拥护。嘉靖时，梁汝元在北京“辟谷门会馆，招徕四方之士”，利用会馆作讲坛，来对于当时统治者的专制和腐朽大力加以抨击，于是“方技杂流，无不从之”[①]。明朝人说北京在嘉隆之间，商贾和游侠都很盛，其所谓游侠就是指梁汝元等人。梁汝元这种活动，使统治者非常不安，他们千方百计地要逮捕他。万历初年，张居正做了宰辅，加强了专制的统治，就授意湖北巡抚把梁汝元杀了。

王学左派另一代表人物李贽，也在万历二十九年（1601 年）来通州讲学。李贽反对君主专制、旧礼教和程朱一派的理学。他认为孔子所提的是非标准也应当怀疑，认为卓文君的私奔司马相如是“善择佳偶”。他对民间的文学戏剧和民歌非常爱好，在他所评点的《忠义水浒传》一书中，对梁山泊的好汉也寄予深切的同情。李贽对当时的制度和统治思想展开猛烈的进攻，所以他一到通州，就引起北京统治者很大的震恐，甚至把他称为“妖人”。

统治者之所以害怕李贽是因为李贽的思想得到了很多人的共鸣。到万历三十年（1602 年），明朝政府便以“敢倡乱道，惑世诬民”的罪状把李贽逮捕到北京来。这时，李贽已经是七十六岁的老人了，他对自己的被诬陷十分愤懑，在锦衣狱中以刀割喉而死。

李贽的反对专制和谋求个性解放的主张是当时进步的思想，李贽对于统治者们的迎头痛击，在很大程度上表达了当时受压迫人民的愿望。明清统治者对李贽所写的“藏书”、“焚书”和他所评点的《忠义水浒传》等虽屡次下令烧毁，然而这些书却一直在社会上十分流行。

李贽墓仍在通州，为了纪念他，已被修建一新。

## 文　　学

明朝统治者用八股文来束缚人的思想，甚至有时用文字狱来严禁

① 黄宗羲：《明儒学案》卷三十二《泰州学案》。

写出与专制主义抵触的文章，这些措施都严重阻碍着进步文学的发展。

永乐迁都以后，专制主义的中央集权制度比较巩固，这时在北京文人中，还出现了地主阶级点缀升平、歌功颂德的“台阁体”文章。明翰林李时勉的《北都赋》就是一例。

明朝中叶以后，在封建士大夫们的文坛上，专门玩弄辞藻的台阁体已经不再受欢迎，代之而起的是“前后七子”的复古派的文体。复古派主张“文必秦汉，诗必盛唐”，一味要摹拟古人，因而不论在形式上和内容上都不能有任何创造性的成就。到了万历时期，带有进步性的文学开始活跃起来，出现了一个反复古主义的改良运动，这显然是受当时社会经济发展和哲学先进思想的影响而产生的。反复古主义改良运动的倡导者为公安、竟陵两派，公安派的代表是袁宗道、袁宏道、袁中道三人，他们在文学上反对摹拟，反对格套，反对“文必秦汉”的复古者，并提出“独抒性灵，不拘格套”的主张。他们和李贽有师友的关系，对李贽的言行也很敬佩。他们都喜爱在当时正日益兴起的小说、戏剧、民歌和曲调，对受压迫的人民也有一定的同情。他们所写的文章都比较平易近人。袁氏兄弟曾经住在北京，还写了很多有关北京名胜的文章。竟陵派的代表是钟惺、谭元春等人，他们也反对复古。竟陵派作家刘侗写的《帝京景物略》，是一部记述北京城郊园林胜迹的名著，保存了很多赞颂北京的诗歌和有关北京的史料。

公安派、竟陵派的作者生活圈子很狭小，很少与人民接近。公安派多数篇章局限于抒写闲情逸致，而竟陵派文风又流于艰涩。

## 戏　剧

明朝统治者对民间的戏剧词曲也曾严厉地加以限制和摧残。永乐时，刑科给事中曹润奏："今后人民倡优扮演杂剧，除依律神仙道扮、义夫节妇、孝子顺孙、劝人行善及欢乐太平者不禁外，但有亵渎帝王圣贤之词曲、驾头、杂剧，非律所该载者，敢有收藏传诵印卖，一时拿送官司究治。"奉旨："这等词曲，出榜后，限他五日都干净，将赴官烧了，敢有收藏的全家杀了。"① 从这里看出明初统治者对于带有人民性的剧本和词曲是多么恐惧；也可看出，当时"亵渎帝王圣贤"的戏曲确已有不少了。

明统治者所大力提倡的是一些有利于他们的统治的戏曲。如明初朱有燉等人编写的杂剧，其内容除了宣扬封建伦理，就是荒诞不经的神仙佛道故事，对农民起义则极端污蔑。而当时的宫廷勋戚们却专以这类杂剧供消遣。至于皇宫内所流行的"宫戏"包括"打稻""过锦"等戏，则更是单调无聊。只有一种采自民间的木偶戏，半身漂浮水上，这是"宫戏"中最吸引人的东西了。

明朝中叶，城市工商业日趋繁荣，最受这般城市居民欢迎的戏剧也如雨后春笋般滋生起来。这时，在各地通行的民间杂剧已有一千多种。很多剧本都是遭受统治者禁刻禁演的，但是其中具有强烈反封建礼教意识的"小尼下山"、"墙头马上"等等仍然流传了，而且上演了，甚至连"元夜闹花灯"（水浒故事）也禁止不住。更可注意的是江南的戏曲也很快传入北京，万历时，弋阳腔和昆曲都在北京极为流行。甚至连统治者也感到"宫戏"的枯燥，而命一些内侍学习外戏演唱。外戏已压倒了宫戏。

万历十一年（1583 年），明代著名大戏剧家汤显祖来到北京。他是来应科举的，因为受到当政者的排斥，很快即回乡了。汤显祖的哲

① 顾起元：《客座赘语》卷十《国初榜文》。

学思想与王学左派很接近，他对李贽也非常推崇。在文学方面，他完全同意公安派的独抒性灵的主张，他坚决反对在戏剧上过分讲求音韵和格律，因而在他所创作的剧本中也就打破了音韵格律的限制，而注意其结构和思想内容。他的伟大的代表作品牡丹亭，是劳动人民也包括北京人民最喜爱和流传最广的剧本。在这剧本里，他通过一对青年男女相恋的故事，歌颂了自由幸福的爱情，刻画了他们强烈要求个性解放的心情，并对那些吃人的礼教给以无情的鞭笞。

当传奇昆曲传到北京以后，那些专为勋戚王公欣赏的像朱有燉等人所编写的东西，早就被正在前进中的巨浪淹没了。戏班在这时也从王侯的宅第中走进了剧场，今天广和剧场的前身——查楼，在明末已经建成了。

## 民间的技艺和歌谣

明代中叶以后，为了满足城市居民和工商业者文娱的需要，在北京街头的说书、弹词、琵琶、杂技也空前兴盛。

弹琵琶在北京非常盛行，很多店铺前面贴有“教习琵琶”的纸条。歌女们都爱唱陈大声的小曲，能“令听者神动色飞”。陈大声是明代江南著名的散曲家，名叫陈铎，他能细致入微地体贴劳动人民的生活，在他的一些作品中歌颂了劳动人民。因而他的散曲，各地的人民都喜听爱唱。

北京的说书也多用琵琶伴奏。说书人多是最受压迫最受蹂躏的男女瞽者，他们“演说古今小说，以觅衣食。北方最多，京师特盛”。[①]

① 姜南：《洗砚新录》。

成化年间（1465—1487 年），宫中已经有人用表演滑稽戏的艺术形式，揭露和鞭挞宦官专权和王公贵族的腐化。其中著名的相声演员当推小宦官阿丑。“小中官阿丑工俳优”。他在戏中讽刺大宦官汪直擅权揽政，说：“只知汪太监，而不知有天子。”阿丑又用相声抖包袱的方式，抨击保国公朱永役使兵卒修葺私第之事。一次，他在御前演唱《楚歌》，唱道：“张子房（良）一歌而散楚兵六千。”一旁人说：“楚兵八千，何止六千？”阿丑不慌不忙地说：“其二千在保国公家作第耳！”朱永听后很恐惧，遂罢兵丁修第之役。① 足见相声艺术最迟在明代就有了。还有一种在茶肆表演的相声口技，一个人能操闽人、江右人、浙江人、徽人、京师人五种口音，② 表露了民间艺人的惊人才华。

又有一种杂技，包括扒竿、觔斗、㗖喇、筒子、马弹解数、烟火水嬉等节目。㗖喇是一种较诙谐的谈唱。筒子是一种魔术，置三筒于桌上，顷刻就有鸽子从中飞出，有猴儿从中跃起。解数有马解和弹解，各有二十四种招数。马解是在马上做各种技巧，弹解是骑马打弹百发百中。每当节日，艺人们便在西直门外的高梁桥旁“搭盖席棚，围以黑布”，在那里为观众表演。节日的观众，平均可达一万余人，③ 可见他们多么受北京市民的欢迎！

嘉、隆和万历初年，北京还有“八绝”，他们是：李近楼号琵琶绝，苏乐壶号投壶绝，王国用号吹箫绝，蒋鸣歧号三弦绝，郭从敬号踢毬绝，阎橘园号围棋绝，张京象棋绝和刘雄八角鼓绝。正是这些在封建社会中地位极端低下，并且受尽了勋戚官僚们污蔑、蹂躏的民间艺人，用他们出色的艺术，丰富了广大群众的文化生活，丰富了北京

① 王颂蔚辑《明史考证攟逸》卷三十五《汪直传》。

② 《野获编》卷二十四《技艺》。

③ 《帝京景物略》卷五《高梁桥》。

的文化。

最富有战斗性和人民性的歌曲是直接出自人民的民歌和民谣。在北京，劳动人民用极其锋利的语言，经常对统治者进行刻骨的抨击和讽刺。这些朴实、粗犷的声音，代表着千千万万被剥削者的感情和意志。

成化（1465—1487 年）时宦官专权纳贿，民谣说："韦英房，梁芳马，尚铭银子似砖瓦"。正德时，宦官马永成、张永、谷大用、魏彬等专权，民谣说："马倒不用喂，鼓破不用张"，说明北京人民对宦官擅权的愤恨。嘉靖时严嵩专政，民谣说："可笑严介溪，金银如山积，刀锯信手施。常将冷眼观螃蟹，看你横行到几时"，说明人民对这些终日骑在人民头上的统治者的极端厌恶。崇祯时，轰轰烈烈的农民大起义已经爆发，北京人民对腐朽的明王朝已恨极了，民谣说：

"崇皇帝，温阁老。"

又说：

"崇祯皇帝遭瘟了。"①

在当时只有受尽压迫的劳动人民，才能唱出这样富有战斗性的歌声。

## 科学的发展

由于明代中叶社会生产水平的提高，在科学技术方面也有了突出的发展。这时，先后出现了像李时珍、徐光启、宋应星等杰出的科学家，他们总结了劳动人民长期以来在医学、农业和手工业三方面的生

① 计六奇《明季北略》卷十《京师谣》。温阁老指温体仁。

产经验，写出了举世闻名的三部科学文献，即《本草纲目》、《农政全书》和《天工开物》，在中国文化史上开放了三支鲜艳夺目的花朵。嘉靖三十五年（1556 年），明政府命令各地推荐医学人才，杰出的医学家李时珍便由湖广官吏的荐举而来到北京。但是，太医院里的人只把他看作一个乡村医生，并没有给予应有的重视，不到一年，李时珍就又离开了北京。万历二十四年（1596 年），李时珍的儿子上书给明朝政府，希望政府能把他父亲所著的《本草纲目》刻印出来，以便更广泛地流通，但是这一请求并没有获得任何结果。《本草纲目》还是由于广大人民的辗转抄印才得以保存下来。

万历二十八年（1600 年），西方传教士利玛窦等人来到北京。这时，我国的天文历算学家徐光启也正在北京。徐光启在统治阶级内部是一个思想比较开明的人，他和利玛窦一起翻译了西方一些几何、天算、水利、测量方面的书籍，使西方的自然科学开始在中国传播。至此，北京这座古城开始接受到西方科学的影响。

利玛窦墓

## 特种手工艺

明朝统治者不仅奴役大批工匠替他们建筑北京的城垣和宫殿，还把一些擅长手工艺的塑工、玉工、雕漆工、镂铜工从民间各地征调到北京来，专供他们的驱使，为皇家制造一些精巧的文物和珍玩。

但是随着明代中叶商品经济的发展，民营手工业更加发展起来了，原来只供皇家把玩的文物，如雕漆、宣德炉、景泰蓝等，也开始在私营作坊中制作起来。

永乐（1403—1424 年）时，在北京皇宫内果园厂所制的雕漆是很著名的。雕漆系用金、银、锡、木四种原料为胎，有剔红、填漆两种。剔红要上朱漆三十六次，镂以细锦，底漆黑光，针刻“大明永乐年制”字样。填漆是漆器上雕刻各种花鸟，磨光后平滑如画，所制多小盒，盒边上还刻有五色灵芝或戗金的花纹。①

果园厂的漆工大都是云南人，云南的雕漆艺术在当时早已名闻全国，这些人都是被统治者强迫征调来京的，以后他们的子孙就被统治者长期拘留在北京，他们的劳动成果也完全被皇家霸占了。②

到了明朝中叶，原来被皇家垄断的文物和珍玩，很快就在街头的作坊内制造了，雕漆艺术也有了更大的发展，一个剔盒要上朱漆一百多次，产品比以前更加精致。雕漆又名叫“北京漆”，并且成为北京地区著名的特产。

宣德（1426—1435 年）时所谓“御制”的宣德炉专以精小取胜，一般的口径不过三寸。铜质要经过十二次锻炼，炉色又有栗色、茄皮色、棠梨色、褐色、藏经纸色五种。宣德炉表现了铜工们出色的艺术技巧，也说明没有炼铜技术的发展，这样精巧之物也是很难制造成功的。

---

① 《帝京景物略》卷四《城隍庙市》，高士奇：《金鳌退食笔记》下。

② 《野获编》卷二十六《玩具》。

明朝中叶以后，各地仿制宣德炉的越来越多，而且民间仿制品的质量也非常好。

“景泰蓝”是明代北京最著名的手工艺品，以“景泰御前作坊”所制最为精巧。景泰蓝是明朝兴起的手工艺，是明代北京人民的发明和创造。

景泰蓝的分工非常细致，要经过制胎、掐丝、黏面、圈花、焊烧、填色、烧造、错工、磋磨等等复杂的过程。景泰蓝烧成以后，彩色绚丽，光华夺目，而且有丰富的花样和各种不同式样的产品。

成化斗彩葡萄纹杯

宣德白釉酱彩花果纹盘

嘉靖五彩鱼藻纹盖罐

景泰蓝在当时已经是驰名中外了，后来，市场上也争相仿制，技术水平也日益提高。直至今天，景泰蓝已经成为国内外人民珍爱的工艺品。

在明代，烟火中有“响炮”，有“起火”，有“三汲浪”，有“花筒”，有“花盆”，还有几百种不同名称的“花儿”，其中有“集百巧为一架者”。[①] 自然，这种最贵重的东西，在当时也只有勋戚官僚的子弟才能尽情地玩赏。

花灯的制造技巧则更为精致，有纱灯，有宫灯，有纸灯，有各种不同的灯形，上面绘有五彩的山水人物和花鸟。有的灯每一架需银一百两，有的每架到一千两，明朝人说：“灯之贵重华美，人工天致，必极尘世所未有”[②]，可见当时灯工的手艺有多么精巧。此外，也有用三厘银就可买到的“梅花纸灯”，贫苦的市民只能购买这种廉价的纸灯。

最受一般市民欢迎的手工艺品还有风筝、风车和玻璃制成的“葫芦”、“鱼瓶”、“铁马”、“响葫芦”、“玻璃片”。早在四百年前，这些玩具已在北京的庙会上出现。

以上所举的漆器、景泰蓝、花灯、烟火、风筝等等精巧的手工艺品，都是北京地区民间艺术的精华，也都是今天北京人民最喜欢最宝贵的文化遗产，这些文化遗产中的精华已经被完全继承下来，并且得到更高、更完美、更健康的发展。从剥削制度下解放了的手工艺工人，将以更出色的劳动，在民间艺术上开放出更灿烂的花朵。

## 北京城的修建

明北京城是在元大都城的基础上建成的，后为清朝所沿用，它比

① 《宛署杂记》卷上《民风》。

② 《谈往》（《说铃本》）。

元大都城更加雄伟壮丽。

元大都旧城周围六十里，共十一门。明洪武元年（1368 年），大将军徐达攻占元大都城，以其城围太广，不便防守，遂将比较空旷的北部放弃，废掉东西两墙北面的光熙、肃清二门，而在原北城墙以南五里，另筑一道新的城墙，仍然只开两个北门，改原安贞门为安定门，健德门为德胜门，同时又改东墙的崇仁门与西墙的和义门为东直门与西直门，其余七门则仍其旧。① 永乐十七年（1419 年），明朝又将南城墙向南推移了二里，仍开三门，名称如旧。至此，城围共计四十里。正统元年（1436 年），明朝又修建九门城楼、月城、角楼、城濠、桥闸，四年完工，遂改丽正门为正阳门，文明门为崇文门，顺城门为宣武门，齐化门为朝阳门，平则门为阜成门。② 九门之名历清朝不变，此即所谓北京内城。

正阳门城楼

① 光绪《顺天府志》卷一《城池》。

② 光绪《顺天府志》卷一《城池》、《明故城考》。

紫禁城

洪武初年在压缩元朝北城的同时，为了消灭所谓“王气”，又将元朝故宫拆掉。[①] 这虽是一项破坏性的工作，却为后来有计划地营建北京提供了前提。永乐四年（1406 年），明朝即议营建北京宫殿，并着手进行准备工作。永乐十五年（1417 年）开始大举兴工，永乐十八年（1420 年）基本竣工。[②] 此役不仅完成了紫禁城及皇城的宫殿、门阙、城池，而且完成了太庙、社稷坛、天坛、山川坛以及鼓楼、钟楼等一系列建筑。这次营建的宫殿门阙，规制一如南京。紫禁城又称大内，周围六里，在元朝大内的旧址上稍向南移。有四门，南为午门，东为东华门，西为西华门，北为玄武门。皇城周围十八里有余，主要有六门，南面第一门为大明门，第二门为承天门，第三门为端门，东面为东安门，西面为西安门，北面为北安门。

到了明朝中叶，北方蒙古族的马队不时南下骚扰，甚至直薄京城。

---

① 萧洵：《故宫遗录》，北京出版社 1963 年版。

② 《明成祖实录》卷四十四、一百十八。

同时，北京城的人口大量增加，城外居民日益稠密。因此，朝中不断有人主张修筑外城，将城外居民围括城中，以便加强防御，于是在嘉靖四十三年（1564 年）又完成了一道包围京城南面的外罗城，此即所谓北京外城。① 原议外城包围京城四面，但因经费不敷，只修成了正南一面。因而，整个北京城便形成一个凸字形的轮廓。外城只长二十八里，有七门，正南为永定门，南之东为左安门，南之西为右安门，东为广渠门，东北角为东便门，西为广宁门，西北角为西便门。

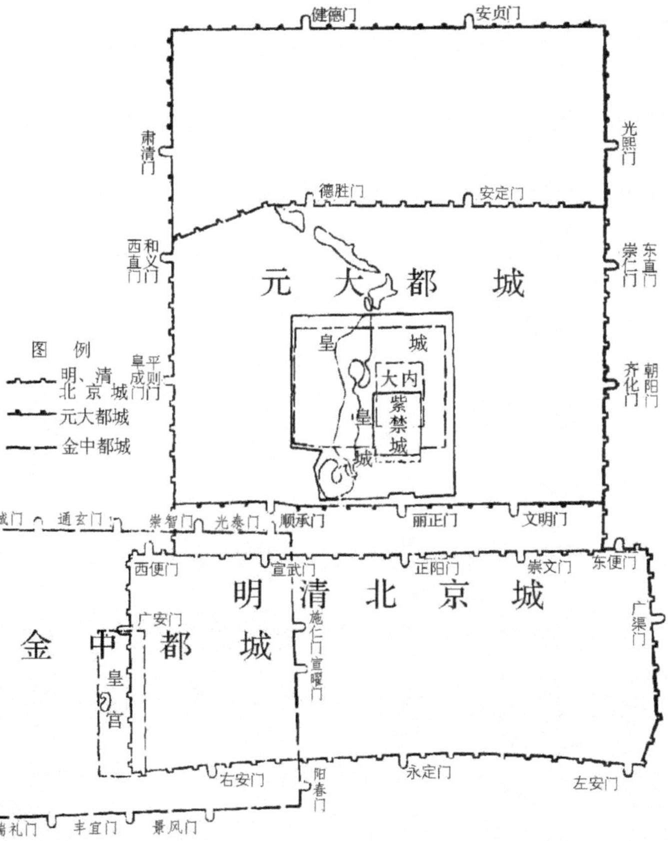


金中都、元大都和明清北京城变迁示意图

① 光绪《顺天府志》卷一《城池》、《明故城考》。

元朝大都城是土城，明朝则把内城的土墙全部用砖包砌，洪武时包砌了城墙外侧，正统时又包砌了城墙内侧。而嘉靖年间加筑外罗城，更是一开始即用砖砌。又内城九门外面护城河上旧有木桥，在正统初年也都一律改易为石桥。明代北京城的坚实，远远超过了元大都。

明代北京城的设计布局是非常严密完整的。从全城来看，外城包着内城南面，内城包着皇城，皇城包着紫禁城。而从外城到紫禁城，每城周围又绕以既宽且深的护城河。这样，皇帝居住的紫禁城就成为全城的中心，处在层层拱卫之中。其次，在北京城的设计中，还采用了按照一条纵贯南北的中轴线来安排一切建筑布置的原理。这条中轴线穿过紫禁城的中心，南达永定门，北抵钟楼，长约十三里。全城最宏大的建筑和场地大都安排在这条中轴线上，而其他各种建筑物也都按照这条中轴线来做有机的布置和配合。

明代北京城的设计布局完全是为封建帝王服务的。一切城墙和沟池的修建，都是为了保卫和巩固封建帝王的统治；一切宫殿坛庙及在中轴线上的宏大建筑和场面，都要烘托出封建帝王的至高无上的威严。

皇极殿

紫禁城的主要建筑都坐落在中轴线上，由南而北有午门、皇极门（原称奉天门），外朝三殿皇极殿（原称奉天殿）、中极殿（原称华盖殿）、建极殿（原称谨身殿），乾清门，内廷三殿乾清宫、交泰殿、坤宁宫，御花园，玄武门。其他次要建筑则都按照对称排列的原则，配置在中轴线的左右两边。皇极殿、中极殿、建极殿的左右有文华殿、武英殿，乾清宫、交泰殿、坤宁宫的两侧更是重楼叠阁，千门万户。由午门到建极殿构成外朝，由乾清门到玄武门构成内廷。外朝是皇帝发布政令，举行国家大典的地方，内廷则是皇帝及后妃燕居之所。

午门在明代是百官常朝集会的地方，又是每有征讨凯旋举行“献俘”仪式的地方。在明代，这里也是对触怒皇帝的官吏进行廷杖的场所。皇极门是明代举行常朝的所在，皇帝时常“御门决事”。皇极殿是明代皇帝坐朝的金銮殿。每年在元旦、冬至、万寿（皇帝生日）三大节，要在这里举行庆祝典礼。其他如新皇帝登极、颁发诏书、公布进士黄榜及命将出师等等，也要在这里举行隆重的仪式。中极殿是明代皇帝去皇极殿在此事先会见朝臣和稍事休息的地方。建极殿是明朝册封皇后、太子时，群臣上表，皇帝接受朝贺之所。乾清宫是明代皇帝的寝宫，也在这里召见臣僚，常日视事。交泰殿犹如中极殿形制。坤宁宫是明代皇后的寝宫。

在紫禁城以北，坐落在中轴线上的则是万岁山和鼓楼、钟楼。万岁山俗称煤山，清初改称景山，相传由土渣堆筑而成，上有五峰，登临山顶，可以俯瞰全城。此山立在元朝后宫的旧址之上，意在压胜前朝，所以又叫做“镇山”。鼓楼、钟楼后为清朝所重建，这是全城报时的中心。

在紫禁城以南，出了午门，沿着中轴线，左侧有皇帝祭祀祖先的太庙，右侧有皇帝祭祀土地神和五谷神的社稷坛，正南是端门，又正南是承天门。这里是明清两代时常举行颁发诏书仪式的地方。在明代，诏书在承天门上宣读之后，要放在“云匣”中，用彩索系在“龙竿”上降下，然后由礼部颁行全国。在清代，诏书在城楼上宣读后，则要放在“朵云”里，用木雕的金凤凰衔下，称为“金凤颁诏”。①

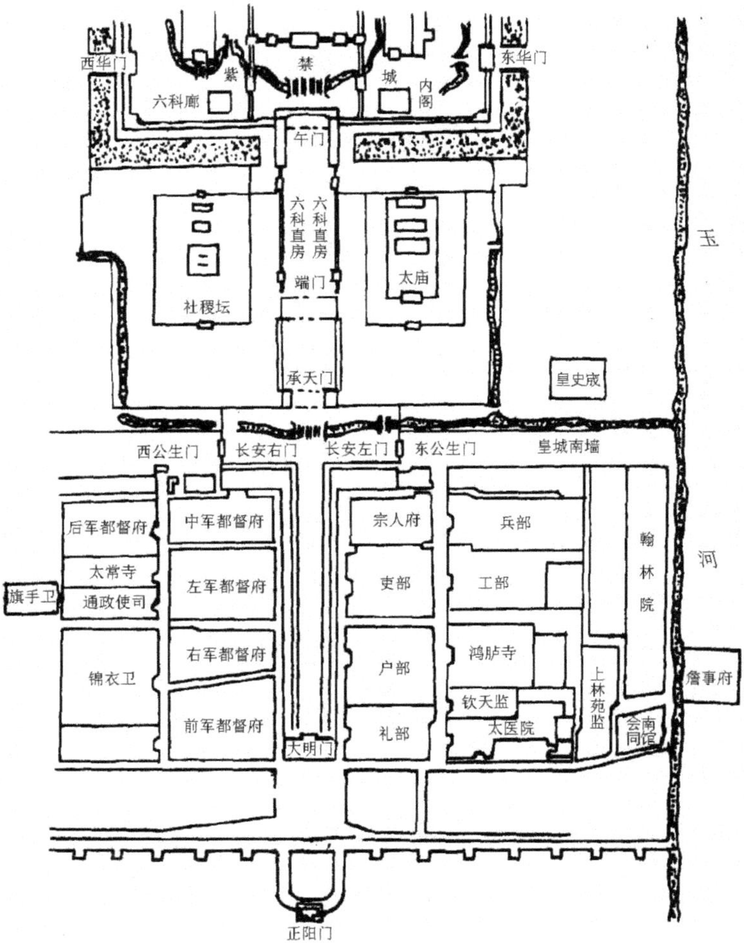


明代北京城大明门内中央机构分布图

承天门外有“T”字形广场，名曰天街，外建宫墙。天街东西两

① 《明史·礼志·颁诏仪》；吴长元：《宸垣识略》卷三《皇城一》。

端各建长安左门与长安右门，其向南凸出的部分接通大明门，墙内是千步廊，墙外是中央官署所在地，五府（前、后、中、左、右军都督府）各部（吏、户、礼、兵、工部）对列东西。长安左右门外又各有门通向五府各部，称为东公生门与西公生门。

在明代，长安左右门皆守以禁军，每日百官奏事，都从此二门进入。凡国家有大典，则开大明门出入，否则常闭不开。每科新进士为首前三名在殿上胪唱传名后，则出长安左门，由顺天府尹候迎至署欢宴祝贺。每年霜降后，吏部等衙门则在广场西侧举行“朝审”，对死罪重囚进行复审定案。

大明门前横亘一条棋盘街，这是东西两城交通往来的孔道。正南是正阳门，又正南是永定门。永定门里以东为天坛，是皇帝祭天的地方，以西为山川坛（初称地坛，后又改称先农坛），是祭祀农神的地方。

天坛祈年殿

明代北京街巷的排列采取方正平直的形式，这是由整个城市的方正平直所决定的。大街多作南北向，而胡同则多作东西向。内外城共十六门，每座城门都有一条笔直的大街。全城著名的大街三十余条，纵横交错，形成棋盘式的道路系统。街的大小都有定制，大街宽二十四步，小街宽十二步。最小的道路称为巷或胡同，胡同遍布内外城，多至一千余条，这里是居民住宅集中的地方。

## 寺院及园林

明代北京的寺院很多，共有千余所，仅宛平一县就有五百七十所。有一些寺院到今天还很完整。[1]

这些寺院，包括道教、佛教、喇嘛教的寺院和回教的清真寺。寺院的建筑体现了汉族、蒙古族、藏族、回族、维吾尔族等等各族人民独特的艺术风格，同时也糅合了东方各国人民，包括越南、朝鲜、印度、尼泊尔人民的独特的艺术风格。北京安定门内、东四、牛街和锦什坊街的回教四大清真寺，除牛街清真寺是在明朝重建之外，其他都创建于明代。由于有大批西藏和蒙古的喇嘛僧侣不断往来，在明代的北京，具有西藏、蒙古建筑形式的寺院便也增多了。

慈寿寺塔（建于明万历六年）

香山的弘光寺是太监朝鲜人

① 沈榜：《宛署杂记》卷言，阙名：《燕京杂记》。

郑同所建，其中的圆形殿完全模仿了朝鲜金刚山圆殿的规制。① 五塔寺后面的石塔采取了印度的造型手法，塔上还增筑了闪烁着黄绿色光芒的琉璃亭。这个美丽的建筑一直到今天还耸立在北京的西郊，象征着中印人民之间悠久的友谊。

明代北京修建的各种寺院，还表现了劳动人民在木雕、石雕、铜雕、塑造、绘画各方面出色的成就。在北京的石景山模式口法海寺，西直门外大慧寺，阜成门外宝塔寺和城内东四的清真寺，北海的天王殿，都保存有明代的壁画和彩画。拈花寺壁上的琉璃佛像群，长春寺的渗金铜塔，摩诃庵的石刻金刚经，五塔寺石刻佛像和梵文，万寿西宫的盘龙花纹大鼎炉和觉生寺（俗称大钟寺）的大钟，每一件东西都具有高度的艺术水平。

永乐时铸钟厂铸铜工匠所制作的大钟，至今还存留在西郊的大钟寺中。这口钟共重八万七千斤，内外镂刻华严经②共八十一卷，铜质精好，雕刻细致，敲起来声闻数十里。这样的大钟在世界上也是极为罕见的。

永乐大钟

明代北京城内外还有很多幽美的园林，或为皇家苑囿，或为私家别墅，其中最著称者

① 《帝京景物略》卷六。
② 让廉：《春明岁时琐记》（见京津风土丛书）。

大略如次：

西苑太液池　今南海、中海与北海三海，在明时统名太液池。太液池在西苑中。西苑在紫禁城西华门西，皇城西安门内。水自玉泉山来，经高梁桥，流入德胜门内，汇为积水潭，复流入西苑，即成太液池。太液池南北长四里，东西阔二百余步，汪洋若海，明时又名西海子，又称为金海。西苑太液池为皇家苑囿，除天子游幸外，唯亲信大臣得赐观赏，百姓禁绝入内。

金鳌玉蛛桥

太液池有大石桥，名金鳌玉蛛桥，跨太液池东西，为西苑往来大道。清时桥北为北海，桥南为中海，瀛台（位置见后）南为南海。在金鳌玉蛛桥之东，为承光殿。此殿建在太液池中圆坻上，巍然高耸，重檐圆盖顶，圆台址（砖砌如城，亦有雉堞），俗呼圆殿。上有古松三株，高拔参天，皆数百年大木，明末时仅存其一。明嘉靖年间，世宗常于圆殿斋居。其后神宗万历间，每遇中元节，于金鳌玉蛛桥放河灯，圆殿为观灯之所。圆殿在元时称仪天殿，明改为承光殿，又更乾光殿，清朝仍名承光殿。承光殿北有石桥，名积翠堆云桥。桥北为琼华岛，在太液池中，全用奇石堆成，怪石参差，高大如山。琼华岛为金时旧名，元时称万寿山，又称万岁山，明时亦称万岁山。山半并列三殿，中为仁智，左为介福，右为延和。至山顶，有殿当中，栋宇宏伟，高插云层，殿内清虚，寒气逼人，虽盛夏之日，暑气不到，故名广寒殿。殿左右有四亭，在各峰之顶，名方壶、瀛洲、玉虹、金露。明宣宗曾奉皇太后游西苑，亲掖皇太后升万岁山。后又复登万岁山，并命修葺广寒殿。至神宗万历初年，广寒殿倾颓。

在琼华岛之西，金鳌玉蝀桥之北，太液池中有五亭，创建于明万历年间，中为龙泽，左为澄祥、滋香，右为涌瑞、浮翠，总名之为五龙亭，珠帘画栋，波光塔影。从金鳌玉蝀桥北望，丹碧辉映，疑是仙山楼阁。在金鳌玉蝀桥西转北，太液池西岸，为清馥殿，明世宗所建，常奉其母兴献太后来游。每当荷花盛开，红衣翠盖，飘香满园，景色醉人。在清馥殿之西，为腾禧殿，覆以黑琉璃瓦。明武宗西游宣府，喜爱乐伎刘良女，载归居此，号称夫人，俗呼为黑老婆，殿亦俗呼为黑老婆殿。在腾禧殿之北为虎城，原是槛虎地方，明武宗正德初年，于此盖造公廨、前后厅房及左右厢房、歇房等，取名为豹房，遂朝夕处此，寻欢作乐，不复入大内。在金鳌玉蝀桥之西，西安里门街北，为玉熙宫。明世宗嘉靖时，因万寿宫灾，暂御玉熙宫。明神宗时，选近侍三百余名，于玉熙宫学习宫戏，岁时应召演唱。明末崇祯帝亦常至玉熙宫，观看诸戏。一日正欢乐间，忽报农民军破开封，亲藩被害，遂大恸而罢，自是不复游玉熙宫。在玉熙宫迤西为棂星门，内有安乐堂，凡宫人有病及年老或有罪，先发此处，待年久再发外面浣衣局。明宪宗时，万贵妃专宠，孝穆纪皇后有孕，托疾居此，诞生孝宗。在西安门内迤南，为万寿宫，明世宗嘉靖中建。此宫原是明成祖潜邸旧宫，嘉靖初名永寿宫，世宗迷信道教，居此修道二十年，后火灾再建，钦定前堂为万寿宫，后寝为寿源宫。

自金鳌玉蛛桥循太液池西岸而南，有台高数丈，中作圆顶小殿，左右各四楹，南北垂接斜廊，悬级而升，下临射苑，有驰道可走马，系明武宗时所筑，用以阅射，名为平台。后废台，改为紫光阁。清时仍名紫光阁。明时五月五日，皇帝幸西苑，斗龙舟于紫光阁前，看御马监勇士跑马走解。明末时，崇祯帝又常召对阁臣于此。向南隙地，尽植桃杏，仲春之际，芳菲满目。自金鳌玉蛛桥循池东岸而南，为蕉园，又名椒园，蒲苇盈水，榆柳被堤，古木秀石，参错其间。内有一殿，名崇智殿。殿后药阑花圃，有牡丹数十株。明世宗于此设醮。凡各朝实录告成，均于此焚草。每岁七月七日七夕节，宫中于此乞巧。七月十五日中元节，于此做法事，放河灯。清朝顺治间，改崇智殿为万善殿，供奉佛像，选老成内监披剃为僧。

由蕉园再循池东岸南行，复折而西，南过一堤，即南台，又称趯台坡。南台林木深茂，南有一殿，名昭和。殿前有亭，名澄渊。盖南台三面皆临太液池，唯北通一堤。清时改为瀛台，以瀛台南为南海，瀛台北为中海，又于瀛台北建勤政殿，北向临中海。在南台东南，太液池东岸，有乐成殿，左右槛各设龙床，殿后小室，亦设御榻，为明宣宗游历之处。殿右有屋，设水磨、水碓，秋日谷成，于此碾谷磨谷，故名乐成。以后乐成殿，改名无逸殿。每岁秋成，有“打稻”之戏，皇帝亲临无逸殿，观看太监扮演农夫收获及田畯官吏征租等事，以示不忘稼穑艰难之意。

积水潭与什刹海　积水潭在德胜门内，周广数里。水自玉泉山经高梁桥来，由水关（在德胜门西里许城垣下）入城，汇注于此。由于内多植莲，名为莲花池。又因建有净业寺，名为净业湖。元时开凿通惠河，运船直至积水潭，帆樯林立。自明初改建城垣，与运河截而为二，则积土日高，舟楫不至。积水潭在明时景物极盛，碧波千顷，草树青葱，台榭掩映，列刹相望，烟云水月，时出奇观，称为都下第一胜区。如名刹有莲花庵、净业寺、镇水观音庵等，王公贵人诸园林有太师圃、镜园、刘茂才园、相国方公园、漫园、湜园、杨园、王园等。每年三伏日，御马监太监引御马数百，旗帜鼓吹，浴于湖干。中元（七月十五日）之夜，为盂兰会，寺僧毕集湖边，放灯于莲花中，谓之灯花，谓之花灯。游人设水戏，于水上施放烟火，有凫、雁、龟、鱼诸种，称为水中花炮。是夕，梵呗鼓钟，宴饮弦管，达旦不已。冬时河冻，游人做小冰床，各坐于上，一人挽行，轮滑疾驶。尤其雪后，游人常集十余床，携围炉、酒具，饮酌冰上。

什刹海在地安门外，积水潭东南。积水潭水从德胜桥东下，桥东偏有公田若干顷，中贵引水为池，以灌禾黍，绿杨茂密，一望无际。稍折而南，直环北安门宫墙左右，汪洋如海，此即所谓什刹海，俗呼海子套。故什刹海与积水潭，实为一水。什刹海荷花极盛，长堤高柳，树木丛杂，景色幽静。沿岸佛寺甚多，又多名人第宅，明大学士李东阳故居即在此。

南城　南城在紫禁城东华门外东南，即今天安门以东北进南池子大街。此地原为永乐时东苑，明成祖数于端午节，来此观看射柳之戏。所谓射柳之戏，即藏鸽于盒内，悬于柳上，箭发射中盒开，鸽飞而出，以此为乐。宣德中，东苑有草舍一区，乃宣宗致斋之所。内有小殿、草亭、小河、小桥，四围编竹篱，篱下皆种蔬菜瓜果之类。宣宗时常于此弹琴读书，并命左右近臣来此观赏。后来景泰年间，英宗自瓦剌蒙难归来，即居于东苑之地，所居称为小南城，中有宫殿楼阁十余所。小南城仅为东苑中之一区，英宗复位后，极喜此地幽静，又数游幸，因而增置宫殿若干，统谓之南城。南城有飞虹桥，相传桥石来自西洋，石刻虎罴禽鸟形状，千姿百态，极为精巧。武宗正德年间，南城金鱼甚多，每日食蒸饼，用白面二十斤。至嘉靖年间，世宗曾于南城阅马，召诸辅臣赐宴，共阅马。清朝初年，南城曾为摄政王多尔衮所居地。至乾隆年间，南城宫殿已俱废。

泡子河　泡子河在崇文门之东城角，本为元朝所开通惠河，明时通惠河废坏，此处一片积水，名泡子河。泡子河南岸有方家园、张家园、房家园，北岸有张家园、傅家东西园。泡子河东，中为吕公堂，西为杨氏秘园，东为玉皇阁。北去贡院里许。吕公堂建于明成化间，相传乞梦有验，每逢科举考试之年，诸士子争往乞梦。泡子河两岸高槐垂柳，水光明秀，虽夏秋之际，亦少尘埃。当时城内自德胜河外，惟此二三里间无车尘市喧，为极幽静之区。入清以后，泡子河身尚存，而诸园已是颓园废圃，难以稽考了。

南海子　南海子在北京城南二十里，永定门外。元时称为飞放泊，又称下马飞放泊，不时有所修治，作为天子近郊游观之地。明永乐时，又增广其地，周围筑垣一百二十里，开辟四门，内中獐、鹿、雉、兔不可数计，禁民采取，设海户千人守视。因皇城北面有积水潭，人呼为海子，为区别起见，故别名南海子。南海子有水泉一百余处，而潴水则有三海子，或云五海子。其中有行宫，有晾鹰台，有大小桥梁若干。自永乐以来，岁时游猎于此，每猎则海户合围，纵骑士驰射于中，也是讲武之意。天顺初年，英宗出猎南海子，亲挽弓矢射禽，勋戚武臣亦应诏驰射，射毕赐诸臣酒食，赏给猎物。正德年间，武宗大祀天地于南郊，礼毕遂幸南海子。隆庆初年，穆宗亦游南海子，待至其地，见宫幄未修，居停不便，甚为沮丧，即罢而归。明末崇祯时，清太宗皇太极统兵围北京，分兵南下，道经南海子，如入无人之境，相传曾于此中射黄羊、鹿、兔。此后清时称南海子为南苑，增置为九门，春蒐冬狩，以时讲武。每遇大阅，则陈列八旗兵于此，在晾鹰台举行。清末南苑开放为民地，又设为飞机场及练兵场。

钓鱼台　钓鱼台在阜成门南十里花园村，有泉自地涌出，其水至冬不竭，是金时旧迹，为金主游幸之处。此地本名玉渊潭，相传金时有隐士王鬱隐居于此，筑台垂钓，因名钓鱼台。元时仍称玉渊潭，有丁氏于此建亭，即名玉渊亭，柳堤环抱，景气清爽，沙禽水鸟多翔集其间，为游赏佳丽之所。明时称钓鱼台，堤柳四垂，桃花流水，风光秀美，游人足迹不绝。自神宗万历初年以来，遂为皇亲武清侯李伟别墅。后来清乾隆时，将钓鱼台泉水疏浚成湖，并于香山别开引河，引诸水亦注于此，复导流达阜成门之护城河，至东便门入通惠河，以济运船。

高梁桥　出西直门约里许，为高梁桥。桥跨于高梁河上，故名高梁桥。高梁河水发源于玉泉山，东南汇为西湖（今颐和园昆明湖），由西湖流至桥下，过桥而东，则入护城河，再流入城中。高梁河本是旧名，明时自高梁桥以西至西湖，谓之长河，自高梁桥以东至城中，谓之玉河。当时河水清涟，两岸密植高柳，丝垂到水，夏日浓荫如盖。每岁清明日，都人相率来游高梁桥，各携酒果音乐，杂坐河之两岸，欢声笑语，并有扒竿、觔斗、烟火等百戏，竞技斗巧，人争围观，名为踏青。是日游人以万计，坐地三、四里，几无余隙。此后浴佛日（四月八日）、端午日，也是游者云集，肩摩车碰，盛况不减。

清华园与勺园　西直门外西北十余里，有海淀。所谓海者，淀者，即水所聚的地方。淀有南有北，南为南海淀，北为北海淀。清华园在南海淀，为明皇亲武清侯李伟别墅。清康熙间就其故址改建畅春园，畅春园遗址在今北京大学西门外迤南一带。清华园周垣约十里，正中建挹海堂，堂北有亭，亭悬“清雅”二字。西北水中起盖高楼，楼上有台，可以俯瞰玉泉诸山秀色。园中叠石为山，婉转起伏，如同真山。有渠可行舟，跨以双桥。堤旁俱种花果，牡丹以千计，芍药以万计，开时足称花海。清华园前后重湖，一望荡漾，号称为都下名园第一。

勺园在北海淀，为明工部郎中米万钟所筑，遗址在今北京大学校园内。勺园是取海淀一勺之意，又名风烟里。园仅百亩，一望尽水，长堤大桥，幽亭曲榭，路穷则舟，舟穷则廊，乱石点缀，高柳成荫，种种景色，品题不尽。当时都人啧啧称为米家园，游者接踵而至。米万钟又因园在郊原，不便日涉，即绘园景悬于灯上，令人赏灯观景。于是都人又觉新奇，啧啧称为米家灯。

## 十三陵

北京昌平县北天寿山下，分布着明朝十三个皇帝的坟墓，称为十三陵。有明一代十六帝，开国皇帝朱元璋葬于南京孝陵，建文帝朱允炆在“靖难之役”中不知所终，景泰帝朱祁钰被削帝号，死后按王礼葬于北京西郊金山，其余十三帝则均葬于昌平县北天寿山下。十三陵是：长陵、献陵、景陵、裕陵、茂陵、泰陵、康陵、永陵、昭陵、定陵、庆陵、德陵、思陵。

明成祖朱棣在取得皇位以后，锐意迁都北京，永乐五年（1407年）七月，皇后徐氏死，即遣人至北京选取陵地，遍历诸山，搜求“吉壤”。而“吉壤”久不得，最后由“地理术人”廖均卿得“吉壤”于昌平县北黄土山，朱棣即亲自临视定议，遂改黄土山为天寿山，以永乐七年（1409 年）开始于此作陵，永乐十一年（1413 年）告成，名曰长陵。皇后徐氏先是葬于南京，这年即由南京迁葬于长陵。永乐二十二年（1424 年）七月，朱棣死于北征班师途中的榆木川（今内蒙古多伦境内），十二月葬于长陵。① 此后，其子孙相承，皆营陵于长陵左右，到明朝末年，共有十二陵。

长陵宝城明楼

明亡之后，又有思陵出现，遂形成十三陵。思陵独处西南一隅，与他陵隔绝不见，原是朱由检的妃子田氏之墓。崇祯十五年（1624 年）田贵妃死，葬此。朱由检即位欲选陵地，以天寿山更无可选，有别于遵化营陵之议，而未及行。② 崇祯十七年（1644 年）李自成攻克北京，朱由检缢死煤山（今景山），皇后周氏缢死宫中。李自成命将他们葬入田妃墓内，原昌平小吏赵一桂等即敛钱启墓，移田妃于右，置周后于左，安放朱由检居中，斩蓬封土，草草成事。③ 清朝入关后，

① 以上见顾炎武：《昌平山水记》卷上；孙承泽：《天府广记》卷四〇《陵园》；梁份：《帝陵图说》卷二《长陵图说》。

② 梁份：《帝陵图说》卷三。

③ 凌雪：《南天痕·附录·思陵改葬事》。

又将此墓增建成陵，称为思陵。

明朝葬制是一帝一后合葬。如长陵埋葬着成祖朱棣和皇后徐氏，献陵埋葬着仁宗朱高炽和皇后张氏，景陵埋葬着宣宗朱瞻基和皇后孙氏，泰陵埋葬着孝宗朱祐樘和皇后张氏，康陵埋葬着武宗朱厚照和皇后夏氏，德陵埋葬着熹宗朱由校和皇后张氏。但是自裕陵以后，除皇后照例得以合葬外，又有继立为后而合葬者，又有嗣皇帝追尊其生母乃至祖母为后而合葬者，因此，遂出现了一帝二后合葬及一帝三后合葬的情况。如裕陵埋葬着英宗朱祁镇和皇后钱氏、周氏（宪宗母），茂陵埋葬着宪宗朱见深和皇后王氏、纪氏（孝宗母）、邵氏（世宗祖母），永陵埋葬着世宗朱厚熜和皇后陈氏、方氏（继后）、杜氏（穆宗母），昭陵埋葬着穆宗朱载垕和皇后李氏、陈氏（继后）、李氏（神宗母），定陵埋葬着神宗朱翊钧和皇后王氏、光宗母王氏，庆陵埋葬着光宗朱常洛和皇后郭氏、王氏（熹宗母）、刘氏（崇祯母）。思陵是特殊情况，埋葬着崇祯帝朱由检和皇后周氏、妃田氏。这样，十三陵宝城玄宫内共埋葬着十三帝二十四后妃。

明初有宫妃从葬之令，凡皇帝死后，诸妃都要被勒令从葬。长陵有所谓东西二井，东井在德陵东边，西井在定陵西北，即是朱棣十六妃从葬之所。从葬者的坟墓称井，是因其只有圹穴，没有隧道，棺椁由上而直下，如同下井一样。这种用人殉葬的制度，直到英宗末年才废止。此后诸妃嫔乃得终其天年，或各有其坟墓，或几人、十几人共一坟墓，大都葬于北京西山、金山，也有的葬于天寿山陵域之内。

十三陵的建筑是一个庞大的体系。整个陵区方圆约四十平方公里，周围凡有中山口、东山口、老君堂口、贤庄口等十个关口，各个关口之间均联以垣墙，将整个陵区围括起来。而在陵区的南端及西南端，则建有大小红门以通出入。但是这些建筑现在大都不存在了，只有某些残迹可寻。

自昌平而北至陵区，有白石坊一座五架六柱，用纯一色的汉白玉制成，建于嘉靖十九年（1540 年）。又往北至大红门，门分三洞，门外两侧各有下马碑一座，上面刻着“官员人等至此下马”。入门往里有一条长长的神道，由南而北直抵长陵，在它上面耸立着一系列表现帝王尊严的建筑。首先，迎面而来的是一座高大的碑亭，重檐四出，中有穹碑，龙头龟趺，上题“大明长陵神功圣德碑”，碑文是仁宗朱高炽于洪熙元年（1425 年）所撰，而碑的实际建立则在宣德十年（1435 年）。十三陵唯长陵及思陵碑亭之碑有文字，其他诸陵碑亭则仅树空碑而已。碑亭北面是一群石像，其中石人十二（四勋臣、四文臣、四武臣），石兽二十四（四马、四麒麟、四象、四骆驼、四獬豸、四狮子），分别夹侍神道两旁。这些石像立于宣德十年，用整块白石琢成，形象生动逼真。石像之北是棂星门，又称龙凤门，这是用华表式的柱子组成的三个石门，结构奇特。从棂星门往北，经过七孔桥便是长陵。

十三陵各陵都有祾恩门、祾恩殿、明楼和宝城等，在规制上基本相同，但是各陵规模之大小及用工之奢俭则颇有差别。长陵是规模最大的一座陵，其次是永陵，又其次是定陵。献陵、景陵等比较小，而思陵则最狭小。

长陵从陵门至祾恩门，再至祾恩殿，又至明楼、宝城，共有三进院落。宝城筑有城墙，呈方形，又名方城。城墙里面围着一个大坟头，其直径为一百一丈八尺。坟头之下即是地宫。明楼即宝城之楼，踞宝城之上，也呈方形。内树墓碑，上刻“成祖文皇帝之陵”。此碑并非原碑，原碑为仁宗所建，题为“大明太宗文皇帝之陵”。嘉靖时改称太宗为成祖，而未另立新碑，只将木刻的“成祖”二字嵌于原碑之上。到万历时原碑毁于火，才另立新碑，成为现在的这块碑。[①] 祾恩殿是举行祭祀的地方，原名享殿，嘉靖十七年（1538 年），世宗朱厚熜来此朝陵，始改名为祾恩殿。祾恩是祭陵感恩受福的意思。祾恩殿是长陵的主要建筑，九间重檐，黄瓦红墙，总面积达 1956 平方米，与今故宫太和殿的规制相同。这是一座木结构的大殿，所用的木料全部都是香楠木。殿中有三十二根楠木大柱，每柱都是用独木构成的，尤以中央四根最大，直径达 1. 17 米，两人合抱不能交手。这座大殿是明代建筑物中最大的木结构之一，其气魄之宏伟，令人望而兴叹。它建成于宣德二年（1427 年），至今已有五百五十一年的历史。

永陵宝城之大仅次于长陵，直径为八十一丈。永陵的祾恩殿也极宏壮，重檐七间，并且和长陵一样，也是一座楠木殿。定陵在建筑上极力仿照永陵，祾恩殿也是重檐七间。永陵和定陵虽然在规模上不及长陵，而其工巧精丽则有过之。永陵最具特色的建筑是宝城，全部用花斑石砌成，不见寸木片板，“冰镜莹洁，纤尘不留，长陵莫逮也”。[②] 定陵的明楼也是全部用石筑成，没有一根木料。可惜永陵和定陵的地面建筑大都废毁了，其祾恩殿仅仅留下一些残迹，保存不毁的只有明楼、宝城而已。

定陵的地下宫殿已经在 1957 年发掘出来，向我们揭开了地宫之谜。原来这是一座巨大的石宫，通体用大理石、汉白玉石和砖石砌成，没有一根梁柱，完全取拱券式。它由前、中、后、左、右五个大殿组成，殿与殿之间用石门隔开。石门巨大而沉重，但制作精巧，轴厚边薄，开关轻便。各殿的地面多用光滑耐磨的“金砖”（又名澄浆砖）

---

① 徐学聚：《国朝典汇》卷七。

② 王源：《居业堂文集 · 十三陵记上》。

铺成，后殿则铺以磨光的花斑石，总面积达1195平方米。后殿最高处达9.5米，其他各殿最高处也在7米以上。这座地宫宽大高敞，光泽晶莹，壮丽精美，不愧为我国古代建筑艺术中的杰作。

十三陵的宏大而精巧的建筑，是劳动人民的智慧结晶，它生动地记录了当时能工巧匠们的高超技艺。但是十三陵也是用劳动人民的血汗建成的，是劳动人民被压迫被剥削的历史见证。

昌平黄土山又名康家庄，明朝一做陵于此，即封山发墓，将人民尽行驱逐。① 此后，各种徭役、供奉及需索纷至沓来，人民不胜其扰。如营建长陵，历时四年，征发民夫工匠及于山东、山西、河南、浙江等布政司及直隶（今江苏、安徽地区）府州县和北京等地。营建定陵，历时六年，有时候每日役使军匠民夫不下二三万人。即使营建较小的景陵，也历时六个月，使用军工民夫至十余万人。② 又定陵告成，费银至八百万两。③ 庆陵兴工，开始即用银五十万两。④ 德陵的工程，仅其中一桥，即耗银二十余万两。⑤ 又修陵所用的楠杉大木，都是取自云南、贵州、四川等地的深山老林，修陵所用的汉白玉、艾叶青等石料，都是取自百里之外的房山大石窝，而花斑石更是取自河南浚县普化山中。这些大木巨石从采伐到运输，其间不知役使了多少人，夺去了多少人的生命。十三陵的一木一石一瓦无不凝结着人民的血汗。

十三陵在明代是可怕的禁区，人民不能到此一步。明朝律令规定，凡擅入山陵门者杖一百，进入陵地拾柴拔草者发边远充军，在陵地内剪伐树木、取石取土者处斩。

---

① 《帝陵图说》卷二。

② 《明英宗实录》卷一、六。

③ 《明史·礼志·山陵》。

④ 《明宫史·木集·内府职掌·内官监》。

⑤ 《枣林杂俎·中集·营建·山陵》。

然而，现在的十三陵已成为人民的园林。它的面貌也大为改观了，在古老的建筑群之外，又增加了壮丽的十三陵水库和肥美的园田。宏伟的古老建筑与大自然的湖光山色互相掩映，这里已成为一处吸引游人的场所。

## 长城与居庸关

万里长城是我国古代的一项伟大工程，也是世界历史上最伟大的工程之一。

长城的修筑开始于战国时代。其时各国裂土称雄，强凌弱，众暴寡，兼并战争不已，因而作为一种互相防御的工程，长城出现在各国的边境上，不仅齐、楚、魏、燕、赵、秦等大国有长城，即使小小的中山国也有长城。这些长城除各国用于互相防御外，有一部分是用于防御匈奴的，这就是燕、赵、秦北部的长城。其时燕、赵、秦北与匈奴为界，屡受其马队的侵扰，甚以为苦，因此不得不在北部修筑长城，以资防御。公元前 221 年秦始皇统一全国，将其他长城尽行拆毁，而为了继续防御匈奴起见，则使蒙恬把燕、赵、秦北部的长城连接起来，加以修葺，合成一堵长城，西起临洮（今甘肃岷县），东至辽东，长达万余里。从此，长城便巍然雄峙在我国北部的土地上。

秦始皇所筑长城，上承燕、赵、秦长城之旧，下立历代长城之基，对后世影响很大。此后两汉、北魏、北齐、北周及隋、明等朝，都曾对长城兴过大役，其中以汉、明两朝的规模最为宏大。其他朝代于长城只是修缮其一部，而汉代是将长城西拓至敦煌附近的玉门关和阳关，明代则是对全城进行整修，许多段落完全是重新修筑。

明朝大筑长城，其目的在于防御北部的蒙古势力及后来崛起于东北的女真政权。明朝在开国的第一年，即公元1368年，朱元璋即派大将军徐达修筑居庸关等处长城。此后各朝屡修长城，历时二百余年，才完成了明长城的全部工程。这条长城西起嘉峪关，东至鸭绿江，全长一万二千七百多里。其中山海关至鸭绿江一段，由于工程比较简陋，现已坍塌不堪；山海关至嘉峪关一段，由于工程非常坚实，至今仍保存较好。

明代是我国历史上修筑长城的最后一个朝代。秦始皇时代的长城废毁已久，其遗迹已难寻找。现在我们所看到的长城即是明代所筑长城。

万里长城是我国古代各民族统治集团在北方对立抗衡的产物，是某些时期中原地区的统治者用以防御北方游牧民族侵扰的防御工程。它在我国历史上，既不是牢不可破的民族壁垒，更不是我国北方的国界。随着我国多民族国家统一局势的发展，各民族之间的关系日趋密切，长城逐渐消失其作用，而最终只是变成了古董。但是长城作为古代劳动人民智慧和血汗的结晶，是值得我们珍视的一份历史遗产。

居庸关和八达岭附近的长城，在明代长城中是很有代表性的。这一段长城高大坚实，城墙表面砌以石条，内部填以泥土碎石，顶面铺以方砖，平均高约7.8米，顶面宽及5.8米，可容五马并驰。城墙垛口高近2米，每一垛口设有瞭望孔与射击眼。城墙每逢险要及拐角之处，均设有高低不同的“堡垒”，凸出墙身之外，高的叫敌楼，为兵士守望住宿的场所，低的叫墙台，为兵士巡逻放哨的地方。城墙外面附近的山丘上，或远处易见的地方，还设置了烽火台（或称烽燧、墩台、烟墩、狼烟台），日间举烟，夜间点火，用以传递边警。

居庸关及八达岭附近的长城皆依山而筑，工程十分艰巨。据在八达岭长城上发现的一块明万历十年（1582年）修筑长城的石碑记载，

八达岭长城

当时修城是采用军士和民夫分段包修的办法，其中有军士民夫九百零五名，包修长城长三丈三尺三寸，高连垛口二丈三尺，自七月中旬至十月中旬，历时三个月才告成。其工程进展之不易，可以想见。

明代长城沿线有许多著名的险关、隘口，居庸关则是其中之一。《吕氏春秋》和《淮南子》都讲过："天下九塞，居庸为其一"。汉、唐也都在居庸设关。此后各代屡有建置，或称西关，或称军都关，或称纳款关，名称不一①。现在的居庸关关城是明洪武元年（1368 年）大将军徐达所建。②

居庸关关城建筑在一条长约四十里的崎岖峡谷中间，这条峡谷名为关沟，是华北平原通向蒙古高原的唯一捷径。它由南而北，其

① 《昌平山水记》卷上。

② 刘效祖：《四镇三关志·建置考》。

间分布着南口、居庸关关城、上关、北口（八达岭）等关城。广义的居庸关，系指整个峡谷而言。狭义的居庸关，则单指居庸关关城所在地。

居庸关关城，南距南口十五里，北距八达岭约二十里，跨山而筑，有南北二门，其上嵌着明景泰年间题记的“居庸关”三字石匾。自南口以上，两山壁立，中通一路，两旁皆重岭叠嶂，遮蔽天日，所以此关自古称为绝险。明朝在此设参将、通判、掌印指挥各一人扼守，又设巡关御史一人，往来居庸、紫荆二关按视。[①]

居庸关虽称险要，然而明崇祯十七年（1644 年）李自成的起义大军由柳沟进抵居庸关，明将唐通不战而降，居庸关失其险要，李自成遂长驱直入北京。

居庸关所以闻名，不仅在其形势险要，又在其风光秀美。每当春夏之交，草木葱郁，百花盛开，层峦叠翠，景色满山。因而自金代以来，“居庸叠翠”即成为燕京八景之一。

值得特别指出的是居庸关关城内的云台。此台之上原有三座石塔，建于元至正五年（1345 年），名为过街塔。后来三塔废毁，台上又建立一寺。此寺经明正统四年（1439 年）重修，被赐名为“泰安寺”，清康熙年间焚毁于火。现存的云台是全部用汉白玉大石条砌成，有着券门通道的石台。券门内的石壁上雕刻有四大天王像，造型生动，跃然欲出。石壁上又刻有梵文、汉文、藏文、八思巴蒙文、维吾尔文、西夏文等六体字的陀罗尼经。云台是具有重要艺术价值的元代建筑遗迹。

八达岭关城雄踞在峡谷的最高点上，居高临下，易守难攻，形势

① 《昌平山水记》卷上。

极为险峻，在一处悬崖上凿有“天险”二字。关城是明弘治十八年（1505年）开始修建的[①]，有东西二门，其上皆有石匾，东门题为“居庸外镇”，西门题为“北门锁钥”。自八达岭下视居庸关，如同窥井，所以自古人称“居庸之险不在关城而在八达岭”。守八达岭所以守居庸关，因之，元代在此设千户所，明代在此设守备。

① 《四镇三关志建置考》。

# 第七章　清代的北京（1644—1840 年）

## 第一节　北京——清朝的都城

崇祯十七年（1644 年）四月三十日清晨，李自成率领农民军退出北京。留在城中的明御史曹溶立即站出来，自任西城巡视，设立祭祀崇祯的牌位于都城隍庙。他和部分明官僚拼凑了一个临时管理机构，残杀未及出城的农民军兵士。五月初二日，清摄政王多尔衮统率清兵进入北京，许多明官僚相继降清。起初北京城内传吴三桂将护皇太子归来，在京前明各官设崇祯帝神牌于午门哭临。故臣并备好銮仪法驾，随卤簿跪迎太子于朝阳门。百姓也以为是吴三桂的军队杀回来了，没想到是清兵。人们惊呼“辫子兵来了”，慌忙躲窜。整个京城人心惶恐不安。

为笼络汉族官僚地主，多尔衮颁布命令：凡明朝在京的内阁、六部、都察院等衙门官员俱复原官同满官一体办事。他先后录用了明吏部左侍郎沈惟炳等一些汉族官僚，征召明废大学士冯铨为清内三院大学士。多尔衮在北京建立了在满洲贵族主持下，由满、汉官僚共同治理的清政权。

清廷为了争取汉族地主阶级，为明崇祯皇帝发丧三日，谥崇祯帝为怀宗端皇帝（后改庄烈帝）。布告要保护明陵，明宗室人等一律保存爵位，归顺的官吏要加级录用。并宣布要替明朝臣民报“君父之仇”。这是清廷为分兵进攻山西、陕西大顺农民军和开始征服内地所制造的政治舆论。同年九月，年幼的顺治帝从盛京（今沈阳）抵达北京。十月，宣布“定鼎燕京”，即以北京为清朝的首都。城池和宫殿的规模仍本明朝，只将战乱毁坏的部分加以修葺，门殿名称也略有改换。正阳门内大明门改名大清门，辛亥革命后改为中华门。皇城正门承天门更名天安门。外廷三大殿皇极殿、中极殿和建极殿，以及皇极门分别易名为太和殿、中和殿、保和殿及太和门。内廷三大殿乾清宫、交泰殿、坤宁宫称谓未变，其功能有所改动，交泰殿为尊藏御用宝玺之处，原为明皇后起居的坤宁宫西暖阁改为祭神之所，东暖阁辟为皇帝大婚的洞房。玄武门改称神武门。大清门内千步廊东侧的六部等中央官署的设置与明制相同，西侧衙署建置则作了调整（见大清门内中央机构分布图）。

山西、陕西农民军抗清斗争失败后，清军兵锋一转，开始了统一江南的长期战争。直到康熙三年（1664 年）八月，清军攻占大顺军余部最后据点郧阳茅麓山，又俘南明抗清将帅张煌言于浙江定海山中，农民军和南明诸王的反清武装力量才被完全压平。从康熙到乾隆年间，清廷主要对西北蒙古族准噶尔部等用兵，战争的胜利进一步巩固了清朝统一的多民族的国家。

随着国内形势的发展，北京在全国人民生活中的地位日益重要起来。它是维系各兄弟民族的政治中心，同时又是清朝统治全国的基地。北京比以往许多朝代更加重视发展汉族和其他兄弟民族在经济、政治和文化上的往来和合作。顺治九年（1652 年）和乾隆四十五年（1780

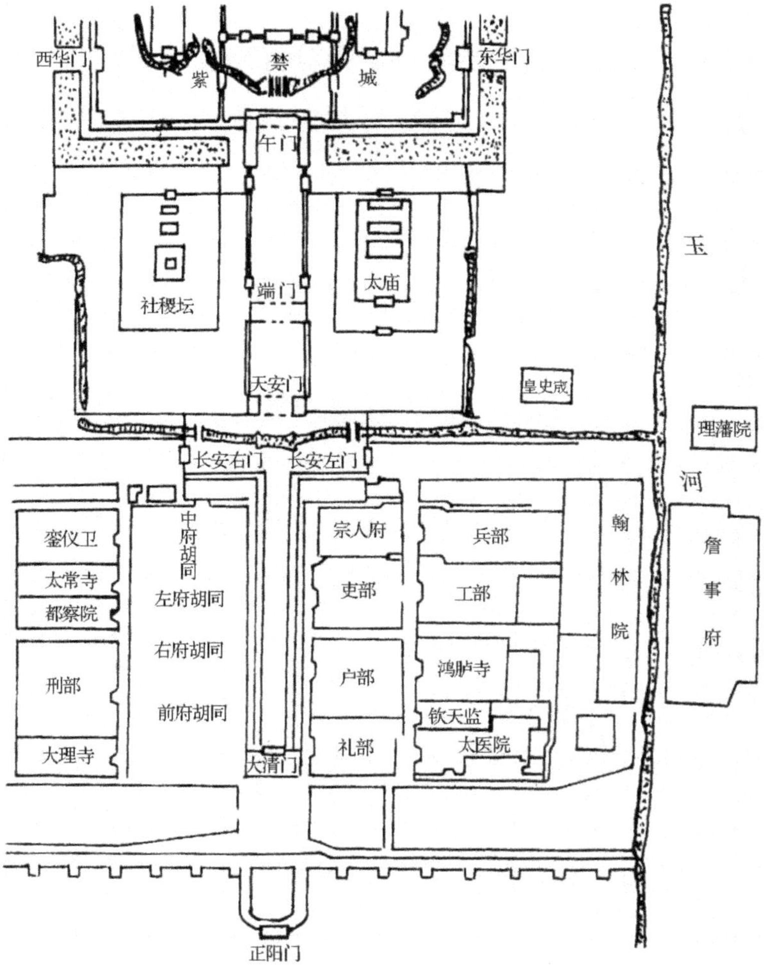


清代北京城大清门内中央机构分布图

年），达赖五世和班禅六世曾先后到北京，带来西藏地方人民拥护全国统一的深切愿望。顺治帝福临多次在太和殿设宴盛情款待达赖喇嘛等，赐金器、彩缎、珠玉、鞍马等物。册封达赖五世阿旺罗桑嘉措为“西天大善自在佛领天下释教普通鄂济达赖喇嘛”，赐满、汉、藏三种文字的金册金印。清廷在北京建立了达赖和班禅驻跸的西黄寺。班禅六世贝丹意希在北京逝世后，又特修建塔院，以示纪念。与清朝皇室有着长久的婚姻关系的蒙古王公贵族不断到北京来，有些则长期住在北京，清廷授给他们亲王、郡王、贝勒、贝子等爵位，并在北京为他们修筑了不少华丽的府第。北京城郊的一些喇嘛寺庙和西藏、青海、蒙古寺院建筑格局式样颇类似，也都体现了清初各族人民在政治上和宗教上的密切联系。蒙古商人每年都带着大批毛皮等货物到北京来销售，其他少数民族的商人也来北京进行贸易活动。清朝政府为了鼓励少数民族往来贸易，还在北京德胜门外设立了货栈“马馆”，减轻了关税和商税。汉族人民的许多手工业品和农产品，如丝绸、药材、铁器、陶瓷和茶叶等从北京和其他地方运往少数民族地区。北京的国子监有各族子弟在那里肄业。汉族和各少数民族人民的生产经验经常在北京互相交流。这些政治、经济和文化活动也清楚地说明了各族人民关系的日益紧密和统一的多民族的封建国家的日益巩固。

当时北京城郊各民族错落而居，这是统一的多民族国家的一个缩影。北京地区的居民原来就包括汉族、蒙古族、回族和其他少数民族人民。清军入关后，北京增加了几十万满族居民。满洲八旗、蒙古八旗和汉军八旗以及八旗中的朝鲜族和越南族旗丁分布在北京各处。住在东城一带的蒙古王公贵族带来了不少蒙古族喇嘛，这些喇嘛和藏族喇嘛同住在北京的一些寺院里讲经修道和作佛事。北京郊区的农业劳动者主要是汉族人民。城中除了大小官僚外，尚有人数相当多的汉族商人、作坊主、手工业者、小商贩、雇工和城市贫民。回族人民在城中主要经营饮食等行业。前门外是汉、回等各族手工业者和商人聚集之处。康熙时加入中国的一部分俄罗斯族，集中居住在城东北角东正教教堂的附近。居住在北京和从全国各地前来北京的各族人民，发展了北京这一时期的经济和文化，创造了许多惊人的成就，例如，散布于城郊各处的宏伟美丽的建筑，景泰蓝、珐琅和象牙雕刻等精巧的特种手工艺品，伟大的现实主义作品《红楼梦》以及各种高度发展的农业技术等，它们不仅在国内，而且在世界文化史上都占有崇高的地位和独特的风格。十八世纪前后的北京，是世界上最大和最美丽的城市之一。

## 第二节　清初的民族压迫和北京人民的反抗斗争

多尔衮在七月八日下令："自顺治元年为始，凡正额以外，一切加派如辽饷、剿饷、练饷及召买米豆尽行蠲免。"废除了明王朝的苛政，解除了各地人民这些沉重的封建负担。但在北京地区，由于满洲贵族官吏和八旗兵丁的大量聚集，清廷不断圈占京畿地区汉族和少数民族人民的房屋和土地，并且在圈地过程中建立了保护满洲贵族和压迫各族人民的制度。这样就严重破坏了北京地区的社会生产和经济发展，引起北京人民的不断反抗。

### 满洲贵族在京畿圈地

清廷圈占房屋和土地，是从清军进入北京后的第二天开始的。这一天，多尔衮强迫内城汉人在三天内一律迁往南城或其他地方去，将内城划为八旗驻地，列八旗方面，拱卫皇居，星罗棋置。依"五德兼全、五行并用"的准则，两黄旗位正北，取土胜水；两白旗位正东，取金胜木；两红旗位正西，取火胜金；两蓝旗位正南，取水胜火。[①]

① 参阅《八旗通志》卷二《旗分志·八旗方位》。镶黄旗住在安定门内，正黄旗住在德胜门内，都在城北；正白旗住在东直门内，镶白旗住在朝阳门内，都在城东；正红旗住在西直门内，镶红旗住在阜成门内，都在城西；正蓝旗在崇文门内，镶蓝旗住在宣武门内，都在城南。

从此内城布满了八旗兵营和满洲贵族的府第，只有一部分离八旗兵营较远的住户和菜农、小商贩等还留在那里。这些未迁走的汉人后来还同外城许多住户一起遭到了满洲贵族新的劫掠。满洲统治者在城中圈占房屋和土地时极其蛮横凶暴。据顺治十七年刑部尚书杜立德的题本说：他们“或强占园地，吞霸菜苗；或拆毁房基，推坏墙屋；或夺坟地而破家殃民……或抢掠器具及家伙日用之细。逐民诈赃，不一而足”。当时有一个名叫张立的菜农，他不但被光禄寺派来的人强占了菜园和房屋，并且连家里的柴堆、粪堆、蜂窝、铁锅、井板和狗都给他们抄走了，还被毒打了一顿。

为了把满洲贵族和八旗旗丁占夺的土地限制在一定的区域，入关当年十二月，清廷采用汉族官僚柳寅东的建议，圈占近郊五百里内（直隶北部和内蒙古一部分）土地，作为旗地，安置满洲庄头。经过几次圈占，清廷一共圈去十五万九千多顷土地。其中五千七百余顷作为皇室庄田，一万三千三百余顷作为诸王宗室庄田，十四万零一百二十六顷六十二亩作为八旗旗丁的壮丁地。北京近郊大兴、宛平境内被圈土地达五千八百余顷，占两县土地总数的百分之八十以上。

圈地的景象是非常悲惨的。当满官奉皇帝和户部的命令前往各村勘测和跑马圈地时①，村中农民听到外面圈地的锣声和呼喝，个个惊慌万状，泣不成声。圈定之后，户以万计的农民立即被驱逐出村。农民失去土地和房屋后，大部分无法生活。因为清廷虽指拨了远处土地给他们耕种，但一则路程遥远，缺乏迁移费用；二则指拨的土地尽是一些“碱薄屯地”和荒地，农民到那里不能立刻安家就业。北京附近

① 姚文燮：《雄乘》卷上：“凡圈民地，请旨。户部遣满官同有司率笔帖式、拨什库、甲丁等员役，所至村庄，相度田亩，两骑前后，率部颁绳索以记，周四围而总积之。每圈共得几百十晌，每壮丁分给五晌，晌六亩。晌者折一绳之方广，其法捷于弓。”

久居的汉族和蒙古族人民被逼得家破人亡，四方逃散。许多老弱农民离村不远便成为饿殍，倒在道旁。未逃离家园的农民多沦为农奴制下的庄丁和农奴。满洲贵族野蛮圈占土地的暴行，激起京畿三河等县人民展开了反对圈地的斗争。

近畿和直隶一带经常发生水旱灾害，但这种自然灾害对人们的威胁远不及圈地严重。根据顺治十一年（1654 年）户科给事中周体观的题奏，当时直隶各受灾地区饿死了大批灾民，其中十分之八九出于圈地最多的顺天、永平、保定和河间等四府。而未圈或圈地很少的真定、大名等四府仅占十分之一二。题奏认为：饿死人“固饥荒所致，实久被圈占之民与未被圈占之民其差不啻霄壤”。这种情况非常具体地说明了圈地造成汉族农民大量的流徙和死亡，直接破坏了北京地区和其他被圈府州县的农业生产。“流离载道，填塞沟壑”，这是周体观就当时近畿一带因圈地描绘的一幅凄凉图画。

## 皇庄、王庄和旗地

顺治（1644—1661 年）时，在近畿一带的土地上所设的皇庄（亦称内务府官庄），共有一百三十二所，每所都设有管庄拨什库和庄头，监督庄丁生产。官庄以生产产品不同，又分为粮庄、稻庄、豆秸庄、菜园、果园、瓜园、蜜户、苇户、棉靛户等。庄丁除种粮食作物外，还要养蜂、种棉花和种蓝靛。满洲贵族在自己的庄田里也同样设置拨什库和庄头。八旗旗丁每人分得三十亩土地，还向清朝政府领取马甲钱粮。

皇庄或王庄实行着一种非常落后而残酷的封建剥削制度。入关前，满洲贵族是大封建主，同时又拥有大量的奴隶，当时八旗制度就是封建性组织和残余的奴隶制组织的一种结合体。入关后，他们把这种落后的社会组织带到北京地区来，满洲贵族、庄头和庄丁的封建剥削关系也反映着这种落后的农奴组织的性质。例如，清廷和满洲贵族指派的庄头，往往是他们认为可信任而加以提拔的家奴，这种甘心当封建剥削者爪牙的家奴，实际已上升为封建剥削阶级的下层分子。他们凭借主子的势力，骑在庄丁头上，完全把庄丁当做农奴来役使。庄丁不仅要耕种土地，交纳银租和实物租，还要服各种繁重的劳役。他们不能离开主人的土地，否则便视为“逃人”，受到官府的缉捕。这些庄丁有一部分是满洲贵族从关外带来的，其中很多还是清兵在明崇祯年间六次大规模入塞时从京城、畿辅（河北）、山东、山西等地掳掠去的，有一部分是北京近郊被贵族庄头勒逼投充旗下为奴的汉族农民。这些庄丁受不了压榨和欺凌，经常逃亡和怠工，迫使满洲贵族不得不接受周围地区实行的租佃制度，稍稍改善一些庄丁的待遇，并吸收一些汉族农民到庄园里来当佃农。

八旗旗丁和满洲贵族不同，他们并没有从圈地中获得多少利益。清廷规定八旗精壮旗丁以当兵为职业，耕种“壮丁地”的只是他们的家属、随从和不能当兵的旗人。这些人或者因对农业生产不习惯，或者随八旗兵出征，常常把土地抛荒不种。康熙十一年（1672 年），都察院上疏云：满洲兵丁虽分给土地，而历年并未收成。因奉命出征，必须随带之人，致失耕种之业，往往地土旷废，一遇旱涝，又需部给口粮。许多旗丁或者强迫附近农民耕种土地，或者把土地出租给他们，自己坐收地租。旗丁的经济地位迅速地分化着，贫困旗丁后来把不准买卖的旗地也一块块地偷卖给汉族地主，以致旗丁生计愈发艰辛。

## 清初手工业和商业的凋敝

圈地迫使汉族农民破产逃亡，不仅破坏了北京地区的农业生产，而且也摧残了京城内的手工业和商业。城内许多汉族手工业者和商人由于住房被圈占，无处安身，还经常遭到满洲贵族及其爪牙的欺压。满洲贵族指使奴仆到城外去，公然抢掠来京贸易的商贩，一度造成商路断绝。顺承门内大街有骡马市、牛市、羊市，还有人市。[①] 有些满洲贵族把自己掳来的汉族妇女，毫无顾忌地拉到“人市”上去出售。亦因封建官府的种种限制，私营手工业和商业一落千丈。官营手工业虽然由于清廷和满洲贵族的需要，还维持了明代遗留下来的一部分。例如，顺治时，内监仍沿用明制设立内织染局、制造局等，工部也掌管了一批木厂、砖瓦厂、铁厂、铸钱局和军器厂、火药厂等，不过这些机构实际生产很少，它们同样处在衰落状态中。

## 清廷民族高压统治

为了保护满洲贵族的既得利益，清廷在政治上除基本上仿照明朝设立一套中央政府机构和地方政府机构来作为实行统治的工具外，还特别制定了严峻的“逃人法”，在北京设立一种专门替满洲贵族抓逃人的兵部督捕衙门。康熙前期，由于满洲贵族的压榨，旗下奴婢投河自缢等惨事屡有发生。大批奴仆逃亡有增无减。根据逃人法的规定：八旗奴仆（庄丁和佃农）被迫逃往某处后，不仅他本人在被捕后有处

① 谈迁：《北游录》纪闻下·人市。

死刑（逃三次处死）的危险，就是隐藏他的人家也要被满洲贵族查抄为奴。因此后来有很多满洲贵族故意让奴仆逃亡来陷害汉族人民。对于满洲贵族四出劫掠的非法活动，清廷不仅不严加禁止，而且明令不让地方州县衙门过问，它把这类案件都交给内务府、八旗都统和步军统领衙门去处理。这些机构全部掌握在满洲贵族手里，它们当然不会去惩罚自己的主人。倚仗满洲贵族势力的庄头，骑马直入府州县衙门，与府州县官并坐，肆意横行。清廷对逃人事件采取血腥镇压手段，每天“鞭人、黥人，以三木刑人之胫，号声聒聒然振于耳”。[①] 满洲贵族还经常买卖奴仆和勒逼汉民投充为奴，这些残害人民的事情也受到清廷的保护。

清廷为了摧残汉族人民的反抗意志，方进北京就下令城市居民薙发。顺治二年（1645 年），清兵攻占南京后，再令京城内外“限旬日薙发”，“遵依者为我国之民，迟疑者同逆命之寇”。[②] 并多次下令强迫汉人改服满洲衣冠，以此作为是否归顺清廷的标志。这些民族高压措施，引起了京城内外人民的极大不满。

## 北京人民的反清活动

清初这些经济上和政治上赤裸裸的民族压迫政策，不断激起北京人民强烈的反抗。顺治元年（1644 年）五月，昌平州红山口农民群起反清，清廷调动固山额真巴颜率石廷柱、李国翰、刘之源等所统领的大量军队，才把他们镇压下去。次年，近郊农民领袖刘自什率众从海

① 张宸：《平圃杂记》，见《庚辰丛编》。
② 《清世祖实录》卷十七。

子红门渡浑河前往马家山，打算在那里扩大队伍，举行起义，结果又受到清廷的严厉镇压而遭失败。一些活动于北京城郊的秘密宗教组织如闻香教、无为教、白莲教都举起反清的旗帜，给统治者很大的威胁。内院大学士洪承畴惊呼："国门（北京）之外，大盗公行。"建议"应于良乡、通州、海子（南苑）、昌平，四面俱选拔满洲官兵巡缉"。[①] 直隶巡抚于成龙曾在大路上修筑长墙，拦挡"响马"。有人写诗讽刺道："百里长墙拦贼马，绿林昨夜绕官衙。"[②] 所谓绿林响马就是被圈占土地和房屋而无家可归的农民。

影响较大的一次清初人民反抗斗争是康熙十二年（1673 年）京城杨起隆领导的起义。这一年吴三桂在云南举兵反清，清统治集团非常震恐。杨起隆乘机组织北京汉族人民和一些八旗家奴举起了义旗。为了扩大政治影响，杨起隆提出"反清复明"的口号。自称"朱三太子"，并组织"中兴军"，建元"广德"。他们原来计划在十二月十三日五更举火起事，但到了十一日，情况突然发生变化。这一天，正当参加"中兴军"的八旗家奴黄吉、陈益以及其他三十多人在鼓楼西街承恩伯周全斌之子周公直家中谋事时，黄吉和陈益的家主闻讯告密，清廷派军队从四面包围了他们。在这种情势下，杨起隆决定提前举火起义。"中兴军"一个个头缠白布，身披红巾，他们的人数虽然少，但战斗非常英勇，在密密层层的清军面前毫无惧色。由于双方军力过分悬殊，"中兴军"最后是失败了。齐肩王焦三，护驾指挥朱尚贤，阁老张大等二百余人被俘磔死。[③] 杨起隆突围逃往陕西，继续进行反清活动。七年后，杨起隆被清廷逮捕，惨遭杀害。

① 《清世祖实录》卷四十二。

② 柴桑：《京师偶记》。

③ 《清圣祖实录》卷四十四，蒋良骐：《东华录》卷十。

这一次起义虽然失败了，其影响却非常大，以后北京和全国各地不断出现汉族人民反清复明的事件，而且很多地方的起义都打着“朱三太子”的旗号。清统治者为此到处密查隐藏民间的真朱三太子的下落。康熙四十七年（1708 年），清廷抓住了朱三太子，把他杀掉。雍正二年（1724 年），清统治者另找了明太祖十三子代简王之裔正定知府朱之琏，封为延恩侯，世袭罔替，让他看守明陵。

清康熙皇帝像

在人民反抗怒潮的冲击下，康熙八年（1669 年），即除权臣鳌拜之年，康熙帝玄烨下令，北京附近“满兵有规占民间房地者，永行禁止，仍还诸民”。[1] 不久又限制投充和修改了“逃人法”。康熙三十八年（1699 年）十二月，玄烨下令裁兵部督捕衙门，逃人事件进入尾声。康熙末年和雍正初年，清政府实行赋役制度改革，前后颁布“盛世滋生人丁，永不加赋”的命令和“地丁合一”的制度，减轻了人民的赋役负担。此外，清政府还在近畿一带兴修水利和奖励垦荒。这些措施对恢复北京地区的社会生产起了积极的促进作用。

清初满洲贵族和汉族地主间呈现比较复杂的关系。满洲贵族为镇压汉族人民和其他少数民族人民的反抗，曾不断争取汉族地主的合作，

① 《清史稿》卷六《圣祖本纪一》。

汉族地主也纷纷参加了清朝统治机构。然而满洲贵族为巩固自己的统治地位，又处处提防和抑制汉族地主。他们的经济利益有时也发生冲突，北京近郊许多汉族地主的房屋和土地也被满洲贵族所圈占。逃人法对汉族地主也是一种威胁。但从康熙亲政以后，这种情况发生了变化。这时八旗组织已完全被封建君主所控制，汉族地主和满洲贵族在经济上的联系逐渐紧密，汉族地主在政治上的地位也有所提高，于是他们之间的矛盾已经不是很显著。相反，八旗旗丁在这时发生了激烈的分化，贫困旗丁渐渐和汉族人民处在同样失去土地，缺衣少食的艰苦境地。在这种情况下，满汉等族之间的民族矛盾虽然继续存在，而阶级矛盾却有所缓和。

## 第三节　经济生活和社会关系

从康熙中期以后，北京地区的经济逐步走上恢复和发展的道路。郊区许多被逐走和逃亡的农民又回来从事农业生产。北京城中的手工业者和商人迅速地将前门外地区重辟为繁盛的商业区和手工业作坊的集中地。

当时国内形势也是有利于生产的恢复的。自清廷在康熙二十年（1681 年）平息了三藩叛乱后，全国进入了相对稳定的百年发展阶段。南方的物资沿着修复的运河源源北运，北京城又成为全国商业网中的一个重要据点。

这时，在清廷颁布的恢复发展生产的政策鼓励下，北京地区的农业、手工业和商业都有一定的发展。在这些部门里，封建贵族地主、大商人和城乡劳动人民的对立关系却始终存在。

## 农村中的社会关系

郊区农业生产品，包括粮食作物、蔬菜以及经济作物如棉花等，除一部分归农民自己消费外，很多是供城市需要而生产的。农民是社会生产力的主体，也是满洲贵族、汉族地主和大商人无情地榨取和掠夺的对象。

康熙二十四年到四十七年（1685—1708 年），清廷对京郊的皇庄重新规定：粮庄每所占地一千八百亩，每年纳粮一百石，豆秸庄和半分庄每所的地亩和税粮均为粮庄的一半。近郊玉泉山的稻庄按水旱田分别征粮。每庄都设有庄头，耕种这些庄田的是庄丁。王庄也包括有上述各庄，并基本上按照皇庄的经营形式。八旗旗丁的壮丁地是非常零碎的小块土地，贫困的旗丁陆续将许多旗地转卖给汉族地主和少数小自耕农。到乾隆时，旗地已被卖掉一半。转卖的旗地后来有一部分虽然被清廷赎回，作为入官公产，但大部分成为汉族地主的世业。汉族地主在这时攫取了近畿一带很多土地，他们把这些土地租给佃农，进行剥削。小自耕农仅占有极小的土地，而且随时有被豪强地主和大商人兼并的危险。

在这种土地占有关系下面，农民（庄丁、佃农、自耕农）所遭受的各种封建剥削是很严重的。在康熙末和雍正初，清廷免去新增人口的丁银和将原有的差役丁银摊入田亩，使农民的封建负担比起明代和清初相对减轻了。这在北京地区引起的变化是：过去庄头把庄丁当做奴隶或农奴来役使，现在强迫性的劳役有所减少，庄丁主要是缴纳苛重的封建地租，庄丁的身份逐渐向佃农转化。佃农不再遭到大量驱逐，但他们继续要被满洲贵族和汉族地主榨取高额地租，为贵族地主做修理房舍等杂役。小自耕农负担国家的赋税、差役少了，不过遇到封建国家有紧急工程，仍得被征派或雇募到工地去。他们打下粮食要受市场上商人的盘剥，有很多人还整年忍受着当铺、银号和贵族地主的高利贷剥削。

## 农业生产的恢复和发展

为发展农业生产和改善自己困苦的生活，郊区农民在这个时期里进行了反对满洲贵族和庄头的“增租夺佃”，抵制清廷的杂派差徭等斗争，迫使清廷于乾隆时在赎回的旗地里停设庄头，禁止满洲贵族和庄头增加租税和盘剥佃户，以及革除衙门白役等。这些斗争是有利于生产的发展的，例如，停设庄头的土地，清廷自己也承认：“一招民种，复为沃壤，若在庄头，则渐成芜废。”[①] 随着庄头的停设，在旗地里也盛行了汉族地区的租佃制度。农民们进行了大规模的开垦荒地、兴修水利和种植高产作物和经济作物等发展生产的工作。

过去近畿一带有许多荒沙地，可是到康熙中期以后，它们都逐渐被农民开辟出来，成为可耕地。大兴县在康熙时一共开垦了一千二百零一顷十六亩，宛平县垦辟了四百零八顷九十五亩。雍正时缺乏正式记载，乾隆时仅京南一带就开辟了几千顷水稻田。还有满洲贵族和庄头退给地方官府的熟荒地，这种熟荒地原来很多都是汉民的沃地，满洲贵族圈占后，把它们逐渐荒废成为“薄硷沙压”的劣地。地方官府把这些土地租给贫苦农民去耕种。热爱土地的农民迅速地改变了它们荒废的面貌，有些土地不到三五年又重新变成上等沃地。这些荒地的

① 《八旗通志》土田志四。

开垦大大地提高了近畿一带的农业产值。

兴修水利也是一项重要的发展生产的工作。郊区农民从康熙到乾隆时期，在清廷的督使下修治了永定河、北通河、通惠河（大通河）、清河以及南苑的团河和一亩泉等河流，其中应特别提出来的是永定河的修浚。永定河旧名浑河，又名无定河。永定河从山西出山进入近畿一带的平原地区后，由于地势平坦，从卢沟桥以下经常泛滥成灾，淹没宛平、良乡等地的农田和村庄。清统治者为缓和因洪水造成的社会矛盾和巩固自己的统治地位，在康熙三十七年到乾隆三十七年（1698—1772年），雇募了大批农民和河兵六次修浚永定河。修治的办法是“疏筑兼施”，即一面沿河筑堤，一面疏导流向。最后让永定河水自沙家淀循凤河入大清河，再从天津出海。经过六次修治以后，永定河在这一时期就基本上稳定下来。

大修永定河等河流以后，过去积年水患减轻了，水利的效用增加了。河患问题在当时不可能真正解决，但仍取得了不小的成效。农民们开沟设闸，引水灌溉，将许多旱地改为水田。如雍正时卢沟桥西北的修家庄、三家庄一带，农民引永定河水浇田，村南沙沟不粪而沃。乾隆时南苑的团河与一亩泉修治后，其河旁稻田数千顷既垦且辟，益资灌溉之利。农民们引水灌田，有效地增加了农业产量。

随着水利的兴修，北京地区农民发展了水稻等高产作物的种植。过去这里就有过一些水稻田，雍正时因永定河的修治，水田很快增加到十三万三千余亩的数字。乾隆时京南达到几千顷。当时北京“苑囿以南，淀河以北，引潦顺流，杭稻葱郁”。水稻田的收获量，据《顺天府志》的记载：“中熟之岁，亩出谷五石。”比麦和粱、黍的产量高出几倍。除水稻之外，另一种高产作物玉蜀黍（玉米）也在清初京郊地区种植起来，田野家园随处可见。昌平著名的物产多种，谷类有玉蜀秫，“黄白二色，俗称为玉米”。[1] 甘薯红白两种也在京畿栽培。乾隆二十三年（1758 年），前督宪饬通州种甘薯，“红白茹二种”，“今每年长发利民”。[2] 玉米和番薯的播种使京畿传统的粮食结构出现一些新变化，人们的饮食也有所改变。这时近畿一带大部分土地还是种黍、粱、麦等，这些粮食作物也因水利的改善比过去增产了许多。

近畿一带农民种植的经济作物主要有棉花和染料植物。清内务府管理下的庄园，就设有棉靛户，从事棉花和蓝靛的生产，以供官营手工业的需用。为了供应城市需要，菜蔬业和养花业又兴盛起来。近郊农民利用沟渠和井水灌溉了许多菜园，城中菜农恢复和开辟了大小菜园若干处。丰台的花农培植了芍药等名贵花木。每月初三、十三和二十三日，他们推着车子到城里槐树斜街叫卖。草桥也有许多花圃，种植各种花草。这些花卉大多数都是供应王公贵族、官僚地主和大商人的，一年四季不断。

## 官营手工业的衰落和私营作坊的扩大

与农业的恢复同时，手工业在康熙中期以后也逐渐兴盛起来了，乾隆初达到这一时期的顶点。这时手工业仍然分为官营和私营两种。官营手工业日渐衰落，皇室和王公贵族需要的手工业品和日用品更多地要到私营的作坊和店铺里去购买，或责令这些私营作坊代制。私营手工业比明代数量有所增加。

官营手工业在康熙后，分隶于内务府和工部等机构。它们的衰落

① 光绪《昌平州志》卷十三《物产志》。

② 乾隆《通州志》卷九《风土志》《土产》，《谷之属》。

表现在这时的生产规模不及明代。清内务府没有明代内监所拥有的那样繁杂众多的官手工业部门。内务府在北京主要只设有内织染局、广储司七作（包括银作、铜作、染作、衣作、绣作、花作、皮作）和营造司三作（包括铁作、漆作、炮作）。这些局作都是为皇帝和王公贵族服务的。工部掌握的官营工业除炮厂、火药厂外，一般的生产规模也都比明代小。其中琉璃窑生产的琉璃瓦主要用来修建宫殿和王府。黑窑、木厂、铁厂和烧灰厂的产品一半供皇室王府使用，一半用来修城墙和进行其他营造。军器厂、火药厂和盔甲厂的产品则与边防和维护社会治安相关。炮厂属于军器厂，在清代曾生产过红衣炮、神威无敌大将军等许多种类的铜铁炮。工部还长期管理门头沟的一座官煤窑。

乾隆掐丝珐琅爵、盘

官营手工业和矿业的衰落与商品经济的发展和私营手工业的扩大有一定的关联。官营手工业作坊（或手工业工场）里的工匠，这时分为住坐和雇觅两种。《大清会典》记载：“内外营建所用工匠，有住坐，有雇觅。住坐者照例食粮，雇觅者按工给价。”清廷完全取消了明代的轮班制度，也就是取消工匠世袭制度，这是一种重要的改进，但工匠们对于官府的封建依附性还是较强的。住坐匠终年不能离开厂坊，其身份和满洲奴仆相差不多，许多内务府的住坐匠是被满洲贵族从关外和关内掳掠来的。雇觅匠主要是清廷在各地征派来的，不完全是自由劳动者。他们分为长工和短工两种。这些雇觅匠不仅报酬很低，而且领工钱时还要受到官吏的克扣。工匠们经常用怠工和逃亡来反抗这种残酷的封建剥削。在这种情况下，官营手工业逐渐地萎缩。

一部分私营手工业是在官营手工业的衰落过程中进一步发展起来的。从康熙中期到乾隆中期，私营手工业的各行业中发展最快的是铸铜、制药、造酒、香蜡和糖果食品等行业。其次是纺织、制漆和铁锉钢针等业。铁、木和皮革作坊也有一定的发展。铸铜业是直接在官府的控制下生产的，乾隆时北京城内外、八旗三营地方有“熔铜大局六处，铜铺四百三十二座”，“逐日熔化打造，京城废铜器无几”。[①] 其他厂坊则受到牙行的管理和控制，封建国家常常以官价来收购它们的产品。这些作坊的主人一般都兼营商业，往往一个店铺前面是门市部，后面是作坊。

对乾隆时北京私营手工作坊，《帝京岁时纪胜·皇都品汇》中作过这样一段生动的绘述：

制药：“毓成栈，天汇号，聚川广云贵之精英；邹诚一，乐同仁，制丸散膏丹之秘密。史敬斋鹅翎眼药，不让空青；益元堂官拣人参，还欺瑞草。刘纮丹山楂丸子，能补能消；段颐寿白鲫鱼膏，易脓易溃”。

① 王先谦：《东华续录》乾隆二十，乾隆九年十月壬子。

香蜡："花汉冲，制兰佳之珍香；陈集成，浇柏油之大蜡"。

纺织："靛青梭布，陈庆长细密宽机；羽缎毯毡，伍少西大洋青水"。

铁锉钢针："王麻子，西铁锉三代钢针"。

酒坊："佳醅美酝，中山居雪煮冬涞"。

糖果食品："聚兰斋之糖点，糕蒸桂蕊"。"蜜饯糖楱桃杏脯，京江和裕行家"。"内制楂糕，贯集珍床张西直"。

这些商铺和作坊多数是封建地主和官僚士大夫出资开设的。作坊的内部组织和主仆关系，具有明显的封建性质。有些是东家出资，东家自己或委托掌柜处理商务和作坊的事务，招雇伙计、工人和学徒。工人一般是从学徒培养起来的。西鹤年堂制药作坊就是这种情况。有些是东家或掌柜负责店务和作坊事务，而门市部由伙计和学徒看管，作坊则另设一个工头管理。某个工头招收雇工，东家辞退工人须通过他。工人在东家和工头的层层剥削之下，不但工钱很少，而且人身自由也受到很大限制。例如合香楼的制香蜡厂、六必居的制酒作坊基本上属于这种类型。也有些是东家或掌柜负责店务和作坊事务，只招伙计，不收学徒。掌柜将门市部与厂坊打通，把一部分伙计分配在作坊做工，另一部分伙计分配在门市部工作，过一定时期，这二部分人互相对调，如同仁堂就是如此①。这种伙计受东家或掌柜的控制，但东家每年从赢利中提成，分配给他们，买卖愈兴旺，他们的收入也跟着增加。他们可以"自由"离店，离店的后果是可想而知的。在这三种类型的作坊中，以后一类的经营方式较为优越，但也不是完全的自由雇佣劳动。行会的约束和限制在这些店铺和作坊中长期存在，只有很

① 根据1957年对同仁堂、西鹤年堂、六必居和合香楼的调查材料。

少的私营手工业作坊产生具有资本主义因素的生产关系。

由于作坊的东家残酷地压榨工人，工人有时为要求增加工钱而起来进行斗争。如乾隆时，合香楼的工人因为工钱太低，生活非常困苦，他们经常穿不上衣服，赤着背在空地上晒香。他们实在忍受不了，就集合起来向东家要求加薪金，迫使他作出承诺。但事情一过去，东家就无理辞退了许多工人，工人们于是又进行了反辞工的斗争。

在北京的私营手工业中，矿业是个主要部门。当时私营煤窑很发达，乾隆时门头沟达到一百座左右。西城、宛平、房山共达六百九十余座。封建国家除对煤窑征取一定税收外，还严密防范窑工进行反抗封建官府的活动。窑户经常“凌虐窑夫，短克工价”。西山恶霸窑主齐二残害工人多命。窑夫或窑工处在受窑户奴役和迫害的地位。为反抗窑户的凌虐，窑工们曾不断“聚众滋事”，向窑户作斗争。这些窑户最初采取“分股合伙”的经营方法，资金是比较分散的，后来有一部分资金逐渐集中在少数窑户手中。例如，有个阎姓的窑户在雍正、乾隆时陆续收买了不下十座私家的煤窑，集中了相当数量的资本，成为门头沟一带比较大的窑户。清代煤窑的发展比明代又进了一步。

## 商　业

北京是一个繁华的商业都会。“汇万国之车书，聚千方之玉帛”。“帝京品物，擅天下以无双”。[①] 每天都要从全国各地运进来大批的农产品、手工业品和专为贵族地主享用的奢侈品。运来的东西主要有江南和口外的粮食，西口和东北的毛皮，苏州、松江、海宁、嘉兴、通

① 潘荣陛：《帝京岁时纪胜》皇都品汇。

州和河间的布匹，江宁、苏州、杭州、广州和潞安的绸缎绉罗，南海的珠宝，长芦盐以及各地的药材、木材、生漆、铜、铁、纸张和南糖等。俄罗斯商人运来大批的毛皮以至西洋的奢侈品如珐琅等。朝鲜商贩经常带来大批的毛蓝布和马匹。上述商品之中，大部分是为封建地主富户使用的，一般城郊贫民和农民无力购买贵重物品，他们所需要的大半是食盐，铁器农具和北京一些土产的梭布等。商人一面从商品流通中获取巨额利润，一面又通过不等价交换囤积居奇和放高利贷等方式来盘剥城乡百姓。

当时北京城内到处都有行商的踪迹，他们有的住在会馆里，有的住在铺户家里。铺户则分散于全城各地，其中以前门外为主要集中区。这里的大店铺除同仁堂、合香楼、六必居外，还有许多珠宝店、绸布店、杂货店、粮食店等，其他如江米街的貂裘狐腋，琉璃厂的书画古玩，振武坊的辽阳口货，瞻云坊的粮食杂庄，花市大街的绒花、纸花等，都盛极一时。

行商和铺户都受统治者严格的管理和控制。清政府把他们分为一百三十六行，每行都设有官牙，负责收税、评议物价、发卖货物和处理商人间的纠纷等事情。这种官牙很多是由顺天府胥吏充当的，他们往往勾结铺户侵吞行商货物。有些木商更时常由官府派到口外去伐运木材，供给兴修宫殿庭园之用。其次，在各行商人中还存在有同业工会性质的行会组织，它有共同的行规和行市。这种组织强制性地规定商人收学徒雇伙计的章程和禁止卖假货等。大商人在店铺内对学徒、伙计完全实行封建家长制的统治。学徒三年没有工资，整天替东家或掌柜服各种劳役。东家或掌柜经常任意打骂他们，有一些学徒为反抗这种虐待以致半夜里逃走。伙计虽有一定的工资，比学徒的生活略好一些，但也受到东家或掌柜的欺辱。

大店铺中有些是大封建官僚亲自经营或插足其中的，有许多是勾结官府的山西、徽州和浙江大商人开办的。大商人经常投机倒把，抬高物价，例如绸布店和杂货店，一到八旗旗丁发马甲钱粮之时，就突然提高各种货物的价格，大肆盘剥旗丁。粮食店在秋收时尽量压低农产品的价钱，使郊区许多农民受到许多损失。

除行商和铺户外，当时北京城里还存在大量的商贩。他们平时在街头巷尾摆设摊子，例如前门外，大小商贩摆满了布棚摊位，出卖各种日用品。遇到庙会和集市日期，他们就去赶庙会和集市。每年农历正月元旦到十六日，琉璃厂“百货云集”，“图书充栋”。庙会的地点有药王庙、都土地庙、护国寺、隆福寺和花市等，有的地方是每月初一、十五举行庙会，有的则是逢三、逢四、逢七或逢九、逢十举行。到时商贩们在这些地方兜销各种精粗日用物品。这些商贩的处境一般都很艰辛。

## 典当、银号和盐店

当时北京的大商业，还有典当、银号和盐店。乾隆九年（1744年）时，据大学士鄂尔泰等奏称：“查京城内外，官民大小当铺，共六七百座。”[①] 这些当铺中有皇帝出资开设的“皇当”，军政衙署或官僚拿钱开办的“官当”，以及地主商人经办的“民当”。而以经营典当业为主要业务的商号，都是以高利贷方式来盘剥城市中下层居民的一种行业，赎当的利息高达月息三分以上。始于明末的银号在清前期有了发展，银号除经营兑换银票外，也从事高利贷的剥削活动。银号放

① 王先谦：《东华续录》乾隆二十，乾隆九年十月壬子。

高利贷虽不要抵押品，但需铺保作证。小商贩和小手工业者到银号里去借钱的最多，受银号的重利盘剥也最厉害。高利贷剥削严重阻碍了社会经济的发展。

北京的大商人中有一些是盐商，著名的如宛平查氏等。盐商又称官商，他们是直接为封建统治者服务的，因此性质不同于一般商人。北京地区所销的是长芦盐，按照清廷在康熙四十二年（1703 年）的规定，大兴、宛平二县一共销盐十四万余引。盐商将盐运到通州张家湾后，就分别到清廷指派的一定地区去销售。他们利用专利权行销食盐，攫取了大量的钱财。

## 乾隆中期以后北京的经济状况

乾隆中期以后，封建贵族地主对北京劳动人民的掠夺与日俱增。大商人也通过种种盘剥使农民和小手工业者陷于更加困苦的境地。社会各种矛盾日趋尖锐。北京地区社会经济的发展缓慢。

在农业上，北京城郊的八旗旗丁进一步贫困化，很多汉军被迫出旗为民，到外地去谋求活路。汉族小自耕农在大地主的兼并之下纷纷破产，卖掉自己的土地。“旧日有田之人，今俱为佃耕之户”，田土多归富户所有。昭梿的《啸亭续录》[①] 记载：直隶怀柔有一个郝姓大地主“膏腴万顷”，北京城“米贾祝氏”“富逾王侯”，而“宛平查氏、盛氏富亦相仿”。在农民和旗丁的破产、逃亡情况下，近畿一带大量可耕土地变为荒地。乾隆三十六年（1771 年），大学士刘统勋上奏清廷说：宛平路抛荒之地顷亩颇宽，沙压碱耗之余，遂成闲废。乾隆五十年（1785

① 昭梿：《啸亭杂录·续录》卷二《本朝富民之多》。

年），直隶各路报荒的旗民各项地亩共一万二千余顷，这些荒地有一部分是在北京近郊的。破产农民流亡失所，社会秩序极不稳定。

手工业在这时墨守成规，一般行业和大作坊很少扩大生产规模。城内出现了山西大商人开设的票庄，因为各地商人在贸易往来中需要这种商业性的汇兑组织。在北京设立的第一家票庄是嘉道之际山西平遥人雷履泰开办的日升昌票庄。以后接踵而来的若干家票庄都是山西大商人开设的。票庄东家的经营方式主要是通过汇兑去攫取高额的利润，同时他们也剥削庄内雇佣的伙计。后来票庄与封建官府相勾结，经常借款给封建官僚，又加上了一种高利贷的利润（封建官僚把从人民身上搜括来的钱归还票庄的借款时，需要付出一笔很高的利息）。票庄为封建官僚服务的性质逐渐加深，到鸦片战争以后，它几乎变成一大群封建官僚的账房。

社会生产非常缓慢地进行，封建生产关系严重地阻碍了生产力的发展，这就是鸦片战争前夕北京地区经济的基本状况。

## 第四节　行政设施和社会矛盾的激化

### 北京地方的行政设施

清代北京的地方行政设施是由彼此独立的三个部分组成，即以治理民政为主的顺天府，以负责警卫为主的九门提督和以掌管治安为主的五城御史。

顺天府　清沿明制仍置顺天府于北京。衙署在地安门外，鼓楼东，即明代顺天府旧址。辖大兴、宛平两县。顺天府尹为正三品官（一般

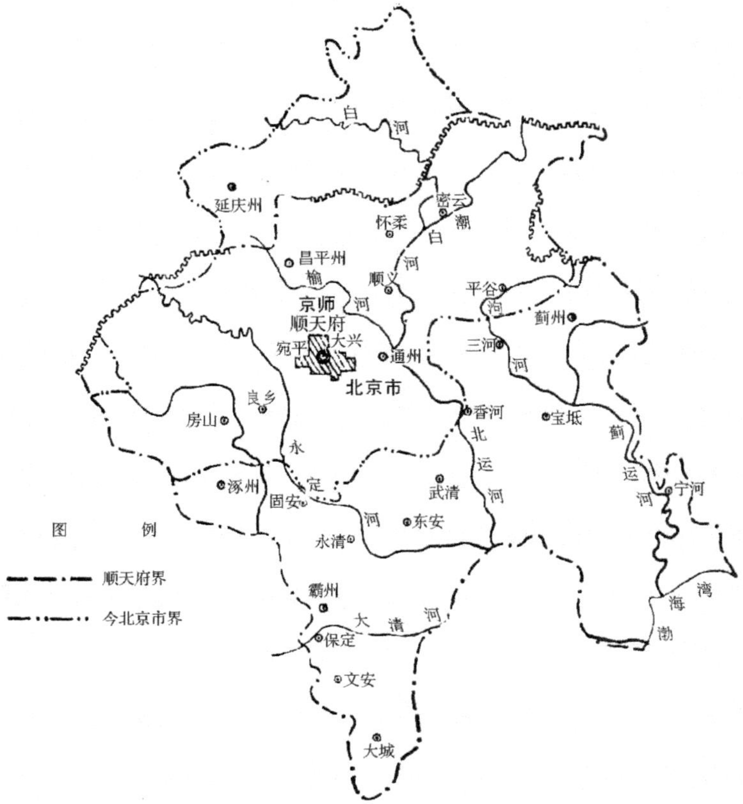


清顺天府行政辖区示意图

知府为从四品)。府尹下属官有府丞、治中、通判、经历等。顺天府的职权是掌管“京畿治理”①、“刑名钱谷”② 等事务。清统治者规定每月初一和十五，全国各州府县要由乡约向广大人民讲读康熙皇帝的《圣谕广训》。京师所在的顺天府更要求“先为开导”,③ 成为全国的模式。在科举考试中，顺天府除了负责乡试、会试的事务外，当殿试传胪日，即殿试后由皇帝宣布登第进士名次典礼的日子，还要负责在东

① 《历代职官表》(钦定)卷三二。

② 光绪《大清会典事例》卷一〇九〇。

③ 光绪《大清会典事例》卷一〇九〇。

长安门外张榜公布登第进士名单。府尹、府丞于张榜处为前三名的状元、榜眼、探花，“簪花披红，赴府宴毕，送状元归第”。[①]

九门提督　九门提督本职称“提督九门巡捕五营步军统领”，俗称九门提督。衙署设在地安门外。九门是指内城九门，即德胜门、安定门、东直门、朝阳门、崇文门、正阳门、宣武门、阜成门、西直门。九门提督为正二品武职，专由满洲亲信大臣兼任。其职责是掌“守卫巡警”，“城门合闭”，“分汛巡缉”[②]。

“一双蔗棍轿前催，曲巷回过喊若雷。

更有双鞭前叱咤，威风扬起满城灰。”[③]

这首诗生动地描述了九门提督巡城时不同寻常的景象。

九门提督及其属员权力很大，对京城实行严密控制。北京城到处布满了堆拨房即巡察兵岗，在内外城以及城墙上共一千一百个，连同城外的共有一千四百六十一个。城内街道胡同各处树立栅栏，共有一千七百四十六处。每处栅栏都有出入之门，起更（入夜）后即行关闭，除“有奉旨差遣及紧要军务，应及时启门”[④] 外，“自王以下官民人等，概禁行走，步军校等分定街道，轮班值宿，步军协尉仍行巡逻”[⑤]，全城实行宵禁。为了加强京师警戒，在白塔山（即北海琼华岛）上及内九门各安放信炮五门，树立旗杆五枝，后定内九门各设十炮，外七门各设五炮。遇有紧急情况即放炮示警，一处放炮，各处炮声皆应。官兵闻炮声即各备兵械，听候使唤。

五城御史　隶属于都察院的巡视五城御史，简称五城御史。京师

---

① 光绪《大清会典事例》卷一〇九二。

② 《清朝文献通考》卷一七九。

③ 得硕亭：《草珠一串》，见《清代北京竹枝词》第 46 页。

④ 光绪《顺天府志》卷八。

⑤ 光绪《大清会典事例》（光绪）卷一六一一。

分为东、南、西、北、中五城，每城设满汉御史各一人，共十人。其下有五城兵马司指挥、副指挥等属员。主要任务为“绥靖地方，厘剔奸弊”，“巡缉盗贼，稽检囚徒”。[①] 实质上就是防范人民起来反抗。因此，五城御史要访拿“不法匪徒”，取缔无为、白莲、闻香等群众秘密宗教结社。对参加这类所谓“邪教”的，要“设法缉拿，穷究奸状”，“加等治罪”。[②] 五城御史还有一定的理讼权，除徒罪以上送刑部外，“五城词讼，御史径行审结”。

康熙以后，在京师五城设立司坊官，共十五员，这就是“司坊分理”。司坊管辖区域包括关厢和郊外的一部分，清河、海淀都在管辖之内。这为的是对百姓实行严密控制。乾隆以后更特别重视门牌、户册，要司坊官在所辖地面严查，“遇有外来之人，务详究来历，毋令不法之徒混迹市廛”。对京师户口门牌要“随时稽查更正，核实办理”。[③]

清统治者为防范群众聚合滋事，连戏园都加以严格限制。清初规定，京师内城“永行禁止开设戏馆”，以后又对外城“概行禁止夜唱”，并严禁当时最受群众欢迎的新腔调秦腔的演出。还一再下令不许八旗官兵、一般官员以及太监往戏园看戏。如有违者，五城御史连同步军统领、顺天府严行稽查，指名纠参。[④]

顺天府、九门提督、五城御史，它们既各有专职又协同配合，完整地构成了统辖北京城区的职能部门。这也是满洲贵族为加强国都局势的稳固所采取的重要举措。

---

① 《清史稿·职官二》。
② 光绪《大清会典事例》（光绪）卷一〇三八。
③ 光绪《大清会典事例》（光绪）卷一〇三三。
④ 光绪《大清会典事例》卷一〇三九。

## 清中期北京人民的贫困和统治阶级的腐化

清朝入关定都北京四十年后，全国重新实现了统一。在此后的百年间，社会安定，劳动人民努力进行生产，物质财富不断增加，出现了一个繁荣富强的局面，史称“康乾盛世”。但从十八世纪中叶以后，约当乾隆末到嘉庆时期，土地兼并加剧，统治阶级的生活日益奢靡，劳动人民的处境更加恶化。各地大规模的反抗斗争，如苗疆和川楚五省白莲教起义，接连不断，迅猛地冲击着清政权。清朝统治已是危机四伏。

北京是贫富两种生活相差悬殊的地方。京城的劳动人民，不论是“西山来往送煤多”、“颜如灶底锅”① 的运煤苦工，“当街耐冷”为他人补旧衣裳的“缝穷妇”②，还是“妇子三冬勤力作，攒花通枣夜无休”③ 的城郊小户人家，无一不是无休止地辛苦挥汗劳作，但却不得温饱。“等闲生活无多利，逐日抽还印子钱”④，这是酷受高利贷的剥削。“可怜剥到无锥地，忍气吞声可奈何!”⑤ 终年处于贫困而只得在生命线上挣扎。

不仅如此，在这个时期北京城还涌现了千百成群、络绎不绝的流民。这是由于土地兼并，连年水旱灾害，致使农民贫困不堪，纷纷失掉土地，被迫离乡背井所造成的。北京城的流民从乾隆晚期以来越来越多。清统治者面对这种情况，虽然加紧戒备防范，将“无业游手”，

① 杨米人:《都门竹枝词》，见《清代北京竹枝词》第 21 页。

② 佚名:《燕台口号一百首》，见《清代北京竹枝词》第 30 页。

③ 学秩氏:《续都门竹枝词》，见《清代北京竹枝词》第 60 页。

④ 同③，第 33 页。

⑤ 得硕亭:《草珠一串》，见《清代北京竹枝词》第 60 页。

进行“解递回籍”，但是防不胜防，解不胜解。为了防止激变，同时又责令五城御史进行赈济安顿。早从顺治初年起即设粥厂，放棉衣，建立栖流所，但杯水车薪，解决不了什么问题。道光时五城粥厂数同清初一样，仍是每城两个，仅仅是煮米数由一石增加到二石而已。入冬所散放的棉衣，也是远不能“周徧”。道光帝旻宁在上谕中不得不承认，每厂茕独老弱者“自千余名至三四千名不等”，而所放的棉衣，“仅有二百五十余件，转不能遍及穷黎”①。从中可以看出问题的严重。而规定的在每城各设一个栖流所，对数以十数万计的流民、贫民来说更是无济于事。

有诗云：

“鹄面鸠形大道边，丐儿争取列侯钱。”②

“金桥玉洞隔凡尘，藏得乞儿疥癞身，

绝粒三旬无处诉，被人指作丘长春。”③

北京街头上白日讨饭、黑夜露宿的比比皆是。据记载，嘉庆元年（1796 年）二月一个寒冷的晚上，露宿街头被冻死的多达数千人。这是多么凄惨的社会场景。

在北京，不仅汉、回等族贫富悬殊，而且满族内部也在急剧地分化。旗人下层丧失土地的逐渐增多。清入关时满洲兵丁及家属均住内城，他们在北京周围有分得的圈占土地，驱使汉人奴仆耕种，坐享其成。但是由于兵役繁重，而八旗兵丁服兵役时所需马匹、粮草、军械全须自备，致使八旗兵丁“称贷不能偿还，遂致穷迫”④ 的越来越多。

① 《清宣宗实录》卷六十二。

② 陈于王：《燕九竹枝词》，见《清代北京竹枝词》第 5 页。

③ 孔尚任：《燕九竹枝词》，见《清代北京竹枝词》第 5 页。

④ 《清圣祖实录》卷一四九。

同时由于人口增多，不能当兵领饷的八旗闲散余丁，日渐增加，而分地定额却不能增添。再加上奴仆逃亡，而他们又“身在京城不能自种，有限之地不可以设庄头，差人讨租，往返盘费，所得随手花费”[①]。而其生活却“日就华糜”，“毫无节制”[②]，所用不敷，于是向汉人典卖旗地就成了“必然之势”。按清初的规定，满、汉不交产，旗人土地是不能卖给汉人的，并且清统治者担心“八旗生计”艰困危及统治，因此，从康熙朝以来，就不断发出帑银，或赏赐八旗兵丁，或赎回旗地，但都无济于事。兵丁赏银到手，“不过数月，罄尽无余”，而回赎旗地由于原主无力取赎，准许另外旗人“认买”，这样就给地主提供了兼并土地的机会。因而越来越多的旗下人失去土地，造成衣食拮据，沦为贫民。到嘉庆时期，由于国库空虚，朝廷已无力大量支付帑银去分赏或赎地，八旗生计问题更为严重，就连一些宗室觉罗在内城也“栖身无所”。清政府为了摆脱这个大量出现的八旗闲散人丁的沉重负担，不得不将他们迁往东北进行垦种。这项工作从乾隆六年（1741 年）迁八旗余丁三千人去吉林就已开始，但大规模进行还是嘉庆以后。嘉庆十七年（1812 年）下令，将驻京八旗闲散人员迁到双城堡屯垦；次年，迁京师宗室闲散人口到盛京（沈阳）小东门外择地建房居住。道光四年（1824 年），又迁驻京八旗闲散人丁到伯都纳（吉林扶余）屯垦。但愿去者“不甚踊跃”，“甚属寥寥”。从乾隆初到道光中期迁到东北各地垦种的旗人仅五千余户，而其中又有相当大的一部分逃回北京。北京城内闲散的八旗人丁仍然很多，加上大量集聚的汉族贫民、流民，这是清中叶以后严重的社会问题。

① 《清世祖实录》卷一二七。

② 《清仁宗实录》卷一一三。

与上面适成鲜明对照的，北京又是达官显贵的乐园。这些住在北京的满洲、蒙古王公贵族和汉族大官僚、大地主、大商人们拥有大量的土地房屋，如怀柔大地主郝氏“膏腴万顷”，京师的粮商祝氏“富逾王侯，其家屋宇至千余间，园亭瑰丽，人游十日，未竟其居”。可与祝氏媲美的还有查氏、盛氏。怀柔郝氏曾在其家接待过乾隆帝弘历，进奉上方水陆珍错，至百余品。其他王公近侍以及舆台奴隶，皆供食馔，一日之餐，费至十余万。① 这些富人和上述贫民相比，真是天壤之别。

以乾隆皇帝弘历为首的统治集团更是过着极度奢华糜烂的生活。嘉庆三年（1798 年），正当北京街头饥民成群，西南苗族人民和川楚白莲教起义军向清统治者猛烈冲击之时，作为太上皇的乾隆帝却在宫内摆鳌山，放烟火，筵宴赏赐，几无虚日。②

那时候全国大小官吏贪污成风。乾隆后二十年和珅擅权，大肆贪蚀，家财富几敌国，搜括所藏精品珍珠竟有二百余串，较之皇宫所藏多至数倍，“并有大珠较御用冠顶尤大”，各种珍宝不计其数，被抄没的金银约合白银四百万两。此外还有房屋一千余间，地一千二百六十余顷，当铺二十座。即其家人也拥有数十万家私。③ 由于和珅的贪污受贿，造成全国性的普遍贪风，几乎所有大吏无不沾染，其中重案累累，为历史所罕见。

## 天理教起义　林清攻打紫禁城

嘉庆十八年（1813 年），林清率领天理教众攻打紫禁城，是一次

① 昭梿：《啸亭杂录·续录》卷二《本朝富民之多》。

② 《朝鲜正宗实录》三十二年正月。

③ 据《史料旬刊》第 6、7、8、10、14 期《嘉庆诛和珅案》。

史无前例的起义行动。它不像黄巢、李自成那样率领几十万农民起义军攻破京城，而是一、二百名教众冲入紫禁城，与宫卫人等展开搏斗。

天理教是白莲教的一个支派，它的组织按照八卦编排，所以也叫八卦教。天理教的派别很多，在北京的组织多属于“龙华会”，里面还有红阳派和白阳派的区分。这个秘密的宗教团体活动在北京、直隶、河南、山东和山西一带。他们信奉“无生老母”，传授“真空家乡，无生父母”八字真诀。天理教这个组织，它一开始就是准备夺取清朝政权的。所以在入教时，教徒要量力交钱，名叫“种福钱”，又叫“根基钱”。每逢清明和中秋两节，教徒还要尽力捐献，称作“跟赈钱”，“事成偿得十倍”。凡交纳百钱者，事成后可以得地一顷。所谓事成，就是指夺得政权。

在北京的天理教徒包括不同的劳动者阶层。郊区的贫苦农民和手工业者是它的基本成员；在城里有奴仆、雇工、厨役、小贩、工匠、店员，还有下层太监和贫苦旗人。十分明显，天理教是当时北京劳动人民的一个重要的社会秘密组织。

北京天理教的首领是林清。林清（1770—1813 年），大兴县黄村宋家庄人，家境贫寒，曾在北京西单牌楼南面一家药铺当过学徒，又在顺承门（宣武门）街上打过更，后来在衙署里当差役，还在运河上做过拉纤夫，是一个经历过艰苦磨炼的人。嘉庆十一年（1806 年），林清加入了天理教。后遭逮捕，被判“杖罪”。释放回家后仍继续进行活动，发展教徒，扩大组织。林清有魄力，有口辩，为人慷慨义气，深得教众拥护。他被教众推为“坎卦”首领。当时宛平和大兴一带流传着“若要白面贱，除非林清坐了殿”的歌谣。天理教的教众都称“林清为圣人”①。这表明林清的反抗目的是想要推翻清政权。

① 《军机处录副奏折》，中国第一历史档案馆藏。

北京天理教起义是林清领导“坎卦”教众发动的。林清同河南“震卦”教首李文成约期举事，互相犄角，彼此声援。李文成是河南滑县谢家庄人，出身木工，人称“李四木匠”。他粗通算学，颇孚众望，数万教众对他极为爱戴，说他是“李自成转世”①。北京和滑县这两支势力，滑县教众人多，是起义的中心所在。

嘉庆十六年（1811 年）秋天，林清和李文成在河南道口镇会面，并召开八卦教教首会议。道口镇会议商讨了反清起义的策略及准备等问题。会议决定推翻清朝，建立“大明天顺”政权，起义成功后林清为天王，冯克善为地王，李文成为人王。以后林清又两次去河南，李文成也来过北京一次。他们宣传“八月中秋，中秋八月，黄花遍地开放”②；议定于“酉之年，戌之月，寅之日，午之时”，即嘉庆十八年（1813 年）九月十五日午时共举大事。他们还议定由林清领导坎字卦教众攻打紫禁城，并从河南派教众前来北京支援。

李文成领导教众在河南进行起义的准备工作。该教重要骨干、原县吏牛亮臣在大坯山打造兵器，不慎被滑县知县强克捷察觉。九月三日，李文成被捕入狱，刑断其胫。牛亮臣、宋元成率教众被迫提前起事，劫狱入署，杀死强克捷，救出了李文成。虽然山东相继响应，终以死守滑县，遭到大量清军围攻，城破，李文成走死。③

林清计划由教众中的太监引路，以少数人先夺占皇宫，然后占领北京城，并乘嘉庆帝颙琰从热河返回北京之机，在途中进行伏击。林清没有得到河南提前起义以及失败的消息，仍按预定日期发动了对紫禁城的进攻。他派定二百人担任正面作战的任务，分作两队，一队攻

① 兰簃外史：《靖逆记》卷三《李文成》。

② 《军机处录副奏折》，《林清供单》，中国第一历史档案馆藏。

③ 《啸亭杂录》卷六《滑县之捷》。

打东华门，一队攻打西华门，每队以二人为首。以十人为一组，每组有一头目。参加起义的教众都用白布包头，白带系腰，以“得胜”二字为联络口令。

十五日清晨，他们暗带兵器，在城外指定地点集合。攻打东华门的从董村出发，攻打西华门的从黄村出发。他们装扮成挑柿子的商贩混进城内，午时以前到达了紫禁城附近。在地安门附近也设下了伏兵准备接应。带队的大首领陈爽、陈文魁、祝显等在前一天就潜入城里，在前门外鲜鱼口教众开设的庆隆戏园及城内店铺里作战前准备工作。

正午，起义者挥舞着“大明天顺，开天行道”的白色旗帜，开始了攻打紫禁城的战斗。东路以陈爽为首，刘呈祥殿后，由太监刘得财、刘金做向导，攻打东华门。他们三十多人在南河沿一个酒铺集合后，向北行进。走到东华门前，有的教众不慎露出暗带的武器，被守门士兵察觉，急忙关闭城门。起义军一小部分抢入，其余都被阻截在门外。抢入的起义者人数虽少，但作战非常英勇。他们边走边打，经过协和门和苍震门，一直攻到内廷东门景运门，一些清廷护军被杀死，护军统领杨述曾节节败退。

西路一队起义军以陈文魁为首，刘永泰殿后，由太监张太、高广福做向导，攻打西华门。他们七十余人在菜市口集合后，来到西华门外，将柿筐踢倒，取出兵器，冲进西华门，随即将城门反关，以拒外来官兵。西路战斗最为激烈。起义者连续攻打文颖馆、造办处、内膳房，直抵养心殿、中正殿。有的起义者攻入了慈宁宫。大部起义者在内廷西门隆宗门外展开了争夺宫门的战斗，杀死了很多清兵，其中包括头等侍卫那伦等。这时正在内廷读书的皇次子旻宁（即后来的道光帝），下令紧闭内宫的宫门，等待援兵来救。内宫后妃等慌乱成一团，只有旻宁还敢拿着鸟铳在养心殿石阶上放几枪，击杀义军。

清廷调来火器营一千余名官兵镇压起义军。尽管双方力量悬殊，但起义者并没有因此而丝毫气馁，面对猛烈的火力和众多的敌人，仍顽强地坚持战斗。太监高福广引导起义者从马道登城，他高举“顺天保民”的旗帜，激励士气，不幸中箭阵亡。

当天夜里，清护军严密把守着紫禁城的城门，起义军被困在紫禁城里。他们打算火烧五凤楼，乘乱突围，忽天降大雨，突围计划无法实施。十六日，起义战士虽然饥疲不堪，身负箭伤，仍顽强战斗。到晚上，皇宫里的战斗方告结束。[①]

从九月十五日到十七日，北京城完全处于战争状态。十七日，由曹福昌组织的起义支援力量，仍在城里继续活动，搞得统治者惶恐不安，甚至看守午门的军官闻变，也“开门首遁”。

这时，嘉庆帝颙琰正在回京途中，得到天理教起义军攻打皇宫的奏报，顾不上拜谒其父乾隆帝裕陵，火速赶路，停留在燕郊不敢前进，到十九日才回到宫里。

在黄村宋家庄指挥战斗的林清得知战斗不利的消息后，命教众严守村落，等待河南援兵的到来。十七日晨，清军包围了宋家庄，林清被诱捕。嘉庆帝亲自审问林清后，下令将他杀害，[②] 终年44岁。大部分教众都隐藏起来，祝显、刘第五等远走他乡，以图再举。

嘉庆时，清朝统治还相当强固，朝廷仍拥有相当大的军事力量，这是林清起义失败的客观原因。林清没有广泛深入地发动群众，积蓄力量，就发起了攻打紫禁城的战斗，以为只要打下清宫，就能掌握北京，控制全国。这种冒险轻敌的估计是起义失败的主观原因。同时，

① 《啸亭杂录》卷六《癸酉之变》。

② 同上。

河南李文成起义失败，不能派兵支援北京。北京的起义也组织得不够严密，起义部队之间缺乏联络，城内没有统一的指挥。埋伏在地安门外的力量既未见动作，接应队伍也没有能及时发挥作用，迟至十七日，曹福昌的支援人员才开始行动。这样，各路队伍孤军奋战，很快都被清军分割包围，以致迅速被镇压。

这一次起义给予清统治者的打击是极为沉重的，嘉庆帝颁硃笔《遇变罪己诏》，无奈地说："变生肘腋，祸起萧墙"，此为"汉、唐、宋、明未有之事"。[①] 尔后，他在《御制诗文集》中仍慨叹道："从来未有事，竟出大清朝。"一提此事便心有余悸。

## 第五节 清前期北京的学术和文艺活动

### 京师的学者文士

北京作为清朝的首都，四方学者文士汇集于此。他们有的科举高中，进入翰林院；有的或受聘，或游学，也来到北京。这些学者互相结识攀交，讲学论道，对北京的文化繁荣和学术发展有着重要影响。

康熙平定三藩后，崇尚辞学，读书名士竞会都门。康熙十八年（1679 年）三月，清圣祖玄烨效法古制，特兴千百年旷典，在体仁阁开博学鸿儒科。天下名儒宿学、名臣杰士、布衣韦带，一百八十余人，一时云集京师。录取彭孙遹等五十人，纂修《明史》，以备顾问。清高宗弘历法祖，以乾隆元年（1736 年）再举博学宏词科。当时北京城

① 《清仁宗实录》卷二七四。

人文蔚起。[1] 以布衣身份应徐元文之聘在北京主修《明史》的万斯同，每开讲会，翰林、部郎、处士率四五十人，环坐听讲。宫阙、地理、仓库、河渠、水利、选举、赋役、朝仪、兵刑诸项，每讲一事，口如瓶注。[2] 自王公以至下士，无不呼曰“万先生”。著名学者，“颜李学派”创立人李塨参加讲会，万斯同把他介绍给到会者，并延请他登座讲席。这种学术活动，对北京的文化发展起了推进作用。

贮存《四库全书》的文渊阁

在编辑《四库全书》的过程中，清统治者把很多学者网罗到北京，其中有戴震、庄存与、翁方纲、朱珪、任大椿、邵晋涵、周永年、姚鼐、王念孙、纪昀等人。他们对《四库全书》每一部书的渊源、版本、内容都做了详细的考订，写成一部《四库全书总目提要》，是一部重要的目录学著作。戴震、王念孙和著名学者钱大昕还在北京写出了不少考据经史、音韵、地理、历算的学术著作。

① 参阅《清圣祖实录》卷八十，秦瀛：《己未词科录》卷一。

② 《李恕谷年谱》卷三。

北京也产生了一些有名的学者，满洲理学以德格勒为最，以“清风亮节闻天下”。他与徐元梦、汤斌、李光地交游。光地称自己的学问，遇德子谔（格勒）、徐善长“而后有进”。[①] 再如满洲正黄旗人阿什坦，被康熙帝誉之为“我朝大儒”，曾用满文翻译《大学》、《中庸》、《孝经》、《论语》诸书并刊行；汉军镶白旗人刘淇著有《助字辨略》；汉军旗人傅泽洪著有《行水金鉴》；出生于大兴县采育镇的著名学者孙承泽，崇祯四年（1631 年）进士，升任六科给事中。仕清，历任都给事中、通政使司左右通政、太常寺卿、大理寺卿、兵部侍郎、吏部左侍郎等职。顺治八年（1653 年），引退林下，营退谷于西山卧佛寺后水源头旁，闭门著述二十余春秋。他“博学鸿览，多识轶事”，先后成著 43 种，其中《春明梦余录》、《天府广记》历载先代典制景物，刊行传世，“几使洛阳纸贵”。此外，该县还有刘献廷著有《广阳杂记》、翁方纲著有《两汉金石记》、王源撰《明史・兵志》；礼亲王代善后人昭梿著有《啸亭杂录》。著名学者徐松也是大兴人。

文士中，大诗人王士禛长期留居北京，四方莅京登门求教者甚夥。满洲宗室著名诗人、饶余亲王阿巴泰曾孙文昭即“辞爵读书，从王士禛游”，“工诗，才名藉甚”，著有《紫幢诗抄》等。[②] 王士禛在北京曾组织文社，与兄士禄、弟士祜及宋琬、施闰章、严沆、丁澎等互相酬唱，被称为“燕台七子”。

在北京的满洲贵族及八旗子弟中也出现了一些文士，其中最著名的是性德和曹雪芹。性德，姓纳喇氏，隶满洲正黄旗，康熙宠臣明珠之子，康熙十四年（1675 年）考中进士，乡试出徐乾学门，从其研讨

① 震钧：《天咫偶闻》卷二。

② 《清史稿》卷四百八十四《文昭传》。

学术。他善诗，尤长于词，所著《饮水》、《侧帽》二集，“清新秀隽，自然超逸”。[①] 性德和朱彝尊、陈维崧被誉为清代“词家三绝”。

曹雪芹，名霑，祖上是汉人，被俘编旗，入满洲正白旗为包衣。正白旗为上三旗之一，因而就世代为皇帝家奴。曹玺、曹寅和曹颙、曹頫父祖兄弟连任江宁织造官，曹玺之妻孙氏又当过玄烨的保母，和皇室关系密切，故成为荣华富贵之家。由于受到康熙末年诸皇子争位斗争的牵连，雍正即位后查抄了曹家，从此家道衰落。乾隆时略有好转，而到雪芹成长起来，其家境又进一步陷入败落困窘之中。

曹雪芹长期居留北京，北京是当时的统治中心，满洲贵族和大官僚的骄奢淫逸和对于佃户、庄丁的残酷剥削，在这里表现得最为突出，而他本人出身在封建显贵家庭，又经历了家道荣辱兴衰的变故。这种客观的环境和他个人的经历，对他的思想感情的变化起着决定性的影响，因而在他的伟大现实主义巨著《红楼梦》中不仅描绘了当时封建社会的面貌，同时也再现了北京社会的风情，特别是八旗贵族和京城市民贫富悬殊的生活和阶级关系。《红楼梦》最初只有抄本，在北京的庙会上售卖。以后有刻本刊行，流通渐广，并且演为戏文，家喻户晓。

清代出生北京的著名作家还有大兴县人李汝珍，嘉庆、道光间流传的长篇小说《镜花缘》，就是他的作品。

## 戏　　曲

清代北京的戏剧有了长足的进步，它上承明代戏曲成果而加以发

① 《清史稿》卷四百八十四《性德传》。

展，从宫廷到民间，剧本和演员以及演出场所，都较前代为优胜。

皇宫和圆明园里都有大型壮观的戏楼，名“同乐楼”，供皇帝和后妃以及大臣们观戏娱乐。在这里的演出多为庆贺年节和寿辰，因而内容多属神话故事，如《群仙庆贺》、《罗汉渡海》等剧目。满洲贵族在关外时已熟悉的小说《三国演义》，被编写成戏剧，名叫《鼎峙春秋》，用昆腔演唱。《水浒传》也被改编为《忠义璇图》，在宫廷演出。宫廷演戏的规模大，行头新，角色多，是民间戏班难于相比的。

民间戏剧大戏、小戏都有，腔调自由发展，不受拘束，因而更加丰富多彩，具有强大的生命力。清朝前期北京流行的剧种，先是昆腔，稍后增加了梆子腔、乱弹腔和弋阳腔，后来又有了皮黄调。皮黄最能吸收各种腔调，也善于改革，例如最初它和昆腔一样，乐器以笛为主，后来改用胡琴。这就是以后在北京流行的京剧。

北京民间戏剧组织，乾隆时有宜庆、萃庆、集庆、欢庆等部，道光时有四喜、三庆、春台、和春四部。戏班的演员很多都是从各地农家立券买来。最初年龄很轻，以后学成“出师”，须交给师傅一大笔赎金。在师傅与演员的父母订立契约时，在契上用墨笔画一条黑线，叫做“一道河”，十年之内，生死存亡，都不许父母过问。在演戏过程中，还要经常受到豪贵的凌辱。演员的生活和遭遇，都是极端悲惨的。

戏班上演的地方戏园，早期有查楼、月明楼，以后有三庆园、庆乐园、广德楼、广和楼（即查楼）。戏园内城外城都有，而以外城为多。乾、嘉时内城有隆福寺的景泰园、四牌楼的泰华轩，东安门外金鱼胡同、北城府学胡同皆有戏园。[①] 外城有十余个，其中正阳门（前

① 《天咫偶闻》卷七。

门）外大栅栏一地即有五个。剧目大多本于明代昆腔的节目，就《浣纱记》、《牡丹亭》、《义侠记》、《西厢记》等传奇中可成单出的择出表演，也有新创作的。演出时还要有一两出武工戏。至于王公高爵，府里有自己的戏班，大臣官僚可召来会馆演唱，是不到戏园看戏的。

北京的杂曲种类很多。旧日鼓词，有“子弟书”，始创于满洲八旗子弟。曲种有“八角鼓”、“什不闲”、“莲花落”等。其曲目有雅有俗，如《归去来词》、《长坂坡》、《游寺》等。就其曲词来看，应是继承京城原有的民间歌曲小调糅合发展而成。“其词雅驯，其声和缓”。有东城调和西城调之分。“西调尤缓而低，一韻萦纡良久”。① 此等技艺内城士大夫多擅长，其次为瞽人，声价极昂。

## 文化街琉璃厂

琉璃厂是北京一条古老的文化街。李文藻著《琉璃厂肆书记》云：“桥居厂中间，北与窑相对。桥以东街狭，多参以卖眼镜、烟筒、日用杂物等。桥以西街阔，书肆外，惟古董店及卖法帖、裱字画、雕印章、包写书禀、刻版、镌碑耳。”若遇廷试，进场之文具，如试笔、卷纸、墨壶、镇纸、弓绷等，俱备不遗。因该地初为元代琉璃厂窑，明代扩大其规模，清代仍如明旧，故得其名。明代城内书肆多在大明门之右，及礼部门之外、拱宸门之西。“每会试举子，则书肆列于场前”。另有定期在灯市口、西城城隍庙一带鬻书。清初书市移往南城广安门内慈仁寺（后更名报国寺）和东城隆福寺等地，每月初一、十五日，及下浣（旬）五日，百货云集，书摊充斥其间。

---

① 《天咫偶闻》卷七。

琉璃厂书市的兴盛，是乾隆三十八年（1773年）《四库全书》开馆之时。当时江浙等地书贾多辇书至京城，在此地开设书肆。沿街东西二里许有书肆多家：厂东门外路北为销售残破之书的声遥堂，厂门内路北为嵩口堂唐氏、名盛堂李氏，又西路南为带草堂郑氏、同升阁李氏，再西路北者，有宗圣堂曾氏、圣经堂李氏、聚秀堂曾氏，路南者有二酉堂、文锦堂、文绘堂、宝田堂、京兆堂、荣锦堂、经腴堂，皆李氏，宏文堂郑氏、英华堂徐氏、文茂堂傅氏、聚星堂曾氏、瑞雪堂周氏，先后次第南北。经营旧书者惟京兆堂、聚秀堂二家，余则售新书。又西而南，有文粹堂金氏；再北转至正街，路南为文华堂徐氏。[①] 四库馆的编修文士“各以所校阅某书应考某典，详列书目，至琉璃厂书肆访之”。[②] 王士禛、朱彝尊等一批著名学者文士多居宣武城南，而琉璃厂小有林泉，可供游赏，文人常汇聚于此，访书题咏。每年新春元旦至正月十六日，琉璃厂“百货云集，灯屏琉璃，万盏棚悬，玉轴牙签，千门联络，图书充栋，宝玩填街”。更有“秦楼楚馆遍笙歌，宝马香车游士女”。[③] 琉璃厂一条街成为北京城的岁时盛景。

当时的琉璃厂是文人、藏书家、鉴赏家，及书商的聚会园地。经营书业者多通晓典籍版本之善劣，以及各地藏书家收藏情况和著述家的底稿存佚等。有的书商还精通书籍的内容，为顾客咨询。四库馆纂修官周书昌尝见吴才老《韵补》被他人购去，鉴古堂书商老韦告诉他，邵子湘《韵略》已尽采录。周书昌翻检《韵略》果然如此。这些书商经常奔波于京城内外存书之家，收购各种图籍，在书籍的流通方面发挥了很大作用。

---

① 李文藻：《琉璃厂书肆记》。

② 张涵锐：《琉璃厂沿革考》，见《琉璃厂小志》，北京古籍出版社1982年版。

③ 《帝京岁时纪胜》琉璃厂店。

琉璃厂文化街以书肆繁荣而名扬内外，还吸引了朝鲜等国使团中的不少文人墨客。他们结伴光顾书肆、书摊，采买古籍和喜爱的文房四宝，并与中国学者小酌清言，吟咏唱和，留下了一段中外文化交流的佳话。

## 中西文化交流

十六、十七世纪之际，适值明清嬗替之时，欧洲的科学技术迅速发展。伴随西方殖民主义势力的东来，一批来自意大利、日耳曼、法国、葡萄牙、西班牙、比利时等国的天主教耶稣会会士也纷至踏上了东方中国这块古老的土地。自万历九年（1581 年）耶稣会士、意大利人利玛窦（Mathew Ricci）抵达广东肇庆传教，至乾隆三十三年（1765 年）法国人蒋友仁（Benoist Michel）来华，进呈《增补坤舆全图》及新制浑天仪，历时近 150 年，耶稣会士用西方学术敲开了在中国行教之门。学问颇佳的利玛窦、日耳曼人汤若望、奥地利人南怀仁、法国人白晋等耶稣会士充当了“文化媒介”的角色，在布道“福音”的同时，一边向士人传播西方近代科学，联络情感，力求士人支持；一边又积极地向欧洲宣传“神秘”的中国。他们在东西方架起了一座文化交流的桥梁。而这一时期的北京正是中西文化交融的中心。

自肇庆布教之后，利玛窦即以中文撰《乾坤体义》二卷，该书上卷言天象，记述人居寒暖五带，七政恒星，日月地影与日月蚀，及七曜地体比例等；下卷讲述边线、面积、平圆、椭圆，互相容较。这部书是西方天文学传入中国之始。清初的《御制数理精蕴》一书，多采用其说。① 尔后，利玛窦又制造浑天仪、天球仪、地球仪、计时晷等

① 《四库全书总目提要》卷一〇六。

天文仪器，赠送明朝地方大吏。并编纂《经天该》，将西方已发现的诸恒星，编成歌谣，供参观天象者记诵。之后，利玛窦先后活动于韶州、南昌和南京等地。万历二十九年（1601 年）二月，他到达北京，进呈自鸣钟、《坤舆万国全图》等方物。当时一些“雅负经济之才”、“有志用世”的士大夫，如徐光启、李之藻、周子愚等首好其说，与利玛窦等相交游，并为其著述润色文词，从学西方天文、历算、火器制造之术。利玛窦给李之藻讲授简平仪，之藻耳听手记，深得其用法，撰写《浑盖通宪图说》，发明制造施用之法，文多不载。这是我国介绍西方天文学的第一部著作。利玛窦曾上疏提出，天地图及度数，深测其秘，制器观象，及改验日晷，呈请披露御前。而灵台官拘泥守旧，惮于改作。万历三十八年（1610 年）四月，利玛窦病逝京城，明神宗朱翊钧赐地安葬于阜成门外二里沟。继利氏之后，接踵而至的，还有庞迪我、熊三拔、龙华民、邓玉函、汤若望等，他们均精研天文、历法，对西学的传入，尽力尤多。

明初历法乃刘基所制的《大统历》，此历因袭元朝郭守敬的《授时历》，自宪宗成化年间以后，历官推算多谬，朝议改历的呼声日高。在利玛窦过世七个月后，即十一月壬寅（初一）朔日食，当日钦天监推测日食分秒及亏圆之候不符，职方郎中范守己疏驳其误。礼官因博求知历学者，令与监官昼夜推测。于是，五官正周子愚建言：“大西洋归化远臣庞迪我、熊三拔等，携有彼国历法，多中国典籍所未备者。乞视洪武中译《西域历法》例，取知历儒臣，率同监官将诸者尽译，以补典籍之缺。”[①] 礼部乃疏荐精通历法的邢云路、范守己，改授京卿，共理历事。精心历理的翰林院检讨徐光启、南京工部员外郎李之

① 夏燮：《明通鉴》卷七十四。

藻与庞迪我、熊三拔同译西洋法，供修历参订。未久，邢云路、李之藻应召至京，参预历事。云路据其所学，之藻则以西法为宗。西洋历法开始引起明政府的关注。

万历四十一年（1613 年），迁官南京太仆寺少卿李之藻上西洋历法，疏言十四事。指出近年台谏失职，推算日月交食，时刻亏分，往往差谬。西洋人庞迪我、龙华民等洞知历算之学，“其言天文历数，有我中国昔贤所未及道者”。建议开馆局，将庞迪我等所有历法，译出成书，“其于鼓吹休明，观文成化，不无裨补”。[①] 时礼科姚永济认为之藻所言极是，代为其请。然而，因朝廷庶务因循，未暇开局。同年，熊三拔（Ursis Sabatthinus de）著《简平仪说》一卷，参证利玛窦之说，阐述简平仪的用法，即取浑圆为平面，以平圆测量浑圆之数。稍后，又著《表度说》一卷，论述立表测日影定时的简捷之法，即表度起自土圭，今创为捷法，可随意立表，并叙说天文学基本原理。万历四十三年（1615 年），阳玛诺（Diaz Emmanuei）著《天问略》一卷，以问答的方式，配以图说，反复讲授诸天重数、七政部位、太阳节气、昼夜长短、交食本原、地形粗细、蒙气映漾、曚影留光等题。并详细解释晦朔弦望、交食深浅的缘故。此书与熊三拔著《表度说》，“次第相承，浅心相系，盖互为表里之书”。[②] 自利玛窦来中国后，传布天主教，士大夫及里巷民人从者日众。万历四十四年（1616 年），南京礼部侍郎沈㴶、给事中晏文辉等合疏斥责天主教邪说惑众，乞请朝廷急行驱逐。礼科给事中余懋孳奏疏甚至将“朔望朝拜”、“夜聚晓散”的天主教比作白莲、无为诸教，要严国家禁令，尽行驱散。明神宗采纳

① 谷应泰：《明史纪事本末》卷七十三《修明历法》。

② 《四库全书总目提要》卷一〇六。

其言，将西洋人年底俱遣赴广东，听还本国。耶稣会士传播西学也受到挫折。

崇祯二年（1629 年）五月初一日，日食。《大统历》推食三分二十四秒，《回回历》推食五分五十二秒。礼部侍郎徐光启依西法，预测顺天府日食二分有奇，应天府日食六分有奇，琼州食既，大宁以北不食。至是，光启之法得以验证，《大统历》等皆误。明神宗切责钦天监官。五官夏官正戈丰年奏称，《大统历》国初所定，二百六十年毫末增损，已有疏舛，“今若循旧，向后必不能无差”。徐光启亦言，天有经度，地有纬度，列宿有本行，月五星有本轮，月有真会视会，皆古所未闻。“惟西法有之，亦取以参互考订，与大统法会同归一”。[①]不久，他结合西法上疏《历法修正十事》，荐举李之藻、西洋人龙华民（Longobardi Nicolas）、邓玉函（Terenz Jean）共商修历之事。同年九月二十二日，开设历局，以徐光启督修历法。历局设置在东长安街，筑观星台。后又邀汤若望（Schall VonBell，Johann Adam）、罗雅谷（Rho，Giacomo）译书演算，供职历局。明廷修历采用西方历理自此开始。所修历法中西通融，穷推详测，益加精密。历局是中西天文学交流的重要场所。

礼部尚书徐光启多年利用西方先进的天文学原理，结合天象观测的实际，融会中法，纂成《日躔历指》一卷、《测天约说》二卷、《大测》二卷、《日躔表》二卷、《割圜八线表》六卷、《黄道升度》七卷、《黄赤距度表》一卷、《通率表》一卷。崇祯四年（1631 年）正月，徐光启将上述成书八种二十二卷进呈。夏四月十五日，夜望月食。光启预推分秒时刻方位。而四川巡按已报冷守中所推月食实差二时，

① 《明通鉴》卷八十一。

徐光启像

光启所用新法密合。冬十月初一日，日食。光启又上《测候四说》，力言旧法推测日食误差之弊端，并论新法推算显验，简便宜行，算就立成。五年，光启病故，所著《崇祯历书》近百卷。

崇祯六年（1633年）十月，山东布政司右参政李天经调任京城，接替徐光启督修历法。当时蒲城布衣魏文魁上言，“历官所推交食节气皆非是”。于是，命文魁进京测验。此时言历法者有四家，《大统历》、《回回历》外，另立西洋为西局，故址在今宣武门内，文魁为东局。言人人不同，纷若聚讼。次年七月，李天经缮进《历元》二十七卷，并星屏一具，皆已故徐光启督率西洋人所造。之后，他推算木星退行、顺行，两经鬼宿，其度分晷刻，不久皆得验证。文魁之说遂废。先是罗雅谷、汤若望在历局，制造六种测量仪器，它们是象限悬仪、平面悬仪、象限立运仪、象限座正仪、象限大仪及三角游仪。后又制弩仪、弧矢仪、纪限仪等器具，对准确地观测天体运行起了很大的作用。十一月，天经又上《历书》三十二卷，并进已成的日晷、星晷、窥筒诸仪器。崇祯八年（1635年）四月，他再呈《乙亥丙子七政行度历》及《参订历法条议》二十六则。九年，天经与汤若望等编纂新法书器俱完，屡测交食等密合，所成书140余册，百卷，崇祯帝朱由检赐名《崇祯新法算书》。经过多年的修历实践，皇帝已深知西方历法的严密，到了崇祯十六年（1643 年）八月，颁诏："西法果密，即改为《大统历法》，通行天下。"[①] 中西天文学的交流到明末已有了相当的发展，就西文典籍输入我国者颇丰。李之藻所刻《天学初函》题曰："近岁西来七千卷，方在候旨。"他在《译寰有诠序》中称：来华的"金公尼阁载书逾万部之富"。王徵《远西奇器图说序》亦云：天启时来华的西士，携有图籍七千余部。而天文学交流的显著特点，用徐光启的话概括，即是"熔西洋之巧算，入《大统（历）》之模型。"

顺治元年（1644 年）五月初二日，清摄政王多尔衮率清兵入据北京城。清廷制定历书依新法推算，徐光启等制历新论，乃成清朝改修时宪的凭借。八月初一日，汤若望按西洋新法预测日食，比《大统历》、《回回历》为吻合。十一月，清廷以汤若望掌钦天监事，遵谕率属精修历法，整顿监规。加衔太仆寺卿，后改太常寺卿。翌年，清廷采纳汤若望编纂的《西洋新法历书》，定名《时宪历》，颁行天下，"以称朝廷宪天乂民至意。"汤若望与世祖福临过从甚密，因其尽心历事，修《大清时宪书》有成，十三年（1656 年）三月，世祖赐汤若望号"通玄教师"，又加通政使，进秩正一品。

康熙四年（1665 年）三月，徽州府新安卫官生杨光先进京进献《摘谬论》、《辟邪论》等，选编汤若望新法"谬误"。中西文化冲突，立兴株连多人的"历狱"。汤若望以效力多年，又衰老，得旨免死与流徙。自是废新历法不用。七年（1668 年），朝廷知道杨光先学术不能胜任，免去其钦天监监正职。又召比利时人南怀仁（Verbiest Ferdinand）治理历法，任监副，后晋升监正，累官至工部侍郎。次年

① 《明史》卷三十一《历一》。

六月，改造观象台仪器，制成黄道经纬仪、赤道经纬仪、纪限仪、天体仪等六种新仪器，并将各仪器制法、用法等绘图说明，编为一书《灵台仪象志》。十七年（1678 年），南怀仁继承汤若望未竟之业，撰成预推七政交食的《康熙永年表》三十二卷，恭呈御览。后随驾东巡，测量盛京北极高度，制定推算该地日月交食表。清圣祖玄烨酷好西学，尤其留心天文算法。他拜南怀仁、白晋等耶稣会士为师，常请他们入宫进讲，巡幸和亲征之时不辍。并钦定《四余七政万年书》、《历象考成》二部天文学书。特别是《历象考成》一书修竣，钦天监推算历书，悉遵其法。清初圣祖等帝倡行西学，对西方学术的输入起到了颇大的促进作用。

编制历法一向为封建国家大事，在中西文化交流中以天文学为主，自在情理之中。其次还有数学、物理学、制炮术。数学是各门学科的基础。利玛窦入京，徐光启、李之藻等首先翻译西方著作即是译成于万历三十五年（1607 年）的利氏之师丁氏所编《几何原本》六卷。此书被誉之为“西学之弁冕”。李之藻汇刻当时已译之书，名曰《天学初函》，其内有之藻、光启从利氏分别翻译的《圜容较义》和《测量法义》等。万历四十一年（1613 年），李之藻译成《同文指算》十卷，叙述比例、级数等。此皆士大夫所未闻之学问。崇祯四年（1631 年），徐光启所上《割圜八线表》、《大测》二书，已应用西方平三角、弧三角的原理。顺治年间，薛风祚从穆尼阁（Motel）译《天步真原》，已论及数学的开方。康熙帝内廷日讲代数，并命廷臣将西方数学之书汇集，编成《数理精蕴》，以供日览。

物理学最先传入中国的是光学。天启六年（1626 年），汤若望著《远镜说》一书，解释凹凸镜的光学原理。艾儒略（Aleni Juies）教授王徵翻译的《远西奇器图说》，讲述了重心、比重、杠杆、滑车、轮轴、斜面等原理。万历四十年（1612 年），李之藻从熊三拔译《泰西水法》一书，介绍利用力学机械原理取水。明末清初的方以智受西学影响，著《物理小识》一书。当时研习物理学的士大夫甚少，因而其学影响有限。

火药是我国古代四大发明之一，而此时的欧洲诸国却精于造炮术。东来的耶稣会士多怀铸火炮的技术。天启、崇祯年间，东北用兵，屡召居住澳门精明火器的耶稣会士到京城，铸造火炮，教习将士。徐光启从利氏习火器之术，请朝廷多铸大炮，以备城守。龙华民等曾奉旨招商集资，捐造火炮。崇祯十五年（1642 年），兵部尚书陈新甲荐举汤若望主持造火炮。帝命他将用炮之法传授兵杖局。汤若望监造大小炮二十余门，并令他赴蓟镇，或随征，至军前传习火器用法。康熙前期，吴三桂等三藩叛乱。圣祖玄烨命南怀仁铸造铳炮，共铸大小炮具一百二十门，还编《神武图说》，图解铳炮之术。在卢沟桥演习时，火炮中的开花，深得圣祖称许。

其他传入我国的西学，如舆地学、医药学、哲学与宗教思想、艺术、音乐学、语言学等①因篇幅有限，兹不赘叙。

来华的大批耶稣会士在布教传授西方科学文化的同时，一些人也开始研究中国的历史、政治、哲学、宗教、法律、伦理、地理、风俗、园林、艺术等传统文化，并将他们的研究成果带回欧洲，向西方介绍远东这个陌生世界——文明古国中国。欧洲人很早就知道东方有个古老的“丝绸之国”，但并不清楚该国就是中国。十三世纪后叶，《马可波罗游记》刊布，在欧洲引起反响。书中描述了东方大国契丹的辽阔与富庶。然而，人们不知道契丹乃是中国北方一个民族的称谓，它曾

① 参阅张维华《明清之际中西关系简史》后编，齐鲁书社，1987 年版。

经建立政权，始称契丹，后称辽。是耶稣会士多方如实地研究中国的成果，才使欧洲人解除对“丝国”的种种疑团，使西方更加了解中国。耶稣会士将中国文化介绍到欧洲，对西方产生了巨大的影响。事实上这种影响远比“西学东渐”要大得多。

这批“聪明特达”的耶稣会士与明清两朝的贵族、官僚以及最杰出的学者们友好交往。他们会说汉语，懂得汉字，清初南怀仁、张诚（Jean Francois Gerbillon）、白晋（Joachim Bouvet）还学会满文，用满语给康熙帝讲解几何、数学等。他们亲身从事研究中国文化，“专心致意日以继夜地攻读过他们（中国）的文献”。[①] 较全面向欧洲介绍中国的首推《利玛窦中国札记》一书，它有多种文本，在欧洲广为流传。而向欧洲人第一个证实契丹即为中国的人是服儒衣冠的利玛窦。他说：“因为在远东除中国外没有任何地方那么富饶丝绸”，“还大量地出口到世界最遥远的地方。”“今天我们通常称呼这个国家为中国（Ciumquo），或中华（Ciumhoa）。”[②] 利玛窦较详细地叙述了中国名称、位置、版图、政府机构、物产、服装、习俗、宗教、自然科学、机械工艺，尤其是中国的人文科学、科举制度等文化尤引人注意。他指出，中国唯一较高深的哲理科学就是道德哲学。“哲学家中最有名的叫做孔子。这位博学的伟大人物诞生于基督纪元前五百五十一年，享年七十余岁。他既以著作和授徒，也以自己的身教来激励他的人民追求道德。”[③] 分析儒学经典“四书五经”的哲理，并将四书《大学》、《中庸》、《论语》、《孟子》译成拉丁文，名曰《中国的四部伦理经典》，

① 利玛窦、金尼阁：《利玛窦中国札记》第一卷第一章，何高济等译，中华书局1983年版。

② 《利玛窦中国札记》第一卷第二章。

③ 《利玛窦中国札记》第一卷第五章。

于万历二十二年（1594年）出版，[①] 使孔孟之书在欧洲流行。十七世纪时，欧洲的一部分学者把孔子奉为“哲学家之王”。利玛窦还同西方三种学位制相比，介绍中国科举制度。第一种府试授予秀才，与西方学士相当；第二种学位叫举人，各大省授予，可与硕士相比；第三种学位叫进士，在京城授予，相当于博士学位。使欧洲人了解中国人才的选拔制度。在欧洲利玛窦被视为“西方中国学的鼻祖”。

继利玛窦之后向欧洲传播中国文化的还有金尼阁（Nicolas Trigault）。他将利玛窦在中国的札记原文携带回罗马，整理刊布。在华时，金尼阁还从事中国历史的研究，编纂了《中国皇帝纪年》。龙华民著《论中国人宗教的某些问题》法文本出版后，该论著被列入“十七世纪中国学的宝贵文献之一”。中国开展的哲学讨论，在欧洲引起强烈的反响。龙华民著作的主旨是把中国古代儒家文献与疏注者所作的诠释明显地对立起来。他否认了利氏的“未经歪曲的经典中可以看到那种儒教可与基督教并存”、“尊孔和祭祖礼仪可以被基督教的新教徒所接受”的主张。这引起了欧洲当时最大的哲学家马勒伯朗士（Malebranche，1638—1715）和莱布尼茨（Leibriz，1646—1716）等关注。卫匡国（Martino Martini）当时在浙江目睹了满洲贵族的征服战争，撰写了《鞑靼史》，还发表了《中国新舆全图》及一部《中国上古史》等。这些著述是“东学西进”的成果，对欧洲人深刻认识中国起了积极的作用。“当时欧洲思想界的泰斗们都关心中国”，“有的仰慕中国”。明清之际耶稣会士中的一批伟大的汉学家，是欧洲“中国学”的奠基者。

① ［法］戴密微（Paul Demieville）：《入华耶稣会士与西方中国学的创建》，见《明清间入耶稣会士和中西文化交流》《耿升译），巴蜀出版社，1993年版。

## 第六节　北京的园林和庙宇

### 西　　苑

紫禁城西华门之西，有三门，中榜曰："西苑门"。入门即"太液池"，分称中、南、北海，是金、元、明宫苑胜地。清朝前期加以扩建，西苑中楼台耸立，雕饰精美，大小修筑物数以百计。太液池水源出自玉泉山，从德胜门水关达后湖，流入禁地，汇为巨池。中海水中有亭，御书碣石："太液秋风"，即燕山八景之一。苑内部分殿宇常作为"引对臣工，总理机务，宴赉王公、卿士，或接见朝正外藩，以及征帅劳旋，武科较技"[①] 使用，如惇叙殿、涵元殿、瀛台、紫光阁等。康熙、乾隆时常在瀛台赐宴臣属，高宗弘历作有《春正幸瀛台曲宴外藩》诗。

中南海北端有白石长桥"金鳌玉蛛桥"。桥北即为北海（今北海公园）。北海的景物就脱开宫殿气味，饶有园林之趣了。桥东即承光殿，俗呼"团城"，其地高耸成台，围以圆城，为元代"仪天殿"旧址。承光殿南筑有石亭，亭中放置元代玉瓮。玉瓮有白章，随其形刻为鱼兽出没于波涛之状，用以贮酒。原置万岁山广寒殿内，清代在西华门外真武庙中，被道人用作菜瓮，乾隆以千金易之，置承光殿中。

圆城北有桥，过桥为塔山，即金朝的琼华岛。岛踞北海，以顺治年间建白塔于山顶，故名白塔山。白塔山的整顿修建，始于乾隆六、

① 《日下旧闻考》卷二一。

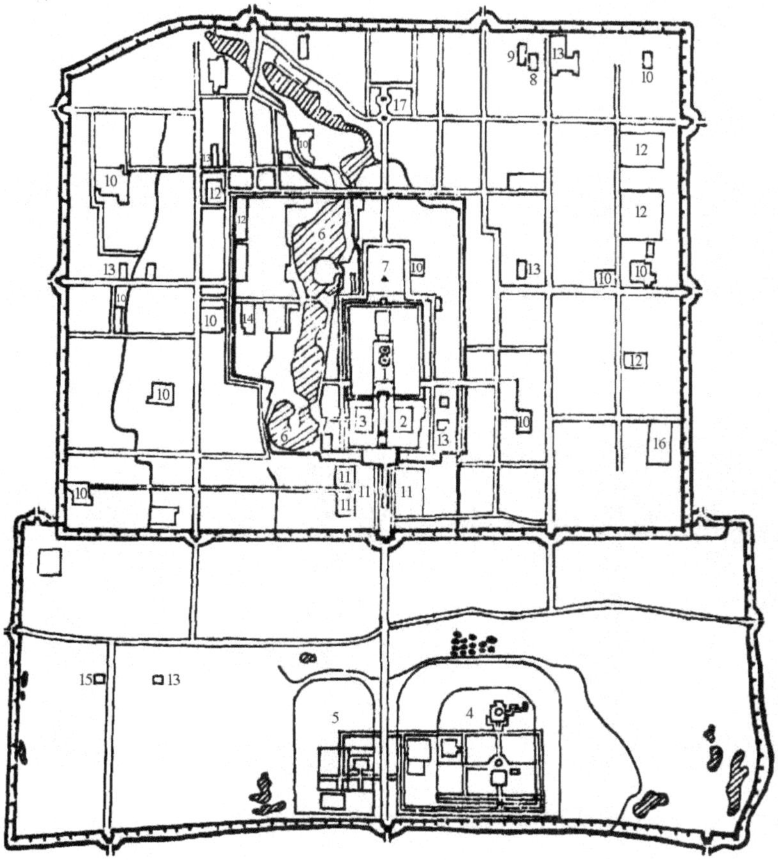


明清北京城平面略图

1 宫殿　2 太庙　3 社稷坛　4 天坛　5 先农坛　6 太液池（三海）

7 景山　8 文庙　9 国子监　10 诸王府公主府　11 衙门　12 仓库

13、14、15 寺庙　16 贡院　17 钟鼓楼

七年（1741、1742 年），历时三十年，四面之景终毕成。

南面主要为白塔及永安寺殿，石蹬、石洞皆顺沿山势修置，宛转曲折，玲珑窈窕，刻峭摧崣，极尽幽妙。这些石头是金朝从北宋首都开封的艮岳移来的。北面更采取了园林的建筑形式，因高以降，或一间或两架，连绵紧凑，成为一个整体。前临太液池，明爽开朗，是模仿镇江金山的意境建造的。东西两面虽属陪衬点缀，而其一亭一阁，巧为安排构筑，也令人感到意趣无穷。西面的阅古楼楼壁上，砌有《三希堂法帖》碑版。

琼岛白塔全景

北海九龙壁

北海北岸的“西天梵境”和“阐福寺”也都是在乾隆中期建造的。“西天梵境”的“大慈真如殿”系楠木构造，崇闳伟丽，内置三大铜佛。殿后为“大琉璃宝殿”，四面迴廊六十七间，四隅有楼相接。

五龙亭北为“阐福寺”，中有万佛楼。这两组建筑群，代表着清代建筑艺术的高超水准。乾隆年间建造的九龙壁，壁长25.86米，高6.65米，厚1.42米，用424块七色琉璃砌筑而成。壁面前后各有九条蟠龙，昂首奋爪地飞腾于云海之间，颜色协调，造型生动逼真，也显示了当时建造工艺的精妙。

## 三山五园

京城的西郊约三十里内，群峰叠立，属于太行山的一个支脉，一般呼为西山。这个区域，泉流汇聚，清朝在这里先后建造了畅春、圆明、静明、静宜和清漪五个大园子。

这些皇家御苑都是凭依前代的基础规模，加以扩建精饰而成的，时间在康熙、雍正、乾隆三朝，其开始约在三藩即吴三桂、耿精忠、尚之信等的叛乱戡平之后。

最先所建的园子是畅春园。此园在海淀大河庄以北，原为明朝戚畹武清侯李伟的别墅。康熙帝玄烨在其旧址改建。他一年中除新政朝贺等大典在宫中举行外，很多月日是住在畅春园处理政务的。《日下旧闻考》所引《畅春园册》记述了园中布局和殿堂等名称。“澹宁居”的前殿即为玄烨“御门听政、选馆、引见之所”。[1] 畅春初建，工程简朴。玄烨自己说：“轩墀爽垲以听政事，曲房邃宇以贮简编，茅屋涂茨，略无藻饰。”[2] 康熙末年一个赴畅春园引见的官员也说：“垣高不及大，苑内绿色低迷，红英烂熳。土阜平坨，不尚奇峰怪石也。轩楹

① 《日下旧闻考》卷七十六。

② 玄烨：《畅春园记》。

雅素，不事藻绘雕工也。”① 乾隆时又对此园进行了扩展和粉饰。畅春园为咸丰十年（1860 年）英、法侵略军攻占北京时所焚毁，今已旧貌难窥，而仅存的尚有两座庙门。一为“恩佑寺”门，是雍正帝胤禛给其父玄烨建立的。庙门南边不远处名为“清溪书屋”，是他的“宴寝之所”。玄烨就是死在这里的，随后，胤禛即就其地立庙奉祀，山门东向，外临通衢，门内跨石桥。又一为“恩慕寺”，在恩佑寺稍南，是乾隆帝弘历为其生母所立。根据这两座庙门的地址，可以略悉畅春园的位置和方向。今畅春园之西的“西花园”，为内务府曹寅所督造，原为康熙时皇太子胤礽所居，可以探查遗址痕迹。

圆明园原是畅春园的附属之园，是个小园子，在挂甲屯以北。康熙四十八年（1709 年），康熙将这个园子赐给皇四子胤禛。胤禛夺得皇位后，便将圆明园扩大，作为园居和处理政务的地方。乾隆时弘历更精心设计，大肆兴修，使之成为举世罕见的优美园林。

圆明园的布局分为内廷和外朝。外朝的安排等于一个具体而微的清政府。根据记载：“大宫门五楹，门前左右朝各五楹。其后东为宗人府、内阁、吏部、礼部、兵部、都察院、理藩院、翰林院、詹事府、国子监、銮仪卫、东四旗各衙门直房。东夹道内为银库。又东北为南书房，东南为档案房，西为户部、刑部、工部、钦天监、内务府、光禄寺、通政司、大理寺、鸿胪寺、太常寺、太仆寺、御书处、上驷院、武备院、西四旗各衙门直房。西夹道之西南为造办处，又南为药房。大宫门内有出入贤良门五楹，门左右为直房，前跨石桥，度桥东南朝房各五楹，西南为茶膳房，再西为缮书房，东南为清茶房、为军机

① 程庭：《停骖随笔》。

处”。“入贤良门内为正大光明殿七楹，东西配殿各五楹，后为寿山殿”。[1] 这一全套政府机构，比起京城里更加集中，入直奏事，召见传谕也更便捷。园中还有如意馆，是御用画师们的丹青之所。办公衙署集中在“前湖区”，“后湖”及“福海”则为占全园很大面积的景区，其楼阁亭榭掩映于林木山水之中。

清人绘《圆明园四十景》图（局部）

圆明园中的精致可赏处所，被称为“四十景”，是在乾隆时期题定的。围绕着四十景有近百处的精美构筑，争奇斗胜，穷尽巧思。圆明园之左附有“长春”、“绮春”（后改名万春园）二园，统称三园，其间门道互通，只规模组织较圆明园为小而已。长春园中独具特色的有欧洲式的建筑，俗称西洋楼，如“海宴堂”、“远瀛观”等都是。这三个园子为清代康、雍、乾三朝最盛时期，不惜人工财力，经过百年

① 《日下旧闻考》卷八〇。

经营构造而成。尤可称者，各处景物多模仿江浙名胜，其中“平湖秋月”、“曲院风荷”即本杭州西湖；“小有天”即杭州汪氏园，乾隆南巡，赐改此名，又照样仿建于此；“狮子林”即仿苏州黄氏园。弘历曾写诗道：“因教规写闾城趣，为便寻常御苑临。不可移来惟古树，谧由飞去是遐心。”园中放置《四库全书》的“文源阁”，也是仿照宁波范氏“天一阁”的规模式样修建的。

圆明园园中有园，集我国园林之精粹，可谓“万园之园”。三园中陈设罕见的大量珍宝文物，是当时世界上一座巨大的艺术文物的殿堂。圆明园是世界造园史上的不朽杰作。不幸的是，咸丰十年，英法联军攻占北京，悍然抢掠火烧圆明园，纵火二昼夜，三园毁之一炬。

畅春园和圆明园皆系平地起园，堆土成岗，引水为池，全赖人工。西山三山的三园则是依山傍水建成的，它们是瓮山的清漪园（即今颐和园）、玉泉山的静明园和香山的静宜园。

清漪园，原名瓮山，前有西湖，即今昆明湖。瓮山迄于明末，无多建筑，仅以水胜。此园是在乾隆十五年（1750年）弘历为庆贺其生母转年六十诞辰而兴建的，因而山改名“万寿山”，湖改名“昆明湖”，修建了勤政殿、怡春堂、玉澜堂、宜芸馆、乐寿堂等建筑。听鹂馆西昆明湖中筑有石舫（后改称清宴舫），昆明湖东堤上铸有镇水铜牛。还模仿无锡秦氏园林“寄畅园”，修建了“惠山园”，即今“谐趣园”。在万寿山则兴建了“大报恩延寿寺”，有五百罗汉堂。此园亦被英法联军焚毁。光绪时，慈禧太后那拉氏加以重修，改名“颐和园”。

静明园在玉泉山南，园西山势窈深，山上有玉泉，为西郊最大水泉，乾隆帝赐名“天下第一泉”，昆明湖即由其汇聚，金元以来称为胜景。此园初创于康熙时，经乾隆加工修葺成园。园中有玉泉趵突、玉峰塔影、竹垆山房、溪田课耕等十六景。“玉泉趵突”，亦为燕山八景之一。其园布局紧凑，景物超特。如在山峰上先筑“妙高寺”，后面“妙高塔”，再为“该妙斋”，构成高踞重峦，影入虚牖的佳妙景状。

静宜园依靠香山。香山之名，金元时即有。康熙时玄烨常来此游赏休憩，筑有行宫。乾隆八年（1743年），弘历开始葺治成园。静宜园不同于静明园，范围广阔，布局疏散，范围有十余里。宫门内为勤政殿五楹，南北配殿各五楹，殿前为月河。园周修筑围墙分内垣、外垣，内垣有二十景，外垣有八景。[①] 在外垣之外，别垣内建有“宗镜大昭之庙”，是乾隆为班禅远来祝厘而建的。昭庙之北为“碧云寺”，初为明正德朝宦官于经所建，天启朝宦官魏忠贤又加重修，遂成巨刹。弘历兴工扩建，并于魏忠贤预建墓园故址修建“金刚宝座塔院”。塔座颇高，可循级而上，中央一塔，四隅各置一塔，均有精美浮雕，显示了乾隆时期石工技艺之精巧。寺内“罗汉堂”，系仿杭州净慈寺的罗汉堂修造。

## 庙　宇

清代在北京兴建的庙宇不多，著名古刹如潭柘寺本为晋代嘉福寺，戒台寺前身为唐代慧聚寺，法源寺本于唐悯忠寺；天宁寺塔虽修筑于辽，寺院乃建于明；妙应寺的白塔为元世祖忽必烈所造，妙应寺的名称则是明天顺朝改定的；孔庙为元大德十年（1306年）建成，明宣德四年（1429年）修大殿两庑，万历二十八年（1600年）易青色琉璃瓦，清乾隆二年（1737年）殿易黄瓦。大成殿建筑极尽壮丽。而所有

① 《日下旧闻考》卷八十六、八十七。

的名寺都经清代多次修葺，有的寺院还改换了名称。

清朝以推崇喇嘛教来安抚和笼络西藏、青海、蒙古边区少数民族，故重修、新修的寺庙大多为喇嘛庙。

护国寺始建于元，明正德间，以大庆法王居住，为西僧（喇嘛）香火地。康熙六十年（1721年），诸蒙古王公请求兴修，玄烨从其所请，拨款加以重修。

雍和宫匾额上的满、汉、藏、蒙四种文字

新建的喇嘛庙有三，最大的为“雍和宫”。雍和宫在安定门内，原为皇四子胤禛的王府，他即帝位后改称今名。乾隆九年（1744年）始作喇嘛庙。内有天王殿、大雄宝殿（主殿）、永佑殿、法轮殿等。法轮殿最大，是喇嘛们举行法会、诵经礼佛等宗教仪式的地方。殿内供奉一尊6米多高的黄教祖师宗喀巴的铜像。还有“万福”、“永康”、“延宁”三阁，万福阁居中，又称大佛阁，供奉的弥勒大佛体躯高达18米，地下有8米，据说为一根檀香木雕成。两旁永康、延宁二阁，通过阁道，连为一体，备极壮观。此宫有黄教祖师宗喀巴像和达赖讲座，还有弘历为蒙古呼图克图（活佛）转世掣签的金奔巴瓶及其所撰《喇嘛说》刻石。这座庙宇在北方喇嘛教中具有很高的地位。

其次为黄寺，在安定门外，分东、西二寺。东寺顺治、康熙朝兴建，西寺雍正、乾隆朝修建。雍正元年（1723 年）正月，喀尔喀蒙古哲卜尊丹巴胡图克图、四十九族札萨克、七旗喀尔喀、厄鲁特众札萨克汗、王、贝勒、贝子、公、额附、札萨克台吉、塔布囊等奏请葺理原为达赖喇嘛修盖之黄寺。到乾隆时二寺皆增葺一新。特别在西黄寺修建了班禅六世塔。班禅额尔德尼六世于乾隆四十五年（1780 年）来京祝贺乾隆帝弘历寿辰，曾住在西黄寺。当年病逝后，即将他的衣冠在西黄寺建立石塔，称为“清净化域塔”。

## 第七节　风俗习尚和日常生活

和上述经济、政治与文化的发展相联系的是风俗习尚和日常生活的变化。风俗习尚一般都具有古老的传统，清初北京地区的风俗习尚基本上是沿袭明代的。但随着北京城郊经济的发展，在满族风俗的渗入和其他方面影响下，这些风俗习尚不能不在若干情节上发生一些变化，并增添了一些新的内容。日常生活是与经济生活密切相关的，这一时期的日常生活也具体反映了社会各阶层的经济状况。

### 风俗习尚

在清代北京的风俗习尚当中，节日的内容是最丰富多彩的。从农历正月初一那天起，到十二月的最后一天（三十日或二十九日）止，一年中间有几十个节日。其中有些节日和明初情况差不多，如元旦、除夕、端午和中秋等。有些节日热闹的场面和生动的情节超过了明代，如庙会、逛厂等，还有的节日是明代没有的，如正月初八弘仁寺打鬼等。此外在古代很受重视的社日，到清代已完全消失了。这些节日一部分是和生产密切联系的，大部分表现了劳动人民对于自然和生活的热爱，也有的属于宗教迷信之类。

这些节日最初虽然绝大多数都是从劳动人民那里来的，但它们成为固定的节日以后，由于封建社会各阶级和阶层贫富分化悬殊，劳动人民生活贫困化，很难尽情欢度节日。相反，满洲贵族、官僚士绅及富庶之家则尽量利用节日来满足自己的奢侈玩乐与享受，特别是乾隆年间以后，上层社会在节日里过着极铺张奢侈的生活。

现依次叙述当时北京的一些重要节日如下：①

*元旦* 元旦（正月初一）是新年的开始，俗称“春节”，是中国人最为重视的节日。除夕之夜，宝灯争辉，爆竹声如击浪轰雷，彻夜不息。间有下庙的拨浪鼓声，卖瓜子解闷声，卖江米白酒击冰盏声，卖桂花油摇唤娇娘声，卖合菜细粉声，与爆竹声相为上下，良为可听。士民之家，著新衣冠，肃珮带，祭神祀祖。焚楮帛完毕，阖家团拜，“献椒盘，斟柏酒，饫蒸糕，呷粉羹”。五更天时，大街上肩舆簇簇，车马辚辚，文武百官上朝，向皇帝行庆贺礼，谓之贺元旦。清晨，士民出门迎喜，参拜药庙，进谒影堂，具柬贺节。若路遇亲友，必长揖作礼，互道“新禧纳福”之类的吉利话。朱门府第节日酬酢之具非常讲究，“镂花绘果为茶，十锦火锅供馔”。汤点酒菜，山珍果品，美味

① 参阅《帝京岁时纪胜》、《燕京时岁记》、《天咫偶闻》卷十。

佳肴，一应俱全。

雍和宫打鬼　正月初八，弘仁寺打鬼；十三日，黄寺打鬼。而正月二十九至二月初一的雍和宫打鬼场面宏大，富有戏剧性。所谓“打鬼”，为汉民俗称。喇嘛叫做“部勺”，藏语称“跳布札”，是一种奇特的宗教仪式。至时庙内主教大喇嘛身披黄锦衣，乘车持钵，旁边有许多执仪仗法器的小喇嘛护行。前面走着一个名唤班第的小喇嘛，一身彩衣配上黑白头盔，他用手挥动彩棒，并且沿途洒散白粉。这一群大小喇嘛在喧闹的锣鼓声和人声中绕寺一周，口中不断诵念经文，迎祥驱祟。观众直到打鬼完全结束才慢慢散去。

逛厂　城郊士大夫和文人墨士在初三到十七日这段时间中经常上琉璃厂去游逛。琉璃厂在前门西，是清代北京卖书画金玉古董的地方。每逢初三到十七日逛厂日期，店铺和地摊上摆满了这一类商品，游人可以随意挑买自己需用的东西。火神庙前游人特别拥挤。

元宵和灯市　正月十五日是上元节，也叫元宵节。在元宵节前后，即十三日至十六日，城市张灯。悬灯胜处，为正阳门外、东月城下、打磨厂、西河沿、廊房巷、大栅栏，此外还有花市、菜市、琉璃厂和猪市口等处都开放灯市。灯市上商人出卖灯花、百货、珠玉、罗绮等。在元宵节的晚上，城内到处燃灯作乐，市民打太平鼓，戴假面具耍大头和尚。男女在这天晚上结伴游行，猜灯谜，叫做看灯。夜深时各家点小盏灯放在井、灶和门户边，称作散灯。

燕九　燕九节在正月十九日，这是白云观庙会的日子。游赏白云观者谓之会神仙。其观在广安门外，是北方的一个最大的道教寺院，有道教“全真第一丛林”之称。这一天四方全真道人不期而会者往往达万人，个个奇装异服。游观的王公贵族、官僚士大夫中很多人射弹走马，称作耍燕九。一般市民逛庙会，则喜欢把银钱丢在观内桥洞中，称作顺眼。

龙抬头　二月初二，古为中和节，俗称龙抬头。这时天气渐暖，虫害渐生，农民用石灰洒地（可以消毒），从门外弯弯曲曲一直洒到厨房里，绕水缸洒上一周，叫做引龙回。中等以上人家做荤素油炸饼，称为熏虫儿，意思是引龙出来降服百虫。城里人在这一天结队游卢师山。

上巳　三月三是上巳节。农民上土谷祠祭神，祈求今年五谷丰登。第二天，农民把去年窖藏的花木拿出来，或者移植，或者出卖。菜园里播瓜菜种。

春场　立春前一日，顺天府尹到东直门内五里地的春场去迎春，随行的除州县官吏和地主乡绅外，还有附近的老农民。在春场上，府尹等用采仗鞭打耕牛三下，表示劝耕和政府重视农业的意思。第二天立春，城郊居民不分贫富一律嚼生萝卜，叫做咬春。

清明　清明节在三月里，这一天城郊百姓家家出门扫墓，在祖先墓地里焚烧纸钱，并将长串纸钱挂在墓旁小树枝上。有些人家在拜祭后，还给坟茔除草添土。不上坟的本城人和外地人，这一天结伴去西直门北高梁桥一带游玩，称作踏青。

东岳庙会　三月二十八日是“东岳帝君诞辰”，城郊人民纷纷往朝阳门外东岳庙进香，络绎不绝。进香人成立香会，奏乐击鼓，前去迎神赛会。其中有跪拜而行的叫做拜香。游人了却香愿后，饮于长松密柳下酒肆，取醉而归。

浴佛会　四月一日至八日，北京郊外戒坛、潭柘、香山、卧佛、碧云、玉泉、天宁等寺庙的和尚为纪念四月八日释迦牟尼诞辰，举行法会。各寺院搭苫棚座，施茶水盐豆，以黄布帛为悬旌，上书“普结良缘”，以待施主。京城居民中信佛者纷赴各大寺院的龙华大会，又称浴佛会。信徒们在寺庙中施斋饭僧，听经于讲堂，祈福于佛前。

端午　五月五日是端午节。家家悬挂道教五雷符，门边插上艾草，据说这些东西可以除病驱邪。皇宫里还高挂天师或仙子仙女执剑降五毒的画屏。五月正是病毒蔓延时际，这类办法也因此而产生。家家包粽子，用粽子供佛，馈贻亲故。早餐时每人都吃一点粽子，表示对我国古代伟大的爱国诗人屈原的悼念。屈原在这一天沉汨罗江而死，包粽子是为了祭祀屈原。这已经是一个全国各地通行的古老的风俗，南方临水城市和村镇还举行划龙船比赛，意在把屈原从水底抢救出来。

六月六　阴历六月是北京最炎热的一个月。这时新麦已经登场，郊区农民在六月六日这一天群起晒麦，妇女晒衣服和汲水作伏酱；城中士大夫在家里晒书，皇宫里晒銮驾和宫内及皇史宬藏书，不生虫蠹。

七夕　七夕（七月七日）节起于中国神话牛郎七夕会织女的故事。这一天，清晨乌鸦、喜鹊飞鸣较迟，俗称之填桥去。皇宫里的宫女要穿鹊桥。民间妇女在楼上对月穿针，称作乞巧，或投针入水以验巧拙。

中元　七月里谷麻大部分收割完毕。农民在七月十五日——中元节这一天带着麻、谷到神庙里去祭神，感谢神的恩惠，同时到祖先墓地里去上祭，表示对祖先的崇敬和哀思。庵观寺院设盂兰会。在积水潭、泡子河放水灯渡鬼。[1] 届时皇家亦建盂兰道场，太液池上荷花灯数千盏，随波上下，慈航普渡，蔚为壮观。

中秋　中秋——八月十五日是团圆节。这时谷物粮食已经入仓。

---

① 《古今图书集成·岁功典》中元事考引《盂兰盆经》：目莲见其亡母在饿鬼中，即钵盛饭往饷其母，食未入口，化成火灰，遂不得食。目莲大叫驰还白佛，佛言汝母罪重，非汝一人奈何，当须十方众僧威神之力，至七月十五日，当为七代父母厄难中者具百味五果以着盆中供养，十方大德佛勅众僧皆为施主祝愿七代父母行禅定意，然后受食。是时目莲母得脱一切饿鬼之苦。目莲白佛，未来七佛弟子行孝顺者亦应奉盂兰盆供养，佛言大善。

外地人纷纷归乡，妇女还娘家的皆返夫家。中秋晚上，合家在一起赏月。桌上放着月饼和果品等吃食，果饼都切成牙瓣状，据说是用来祭月的。清初还盛行供月光菩萨神位。焚月光纸，供者向月出方向连连叩拜。月光纸上画着头罩满月、趺坐莲花之上的月光遍照菩萨，一边并画有桂花树、玉兔和捣蒜人。[1] 诗人文士对着皎皎明月吟诗喝酒，往往流连忘归。皇宫内院则大肆饮嚼，一直闹到夜尽才散。

重阳　九月九日过重阳节。这时郊外草木开始衰黄。城郊居民在这一天带着茶食酒具到附近山坡和园榭中去游乐称作辞青，又叫登高。北城居民多于阜成门外真觉寺五塔金刚宝座台上登高，南城之人多于左安门内法藏寺弥陀塔登高。小商贩在街上推车叫卖花糕。父母必迎其女儿回家共食花糕，所以重阳又唤做女儿节。

腊八　腊八节在十二月初八日。这一天是农民在冬天藏好谷物后向神报享的节日。初七日夜，家家煮腊八粥，吃前先送一份粥到佛殿神堂里去进献。北京地区的腊八粥一般是用黄米、白米、江米、小米、菱角米、枣、白果、核桃仁、栗子、红小豆等多种粮食、果品合在一起煮成的，以品种多者为胜。

除夕　十二月的最后一天是除夕。除夕前几天，家家扫房，内外清洁。传统习俗，在二十三日要送灶君上天，二十五日要迎玉皇下查人间。亲友之间互相馈送礼品。街头巷尾响起羯鼓声，叫做迎年鼓。除夕，每家门首皆要贴一些门神图像和春联之类东西，门边插上芝麻秸，屋内烧起松枝。这些东西都是为了驱鬼防邪的。堂前挂上祖先像，并以花果献祭。入夜，户外鞭炮声大起，晚辈出拜长辈，叫做辞岁。除夕晚餐叫做年饭。吃年饭后，户户烧香送玉皇上天，迎新灶君下界，

① 《熙朝乐事》。

商人还要接拜财神。除夕这一夜，很多人在家里作赌博等玩乐，通宵不眠，称做守岁。

以上主要是汉族节日，满族到北京后也逐渐采用其中大部分节日，并渗有祭天祭神等活动。回族一般过着自己的宗教节日，但也参加一些汉族节日。

满族在北京保留的独特风俗是祭堂子。堂子建在长安左门外，祭神殿在正中，汇祀诸神祇。向南前为拜天圆殿，殿南正中设大内致祭立杆石座。每年正月初一，皇上率宗室、王、公、满洲一品文武官至堂子，行拜天礼。此外三月（季春）、九月（季秋）初一举行祭祀。月祭，除孟春上旬三日，余则每月初一祭。[①] 满洲贵族、官员和旗人中富户家家都设有神堂。堂外院子里立神杆一根，高一丈三尺，作为祭天用，堂内供关帝和菩萨神像。祭天时，家人一起到院子里，院中设有祭桌和煮猪的铁锅灶。主祭人和萨莫（巫师）向天撒米，读经文和跪拜后，开始割猪肉，割下的肉煮熟切成细丝，用碟盛好供在桌上，并添上两大碗米饭。把猪的苦胆和生熟肉饭放到神杆上的锡碗里，将猪锁子骨安在杆顶，然后家人和亲族分食猪肉。根据满族的神话传说，上述祭天办法是这样来的：满族发祥于长白山，第一代祖先布库里雍顺是仙女吞食朱雀衔来的仙果所生，神杆上的肉饭就是给朱雀啄吃的，祭天是表示“不忘本”。祭关羽和菩萨来源于这种传说：满族在入关前，有一次遭瘟疫，蒙关帝和菩萨解救，因此，以后满族世代祧祭这两位神。[②]

① 《啸亭杂录》卷八《堂子》。

② 参见《满洲四礼》。

## 日常生活

着衣方面，明代一直服用汉族传统的对扣长袖的衣装，但到满族进入北京以后，清廷勒令汉族换上大襟左衽的满洲服饰，造成北京和中国内地服装史上的一大变革，以后各种服装基本上不脱这种式样。清初一般市民穿青色长袍大褂。贵族官僚为炫耀自己的富有和地位，采取了各种式样。康熙时他们的吉服有所谓“富贵不断”、“江山万代”、“历元五福”等名目。蟒袍上刺有鲜丽组绣，平时所穿的套褂，在乾隆时最流行的式样是傅恒从金川带回的“得胜褂”，褂呈天蓝色，后改为玫瑰紫和深绛色。贵族官僚戴的官帽，两边无翼，上面有分别品阶的珠顶和拖到背后的长缨，与明代圆顶乌纱迥然不同。平时所戴的便帽，很像暖帽，只是帽檐较窄，也有红结顶和红缨。这种便帽一般富户也可以戴。农民、小商贩和小手工业者经常戴的毡帽，还保存了明代的式样。贵族和官僚地主家庭的妇女按时节穿各种纱和裘皮衣服。满洲妇女上衣和下裳相连不分。男子则衣与裳分开。

汉族妇女多半裹足，只有极贫小户妇女因需从事繁重的体力劳动，不裹足。八旗妇女全不裹足，穿木底鞋。

北京的食品中具有地方风味的有豌豆黄、切糕、凉糕、萨其马、芙蓉糕、豆汁等。酸梅汤也是北京先有的。北京的涮羊肉、烤羊肉、烤鸭最著名。满族还带来吃白肉的风气。

城郊良乡、昌平、密云、平谷等州县的水果味以爽胜，俗有“南花北果”之谚。果品种类多，如梨，有鸭儿梨、金星波梨、红肖梨、白梨、秋梨；苹婆（别称凤眼果），有林禽、虎拉宾、酸宾子、沙果、秋果；葡萄，有公领孙、兔儿粪、马奶白、梭子葡萄；枣，有戛戛枣、缨络枣、坛子枣、老虎眼酸枣、白枣、黑枣、葫芦枣；杏，有巴达杏、白杏、红杏；桃，有十里香、大叶白、董寺墓、莺嘴桃、扁缸桃、毛桃、桃奴、深州蜜桃；李子，有朱李、绿李、御黄李；樱桃，有朱樱、蜡樱；椹（即桑葚儿），有白椹、紫椹、赤椹；瓜，有竹叶青、羊角蜜、倭瓜瓤、黄香瓜、青皮脆等。[①] 至今大兴西瓜仍有名。

坐茶馆的风气在清代北京很盛。茶馆各处皆有，主要的主顾是旗人，汉族插足于其间的在清初为数并不很多。

居住方面。北京住屋的特点一般是求严紧，防风沙。例如贵族和大官僚地主的住宅，里面长廊曲折，庭院广阔，别有天地，是主人住的地方。旁边还有若干套间和耳房，作为奴仆居住及储藏东西之用。中等商人和作坊主、小官僚、中小地主的住宅采用四合院、三合院的形式。四合院是正方形排列的四座屋，其中向南的是正屋，其他是附室。屋中间是院子，一般都栽有枣树或槐树等。有些人家的院内还备缸养金鱼。三合院比四合院少一附室。当时亦有养猫的习俗，京城尤以狮猫为宠物。上自宫掖，及士大夫，和红闺俊赏，无不首及名贵之猫。其名有“金钩挂玉瓶”、“雪中送炭”、“乌雪盖云”、“鞭打绣球”等。猫的花色变幻，有百余种。都人以名猫与狮狗竞爽。[②] 城市贫民、小商贩和小手工业者、雇工等往往住在很多家凑在一起的大杂院里，彼此门户相望，可以互相走动。还有一种专门为乞丐住宿用的房屋，名叫火房。房屋里没有床铺，地上铺上一层二尺多厚的鸡毛，四墙用泥和纸密密糊住缝隙，不让寒风进来，冬天他们就躲在这里过夜。

① 《天咫偶闻》卷十。
② 《天咫偶闻》卷十。

北京城郊住屋内大多有土炕的设置。土炕是为了冬天烧火取暖用的，整个是用土和砖砌成，中间是空的。炕前有一个陷入地下的煤炉可以生火，当火进入炕中，炕床便开始温暖起来，人就睡在炕上。贫家小户为节省用煤，利用炕前炉火做饭烧菜，不另起炉灶。

出行方面，清代北京城区的道路有石板路和土路，但土路居多。根据清朝政府的规定：满洲贵族（王、贝勒以下）年未满六十的都骑马往返。汉族官员准许乘轿。最初汉族官员不分大小都是乘轿的，后来一则为区别尊卑，二则为雇用轿夫费用过重，除一、二、三品大员和四品顺天府尹仍旧乘轿外，其他官员都改乘骡车和马车。城中大商人和作坊主也可以乘骡车和马车。

冬至以后，水泽冰坚。什刹海、护城河、二闸等处皆有冰床。其长约五尺，宽约三尺，用木材做成，底下有铁条，可坐三四人。一人拖拉，其行甚速。明朝时在积水潭，常有十余条拖床相连，携都篮酒具，铺氍毹其上，轰饮冰凌中以为乐。清有“恩命”的王公大臣准许在西苑门内乘坐拖床，其床甚华美，上有宀形篷，可避风雪。从东便门至西便门在护城河可乘冰床往来。[①] 雪晴日暖之时，在晶莹洁白的冰面上，搭乘快速如飞的冰床，如行玉壶中。亦有单人脚踏溜冰鞋，飞驰冰面，如蜻蜓点水，紫燕穿波，殊为可观。

① 参见《燕京岁时记》、《燕京杂记》。

# 第八章　晚清的北京（1840—1911 年）

1840 年鸦片战争后，中国开始半殖民地化，清王朝的统治宛如夕阳西下，世界闻名的千年古都北京也进入了多灾多难的历史时期。

北京是列强注目的中心。在侵略军的坚船利炮面前，号称金城汤池的京师竟不堪一击。1860 年，英法联军攻占北京，给北京留下了永远难以平复的创伤。1895 年，日本以攻占北京相威胁，强迫清政府签订丧权辱国的《马关条约》。

于是，有人开始怀疑北京能否继续保持首都的荣光。康有为在有名的“公车上书”中，痛陈京师近海，无险可守，鸦片战争以后，外夷屡以进攻京师为要挟，迫我赔款割地，建议“迁都以定天下之本”。他还指出：“夫京都建自辽、金，大于元、明，迄今千年，精华殆尽。近岁西山崩裂，屡年大水，城垣隳圮，闾阎房屋，倾坏无数。甚者太和正门、祈年法殿无故而灾，疑其地气当已泄尽。王者顺天，革故鼎新，当应天命，谓宜舍燕蓟之旧京，宅长安为行在。”①

1900 年的八国联军之役，使北京又一次惨遭浩劫。于是，主张迁都的人就更多了。1912 年元旦，中华民国成立。孙中山主张迁都南

① 《康有为上清帝第二书》，中国近代史资料丛刊《戊戌变法》第二册。

京。由于袁世凯反对，孙中山的愿望没能实现。

## 第一节　两次鸦片战争时期的北京

### 禁烟运动和反投降斗争

1840 年的鸦片战争之前，英国资产阶级已经长期地以非法的鸦片贸易向中国进行海盗式的掠夺，毒害中国人民。腐朽的封建官僚阶层中，有一部分爱国的官员以林则徐（时任湖广总督）为代表，主张严禁鸦片。1838 年禁烟争论就在北京热烈展开，这是符合全国人民要求的。

林则徐是当时封建统治阶级中的一个杰出人物。他具有强烈的爱国思想，激烈攻击当时十分腐朽的官僚机构。19 世纪 30 年代初，他曾经和具有开明思想的龚自珍、黄爵滋、魏源等人在北京宣武坊南龙树院雅集①。他们都主张提倡“经世致用”的今文经学，这对林则徐后来的政治倾向和主张很有影响。1838 年的禁烟运动，以黄爵滋主张严禁吸食鸦片的奏疏开其端，林则徐则从湖北给他以有力的支援，不但提出具体的办法，并且介绍自己在两湖地区办理禁烟和人民拥护这一措施的情况。各地主张禁烟的奏疏像雪片般飞到北京，禁烟派的主张在北京占了上风。在全国公论的压力下，清政府甚至不得不公开查办几个王公（如对吸食鸦片的庄亲王奕賫、辅国公溥喜予以革爵和罚

① 林则徐：《龙树院雅集记》（见《云左山房文钞》卷一）及张维屏《松心杂诗》。许多书中均误将此项活动与“宣南诗社”相混。

钱粮处分）吸食鸦片的案件。北京私吸鸦片的权贵一时为之敛迹。1838 年底，道光帝召林则徐进京面商禁烟办法。在 12 月下旬至 1 月初，八天之内，道光帝召见林则徐八次，接着就派他到广东去主持查禁鸦片的事务。禁烟运动是进步力量和反动势力的斗争，是爱国思想和投降妥协思想的斗争。禁烟运动在北京的展开也就是全国人民反对鸦片毒害的成果。

林则徐在广东认真执行禁烟措施，于是英国政府和鸦片贩子们挑起了他们蓄意准备的侵略战争。在鸦片战争的过程中，北京是最高统帅部所在地。由于投降派千方百计地破坏和道光帝的反复动摇，统帅部更多地起了消极的作用，直到最后完全妥协投降。当 1840 年英国舰队侵犯天津海口，北京感到侵略的直接威胁时，道光帝就派遣直隶总督琦善到大沽海口去举行谈判，使投降派势力开始嚣张，压倒抵抗派。当 1842 年侵略军进入长江，扼住运河口，断绝南方漕米运往北京的路线时，清朝统治者就惊惶失措，决定投降。北京人民对穆彰阿、琦善、伊里布等卖国贼切齿痛恨，对林则徐等人热烈歌颂，这在当时许多士大夫的诗文中有清楚的反映。北京流传有这样一首诗："海外方求战，朝端竟议和，将军伊里布，宰相穆彰阿。"指名谴责了投降派的罪恶行为。

## 太平天国对北京地区的影响

鸦片战争结束以后，农民战争的形势在全国逐渐展开。太平天国是在全国农民反抗斗争的汹涌潮流里产生的。北京地区的农民群众虽然处在"辇毂之下"，也不断进行了反抗斗争。

太平天国对北京的直接影响是 1853 年由林凤祥、李开芳率领的以攻取北京为目标的北伐战役。北伐军在1853年秋天挺进到保定附近，并派遣情报人员进入北京活动，准备里应外合。北京城里的统治者表现了极度的震恐。咸丰帝已经做了逃亡的准备，下令各省督抚将应解送到北京中央政府的税收送到热河行宫（承德避暑山庄）去。官僚、豪绅逃离北京的不下三万人。北城一带是清朝贵族大臣集中居住的区域，原有的一万八千户逃得只剩了八千户。

北伐军避实蹈虚，闪过集结在保定一带的大量清军，绕道攻到天津附近静海、独流一带。由于力量的单薄和客观条件的不利，他们不能继续前进抵达北京城下，但这对北京统治者已经是很严重的威胁。北京设立由王大臣主管的京城巡防处，指挥京畿巡防各路及州县，保卫京师的防务。京津一带农民以热烈的情绪关切着太平军的胜利前进，太平军北伐战役在北方群众（包括北京地区）中留下了深刻的影响。

## 英法联军在北京的暴行

为了获取更多的侵略特权，英、法侵略者对华北接连地进行了两次武装侵犯（1858年，1860年）。1858年5、6月，大沽、天津先后被侵略军攻陷，清政府和侵略者们订立了进一步出卖国家权益的《天津条约》。1859年6月，英法公使要率领武装进京换约，在中国宣布设防的大沽海口企图强行登陆，被大沽守军迎头痛击，仓皇败退。

1860年8、9月，英法联军再度攻占天津，并直向北京进犯。以咸丰帝为首的统治者先是想倚靠僧格林沁率军击退侵略者，等到大沽天津失陷，就一面派出大臣乞和，一面派人在城内外搜拉车马，准备逃走。这个消息引起了居民的愤恨和不安。六部九卿等官员纷纷上奏请求皇帝不要逃走。9月11日咸丰帝只得表示他是“即将巡幸之预备，作为亲征之举”，并且声言：如果英法把侵略战争打到马头、通州一带，“朕仍带劲旅，在京北坐镇”。①

同日，英法联军一万六千人由天津北犯（内英军一万人，法军六千人）。侵略军沿路抢掠烧杀，路过的几百个村镇，不论大小，都遭到骚扰。杨村、蔡村、安平、河西务最富庶，皆被洗劫。马头镇整个毁为平地，张家湾一地有许多妇女被逼自尽。

中国军队在北京郊区曾对侵略军进行了两次激烈的阻击战。9 月 18 日，侵略军向张家湾进攻，中国绿营步兵奋勇迎战，激战四小时之久。僧格林沁下令步兵撤退歇息，以蒙古骑兵继之。骑兵交仗不利，纵马而回，反而冲散了绿营步兵。中国军队退到距北京城附近的八里桥。9 月 21 日，又在八里桥南元狐庄发生激战。中国兵“进如山倒，战一时许，伤毙敌兵千余，白黑夷死者不少。贼势不支，披靡退却”。但是大学士瑞麟所率一军未和敌人接触之前先行溃散，僧格林沁于酣战之际自乘骡车撤队而逃，结果军心动摇，不能抵御敌人。在张家湾和八里桥两役中，中国士兵英勇抗战，但是在敌人的优势炮火轰击下，损伤很重，而高级将领临阵先逃，大大影响了军心。战事失利后，咸丰帝在第二天清早，也就是“亲征之举”诏颁发十一天后，就和后、妃、皇子以及一些贵族大臣狼狈地逃往热河。北京的王公大臣、汉官、富户听到天津失守，早已迁徙出都。这时京城里粮食价格暴涨，防守还是几乎毫无准备，只把内外城的许多城门赶紧关闭，用土堵塞，留一两个向西的城门通行。

张家湾和八里桥两次战斗，给侵略军以很大的打击和消耗。侵略

---

① 咸丰十年七月二十六日（1860 年 9 月 11 日）硃谕，《筹办夷务始末》（咸丰朝）卷六一。

军的弹药用尽，等待从天津方面运输补充，同时就在城外到处抢劫破坏。朝阳、东直两城门外百数十个村庄，多被其残害。10 月 3 日侵略军又绕到安定门外纵火焚烧。德胜门外也被其焚掠。

10 月 6 日和 7 日，法国英国的侵略军先后开到海淀以北的圆明园，历史上一次可耻的大劫掠开始了。两个侵略军的统帅先举行分赃谈判，准备有计划地抢掠园内的珍宝金银。但是他们的士兵和军官已经成群结伙，冲进园内抢劫。强盗们背着大口袋，拼命往里面塞各种珍贵物品。他们互相撞打，互相咒骂。有的把脑袋伸入红漆衣箱中去找东西，有的用斧头劈取箱子上所嵌宝石。他们一边抢劫一边放火焚烧。火越烧越猛，这些强盗们却仍然冒着火穿越宫殿，肆行抢劫。

侵略者焚毁后的圆明园遗址

这次抢劫，已经使圆明园内的珍宝文物几乎荡然无存，宫殿建筑也被烧毁了一部分。然而这批野蛮强盗，其破坏人类文明之心仍然意犹未足。10 月 18 日，大批英军出动，明火执仗地遍烧圆明园未烬殿宇以至万寿山、玉泉山、香山的宫殿楼阁。大火延续了两天两夜，浓烟蔽天，北京城内都能望见烟尘并闻到松木气。这座周围二、三十里，历一百几十年耗费无数劳动人民心力血汗所建成的圆明园，几天之内就在侵略者的野蛮破坏下化为一片废墟。同时，圆明园附近的海淀老虎洞一带街市，成府、挂甲屯以及德胜门关厢等处，都遭到焚烧洗劫，安定、德胜、西直、阜成四门外的数百处村庄都遭到野蛮的蹂躏。

侵略军在 10 月 13 日，强迫留京的王公大臣交出安定门，随即占领了整个北边城墙，竖旗架炮，把炮口对向城内。侵略军官兵在城内外到处横行骚扰，给北京人民带来深重的灾难，同时也受到北京人民的英勇抗击。

在侵略者的炮口胁逼下，恭亲王奕䜣代表清政府签订了中英及中法《北京条约》，全部接受了侵略者的无理要求，包括批准互换 1858 年的《天津条约》，以及这次签订的《续增条约》即《北京条约》。《北京条约》的主要内容包括赔款、割地、开口岸等等。继之清政府又被迫签订了中俄《北京条约》，我国东北西北边疆约一百五十万平方公里的土地被割让而去。《天津条约》和《北京条约》对中国的损害是极严重的，中国半殖民地化的程度是大大加深了。

侵略者还强迫清政府将这两个条约全文刻板印刷，在各省公布。在北京则由侵略军胁同中国兵士到街头各处张贴。北京人民都认为这是奇耻大辱，愤慨万分。

英法强盗们在北京城郊抢劫骚扰一共近五十天，看到天气渐冷，才在 11 月上旬分别撤离北京而去。撤退时还勒使北京地方政府备办大批车辆，装载抢掠的赃物，仅法军所劫就满装了三百辆车之多。

这次战争进一步暴露了清朝政府的腐朽和卖国，它在人民心目中已威信扫地，但是它对人民的剥削压迫则有加无已。《北京条约》一签订，清政府就借口要偿付巨额赔款，令各省向北京解送银两。这时，人民已经忍无可忍了，北京附近的“畿辅”一带到处燃起了反抗的怒火，在河间甚至有数万人聚集起来反抗，许多无法生活的贫民也铤而走险，成为“强盗”。北京城的王公大臣们又一次惊慌紧张起来，许多军队纷纷运炮石上城墙，准备守御，而在战争中遇敌先逃的前大学士瑞麟，则又奉派率领禁军来镇压人民反抗[①]。但是，人民自发的反抗斗争此起彼伏，在此后好几年中一直没有停息。

## 第二节　六十年代到甲午战争前北京政局的变化

### 1861 年的北京政变

通过第二次鸦片战争，侵略势力和封建统治者结合起来绞杀农民起义，这次战争也就是侵略者要在中国建立他们的半殖民地统治秩序的战争。

1860 年，留在北京的一些清朝贵族大臣如奕䜣（恭亲王）、文祥等，在侵略者的蓄意培植下，迅速成为他们（主要是英国）的驯服奴才。侵略者的魔掌伸入北京，它首先抓住了清朝的统治机构。

1861 年 8 月，咸丰帝在热河死去，清朝发生了一次宫廷政变。年幼的同治帝的生母那拉氏（即西太后）和奕䜣联合定计，排除咸丰时最有权力的大臣肃顺等人。咸丰帝临死时指定的八个“顾命大臣”中，三人（肃顺、载垣、端华）被杀或迫令自尽，其他五人被革职。

---

① 李慈铭：《越缦堂日记补》，咸丰十年十月初三日记。

西太后在北京垂帘听政，开始了她将近半世纪的统治。奕䜣以议政王、军机大臣兼领总理各国事务衙门，执行侵略者的号令。这次宫廷政变是符合侵略者利益的。英国资产阶级把政变视为自己的胜利。英国公使卜鲁斯对英国外交部说："这次危机之决定转向有利于我们在华利益的方向，实受我们所执行的路线的极大影响。"

## 北京反动政权向半殖民地化方向发展

侵略势力对封建统治者的胜利和影响不仅表现在这次政变上，而且继续不断地表现在他们联合对太平天国、捻军和各族人民起义的疯狂镇压上，也表现在清政府举办的一系列洋务事业上。外国资本主义侵略势力在政治、军事、经济、宗教等各方面都逐步深入内地，中国被一步步地拖向半殖民地的深渊。半殖民地化加深的情况，在北京也显露出来。

总理各国事务衙门

1861年3月，英、法公使进驻北京，并都在东江米巷占据了王公府第作为使馆[①]。此后，俄、美、德、比、西、意、奥、日、荷等国公使陆续在东交民巷设立公使馆。清政府也就在这同时专设了办理对外交涉的“总理各国事务衙门”[②]，由奕䜣、桂良、文祥等任这个衙门的大臣。总理衙门除了总管对外交涉之外，还办理其他各项“洋务”，包括通商、海关、矿务以及购买外国军火、船只、机器等等。为了训练办洋务所需的通译人员，1862年又在总理衙门之下设立“同文馆”（馆址即在总理衙门东侧），聘英国人包尔腾为洋教习（1869年以后，由美国传教士丁韪良充总教习达二十五年之久）。同文馆所训练出来的人员，以后多数成为清朝政府中的洋务派。中国海关的总税务司从1859年起就由英国人充任。1865年8月，在北京设立了总税务司署（署址在金鱼胡同），英国人赫德任总税务司达四十多年之久。赫德实际成为清朝政府的最高顾问，他不但通过海关控制财政，而且干涉内政外交。资产阶级维新派陈炽在《庸书》中提到赫德，说：“海关厘税，岁入三千万，仰其鼻息以为盈虚；引党类数百人，縻工资二百万，渐而阴持朝议，显绾邦交，偶或侵之，颠蹶立至”。这时期清朝廷已受到外国侵略者一定程度的控制。

## 顽固派、洋务派和清流派

清朝统治者所津津乐道的“同治中兴”[③]，就是一度处于“内忧外

① 东江米巷后来通称为东交民巷。

② “总理各国事务衙门”系崇文门内东堂子胡同旧铁钱局改建，这地方在新中国成立后由外交部使用。

③ 同治朝共十三年，1862—1874年。

患”统治危机的清政府，在接受了外国侵略者的侵略要求后，换取了它们的支持，并与之勾结共同镇压了人民革命运动，因而重新获得比较稳固的国内统治局面。新产生的洋务派，就是在这一过程中受外国侵略者扶持而成为颇有权势的一批买办化的官僚军阀。其主要代表人物当然要属地方封疆大吏曾国藩、李鸿章、左宗棠和张之洞等。但是在北京，清中央政府中的恭亲王奕䜣，则是清统治集团中最先向洋务派转化的代表人物。封建统治集团中的顽固派，是和侵略势力尚无直接联系的一部分官僚，它的代表人物从倭仁到后来的徐桐，虽然官位很高，在朝野舆论界影响也很大，但从来不是当权派。洋务派与顽固派两派之间存在着一定的政治利益上和见解上的矛盾，但实质上他们都是这时期整个封建势力的代表者。在国内政治上，顽固派主张保持完整的封建制度老一套，洋务派主张采用西方资本主义的一些办法来维持封建主义，使之适应不断变化的世界潮流的需要。这时期两派在北京曾就同文馆招考天文算学人才是否应“师事夷人”问题展开过一场政治争论。

从 70 年代到 90 年代甲午战争前后，由于外国资本主义、帝国主义在中国进行日益疯狂的侵略，以致最后竟在中国广大的领土上划分势力范围，妄想进行瓜分，民族矛盾就不断上升。1883—1885 年的中法战争是民族矛盾加剧而引起的反侵略战争。全国人民（特别是台湾、澎湖的人民）爱国情绪高涨，滇、桂、粤、闽、江、浙和沿海各岛人民以直接行动积极地参加了反侵略战争，长江各国外国教会势力也受到打击。人民强烈的反抗意志也反映在北京一些士大夫的言论上。中法战争时期，北京封建士大夫中出现了一个主战的清流派，他们“以喜言国是弹劾大僚为贵，谓之清流”[①]，其中主要人物有张佩纶、邓承修、陈宝琛等。

① 刘声木：《苌楚斋随笔·三笔》卷六。

清流派实质上也是封建顽固派，他们固然能在民族矛盾十分尖锐时，指责洋务派的一味投降，而主张反抗，符合人民要求抗战的愿望，但他们的抗战主张却多是空言而不着实际。在政治斗争的纠纷中，他们对洋务派的放言攻击，有的地方竟达到了背离事实、不择手段的程度。

## 统治阶级的贪污腐化

在整个中法战争过程中，清朝统治者不断想实现妥协投降的阴谋，最后也终于以妥协投降结束了这次战争。在战争中，人民和统治者两种不同的抗战态度是十分清楚的。因此，战争结束之后，民族矛盾实际上并没有缓和，阶级矛盾也在迅速发展之中，但是以西太后为首的清朝统治者，却以为从此可以高枕无忧，更加放肆地过着骄奢淫逸的生活。

同治、光绪年间，清朝统治者的腐化贪污已经达到惊人的程度。“开捐”出卖官职的次数愈来愈多，捐额并且一再降价，以广招徕。一些容易搜括钱财的“肥缺”，则需用巨额金银私托贿买。西太后本人就通过亲信的太监李莲英等出卖官缺，积聚大量的财富。有人记载她卖官的情形，说当时简拔税关和织造的差事都有定价，看缺分肥瘠定出数目的多少，由太监们通线索，由木厂、绸缎铺、古董铺商人居间过付银两。如穆图善简任福州将军，行贿七十万两。接替他的希贤也行贿五十万两，且约明只任三年。甚至主持考试取士的各省学差，也要行贿。如朱善祥简任四川学政，费二万两，约定到任后交一万，任满交一万，都由恒裕金店经手。后来载泽、载洵、奕劻等纳贿更是毫无顾忌，“动索百万”①。

① 费行简：《慈禧传信录》卷中。

北京的贵族大臣，贪污纳贿之外，生活也日趋腐化。1890 年樊增祥禀张之洞书中有这样的描述，“都门近事，江河日下。枢府惟以观剧为乐，酒醴笙簧，月必数数相会。南城士大夫，借一题目，即音尊召客，自枢王（按指当时军机大臣礼亲王世铎）以下，相率赴饮。长夜将半，则于筵次入朝。贿赂公行，不知纪极。投金暮夜，亦有等差”①。这种情形到甲午战争前后只有加剧。康有为在《自编年谱》中记 1888 年北京官僚的情况，也说：“于时，上兴土木，下通贿赂，孙毓汶（军机大臣）与李莲英密结，把持朝廷。士夫掩口，言路结舌。群僚皆以贿进，大臣退朝，即拥娼优，酣饮为乐。孙毓汶倡之，礼亲王、张之万和之（按：世铎、张之万亦都是军机大臣）……”② 梁启超描写九十年代末叶，北京的官吏和大多数知识分子的情况是：“饱食以待升转，终日无所事。既不读书，又不办事，堂堂岁月，无法消遣。乃相率自湛于看花饮酒，诗钟射覆，弹碁六博，征歌选舞，以为度日之计。若今之公车（按：指在北京考试的举人），自闱后榜前二十日间，集辇毂下者八千人，其无可消遣之情态，视朝士又有甚焉”③。统治阶级及其知识分子这样醉生梦死，全国的下层人民则在深重的负担压榨下饥寒交迫，连最低的生活都难以维持。已经发展到帝国主义阶段的资本主义列强，更加疯狂地加紧了对中国的侵略，瓜分亡国的危机日益迫近。但九十年代对中国发动大规模侵略战争的，却是距离中国最近、侵略性极强的后起的资本主义国家日本。

① 黄濬：《花随人圣盦摭忆》。

② 康有为：《康南海自编年谱》光绪十四年条，《戊戌变法》（四）。

③ 梁启超：《保国会开会大意》（演说词），《戊戌变法》（四）。

## 第三节 维新变法运动在北京

### 反对投降、要求改革的公车上书

1894 到 1895 年，日本对我国发动了大规模的侵略战争，强迫清政府签订《马关条约》，日本不但攫取到大量的赔款和特权，而且还要强占我国的台湾、澎湖、辽东半岛等大片领土。中国人民坚决反对签订这个卖国条约，特别是不能容忍祖国的河山被敌人霸占，要求与侵略者斗争到底。在这种形势下，在北京发生了近代历史上第一次带有一定群众性的知识分子爱国救亡运动。

康有为像

1895 年正逢会试，各省举人都聚集在北京，在听到和约条文后，感到无比愤怒，许多人纷纷结合起来，向清政府联名上书，反对签订卖国条约。4 月 22 日，广东、湖南两省在京的举人首先到都察院上书。其他各省举人也接踵而起，从 22 日到 30 日，都察院门口经常挤满了悲愤激动的人群。接着，十八省举人决定联合上书，由康有为连夜起草了著名的“万言书”，痛斥当权派的投降主张，指出屈辱偷安只能招致列强的瓜分，要求拒和、迁都、变法、练兵并与日本决战到底。其中提出的变法主张包括奖励和扶助农业和工商业，允许并保护私人资本经营铁路、轮船及各种近代工业；改革科举制度、设立新式学堂；奖励民间设报馆等等。同时还提出由地方上举出议郎作为皇帝的顾问，准许其“随时请对”，其职权可以“上驳诏书，下达民词，凡内外兴革大政、筹饷事宜，皆令会议”，“三占从二，下部施行”[①]，实际上是一种初步的代议制度。“万言书”不仅反映了全国人民强烈的爱国救亡的要求，同时也提出了维新变法的政治纲领。4 月 30 日和 5 月 1 日，各省举人聚集在宣武门外达智桥松筠庵三谏草堂讨论，在万言书上署名的达一千二百多人，决定在 5 月 2 日到都察院投递。

当权的卖国集团在群众的爱国行动面前感到十分恐慌，他们使出各种卑劣的手段来破坏群众爱国运动。大官僚孙毓汶派出大批爪牙，在 5 月 1 日晚上到各省举人居住的会馆造谣恫吓，并在北京的街道上到处张贴传单，对爱国活动大肆污蔑、攻击，使一些不坚定的举人开始退缩。同时，以西太后为首的卖国集团又逼迫反对议和的光绪帝提前在和约上盖印。举人们听到后万分激愤，立刻赶到都察院，但都察院官员却声称和约已经批准，无可挽回，拒绝接受上书。

反动集团签订了卖国条约以后，立刻恢复了“歌舞升平”荒淫无耻的生活。北京人民对这些卖国贼痛恨到了极点，有人在城门上贴了一副对联：“万寿无疆[②]，普天同庆；三军败绩，割地求和”。同时北京还流行一副对联：“台湾省已归日本，颐和园又搭天棚”[③]，对统治者的屈辱偷安进行了尖锐的讽刺和谴责。大家对主持朝政的卖国贼孙

① 康有为：《上清帝第二书》光绪二十一年四月初八日（1895 年 5 月 2 日），《戊戌变法》（二）。

② 1894 年是西太后六十岁生日，正当前线清军节节败退的时候，清政府却继续用海军军费大修颐和园，准备进行祝寿盛典。

③ 以上两副对联均见文廷式《闻尘偶记》，《近代史资料》1981 年第 1 期。

毓汶更是恨之入骨，有些举人甚至要抬着棺材到孙毓汶家里去拼命，吓得他装病辞职，不敢出门。

公车上书失败了，但它却冲破了清朝专制统治下不准士人、百姓干预国家大事的沉闷空气。反映了广大人民的爱国要求的“万言书”，迅速在北京和全国各地刊印流传，激励着人们的爱国热情，对于长期受着程朱理学、训诂考据、科举制度等封建毒品麻醉的知识分子，起了更大的刺激作用，成为下一阶段维新运动的先声。

## 维新运动在北京的发展

维新变法的思想并不是在“公车上书”时才第一次提出来的。由于列强侵略所造成的民族危机和从70年代起中国已经开始出现资本主义近代工业，封建地主官僚中的一部分人逐渐倾向资本主义，在80年代已经出现了系统的维新变法思想，作为全国政治中心的北京成为维新变法思想传播的中心。在最初的一批维新变法思想家当中，陈炽、陈虬等长期住在北京，薛福成、马建忠、郑观应、汤寿潜等也都到过北京，他们的著作也在北京流传，在北京士大夫、知识分子中有一定的影响。康有为也曾在1888年第一次到北京上书，提出“变成法，通下情，慎左右”的变法主张。但是直到公车上书时为止，在士大夫和知识界中封建守旧思想仍然占据着绝对统治的地位，维新变法的思想影响十分微弱，即使那些曾激于爱国热情而在万言书上签过名的人，也有很多并不赞同其中的变法主张。为了改变这种势孤力弱的局面，康有为、梁启超等认为必须组织集会团体，聚集和扩大维新派的队伍，并进一步扩大在社会上的影响。他们决定以北京作为活动的中心，这一方面固然因为北京是全国的政治中心，是举国瞩目的地方，在这里活动容易对各地发生较大的影响，但更重要的是因为他们从改良的观点出发，认为变法一定要得到王公大臣乃至皇帝的支持，才能从上而下地顺利进行，所以他们就集中力量在京城活动。

康有为等维新派的活动首先从宣传工作入手。七月间，他们在宣武门外米市胡同南海会馆创办了《中外纪闻》，是北京出版的第一种民办报刊，用木板印刷，每天印一两千份，托送《京报》的人顺便送给各达官贵人，不收报费。康、梁、麦孟华等人每天撰写短文，宣传变法主张。除办报外，他们还到处奔走游说。经过一个多月的努力，终于在 8 月间初步组成了“强学会”，作为宣传维新思想、开展维新运动的据点。强学会设在琉璃厂后孙公园，每三天在达智桥松筠庵开一次会。同时还在琉璃厂创办了一个图书馆，收集了一些翻译的书籍和仪器、地图等等。当时北京由于长期处在封建势力严格的思想统治之下，风气十分闭塞，甚至跑遍全城也买不到一张世界地图。因此“强学会”的活动和图书馆的创办引起了北京知识分子的注意，在进行思想启蒙的工作方面起了积极的作用。

当时，谈维新在国内特别是在北京是一种很时髦的事，不少官僚政客也在表面上大谈其维新，“强学会”内部混杂着各式各样的人物，惯于做政治投机活动的袁世凯也是其中之一。

维新派幻想在北京活动可以更便于得到王公贵族的“合作”，但是清朝当权的守旧派却把他们看作眼中钉。1896 年 1 月，清政府以“营私结党”的罪名查禁了“强学会”，封闭了图书馆。软弱的维新派对于这个攻击毫无还手之力，不得不暂时从北京转移到反动势力压力比较小的地方去继续活动。

维新派虽然遭到了挫折，但他们的影响却已经在各地广泛传播。当时，各地纷纷组织学会，创办报纸，维新派的队伍逐渐扩大，并在各地组织起来。这段时间，维新运动的中心暂时转移到南方，但在北京也仍然有零星的活动，在陶然亭、枣花寺等处经常有小规模的集会。

1897 年底到 1898 年初，帝国主义掀起了一个瓜分中国的狂潮，争先恐后地强夺我国的边境地区，强租重要港口建立所谓租借地，划分“势力范围”，我国面临着亡国的严重危险。在民族危机的刺激下，各地人民自发的反侵略斗争更加猛烈地发展起来，在很多地方爆发了激烈的武装冲突和农民起义。人民的斗争一方面打击了外国侵略者，另一方面也和卖国投降的清政府发生了尖锐的冲突。

这时中国民族资本主义已有初步的发展，民族资产阶级开始形成，但还没有成为独立的阶级力量，对封建地主阶级还有很大的依附性。他们和地主阶级中企图学习西方资本主义来挽救封建统治危机的开明绅士和知识分子结合在一起，形成了维新运动的群众基础。他们既害怕帝国主义的瓜分，又害怕人民斗争的发展会威胁封建社会的统治秩序，于是便加紧进行变法改良活动。由于他们的软弱性，不可能依靠自己的力量来实现变法改良的主张，而只能把希望寄托于统治集团中愿意变法的一部分人——首先是并无实权的光绪帝，因此，他们不能不再次聚集到北京进行活动。

1897 年底，康有为再一次到北京上书，要求变法，并在 1898 年 1 月 5 日，在南海会馆创立“粤学会”，准备重整强学会的旗鼓。不久，梁启超、康广仁等也纷纷北上。这年正好又逢会试，大批举人在北京聚集，为维新派的活动增加了有利条件。4 月 12 日，全国性的维新派组织“保国会”在粤东会馆成立了，参加成立大会的有二百多人，楼上楼下都挤得满满的。康有为在会上发表了一篇激动人心的演说，他沉痛地谈道：“二月以来，失地失权之事，已二十见，来日方长，何以卒岁？”号召大家奋起图强，拯救民族的危亡。此后“保国会”又先后在松筠庵、贵州会馆等处多次举行集会。保国会在北京的活动，对各地起了很大的影响，要求变法的呼声日益高涨。极端顽固的守旧派力图压制这种呼声，他们首先在北京对维新派展开攻击，指使他们的爪牙接二连三地上奏参劾“保国会”，并刊印了好几千份攻击保国会的文章在官僚贵族中散发，又到处制造流言飞语，使保国会陷于孤立并逐渐瓦解。曾经参加发起保国会的政客李盛铎，看见这种形势，便也上奏参劾保国会。从 5 月起，参加保国会活动的人便愈来愈少了，最后保国会陷入“谤言塞途，宾客至交皆避不敢来，门可罗雀”的状况，不得不停止活动。

保国会的瓦解再一次地证明了脱离人民群众的维新派的软弱无力。但是，尽管维新派本身由于阶级本性所限制，不愿意也不可能取得人民群众的直接支持，他们的爱国救亡要求在客观上却是与人民群众的斗争要求相吻合的，因此得到了人民群众的拥护。守旧派害怕人民群众的斗争，于是不得不对无权无勇的维新派作一些暂时的、表面的让步。因投降卖国而受到全国人民唾骂的西太后，不得不在表面上宣布把处理国事的全权交给皇帝，自己到颐和园去“休养”。

## 百日维新

1898 年（戊戌年）6 月 11 日，光绪帝正式宣布推行新政，维新派与守旧派的斗争进一步展开了，北京成为这个斗争的中心。在这里，斗争表现得特别复杂和尖锐。

光绪帝在维新派的推动下，从北京发出了一系列的除旧布新的政令：废除科举，兴办学校，奖励工商，整顿吏治，大开言路等，在北京设立了矿务铁路总局，农工商总局，设立了小学校，并加紧筹办京师大学堂。这些枝节的改良措施虽然并不能解决中国的根本问题，但毕竟表现了改变现状、奋发图强的愿望，因而也振奋了人心，并且进一步打击了传统的封建守旧思想，使更多的人（主要是地主阶级中比较开明的知识分子）从封建思想的束缚下解放出来，开始接受一些资本主义思想。

尽管维新派力图与掌握着实权的守旧派妥协，但是他们的一些胆怯的枝枝节节的改良，仍然不能不触动守旧势力的利益。科举制的废除引起了旧文人的仇视，冗官的裁撤使饱食终日的官僚们惶惶不安。当时，北京城内谣言纷纷，说康有为想把六部九卿衙门全部裁掉，北京的几千官僚大感恐慌。维新派在政治上进行整顿的企图也使腐朽透顶的官僚集团人人自危，守旧势力以西太后为核心紧密地纠集起来，准备在适当的时机给维新派以毁灭性的打击。从6月份起，北京城内就流言纷纭，谣传皇帝病重，康有为常私自入宫献红丸等，这些谣言当然是无稽之谈，不过是为将来废掉光绪帝和迫害维新派准备借口罢了。

西太后在宣布“休养”以后，实际仍然控制着用人行政的大权，掌握实权的中央和地方上的顽固派和洋务派大官僚们也以西太后为靠山，公然抵制光绪帝所颁布的维新命令，使很多谕旨成为空文。同时，西太后加强了对北京一带的军事控制，以便实行政变。她任命荣禄为直隶总督，统辖北洋三军，派怀塔布、刚毅、崇礼等掌管北京城郊一带的军队。北京一带处在守旧派严格的军事控制之下。

到了9月，守旧派的政变阴谋已经准备成熟，北京已处于“山雨欲来风满楼”的状况了。维新派自己没有力量抵抗，又不知从何处可以寻找到帮助他们解脱危局的政治力量，于是只有采取冒险的办法，企图利用曾与维新派有过一些关系，并且掌握着一定军队足以抗衡守旧派势力的袁世凯（当时袁世凯统率着“新建陆军”），想要先发制人地发动政变，包围颐和园，夺取太后的实权。9 月 16 日，光绪帝在颐和园玉澜堂召见了袁世凯，提拔他以侍郎候补，专办练兵事务，显然是要以拔擢袁世凯与荣禄抗衡。这一措施在维新派对守旧派的斗争中恰恰起了打草惊蛇的作用。9 月 18 日，谭嗣同密访袁世凯于法华寺，请袁迅速带兵入京，保卫光绪。

守旧派也在加紧调兵遣将，就在光绪帝召见袁世凯的那一天，荣禄秘密地调董福祥的军队到北京，由北门入城。第二天又调聂士成的军队扼守天津。守旧派大官僚也纷纷到颐和园要求太后“训政”。北京城内空气十分紧张，大家都感到马上会发生变乱，一时米面价格飞涨，居民纷纷迁到城外去避乱。

9 月 19 日，西太后突然回到城里，住中南海仪鸾殿。21 日，西太后发动政变，宣布训政，囚禁光绪，接着就以刀斧来对付维新派。

当天，步兵统领崇礼率领着三百名禁军到宣武门外包围了南海会馆，但却没有抓到康有为，因为他在前一天已经离开了北京。22 日，守旧派封锁了京津铁路交通，关闭了北京各城门，出动了三千军队大肆搜捕。留在北京的维新派重要人物陆续被捕入狱，光绪帝也被迁到南海中的瀛台上幽禁。北京城内禁军遍地，成为恐怖世界，凡与维新派有关的人都纷纷南下避祸，火车轮船拥挤不堪。

在新旧势力的残酷冲突中，一些激进的维新派志士表现了不畏强暴、为国献身的英勇精神，如杨深秀在守旧派大抓维新派的情况下，仍然大胆坚持变法主张，上疏反对太后“训政”。谭嗣同在被捕前，梁启超和一些日本人曾再三劝他逃跑，他却决心以一死来表示最后的反抗，希望以此来激励更多的人起来斗争，因而就坚决不离开北京。在狱中，他写了很多诗，其中有“我自横刀向天笑”这样豪放的诗句。

谭嗣同像

9月28日，清政府未经审讯就把谭嗣同、林旭、杨锐、刘光第、杨深秀、康广仁等六人押到菜市口行刑，谭嗣同临刑前神色慷慨，高呼“有心杀贼，无力回天，死得其所，快哉快哉！”在场的一万多北京市民深受感动。

维新运动作为一次政治运动是失败了，但作为思想启蒙运动，它却在历史上起了进步作用。由于它对传统的封建思想进行了斗争，因而客观上为以后资产阶级革命思想的传播起了开路的作用。但在革命运动逐渐兴起的新形势下，变法改良思想也就不再是历史的主流，康、梁等成为保皇党。至于在北京牺牲的“六君子”，尽管也具有改良派的弱点，但他们为了爱国和追求进步，最后献出了自己的生命，这种为国献身的精神成了推动人民群众进行革命斗争的一种力量。同时，这次血的教训也告诉了人民，斗争的道路是曲折的，在守旧势力如此强大的半殖民地半封建的中国，要彻底改变国家的面貌，挽救民族的危亡，只有依靠人民群众自己的力量不断进行革命斗争。

## 第四节　义和团在北京的战斗

在19世纪和20世纪交替的时候，中国人民掀起了一次轰轰烈烈的爱国反帝斗争高潮——义和团运动。义和团运动是以农民为主体的中国人民为挽救帝国主义瓜分中国危机而进行的一次英勇斗争。这一运动的主要打击对象是对农民群众作过直接压迫的外国教会，其斗争矛头也波及阻挠反教会斗争的清朝地方政府。零星的斗争，最先在山东、直隶（河北）交界地区兴起，继之对全国各地先后产生了不同程度的影响。山东地区的义和团，在山东巡抚袁世凯的血腥镇压下，除一部分继续在当地坚持艰苦斗争外，一部分则转移到直隶。清王朝的政治心脏——北京，成为人民反帝斗争运动的中心。

## 义和团在北京附近的活动和开始进入北京

直隶是义和拳等各流派的农民秘密结社，长期以来进行反清斗争的重要根据地区之一。1899 年夏秋之间，直隶南部和山东紧相毗连的故城、景县、东光、阜城一带的贫苦农民，在帝国主义侵略日深的形势下，受到山东义和拳“老团”的影响，建立很多“拳厂”，展开打毁外国教堂的斗争①，以后向北“铺团”发展到冀县、深县和河间一带②。积极镇压义和团的吴桥知县劳乃宣，曾以惊慌的心情描写了义和团的声势：“聚众而抗官，传单一出，千人立聚，兵刃森立，俨同敌国”，“动言焚杀，官吏熟视之而莫敢谁何！”③ 直隶总督裕禄派兵进行凶残的镇压，但这只加强了人民的反抗意志，义和团反而更加迅速地

① 劳乃宣：《禀陈义和拳党情形请奏明办理由》（光绪二十五年十一月初七日），劳乃宣辑《拳案杂存》，见《义和团》（四），第 466 页。

② 直隶总督裕禄片（光绪二十六年二月二十六日），见国家档案局明清档案馆编《义和团档案史料》（以下简称《档案史料》）（上），第 69 页。

③ 劳乃宣：《义和拳教门源流考书后》，劳乃宣辑《拳案杂存》，见《义和团》（四），第 451、456 页。

发展起来。1899 年底到 1900 年 2、3 月间，在和清军以及各地教堂武装不断战斗中，义和团控制了清苑（保定），并以此为中心，向北逐步发展到新城、定兴、涞水、易州、固安、涿州一带，向东发展到任丘、文安、霸县等地，积极向北京和天津"铺团"推进[①]。

1900 年 4 月中，义和团已有百余人携带兵器到达卢沟桥，散发反对外国侵略者和外国教会的揭帖[②]。从 4 月下旬起，团众不断进入北京，京郊黄村和庞各庄一带成为团众汇合的一个中心[③]。

北京的居民，从 1897 年起，就已经接触到义和团反清思想的宣传，这些宣传是在宗教迷信的外衣之下进行的。例如这年夏季修建津卢铁路时，在京郊永定门外马家堡就掘出碑文，刻有"天下红灯照"，"大清归大清，谁是谁的主"[④] 等字句。1899 年春，城内贴出了"真龙出现了"的揭帖[⑤]。到了 1900 年春季，义和团众入京"铺团"，传习拳艺[⑥]。和华北广大农村的情况相同，北京城内首先起来热烈参加义和团的，是广大的下层劳动人民，也就是剥削阶级称之为"肩挑负贩者流"[⑦]。他们常在傍晚收工之后相聚练拳，最初在较僻静的地方，以后则公开在城内外的街巷里进行。内城景山后面宫墙下，每天下午都有少年和孩童操演[⑧]。城里各地通衢大道，特别是教堂周围，到处

① 艾声：《拳匪纪略》，见《义和团》（一），第 444、447 页；佐原笃介等编《拳乱纪闻》，见《义和团》（一），第 108—112 页。

② 总理各国事务衙门致直隶总督裕禄电报（光绪二十六年三月十七日），见《档案史料》（上），第 79 页。

③ 佐原笃介等辑《拳乱纪闻》，见《义和团》（一），第 112 页。

④ 孙敬：《义和团揭帖》，见《近代史资料》，1957 年，第 1 期。

⑤ 孙敬：《义和团揭帖》，见《近代史资料》，1957 年，第 1 期。

⑥ 杨典诰：《庚子大事记》，见中国科学院近代史研究所编《庚子记事》，科学出版社 1959 年版，第 80 页。

⑦ 唐晏：《庚子西行纪事》，见《义和团》（三），第 471 页。

⑧ 《拳乱纪闻》，见《义和团》（一）。

都是义和团的揭帖[1]。“还我江山还我权，刀山火海爷敢钻，哪怕皇上服了外，不杀洋人誓不完”[2]。义和团的战斗口号中，往往把“杀洋人，灭赃官”并列，也就是把反帝反封建并提，如“大师兄，砍洋头。二师姐，杀官兽。杀尽洋和官，百姓有盼头”[3]等。但反帝斗争的情绪在揭帖中表现得格外强烈，如“神助拳，义和团，只因鬼子闹中原”[4]。1900年4、5月间，传闻在温泉山煤洞中掘出刘伯温预言碑。碑文说：“最恨和约，误国殃民，上行下效，民冤不伸”，指出不平等条约的误国殃民。碑文中又痛斥那些上行下效的官吏是“羽翼洋人，趋炎附势，肆虐同群”[5]。这些简单易懂，便于记诵的民谣形式的口号，成为发动群众的有力武器。义和团这时还积极准备武器，在铁铺定制刀矛，一处就是几十件甚至百余件[6]。前门外打磨厂等处铁铺，日夜铸造，还供应不及。顺天府所属的各州县村庄和市集上紧张地铸造刀械的情景，也和城内一样[7]。

5月下旬，义和团在直隶一带展开了大规模的反洋教斗争，并击败了清政府派来镇压的军队，他们除了打毁教堂以外，还发展到拆毁铁路、电线等。这时期他们提出大家熟悉的揭帖：“挑铁道，把线砍，旋再毁坏大轮船”[8]。义和团所以采取这种方式的斗争，一方面是由于

① 窦纳乐致英国外交大臣信（1900年5月21日）F. O. 17/1413密件，据王崇武译《英国档案馆所藏有关义和团运动的资料》，见《近代史资料》1954年第2期，第6—7页。

② 刘崇丰等搜集《义和团歌谣》，上海文艺出版社1960年版，第45页。

③ 刘崇丰等搜集《义和团歌谣》，第32页。

④ 《拳乱纪闻》，见《义和团》（一），第112页。

⑤ 《拳乱纪闻》，见《义和团》（一），第112页。

⑥ 巡视中城御史文璪等摺（光绪二十六年五月十五日），见《档案史料》（上），第129页。

⑦ 御史吴鸿甲摺（光绪二十六年五月十二日），见《档案史料》（上），第122页。

⑧ 《拳乱纪闻》，见《义和团》（一），第112页。

义和团时期，广大劳动群众虽然痛恶帝国主义的侵略，但是对于帝国主义本质的认识还没有上升到理性阶段，对于斗争方式和策略也较少考虑，只是准备把铁路、电线等这些帝国主义所控制的为其侵略利益服务的一切东西，连同侵略者一起赶出中国去。更主要的，是为了反击清军由东向西所发动的两路包抄的钳形围攻。5 月 27 日至29 日，义和团先后焚毁了高碑店、涿州、琉璃河、长辛店、卢沟桥、丰台等车站和丰台的机器制造局，拆毁了卢保线涿州以南到高碑店、以北到琉璃河的两段铁路，切断了清军运兵的道路①。5 月 27 日，义和团主力万余人进占涿州②，在涿州附近活动的义和团众多达数万人，声势大振，清军无力镇压③。6 月 4 日，义和团在北京南郊烧毁黄村车站，包围聂士成军队，击毙聂军八十余名④。6 月初，大批义和团进入天津，直隶总督裕禄被迫以礼相迎，义和团的声势更大了。

在华有侵略利益的列强大为惊惶，天主教北京主教法国人樊国梁在给法国公使的信里说，北京情况十分类似 1870 年天津教案的前夕⑤。显然，它们对中国人民反侵略斗争力量的估计是远远不够的。外国侵略者一方面通过各国驻华公使所组成的外交团，对清政府不断提出警告，督促它对义和团立即采取有效的镇压，一方面不断调集军舰在大沽口外举行示威演习，进行恫吓。特别是到了 5 月底，义和团在卢汉

① 直隶总督裕禄致总理各国事务衙门电报等，见《档案史料》（上），第 103—105 页，117 页。

② 祝芾：《庚子教案函牍》，见《义和团》（四），第 376—378 页；杨慕时《庚子剿匪电文录》，见《义和团》（四），第 342 页。

③ 佐原笃介等编《拳事杂记》，见《义和团》（一），第 250—251 页。

④ 直隶总督裕禄致总理各国事务衙门电报（光绪二十六年五月初十日），见《档案史料》（上），第 119—120 页

⑤ 窦纳乐致英国外交大臣的信（1900 年 5 月 21 日），F. O. 17/1413，密件，据王崇武译《英国档案馆所藏有关义和团运动的资料》，见《近代史资料》1954 年第 2 期，第 6—7 页。

和京津两线掀起大规模斗争后，帝国主义更加惊慌，同时也更明显地暴露出它们准备亲手镇压中国人民反抗斗争和借机掠夺中国的野心，各国军队不断在塘沽登陆。5月31日，各国公使便以保护使馆为名，调兵进京，第一批有美、英、法、意、日、俄等各国军队共三百余人。6月1、2两日又有德、奥两国官兵八十余人入京[①]。德国公使克林德在各国公使会上公开说，他认为这些行动就是瓜分中国的开端[②]。帝国主义对中国人民的武装挑衅，激起了人民更大的愤怒，北京城内的义和团发展得更快了。

## 义和团与清政府内部的派系之争

随着北京附近各州县义和团众声势浩大的斗争的开展，5月底、6月初，北京城内义和团的斗争也发展到了新阶段。

6月上旬，京郊各县义和团三五十人一队，不分昼夜，一日数十起地进入北京城内。他们自由出入城门，守城士兵见到义和团便肃立致敬，绝无阻拦。有的还替义和团喝道，叫大家让路。团众头上裹着红布，腰上扎着红带子，鞋袜镶着红边，手里拿着大刀或长矛，三五成群，气概英勇地在街上游行[③]。城内到处都设有拳厂，家家户户烧香礼敬。大街上贴满揭帖，提出两个月之内“中国不准有洋人”，并号召在农历九月初九日（10月31日）重阳节举行起义。

到了6月中旬，大批的义和团众从京郊各县每日百十起地集中到

① 直隶总督裕禄致总理各国事务衙门电报（光绪二十六年五月初四至初六日），见《档案史料》（上），第111—114页。

② 德国外交大臣布洛夫伯爵致驻北京公使克林德男爵电（1900年5月31日），见孙瑞芹译《德国外交文件有关中国交涉史料选译》卷二，商务印书馆1960年版，第2页。

③ 仲芳氏：《庚子记事》，见《庚子记事》，第12页。

北京城里，手拿大旗，上面写着："某县某村义和团替天行道"字样，有的打着"扶清灭洋"旗帜，在通衢大道上排队巡行。这些从外州县来的团众，多是朴实农民，他们自备伙食日用，吃的是小米和玉米面，大多遵守着不奸淫掳掠的戒条纪律，保持着艰苦朴实的农民作风①。据说当时城内设坛八百余所，北京居民参加义和团的也越来越多，其中主要是长期遭受压榨和欺凌的手工业者、苦力、城市贫民等劳动人民。但当义和团的声势越来越大，义和团的成分就越来越复杂了。一些城市游民也在各庙宇安坛设团。他们生活在社会底层，受着各种各样的剥削压迫，一部分人有反抗强暴的要求，真心拥护义和团，但也有一部分人长期习惯于依靠不正当的职业过活，这时便借义和团之名，向清廷讨封讨赏，并且到处讹诈勒索，扰乱社会秩序。一些富豪仕宦之家，有的也自设坛场，表示信奉义和团，实际不过是为了保护身家财产，逃避群众运动的打击。满汉统治阶层中一些顽固排外的守旧派，王公、贝勒等都有在家里设坛的。他们是有政治势力或政治影响的义和团的支持者。但是，实质上，这些人却难以把他们算在义和团的群众队伍之内。因为他们有的人，如大学士徐桐者流，对国际事务、对科学原理愚昧无知，推崇义和团能刀枪不入，鼓吹依靠义和团就能尽逐洋人出中国的。实际上助长了义和团运动中盲目排外、迷信落后的成分，戕害了义和团质朴的反帝爱国的初衷。他们有的人，如端王载漪者流，则是想利用声势浩大的义和团作为自己争权夺势以至实现政治阴谋的工具，他们对义和团所采取的手段就是要篡夺义和团的领导权。最后还要指出，一些为统治阶级服役的劳动群众，如皇宫内的太监、年老的宫女、拱卫京师的满汉各营的士兵，也有一半以上参加了

① 《庚子记事》，第15、16页。

义和团。其中如守卫京城的神机营，董福祥率领的武卫后军等，几乎全部都参加了义和团。义和团的势力已经深入影响到最高反动统治者的左右和统治阶级的武装支柱了。

义和团的活动影响着清帝国首都的各个方面。清皇宫的宫门，中央政府的各个大小衙门，亲贵王公的住宅，多数都有义和团派人把守监视。大道上的路口，内外城各门，都有义和团众把守，日夜盘查可疑的行人①。

义和团开始进攻北京城里的天主教堂和耶稣教堂。近代时期基督教会在中国的建立，是随着外国侵略者的炮舰与不平等条约的签订，从开放口岸逐步进入内地以至北京城的。为来华教会而工作的外国传教士、修女等，绝大多数都是出于献身宗教的热忱而不远万里来到中国的，献出了自己的年华，有的还献出了自己的生命。他们为在中国传播西方先进的文化教育与科学技术、医学知识作出了贡献。他们是中国人民的朋友。但是，毋庸讳言，帝国主义侵略者也曾利用基督教会作为侵华的工具，干精神征服、刺探情报等等肮脏勾当。有的传教士则以殖民者君临殖民领地的姿态在中国土地上为非作歹，纵容不法教民鱼肉乡里，激起群众（包括正直的官吏、地主士绅）极大的愤恨。至于被称为教民的中国的基督教徒，大多数人确是由于虔诚的宗教信仰而入教的。相当一部分人入教则是为了借助于洋人的支持以抬高自己的社会地位，这些人则为群众所轻视。一些穷人入教则是为了“吃教”。少数品质恶劣的教民投靠帝国主义侵略势力，为别有企图的外国传教士作爪牙，为虎作伥。对于这些人，人民深恶痛绝，斥之为“二毛子”。义和团的歌谣说：“二毛爷，二毛爷，只认洋人不认爹。

① 《庚子记事》，第 20、21 页。

通风报信还不算，侍候洋人团团转”[①]。参加义和团的群众由于封建主义的压迫和束缚，不具备对外国侨民、外国传教士、修女以及本国参加基督教的教民要掌握区别良莠、分别对待的政策水平，而是出于对侵略者的仇恨，把外国人以及与外国有联系的人和物都作为打击对象。由于义和团发动了群众检举，有的外国人，躲在大衣箱里，甚至躲在棺材里雇人吹打抬着，以便逃出城外，也被查获[②]。有的教民，手里拿着香，装出信奉义和团的样子，想要逃避，也被群众报告捉住[③]。义和团对待教民一般是声言“背教不杀”，也有个别教民在表示脱离外国教会后，得到义和团的宽恕[④]。

义和团经常在夜里举行示威游行，每走过一条街，便动员大家烧香，洒净水，高呼口号“杀洋鬼子!”表示坚决消灭外国侵略者的决心[⑤]。

义和团虽然没有直接控制政权，但义和团声势浩大的斗争，在一定程度上决定着清廷的举措。为了本集团的利益而“支持”（企图利用）义和团的顽固派，借着群众斗争的声势成为政治上举足轻重、叱咤一时的人物。洋务派以及平时与办理洋务有联系的官员则在政治上受到很大打击。义和团宣称要杀“一龙二虎三百羊”。一龙指支持康、梁等维新派进行变法的光绪皇帝。二虎指总理衙门大臣庆王奕劻和李鸿章（当时任两广总督）。义和团有上帝（即玉皇大帝）七怒的揭帖，

---

① 刘崇丰等搜集《义和团歌谣》，第8页。

② 刘以桐《民教相仇都门闻见录》，见《义和团》（二），第189页。

③ 北京救世堂编《拳时北京教友致命》卷一，第4页。

④ 《拳时北京教友致命》卷一，第3页。

⑤ 鹿完天：《庚子北京事变纪略》，见《义和团》（二），第398页；《庚子记事》，第15页。

其中说：“一怒庆王天主翁”（认为庆王信仰天主教），“三怒助洋鸿章李”①，即是说这些人都是干犯天怒该杀的罪人。三百羊指一般京官。义和团说京官中只有十八人可免杀。义和团众捉住一些官员，有时强迫他们到拳坛叩头焚表，决定是否释放或杀掉。总理衙门的权势一落千丈。英公使窦纳乐在 6 月 5 日与庆王奕劻等会晤后给英国外交大臣的密件中就说道：“以庆王为其代言人的总理衙门已不再是中国统治者的代表了。我认为推动这个政府的一架杠杆，现在已被压得粉碎”②。6 月 10 日清政府便宣布以载漪代替奕劻管理总署。原来在总理衙门行走的大臣，大多被顽固派斥为里通外国，处于政治上不被信任的状态。

义和团的龙、虎、羊口号的提出，从义和团团众来说，是出自对媚外投降官员的愤恨。但从载漪来说，则夹杂着想要借此实现慈禧准备废黜光绪皇帝的方案③，使自己的儿子，已经宣布将要继承帝位的大阿哥溥儁趁此变乱之际登上皇位。6 月 25 日晨，端郡王载漪和庄亲王载勋，以及贝勒载濂、载滢等率领义和团众六十余人闯入内宫，声称要搜拿教民，并且骂光绪皇帝为二毛子，“大有弑君之意”，这场表演实质是慈禧所纵容的宫廷政变。由于他们过于嚣张，使慈禧感到恐怕难以驾驭，因此制止了他们的过分行动，没有酿成事端。

对于资产阶级维新派，义和团是反对的，把他们也列为罪在不赦、干犯天怒的对象之一。其上帝七怒揭帖中说：“六怒贼子通洋保国会，不久落头归阴城”④，连戊戌六君子的牺牲都不曾唤起他们的同情。而

① 《义和团文献》，《近代史资料》，1957 年第 1 期，第 12 页。

② 英使窦纳乐致英国外交大臣的信，1900 年 6 月 10 日，F. O. 17/1413，密件，王崇武译《英国档案馆所藏有关义和团运动的资料》，见《近代史资料》1954 年第 2 期，第 19 页。

③ 慈禧在戊戌政变后即要废掉光绪，布告天下确立溥儁为大阿哥（意即皇太子），只是迫于中外各种政治势力的反对，而尚未实现。

④ 义和团文献，《近代史资料》，1957 年，第 1 期，第 12 页。

资产阶级改良派也在报刊上批评并反对义和团盲目排外的做法。因此在北京、天津两地的汇文书院附近，贴有义和团的揭帖说："国闻报上多谬妄，乱语胡言任意登。该报因有日人保，故敢造谣诋我们。兹特示尔国闻报，此后下笔要留神，倘敢再有诽谤语，定须毁屋不留情"①。

义和团由于痛恨洋人而反对洋学堂。5 月 25 日贴出揭帖宣布次日将拆毁同文馆和戊戌维新时期建立的京师大学堂（即今北京大学前身)。以后曾去大学堂搜捕②。京师大学堂在义和团时期曾一度被迫停止教学活动。有的中国教习由于义和团认为其与外国人有联系而被杀。

在人民日常生活中，义和团反对外国侵略者的主张和斗争也发生了重要的影响。义和团将外国使馆所在的东交民巷改名为"切洋鸡鸣街"，御河桥改名为"断洋桥"，表现了劳动人民质朴的痛恨侵略者的感情。义和团动员居民们不要购买和存储洋货，大家纷纷把煤油倒在街上，把煤油灯等扔到户外。不少洋货店由于无人购买只好歇业③。位于东华门外王府井大街、崇文门内大街、宣武门、东四、西单等处的各国教堂被烧，并波及附近中国民居商店。6 月 16 日，义和团为了对专门贩售洋货的商店给予警告，将前门外大栅栏老德记西药房烧掉，以表示厉行禁止贩售洋货。大火延烧了广德楼茶园、粮食店、灯市街、观音寺、廊房头、二、三条、杨梅竹斜街、灯笼胡同、羊肉胡同、排子胡同、西河沿东西荷包巷，包括正阳门城楼，共计店铺四千余家④，火势延烧到次日。大栅栏以东珠宝市是北京金融中心，因被毁于火，

① 《拳乱纪闻》，见《义和团》（一)，第 120 页。
② 《拳乱纪闻》，见《义和团》（一)，第 114 页；第 128 页。
③ 《庚子记事》，第 13 页。
④ 《拳乱纪闻》，见《义和团》（一)，第 135 页。

以致京城内外大小钱庄银号都“汇划不灵，大受影响”。明末清初即已在东四开设的钱铺四恒（恒兴、恒利、恒和、恒源）次日即提出，因炉房被毁，呈请歇业。经政府补贴官款一百万两[①]，才勉强维持。6 月 17 日，电报局被焚毁。京城繁华的商业区被烧为一片废墟，实在令人痛心。

遭受人民斗争直接打击的外国侵略者，深感事态严重，“害怕大祸将临”，但他们也同时叫嚣：“欧洲人的武装干涉必须在一更大的规模上举行”[②]。6 月 10 日，英海军提督西摩率数国侵略军一千八百余人，由天津乘专车向北京进犯。沿途遭到义和团的英勇截击。团众挑开铁轨，围攻车厢。残余的侵略军狼狈逃回天津。这是义和团给予侵略军的第一次严重的教训。

面对帝国主义侵略军武装入侵的步步加紧和义和团群众斗争火焰日日高涨的形势，清政府感到进退失据。数月以来严行查禁义和团的结果，都是“卒未有获”。反动军队刚在这里屠杀了一批焚烧教堂的群众，另一处的教堂又被打毁焚烧了。人民对于帝国主义侵略者的深刻仇恨是任何血腥屠杀都压制不了的。于是一部分顽固派的亲贵大臣如载漪、刚毅等提出，不如承认义和团为合法团体，冒险采取笼络、欺骗义和团的办法来巩固自己的统治地位。6 月 6 日，西太后派两位军机大臣吏部尚书刚毅和刑部尚书并兼管顺天府尹事的赵舒翘到良乡、涿州等处去查看情况，企图用欺骗手段让拳会拆棚解散[③]。涿州是北京以南的咽喉要地，又是义和团活动的中心地区之一，清政府企图通

① 陈夔龙《梦蕉亭杂记》卷一，第 23 页。

② 德皇威廉二世谕外交大臣布洛夫伯爵电（1900 年 6 月 18 日），见《德国外交文件有关中国交涉史料选译》卷二，第 10 页。

③ 协办大学士刚毅等折（光绪二十六年五月十八日），见《档案史料》（上），第 137—138 页。

过控制涿州的义和团来控制北京的义和团。然而，涿州拳众根本不理睬这一套，拒绝拆棚撤厂，并勒令刚毅、赵舒翘等对祖师跪香，迫使刚毅承诺把驻在附近镇压义和团的聂士成军队调走①。

这时，北京城内的义和团反洋教斗争的声势也更加扩大。清政府经过御前会议上洋务派和顽固派的无结果的激烈争辩后，于6月16、17两日连下三道“谕旨”：一道命令荣禄“速派武卫中军得力队伍，即日前往东交民巷一带，将各国使馆实力保护，不得稍有疏虞”②，害怕义和团在进攻教堂后又进攻使馆，同时也借此向外国主子表示忠诚。另一道命令刚毅、董福祥等把义和团组织“勒令解散”，而把其中年力精壮的招募成军，“严加约束”③，也就是企图用强制收编的办法消灭义和团。最后又用六百里加急“谕旨”命令各省督抚，说“匪徒”在“京城内外扰乱已极”，要各省“迅速挑选马步队伍，星夜驰赴京师，听候调用”④，也就是说，准备在控制不住义和团时便以武力镇压。这些谕旨充分表现了清政府对待义和团的根本政策。

## 义和团围攻西什库教堂和东交民巷使馆

帝国主义列强企图搬用殖民者的统治经验，用血腥的屠杀来阻止义和团运动的发展。列强在强烈要求清政府必须对义和团采取有效的

① 杨典诰：《庚子大事记》，见《庚子记事》，第81页；刚毅等折（光绪二十六年五月十八日），《档案史料》（上），第138页。

② 上谕（光绪二十六年五月二十日），《档案史料》（上），第144—145页。

③ 军机处寄协办大学士刚毅等上谕（光绪二十六年五月二十日），见《档案史料》（上），第145页。

④ 军机处寄各省督抚上谕（光绪二十六年五月二十一日），见《档案史料》（上），第147页。

镇压措施后，悍然纠集大批军队强登中国领土来自行镇压义和团，侵犯了中国的领土和主权，促使事态进一步激化。

列强一面在大沽和天津准备新的进攻，到 6 月 15 日为止，停泊在大沽口外的各国兵舰已经达到三十二艘。另一面，为了要显示侵略者的威风，在北京城内不断地向义和团挑衅。以保护使馆为名而进入北京的外国军队，每日在大街上横冲直闯，甚至想要闯入东华门内，表现了对清王朝的极端蔑视，也曾引起过清统治者的不安①。外国军队不时到内城的城墙上或从使馆楼上，朝路过的义和团和普通群众射击，甚至有的驻华外交官员，例如德国公使克林德也积极地参与了这些屠杀活动②。这种暴行，使馆中“不赞成者甚多”，许多公使“均不以为然”，但是有的人却认为“此乃在东方做事唯一之法门也”③。美国公使康格记载在 6 月 20 日以前，使馆卫兵至少已经屠杀团众在百人以上。从 6 月 19 日起，外国使馆封锁了东交民巷和东长安街一带，居住在界内的居民只好被迫迁走或闭户不出。巷口告示上竟然这样说：“往来居民，切勿过境，如有不遵，枪毙尔命”④。一系列挑衅行为激起了北京广大群众的愤怒。从 6 月 15 日起，义和团开始围攻在外国军队和教会武装保护下的天主教北堂（西什库教堂）；从 6 月 20 日起，义和团开始进攻各国使馆。

西什库的北堂是天主教会在直隶北部（包括宣化府）的总堂，是

---

① 军机处寄出使俄国大臣杨儒等电旨（光绪二十六年六月初三日），见《档案史料》（上），第 202 页。

② 朴笛南姆·威尔：《庚子使馆被围记》，见《义和团》（二），第 218 页，第 225 页；《石涛山人见闻志》，五月十七日（6 月 13 日），见北京大学历史系中国近现代史教研室编：《义和团运动史料丛编》第一辑，第 74—75 页。

③ 《庚子使馆被围记》，见《义和团》（二），第 225 页。

④ 《庚子北京事变纪略》，见《义和团》（二），第 399 页。

帝国主义者对华进行宗教侵略活动的总指挥部①。堂内驻有法、意官兵、法国教士和中国教徒。6月15日下午七点左右，有一万多团众包围教堂，开始进攻。尽管前锋四十余人在枪弹下死去，团众仍继续进攻。自6月17日起，一些清军也参加了进攻。大炮向教堂轰击，钟楼楼顶被掀起，正堂顶上的白十字架被打落。

主要的进攻任务，是由义和团担任的。义和团制造了一种火箭武器射入教堂，“力大穿屋”，而且尾部带有火种，可以引起燃烧。他们用陶罐装满火药，点好火绳掷入堂内，落地就燃烧起来。使堂内受到最大损失的，是义和团挖地道、埋地雷的战术，先后使仁慈堂的东部、西部顷刻之间化为灰烬，爆炸深达七米、宽达四十米。守教堂的外国官兵死伤不少，统率法军的军官恩利也被打死。外国教士和法、意官兵独占堂内的粮食和骡马肉类，中国教徒每天只分到二两粮食，其中妇女小孩，很多饿死病死。有的中国教徒耐不住饥饿，从围墙缺口逃出来。义和团向教堂内射进一些火箭，上面系着信件，劝中国教徒出来投诚，说杀洋人立功的还有赏，这也起了一定的分化作用。从6月15日到8月16日，义和团把教堂包围了六十三天。

在国际交往中，即便是在双方交战的情况下，也应给予对方的外交人员和侨民以应有的保护，这是国际惯例，也是中国古已奉行的“两国交兵，不斩来使”的传统。义和团围攻外国使馆是其盲目排外行动的突出表现，西太后轻率地指使义和团进攻西什库教堂和公使馆，其后果是极其严重的。

八国联军强索并攻陷大沽炮台（6月17日），继之向津、京大举

① 以下所述事实，主要根据北京救世堂编《拳时北堂围困》内《樊主教日录》与《王司铎日录》，不复一一注出。

进攻的消息传到北京后，激起了极大的震动。清政府于6月19日下午四时向十一国公使及海关总署递交十二份照会[①]，说明大沽炮台被占，“显系各国有意失和，首先开衅”，声明中国不能再保护使馆，要求各国使馆人员、眷属于二十四小时内全部离京赴津。6月20日，德国公使克林德为了向清政府交涉，在赴总理衙门途中被清军虎神营官兵枪杀[②]。使馆士兵得悉后，纷纷出外寻衅。五六千名义和团众和清军士兵包围了使馆。从下午四时起，对使馆发动了猛烈的进攻。义和团向使馆中抛掷火炬和火药包，比、奥、荷、意等四国使馆都遭焚毁，其人员于6月23日被迫撤退。

八国联军的大举进攻，不仅是对义和团运动的武装干涉，而且带有露骨的瓜分中国的企图，也就直接威胁到清王朝的统治地位，因此在清政府统治集团中就如何抵御联军入侵与如何平息义和团运动出现激烈的争论。

6月16日至6月19日一连四天在慈禧主持下召开四次大规模的御前会议。以袁昶、许景澄为代表的在总理衙门行走的大臣等，认为义和团邪术不可恃，不可轻信它能抵御外侮，把“国家数百年宗社，为孤注之一掷”[③]，且义和团进入北京后，竟然在“辇毂之下，放火杀人，震惊宫阙”[④]，是乱民，应该坚决镇压。其他如翰林院侍读学士恽毓鼎、朱祖谋等也认为不能靠义和团抵御外侮。而以载漪、徐桐等为代表的顽固派，则斥主张这种论点的为内奸，可杀。

慈禧与人民群众之间是存在着根本矛盾的，一向对人民力量十分

① 照会（光绪二十六年五月二十三日），见《档案史料》（上），第152页。

② 《庚子使馆被围记》，见《义和团》（二），第236—240页。

③ 《庚子使馆被围记》，见《义和团》（二），第249页。

④ 袁昶、许景澄：《请亟图补救之法以弭巨患疏》，《严劾大臣崇信邪术请旨惩办疏》，见《袁昶奏稿》，《义和团》（四），第160页，第167页；亦见《许文肃公遗稿》，奏疏三。

敌视。她曾企图以镇压义和团换取侵略者的支持，求得外国军队不进入北京，以维持她在国内的统治地位，然而无效。慈禧与帝国主义者之间也存在着一定的矛盾，废黜光绪皇帝的计划不能顺利推行，列强的干预也是因素之一。因此从另一方面，慈禧对于义和团反洋教、反洋人的斗争，又给予一定的纵容，以便略示薄惩于对她的绝对权势不够尊重的列强。有人说她是“佯为迷信”①。然而玩火者每自焚。慈禧已深深感到义和团的发展已不是她所能控制的了。“数月之间，京城蔓延已遍，其众不下十数万。自兵民以至王公府第，处处皆是。同声与洋教为仇，势不两立。剿之，则即刻祸起肘腋”②。列强也怀疑清政府镇压义和团的“诚意”，于是大沽失陷，联军开始咄咄逼人的大举进攻。虽然帝国主义者没有声称要与清政府为难，只提出要镇压“拳匪”，然而慈禧以及少数极端敌视外国人的亲贵大臣，却不能不考虑一旦洋兵进入首都后，自己个人的统治地位以至生命安全问题。因此在四天的御前会议上，慈禧与载漪不容置辩地让群臣同意对各国宣战的愚蠢决策，并于6月21日通过驻外使节向各国政府发出宣战照会，表示了破釜沉舟不惜一战的决心，“与其苟且图存，贻羞万古，孰若大张挞伐，一决雌雄”③。虽然许多大臣都恳切要求说，中国过去与一国单独开战尚不能取胜，如何能与各国同时开战，光绪也大胆表示了不同意见，但慈禧毫无改变成议之意。因此有的参加御前会议的大臣认为，宣战决策是“庙谟盖已预定”，不过借盈廷集议，“一以为左证，一以备分谤”④。

---

① 王小航：《方家园杂咏记事》，第10页。

② 军机处寄各省督抚等电旨（光绪二十六年五月三十日），见《档案史料》（上），第187页。

③ 上谕（光绪二十六年五月二十五日），见《档案史料》（上），第163页。

④ 恽毓鼎：《崇陵传信录》，见《义和团》（一），第50页。

所以，“宣战”后的清政府和“敌国”之间出现了这样一种微妙的关系：表面上清政府对义和团备致嘉奖，说义和团与官兵助战，“不用国家一兵，不糜国家一饷，并且髫龄童子，亦复执干戈以卫社稷”，“以血肉之躯与枪炮相薄”[①]。命令直隶总督裕禄在大沽失守后，“只有多集义和团”，“厚我兵力”[②]，“迅速筹兵筹饷，力保疆土”。命令各省督抚召集义民成团，“借御外侮”[③]。但清政府对于战争胜负毫无把握，这样做的目的实质上是害怕万一侵略军真的长驱直入，各地官兵不能抵抗，自己的统治就会土崩瓦解，失掉了和外国侵略者妥协投降的条件。而在北京的情况就又有所不同，名义上派去与义和团配合进攻使馆的清军（特别是荣禄的武卫中军），实际上所执行的命令是如何保护使馆，牵制义和团的进攻。清封建统治者希望能保住使馆，为妥协求和留下余地。6 月 25 日傍晚，荣禄往北御河桥头致慰问各国公使之意，并表示希望停战议和，清军又在桥头竖起“钦奉懿旨，力护使馆”的木牌[④]。虽然此后一段时间内并未完全停火，但使馆在被围的五十六天之中（6 月 20 日至 8 月 14 日），有一半以上的时间是在停火状态。慈禧还不断派人往使馆送白米、白面、蔬菜、西瓜、冰、酒等，并不断派人（包括庆王奕劻）去慰问致意。其实清政府对待外国的态度在 6 月 29 日致各驻外公使的电文中就表示得很明白了，电文命令各驻外公使向各所驻国政府解释清政府“宣战”完全出于被迫，乞求各国谅解，表示将继续尽力保护使馆，而且还恬不知耻地说：“中国

① 上谕（光绪二十六年五月二十五日），见《档案史料》（上），第 162 页。

② 军机处寄直隶总督裕禄上谕（光绪二十六年五月二十六日），见《档案史料》（上），第 167 页。

③ 军机处寄各省督抚上谕（光绪二十六年五月二十五日），见《档案史料》（上），第 163 页。

④ 《庚子使馆被围记》，见《义和团》（二），第 265—266 页。

即不自量，亦何至与各国同时开衅，并何至恃乱民与各国开衅”。最后，清政府还向列强表示了对革命群众深恶痛绝的态度：“非不欲将此种乱民下令痛剿”，并声明以后自己早晚一定要坚决镇压义和团，说要“设法相机自行惩办”①。

清政府在“宣战”的幌子下来实现控制和“相机”消灭义和团的阴谋是越来越明显的。“宣战”后第三天（6月23日）立即命令载勋、刚毅“统率”义和团②，制定企图完全控制义和团的团规，规定义和团必须服从“总团”的统率；擒住洋人和有官职的教民要交给官方办理；夺获敌人武器要呈缴给地方官；团众“应与官军联成一家”；官兵如欺压团众，只准禀告地方官吏转告军队官长处理，不准反抗等等。还提出来违背“团规”进行反抗斗争的，就是“假团”，照匪徒办理，格杀勿论③。清政府自此以后，便在镇压“假团”的名义下，屠杀了很多义和团民④。

为了进一步削弱义和团的实力，清政府还假借抵抗外国侵略的名义，不断把北京的义和团调赴通州、天津前线，义和团在前线抵抗外国侵略中起了一定的作用，但在北京城内的义和团的力量，却遭到削弱。

清政府还利用义和团围攻使馆和西什库教堂的斗争，来达到削弱义和团的目的。荣禄部下的武卫中军不积极进攻使馆，而董福祥的甘军则乘机大肆抢劫烧杀附近居民。包围西什库教堂的清军对教堂发炮时用圆木、残砖等作弹丸⑤，并乘战斗激烈时轰击义和团。义和团众

---

① 军机处寄出使俄国大臣杨儒等电旨（光绪二十六年六月初三日），见《档案史料》（上），第202—203页。

② 光绪二十六年五月二十七日上谕，见《档案史料》（上），第176页。

③ 《义和团团规》，见《近代史资料》1957年第1期，第2—3页。

④ 光绪二十六年六月初四日上谕，见《档案史料》（上）第206—207页。

⑤ 洪寿山：《时事志略》，见《义和团》（一），第91页。

所需要的武器、食物，清政府也很少供给。义和团只有用大刀、长矛、木棒和石块“冲锋冒镝”，在“子弹如雨之中”[①] 进攻，有时甚至赤手空拳地搏斗。

义和团在进攻使馆时也采取了地道地雷战，使敌人遭受很大损失，被迫放弃法国使馆。

被围在使馆里的还有两千多中国教徒，其中十八岁以上的男子都被迫去做苦工，挖战壕、筑工事或者替侵略者打前锋充炮灰，稍有不顺，即遭鞭笞，甚至枪杀。

被围在东交民巷的外国人员，除了终日躲在楼里或地下室里的外交人员较少伤亡外，据他们自己的记载，截至 7 月 20 日，五十六名法军中死伤四十二人，五十四名德军中死伤三十人，六十名日军中死伤四十五人，共一百一十七人[②]。而甘军与武卫中军，据估计“死者无虑四千人”[③]，义和团应伤亡更重。

义和团在当时民族矛盾特别尖锐的情况下，暂时放弃反清的口号，与清政府进行一定的联合，以分化一部分官吏，减轻对义和团的镇压，推动一部分爱国的清军共同抵抗侵略，这是完全必要的。但义和团都是农民，在进行联合时没有对清政府的反动政策需要加以警惕的政策水平，没有能力坚持独立自主的原则。义和团在 1899 年提出“扶清灭洋”的口号时，这个弱点还并不十分显著，积极作用是主要的，但“扶清”的提法本身已反映了这个弱点。“宣战”以后，这个弱点进一步被清政府利用，使义和团的斗争遭到削弱。

但义和团爱国反帝的本质绝不是清政府的阴谋手段所能改变得了

① 御史郑炳麟折（光绪二十六年五月三十日），见《档案史料》（上），第 188 页。
② 《庚子使馆被围记》，见《义和团》（二），第 301 页。
③ 李希圣：《庚子国变记》，见《义和团》（一），第 16 页。

的。“宣战”以后，在北京城内，义和团动员家家户户点上“守望相助”的灯笼，夜间执兵刃器械守卫，表示准备随时抗击敌人入侵[①]。义和团不仅在受到清政府严重牵制的情况下坚持着进行反帝斗争，同时对向外国投降的官吏也继续给予坚决打击，仍是“专杀自如”，所谓团练大臣载勋、刚毅也阻止不了。义和团坚持说清军将领纳继成在攻西什库教堂时对洋人放空炮，并打死不少义和团众，应予处死，载漪想把他交刑部处理，以图借此开脱，义和团坚持拒绝，并说：“王爷所遵者皇上，我们遵者玉皇，如定须赦宥，团民等即散去矣。”[②] 虎神营都统庆恒，义和团说他是“二毛子”，并且不赞成义和团，一家十三口皆被处死，载漪与庆恒虽关系密切，也无法庇护[③]。

宣战以后，西太后认为反对向各国宣战的官员有意与自己作对，恨之入骨，必欲杀之而后快。吏部尚书许景澄、太常寺卿袁昶于7月28日被杀，陈尸宣武门外菜市口刑场。兵部尚书徐用仪、内阁学士联元、户部尚书立山于8月11日在同一刑场被斩。三天以后，8月14日，八国侵略军进入北京城。原来还准备杀掉奕劻、王文韶、廖寿恒和那桐，“会城破而免”[④]。

## 八国联军在北京的暴行

8月初，英、法、德、意、日、美、俄、奥等八个帝国主义国家纠集了侵略军约四万余人，由天津向北京进犯。腐化的清军有的未战

---

① 《王大点庚子日记》，五月二十五日、二十八日，见《义和团运动史料丛编》，第一辑，第99、100页。

② 刘以桐：《民教相仇都门闻见录》，见《义和团》（二），第193页。

③ 李希圣：《庚子国变记》，见《义和团》（一），第15页。

④ 李希圣：《庚子国变记》，见《义和团》（一），第22页。

先逃，有的一战即溃。1900 年 8 月 13 日夜，侵略军攻到北京城下，次日侵入城区。8 月 15 日凌晨，慈禧太后挟光绪皇帝仓皇出逃，经神武门、景山西街、地安门、西直门、高梁桥到颐和园。稍息后出园，过青龙桥、红山口、望儿山、西北旺，在距京 70 里之贯市过夜。8 月 16 日黎明即起，经南口、居庸关、康庄、怀来、宣化、大同，一直跑到山西太原，10 月 26 日到达陕西西安府。慈禧沿途一面向帝国主义乞降，一面发出镇压义和团的谕令。这时，一部分义和团和一部分爱国士兵仍然英勇地进行抗击，他们在东便门与朝阳门和俄军、日军进行了一昼夜的激烈战斗。侵略军攻入城后，义和团和士兵对侵略军展开激烈的巷战[①]。他们有的坚守皇城，有的就齐聚在拳坛同侵略军搏斗。

八国侵略军分区占领了北京城，实行血腥残暴的军事统治。他们以搜捕义和团为名，成批地屠杀人民[②]。侵略军围攻和焚烧了庄亲王载勋的住宅，当场就有一千七百余人被烧死[③]。侵略者公开准许军队从 8 月 16 日到 18 日抢劫三天，而实际上直到侵略军撤离北京之日，抢劫始终未曾停止。英国侵略军将抢到的珍宝文物等等集中到公使馆进行拍卖，按官职高低分赃。在北京的帝国主义分子从外交人员直到传教士，不少人都直接参加了掠夺。法国天主教主教樊国梁除自己从某一官员家中抢走一百万两的财物外，并指挥教徒们四出抢劫[④]。侵

① 法人佛甫爱加来等著《庚子中外战纪》，见《义和团》（三），第 310 页；《樊主教日录》，见《拳时北堂围困》，26 页；《庚子使馆被围记》，见《义和团》（二），第 359 页。

② 《王司铎日录》，见《拳时北堂围困》第 66—67 页。

③ 《高枏日记》，见《庚子记事》，第 177 页。

④ 1901 年 1 月 9 日《纽约先驱报》，见阿里尔：《中国的扰乱》附录。转引自邵循正：《庚子年间天主教北京主教法人樊国梁的抢劫行为》，见《义和团运动史论丛》，三联书店 1956 年版，第 125 页。

略军有的手持刀斧，有的携带铲子锄头，到住户家中开箱劈柜、破屋掘地进行抢劫。稍有拦阻，就会遭到戕害①。帝国主义者自己供认，皇宫和颐和园里，凡是可以搬得动的珍贵宝物，都被抢劫一空②。为了掩盖自己的罪行，侵略者往往抢劫完毕就放火灭迹。如日军从户部抢去库存的三百万两银子后，随即把衙署焚毁③。

八国联军的统帅德国陆军元帅瓦德西在其回忆录中供认："所有中国此次所受毁损及抢劫之损失，其详数将永远不能查出，但为数必极重大无疑。……因抢劫时所发生之强奸妇女，残忍行为，随意杀人，无故放火等事，为数极属不少。"④

1901年9月7日，清政府与十一个帝国主义国家签订了空前丧权辱国的《辛丑和约》，涉及北京的主要条款如下：

在东单总布胡同西口为被清军击毙的德国公使克林德立一石牌楼，用拉丁、德、汉三种文字刻写光绪皇帝表示"惋惜凶事"的圣旨。克林德碑于1901年6月25日始建，1903年初竣工。1918年德国在第一次世界大战中战败。北京人民拆毁了象征国耻的克林德碑，将其移建于中山公园，改称"公理战胜"坊。

惩罚主张对各国宣战的朝廷大臣。吏部尚书启秀、刑部左侍郎徐承煜即因此项罪名被斩于菜市口刑场。行刑日，各国派军队守护，并照相三次。

凡发生义和团起事的地方，均停止文武考试五年，其中就有直隶

① 《庚子记事》，第34、35页；《庚子使馆被围记》，见《义和团》（二），第360—361页。

② 《庚子使馆被围记》，见《义和团》（二），第362、382页；胡思敬：《驴背集》，见《义和团》（二），第510页；狄葆贤《平等阁笔记》卷1，民国间上海有正书局铅印本，第1—3页；或见阿英编：《庚子事变文学集》（下），中华书局1959年版，第999—1002页。

③ 《庚子使馆被围记》，见《义和团》（二），第360页。

④ 《瓦德西拳乱笔记》，中国近代史资料丛刊《义和团》第3册，第34页。

省之北京、顺天府。

在北京建立东交民巷使馆区。《辛丑和约》第七款规定："大清国国家允定各使馆境界，以为专与住用之处，并独由使馆管理，中国人民概不准在界内居住，亦可自行防守。"东交民巷使馆区南界前门至崇文门城墙（今前门东大街），北至东长安街以北 80 米，东至东单牌楼到崇文门一线（今崇文门内大街），西界宗人府、吏部、户部、礼部（今历史博物馆）。界内中国官署、王公官员府第及民居全部迁出。兵部、工部、鸿胪寺、钦天监、太医院变为俄国使馆兵营。詹事府、肃王府为日本正金银行、日本使馆及兵营占用。淳王府为英国使馆占用。怡贤亲王祠、庶常馆、四译馆为美国兵营、美国使馆、荷兰使馆占用。太仆寺为六国饭店、比国使馆地。台基厂之东昭忠祠，为奥国兵营占用。使馆区周边有高高的围墙，有炮台、碉堡等军事设施，由各国派兵守卫，俨然一座军事要塞。使馆区内一切行政事务由事务行政公署负责。东交民巷使馆区是国耻的象征。

《辛丑和约》规定拆除从大沽口到北京沿线所有炮台，列强有权在山海关、天津到北京的铁路沿线十二个地方驻军。首都北京的防御完全被解除。

赔偿义和团起义时各国在京教会、教堂、教会医院、育婴堂、学堂、坟地及传教士、教民私人财产损失。议定 300 万两在 45000 万两大赔款内支付，现银 200 万两由地方筹款支付。例如：赔偿法国天主教堂银 151 万两，美国教堂银 859099 两，英国教堂银 122379 两。外国坟茔 7 处，每处赔偿银 1 万两。各国教士、中国教民损失给抚恤银 143 万两。①

① 《义和团档案史料》（下），第 1210—1212、1226 页。

9月17日，除留守各国使馆的兵队，八国联军由京城撤退。10月，慈禧太后、光绪皇帝由西安起程回京，经洛阳、开封、顺德，在直隶正定改乘火车北上。1902年1月7日下午3点，花车到达京郊马家堡车站。慈禧与光绪换乘八人抬暖轿经永定门、天安门回到紫禁城，结束了一年零四个多月的流亡。

## 第五节　辛亥革命时期的北京

### 北京人民群众的反帝爱国运动

义和团运动以后，帝国主义者不再公开叫嚣瓜分中国，但并没有放弃对中国的侵略和掠夺，垂死的清朝政府对人民的剥削压迫也更加严重，民族矛盾和阶级矛盾继续发展，人民不断地掀起新的反抗斗争。

沙皇俄国借镇压义和团为名，乘机派兵强占了我国的东三省，企图在这里建立所谓“黄俄罗斯”。1902年，清政府被迫和俄国签订了《中俄交收东三省条约》。俄国不但攫取了新的特权，把分期撤兵时间拖延长达一年半之久，而且到了撤兵期却依然拒绝撤兵，实际上企图永远霸占。这个条约引起中国人民的强烈反对。在日本的中国留学生和国内上海等城市的爱国群众首先发起了拒俄运动，得到全国响应。

在北京，1903年4月30日京师大学堂学生举行集会，反对沙俄的侵略和清政府的退缩，会后，联合向清政府提出了《请拒俄约书》，指出“十数年以来，枢府诸臣以联俄（实际是投靠俄国）为唯一不二之宗旨，一误再误，遂至酿成今日之巨祸”，并提出“全国之舆论莫不以力抵俄约为然者”[①]，要求拒绝签约。并且致书湖北省各学堂[②]等，说明中国面临新的瓜分危机，呼吁一致采取拒约活动。这是北京学生第一次公开的政治活动，虽然所提的主张还非常幼稚，但却已使得统治集团感到震惊。他们最怕学生过问政治，立刻加派荣庆为会同管学大臣，以加强对学生的压制，但这种手段却无法遏止北京学生政治上的逐渐觉醒。

这时，帝国主义者也公然对北京爱国活动进行干涉。1904 年，北京新出版的通俗白话报《京话日报》，揭露南非的种族歧视，并说华工到南非后恐将遭到英人虐待，使应募的人大大减少，英国公使竟因此要求清政府禁止《京话日报》的出版[③]。

1905 年，为了反对美国迫害华工、虐待华侨的暴行，全国各城镇人民发动了大规模的抵制美货的群众运动。北京人民积极地投入了这场斗争。北京各学堂一致决议不用美货，并组织了学生同盟会，向各地学堂学生发出公启，号召采取一致行动。京师大学堂学生搜集了各报刊资料，和教师共同编印了《广劝抵制美约说》一册，揭露了美帝国主义的暴行，并开列美国商品的牌号几百种，要求全国人士共同抵制美货，不替在华美国企业和美国人做工。北京许多店铺都在门口贴着大字的告白“本店不卖美国货”。当时北京的《京话日报》几乎每日刊载北京和各地抵制美货的消息，并且经常发表评论。北京各个讲报处也向群众宣传抵制美货的道理，还有人画了漫画沿街宣传，连小孩子也都喊着要抵制美货。但也有少数唯利是图的商人继续售卖美货，

---

① 《京师大学堂师范馆全班学生请政务处代奏书》，《大公报》，1903 年 5 月 11 日，5 月 12 日；《华北译著编》，卷十七，第 4—6 页。

② 《京师大学堂学生公致鄂垣各学堂书》，《苏报》，1903 年 5 月 20 日。

③ 戈公振：《中国报学史》，第 172 页。

并且用大减价来吸引顾客。这种无耻的行为激起了北京人民群众的愤怒，京师大学堂发出抗议信，要求商会立即禁止，否则学校师生将采取行动。《京话日报》也经常揭露和谴责这些商人的无耻勾当，使广大群众不去购买，对奸商进行抵制。在群众压力下，一些卖美国货的商户不得不表示低头认罪，声明不再卖美国货。这次运动在北京具有空前的广泛性，北京广大人民在自己的亲身斗争中受到了一次生动的爱国主义教育。

在1901年到1905年这几年中，除了各地不断掀起大规模的反帝爱国的群众运动以外，以抗捐、抗税为主的反清斗争也日益高涨，广大的小资产阶级和下层贫民以及一部分中下层民族资产阶级逐渐革命化。清统治者为了抵制革命，欺骗人民，同时也为了有效地适应半殖民地统治的需要，宣布实行新政，废科举，办学校，改设一些衙门，订出一些奖励实业的条例。当时在北京的清中央政府设督办政务处，把总理衙门改为外务部（1901年），并位居各部之上，裁撤詹事府、通政使司、光禄寺、鸿胪寺、太仆寺、大理寺（1902—1906年），又先后添设商部（1903年）、学部（1905年），在城内设立京师劝工陈列所等等。在进行欺骗活动的同时，清政府还加紧整训和扩充镇压人民的武装力量。在京津一带大肆扩充新军，设立京畿督练新军处，在袁世凯主持下把北洋军迅速扩充到六个镇。又把北京的腐朽透顶的练勇改编为巡警，并且在中央增设巡警部（1905年），以加强对人民的暴力统治。1907年以后清政府又将户部改为度支部，刑部改为法部，商部改为农工商部，取消巡警部，新设民政部、邮传部、陆军部，1909年又设海军部。

新设立的巡警部有权管理京城内外工巡事务。民政部成立后，设京师内城巡警总厅及外城巡警总厅，划内外城为二十区。法部所属单位有京师高等审判厅、检察厅，京师内外城地方审判厅、检察厅，京师初级审判厅、检察厅。

## 辛亥革命前夜的北京

随着民族资本主义的初步发展，到 20 世纪初，资产阶级已经形成为独立的阶级力量，在广大群众的斗争浪潮推动和鼓舞下，资产阶级、小资产阶级革命派的活动大大加强了，革命组织开始在国内一些省份出现，并积极进行革命宣传和准备起义。1905 年 8 月，各革命团体在日本东京联合组成了统一的资产阶级革命政党——同盟会。从此，革命运动更快地走向高潮。

清政府看见新政不能阻止革命趋势的发展，又在 1905 年打出预备立宪的幌子，在北京设立“考察政治馆”，派五大臣出洋“考察宪政”。1906 年，颁布了预备立宪的诏书。并且根据袁世凯的推荐，延揽了立宪派杨度等人在颐和园向满族亲贵讲述有关宪政问题。在进行这些欺骗活动的同时，清统治者更顽固地进行垂死挣扎，进一步加强专制集权，满、汉统治者内部的矛盾也加剧了。1907 年，清廷把袁世凯、张之洞等调到北京，以削弱他们的实力[①]。1908 年 11 月 14 日、15 日，光绪帝和西太后先后死去。12 月 2 日，三岁的溥仪在太和殿登极，改元“宣统”。小皇帝在宝座上大哭不止，喊着要回家。大典在惶恐中匆忙结束。光绪的弟弟、宣统的父亲监国摄政王载沣进一步集中皇权，袁世凯被免去一切职务，离开北京。载沣在北京编练了由八旗组成的禁卫军，并设立贵胄学堂以培养满族的高级军事人才。接着，

① 当时袁世凯任直隶总督，张之洞任湖广总督，握有较大的军事、政治实力。

又设立由满族亲贵主持的军谘处，控制全国的军事实权，近畿和北洋各军也由陆军部直接统辖。

在革命浪潮日益高涨的情况下，以康、梁为代表的改良派，企图以立宪来抵制革命。同盟会成立以后，革命派和立宪派展开了激烈的论战。在北京，立宪派以《北京时报》、《京都时报》为讲坛，大肆鼓吹立宪。

这时革命派在北京一带的活动也逐渐加强了。1906 年，同盟会员陈幼云由东京回国，在保定组织直隶省支部，成为北方革命活动的一个重要据点。他们主要集中力量在军官学校和其他学堂中工作，通过个别谈话和传播革命刊物等方式来发展革命力量，取得了一些成绩。但是他们和南方各地的革命党人一样，根本忽视发动群众的工作，因而革命派在北京附近地区的活动始终没有建立起广泛的群众基础。

1908 年左右，由于同盟会在南方海疆各省的起义活动屡次失败，一些党员提出了在首都进行“中央革命”擒贼擒王的主张，企图在北京一举成功。同盟会干部田桐、白逾桓等相继到北京活动。1909 年，白逾桓等创办了《帝国日报》。1911 年，他们又办了《国光新闻》、《国民报》、《国风报》。他们表面上以倡导立宪，排斥官僚政治为号召，暗地里则联络反清力量，准备发动起义，占领北京①。

这时期，革命派的暗杀活动很流行。在北京，1905 年 9 月 24 日，吴樾携带炸弹，在前门车站行刺出洋考察宪政的五大臣。因乘客拥挤，列车震动，怀中炸弹爆发，吴樾壮烈牺牲，五大臣中有两人轻伤。1910 年汪精卫等在地安门外谋刺载沣，不幸被警察发现，汪精卫被捕，在狱中作《被捕四占》，其一首为“慷慨歌燕市，从容作楚囚。

① 冯自由《田桐事略补述》，《革命逸史》（二），第 154 页。

引刀成一快，不负少年头。”后被判永远监禁，直到武昌起义后获释。

总的来说，这个时期北京一带的革命活动比南方一带薄弱得多。一方面当然与反动势力比较强大有关，但根本原因却在于资产阶级革命派没有能够深入到人民群众中进行工作。

辛亥革命前夕，清政府在全国人民革命高潮威胁下，继续玩弄假立宪的骗局。1909 年，在各省设立谘议局，第二年，在北京设立资政院。资产阶级立宪派立刻以谘议局和资政院为中心，积极开展要求立宪、抵制革命的活动。顺天府和直隶省合设的顺直谘议局的活动也极为活跃。1910 年 2 月，顺直谘议局议员联合各省谘议局代表在北京组织“国会请愿同志会”，向清政府请愿，要求迅速召开国会，实行宪政。虽然他们抱着抵制革命，改良清王朝统治的目的，但清王朝的反动集团在面临死亡的时刻就更加顽固，不肯交出任何权力。7 月，立宪派又在北京创办《国民公报》，专门鼓吹立宪。议员黎宗岳等百余人也在北京组织“国会期成会”。1910 年 6 月和 10 月，各省谘议局代表又举行了两次请愿，以革命的危险来恐吓清政府。1910 年 10 月，资政院在北京成立。各省议员在北京组织“宪友会”，再次请愿早日立宪，但清政府仍然拒绝，并且勒令各省谘议局代表离开北京。

立宪派的请愿活动破产了，但他们仍然不甘心。在革命日益迫近的形势下，一些立宪派决定采取进一步的行动。1910 年，流亡国外的康有为、梁启超等立宪党人派遣党徒携带巨款到北京贿通亲贵载涛、载洵等人，还想收买禁卫军。并在北京周围运动吴禄贞、张绍曾等所率领的第六镇和第二十镇新军，打算在 1911 年秋天发动武装政变，企图用这种手段使立宪派掌握政权，抵制革命。1911 年 5 月 8 日，清廷宣布设立责任内阁，阁员十三人中，满族占九人，其中皇族又占 7 人（一说五人）。立宪派大失所望，愤怒地称其为“皇族内阁”，加紧准备夺权。但是，正当他们积极进行这项活动的时候，武昌已经响起了革命的炮声，宣告了清政府的欺骗活动和立宪派的政变的最后破产。

## 清王朝的覆灭

武昌起义爆发后，各地革命浪潮风起云涌，短短一个多月时间里，关内十八省已有十五省宣布独立，清朝反动统治已临近末日。

10 月 11 日，武昌起义的消息传到北京。革命群众听到这个惊人的喜讯，个个欢欣鼓舞，反动派则吓得寝食不安。清政府慌忙地下令北京的警卫部队加强戒备，连在高等巡警学堂受训的警兵也一律调出值勤。准备在永平府（今河北省卢龙县）参加演习的禁卫军匆匆赶回北京，在皇城周围驻防。直隶提督姜桂题也慌忙带兵到北京驻扎。警察当局并命令各报馆暂缓登载有关革命起义的消息。平时在人民面前作威作福的巡警被革命吓得像老鼠一样，有时在半夜听到小贩叫卖声，也以为是革命党人起义，一个个慌忙逃命。北京的官吏纷纷请假离京，另一些官吏、富户则抢购粮米、黄金。一时米价飞涨，金融混乱，处处呈现出清王朝已经濒于崩溃的景象。而这时民政部大臣赵秉钧仍然企图用残酷的屠杀来镇压人民，竟疯狂地扬言要大杀北京城内的汉人，并招募了两千名旗籍巡警准备代替汉籍巡警，这更激起了人民的愤怒。

这时，立宪派看见革命以不可阻挡之势迅速发展，慌忙在北京一带加紧进行阴谋活动。梁启超提出“用北军倒政府，立开国会，挟以抚革党”的策略，企图利用禁卫军驱逐总理大臣庆王奕劻和度支部大臣载泽等人，并由资政院谘议局的议员组成所谓“国会”，以政府和国会的名义抵制革命。梁启超本人匆匆由日本赶到奉天（今沈阳），准备潜入北京活动，许多康、梁派的骨干分子也纷纷向北京进发。

10 月底，驻军石家庄的第六镇统制吴禄贞和山西起义军以及驻扎在京奉线一带的新军将领张绍曾等联络，准备联合进兵北京，吓得清廷慌忙派亲信锡良为热河都统，准备迁都。同时任命北洋军阀的首脑袁世凯为总理大臣，企图依靠北洋军阀的武力来维持其反动统治。

吴禄贞等人的行动性质相当复杂，吴本人是同盟会创始人之一，与山西起义军、保定的同盟会直隶支部等方面都有密切联系。当时约定吴禄贞由石家庄回军保定后立即宣布独立，组织燕晋联军，由吴禄贞和山西新军军官阎锡山担任正副都督。保定方面的革命党人还特别赶制了一批炸弹，并且拟好了起义后用的安民布告。大家对这次起义寄予极大的希望。但另一方面，立宪派梁启超等也与吴禄贞有密切联系，想利用他达到自己的目的。至于张绍曾则完全代表立宪派的要求，根本没有革命的打算。更重要的是吴、张部下的军官大都是反动统治者的忠实爪牙，革命派在这些军队下层中的工作也比较薄弱，因而要求发动起义是很困难的。不久，袁世凯收买吴禄贞的部下将吴刺死，这个计划也就宣告失败了。

革命爆发以后，清王朝迫切需要军事实力的支持，帝国主义各国看见清朝已经腐朽到无法做他们的统治工具的程度，便也想另找一个更得力的工具。在这种情况下，靠献媚外国和屠杀人民起家的袁世凯被任命为内阁总理大臣，于 11 月 13 日率领着大批卫队进入北京，掌握了清朝的军政大权，并把自己的卫队编为“拱卫军”，代替清廷的禁卫军控制北京。

袁世凯到北京以后，京、津、保一带革命派的活动在更加困难的条件下继续进行。活动方式包括爆炸桥梁，组织军队暴动等，同时他们也开始注意发动一些贫苦农民，准备组织小规模起义。虽然动员的人数不过几十人，起义也没有实现，但比过去完全忽视群众的情况已有一些进步。在这个地区，人民群众由于在反动王朝直接控制下，受革命思想影响比较小，但这些贫苦群众一旦接触到革命党人，便热诚地起来支持。只是因为革命党人对群众重视很不够，人民的革命潜力没有能够发挥出来。

辛亥革命期间，资产阶级力量很薄弱，而且他们多半与封建势力和帝国主义势力有着或多或少的联系或依赖关系，即使其中与反动势力联系较少的革命派，也没有彻底的反封建思想，对于强大的帝国主义他们更不敢反对。多数革命党人把推翻清王朝当做唯一的目的。他们不愿发动群众进行彻底的革命，而是企图取得廉价的胜利，因而凡是表示拥护共和的人，他们都愿意同他合作。他们听任立宪派在各地篡夺了革命政权的领导职位，并且表示只要袁世凯推翻清廷，拥护共和，便拥戴他为总统。帝国主义也对革命派施加压力，迫使他们向袁世凯妥协，在外交上散播“非袁不承认”的空气，拒绝承认南方革命政府，在经济上拒绝把南方各口岸的海关收入移交给革命政府，更拒绝给予任何财政援助，对于袁世凯则继续给予贷款。12 月，在帝国主义的“调停”下，南北双方在上海举行了议和谈判。

北京一带的革命党人由于直接处在袁世凯的残暴统治下，反袁情绪比较强烈，他们反对与袁世凯妥协，并且不顾妥协派的阻挠，继续坚持斗争。北京人民对帝国主义的干涉表示十分愤怒，英国使馆曾收到北京人民散发的抗议传单。

这段时间中，北京的革命党人除了继续准备武装起义以外，还进行了两次重要的暗杀活动。一次是 1912 年 1 月 16 日，张光培等十八人在东华门大街行刺袁世凯，没有成功，经过激烈战斗后，张光培等十人被捕，其中三人惨遭杀害。1 月 26 日，又有革命党人彭家珍在光明殿胡同用炸弹刺杀清朝顽固派的中坚分子宗社党良弼，彭家珍当场牺牲，良弼也重伤而死。这两次暗杀事件接连发生，吓得清朝王公大臣丧魂落魄，纷纷逃到天津、大连、青岛等地，留在北京的满族大员也纷纷请求袁世凯派兵保护。袁世凯则利用这种情况迫使清朝王公亲贵进一步接受自己的摆布。革命党人的个人恐怖活动不但丝毫也没有能挽回局势的发展，反而为袁世凯所利用。

2 月初，南方革命政府和袁世凯达成了妥协，约定清帝在获得很高优待条件的情况下宣布退位，南京的中华民国临时参议院则选举袁世凯继孙中山为临时大总统。

1912 年 2 月 12 日，清廷在紫禁城养心殿召开最后一次御前会议。隆裕太后和满族亲贵失声痛哭，颁布了宣布清帝退位的诏书。几千年的封建专制帝制终于被人民推翻了，民主共和国的观念从此深入人心。这是中国人民革命斗争的重大胜利。

## 第六节　晚清北京的社会经济生活

北京的城市经济在晚清时期发生了重大的变化：封建性的城市经济逐步变为半殖民地半封建的城市经济。这种变化，主要是由于外国资本主义经济侵略势力的逐步深入和不断扩张所引起的。外国商品的倾销，使原来封建城市经济结构中的若干手工业生产受到排挤而趋于衰落，同时也使许多城市商业向买办化方面发展，成为外国商品的推销者和中国农产品手工业品的搜括者。随着外国资本主义向帝国主义阶段发展，自十九世纪末叶起，外国经济侵略势力又在北京投资设立洋行、银行和铁路厂矿，特别是在财政投资上对北京的中央政权进行了巨量的借款，从财政和金融上以至于政治上和军事上控制了北京的买办化反动封建政权。至于封建政权的经济基础——封建的土地剥削关系，不但在近代时期依旧保持着，而且同买办资本和高利贷资本剥削结合起来，在广大郊区农村中占着显然的优势。帝国主义和封建势力所进行的残酷剥削，使城乡劳动人民日益贫穷破产，严重地束缚了生产力的发展。在这种情况下出现的少数的民族资本近代工业，在北京也只是微弱缓慢地生长，而且必然地带有浓厚的封建性和买办性。

封建中央政权所在地的北京，原来就集中了全国最大量的寄生者——贵族、官僚、地主、书吏、太监、旗丁等等，所有这些剥削者、寄生者在北京的挥霍，使北京的消费性商业大为活跃。这种表面的繁荣，只说明城乡劳动人民所受榨取的深重，也使北京作为消费城市这一性质更加显著。

晚清时期北京城市经济的变化发展，大致可以拿第二次鸦片战争和义和团运动作为标志，显示出前后的阶段性来。第一阶段即1860年以前，北京基本上还延续和保持了封建城市的各种特点，外国经济侵略的影响还不显著。第二阶段即1860年到十九世纪末，侵略者利用一系列政治经济的特权，加紧侵略活动，洋货的输入与日俱增。十九世纪末外国资本主义进入帝国主义阶段后，外国经济侵略在经济上对生产力的破坏更加严重。义和团运动正是当时生产力主要构成者的农民向封建束缚，特别是帝国主义经济政治压迫的一次总反抗。第三阶段即进入二十世纪以后，帝国主义的经济侵略势力愈加猖狂，在北京的商品市场和财政金融上都占据了统治地位，使原来的封建商业和手工业多数都成为它控制下的附属者，北京的民族工业，只能在空隙中得到一点点机会生长。

## 洋货泛滥在北京所起的破坏作用

外国货物的输入北京，在鸦片战争前后的最初时期，还只是中国商人从广州、上海转运来的供贵族、官僚、地主享用的奢侈品，主要是鸦片、珠宝、皮货、钟表、毛呢和洋布等商品。这些商品在北京销售的数量，虽然还不很大，但价格很贵，已经吸收了不少的资金。第二次鸦片战争以后，外国商人利用不平等条约中所订的免税条例，逐渐大量地运来米、面、烟、酒、纸张、罐头、蜡烛等日用品，同时鸦片、洋纱、洋布和铁器等货品的销售也不断增加。到了1900年以后，随着帝国主义在军事和政治上对中国侵略控制势力的加强，大量的洋货涌进了北京。帝国主义不但通过洋货掠夺高额的利润，而且垄断市场，使许多土货的产销受到严重的打击。在北京市场上，洋布洋纱的大量输入，使得土布和土纱（特别是土纱）受到致命的排挤。外国的铁料铁器、颜料、煤油、纸烟、洋碱肥皂、毛巾、洋袜等都逐渐排挤土货，占据了市场。在二十世纪初年，北京城里专销或附销洋货的店铺就已经达到几百家。北京本来不是开放的商埠，但是外国商人也擅自在北京开设了许多洋行、店铺。洋行大多数集中在东城一带，像英国的怡和、安利洋行，美国的慎昌洋行，德国的禅臣、礼和洋行，日本的三井、三菱洋行，都在北京设立了分行，直接进行洋货的大量运售。日本商人甚至在1903年就在北京开设了五家当铺，进行高利盘剥。洋货的泛滥和洋行的设立，是近代时期北京经济生活中的新现象。随着中国半殖民地化程度的加深，外国经济势力在北京所起的破坏作用就愈加严重。

## 清政府滥发大钱、大钞对北京人民进行掠夺

太平天国革命时期，清政府军事支出突增而财政收入大减，1853年7月，咸丰帝在上谕中承认，三年来军饷支出达2963万两，当时北京户部库存只剩下227000两。在这种窘境下，封建统治者便采取滥发大钱、大钞的办法，来应付支出和搜括财富，在北京大量铸造当十①、当百乃至当千的大钱（原来的制钱每一千个重120两，而这时所铸当千的大钱重为二两，即只有原来重量的六十分之一）。同时并铸造铁钱、铅钱，发行不兑现的银票、宝钞。这些大钱和钞票立时引起北京市面上的混乱，造成人民的巨大损失。票面一千文的宝钞，结果只值二三十文制钱，当十的大钱只值两文制钱。离开北京城十多里路以外，人民就完全拒绝使用钞票和大钱，依然只通用制钱。城外的农民和商人，不愿运粮到北京销售，以免收受劣币受到损失。北京的粮食店一时都纷纷关门停售。在北京人民深刻的怨恨和行动上的抵制下，统治者在货币上的掠夺欺骗政策，不得不迅速宣告失败。十九世纪五六十年代以后，外国银元逐渐在北京普遍流通，外国银行更在北京发行钞票。1905年起，清政府所铸造的当十、当二十铜元，代替了制钱，成为北京通行的辅币。

## 金融机构的变化

银号、钱庄和票号，都是北京原有的金融机构，经营存款借款，

① 1853年7月3日（五月二十七日），“始铸当十大钱”。见《清史稿·文宗本纪》。

兑换银钱，并且开出银票、钱票在市面流通。票号专营汇兑，清政府的税饷和官吏搜括的钱财，多数交由票号汇拨。清政府的鬻官卖缺，官僚的收受贿赂，也常由票号经手。在十九世纪后半期，票号由于经营这些特殊业务和封建统治势力密切结合，曾经在北京和各地盛极一时。以后银行兴起，辛亥革命后清政府倒台，票号也随之衰落。前门外珠宝市一带，集中了二十六家官准炉房，专营熔铸固定成色的宝银（银锭，通称元宝），流通市面，并为银号等店铺划拨银两。辛亥以后，这些炉房多数都改业为银号。北京的典当，经营高利贷性质的押款，以高达三分的利率剥削穷苦市民。在十九世纪七十年代中叶，典当铺曾经多到三百多家。义和团运动时期，北京城内一百多家典当铺几乎全部被抢一空，从某一种角度也反映了贫民们对高利贷剥削者的痛恨。银钱店、炉房、典当以及木厂、绸缎庄、粮食店、洋货店、古玩铺等，都是北京较大的店铺，资本一般都在万两以上，多的则达数十百万两。这种大店铺的开设者，不是贵族、官僚，就是地主、太监。如刚毅在城内就有典当铺三家①。近代北京主要的商业资本的封建性，显然是非常浓厚的。

义和团运动前后，帝国主义者在北京设立了若干银行，像英国的汇丰银行、德国的德华银行、法国的东方汇理银行、帝俄的华俄道胜银行、日本的横浜正金银行等。这些银行向清政府和北洋军阀政府进行政治贷款及铁路矿山的投资，收存关税、盐税，掌握了中国政府的财政命脉。同时吸收存款（主要是贵族、官僚、军阀贪污搜刮所得来的大笔财富），发行钞票，操纵北京的金融市场。像甲午战争后，清政府为了偿付赔款，向俄、法、英、德所借的数达三万万两的巨款，都

① 刚毅，军机大臣，历任兵部、吏部尚书等职。陈夔龙：《梦蕉亭杂记》卷一。

是由外国银行经手的。外国银行是帝国主义垄断资本控制和剥削中国的最集中和最重要的工具之一。

20 世纪初起，北京也开始出现中国自办的新式银行。1905 年，清政府的户部奏准设立户部银行于西交民巷，1908 年改称大清银行，1912 年改称中国银行，资本四百万两，官商各半。1907 年，邮传部奏请设立交通银行。1910 年，由北洋大臣建议设立北洋保商银行。这些新式银行的建立，主要是清政府想吸收社会资金，解决财政困难和官办铁路、邮电等企业的需要。

## 手工业和近代矿业

北京的各种手工业生产在近代时期的变化发展，有着不同的景况。有些行业如土布、土纱、铁器等，受到洋货的排挤而减产停产。一些传统手工艺品以其高超的技艺和鲜明的民族风格受到外商重视，进入国际市场，有了一定的发展，如雕漆、景泰蓝、玉器、珐琅、象牙雕刻、地毯、纱灯、绢花等。有些行业则由于有了新的原料、工具和需求而新创起来。洋货的毛巾和纱袜在 20 世纪初已经从市场上排挤了旧日土布织巾和布袜，于是北京也渐渐有小型的织毛巾、织纱袜手工工厂出现。

近代机器工业在北京的最初出现，是 1883 年在京西三家店创立的神机营机器局。但这只是制造洋式枪炮和弹药的兵工厂，而且在 1891 年就失火焚毁。1901 年，为修理京汉铁路的机车车辆，在长辛店建立了长辛店机车厂，以后经过一再扩充，1909 年时已有工人 800 人。1906 年，清政府在詹天佑主持下修筑京张铁路，又在南口设立了铁路工厂。由于北京在解放以前几乎没有什么像样的重工业，这两个官办的铁路工厂在长时期内都是北京规模最大的机器工业。

资本主义性质的近代工业，在 20 世纪初也只有寥寥可数的几个工厂。这些工厂，有的是属于城市公用事业一类的，如 1905 年在正阳门内建立的“京师华商电灯公司”（初建时发电量只有 360 千瓦，1919 年迁到石景山后扩充为 2000 千瓦），1908 年在东直门外温榆河畔建立的“京师自来水公司”。此外，1905 年在崇文门外建立的丹凤火柴公司，初建时资本五万两，1914 年时已有工人 1100 人（内一半是童工），在新中国成立前也一直是华北最大的火柴工厂。1907 年在清河镇建立的“溥利呢革公司”（即以后的清河制呢厂），资本 100 万两中有 50 万两是由陆军部提拨的官股，1915 年全厂即由陆军部接管。1910 年在西便门内建立的“贻来牟和记面粉厂”（以后改为三阳面粉厂），资本也只有 12 万元。1914 年在广安门外建立的双合盛啤酒厂，资本有 20 万元。所有这些略具规模的资本主义近代工业，创办人几乎全部都是官僚。企业和封建政府的关系也非常密切，有的是官商合办，有的是官督商办（如自来水厂由直隶总督每年拨官款十五万两为保息之用），所以这些企业的封建性都很浓厚。北京的资本主义企业始终非常有限，早期的一些资本家又多数是亦官亦商，官商难分，这也是封建统治中心的资产阶级的一项特点。根据北洋政府 1915 年的统计，北京所有的 222 所工场中，只有六所使用动力设备，可见绝大多数的工厂都是规模很小，许多只是手工业作坊或只有简单的手工操纵机械。这样，早期的北京近代工业资产阶级，人数既不会多，资金也很有限。工业资产阶级的软弱性在北京是很明显的，如果和同时期北京的金融资本家或商业资本家比较起来，他们的多数只能居于次要的地位。

京西门头沟和斋堂一样，是煤矿集中的地区。在 19 世纪末叶以前，只有一些简陋的土窑。1896 年起，美国、英国、比利时的资本先后插足到门头沟煤矿，和中国的一些官僚商人组织了合办的通兴煤矿和裕懋公司，不断扩充矿区。到1920年，两个公司合并为中英合办的门头沟公司时，资本已达一百五十万元。实权主要操纵在外国资本家手里，进行了对中国矿工残酷的剥削。

## 北京对外交通的变化和影响

北京在进入了近代时期以后，对外水上交通方面首先发生了显著的变化。1855年，原来在江苏入海的黄河在铜瓦厢决口，下游改道向东北夺大清河河道由山东入海。黄河在山东地区的夺流和淤积，使得南北大运河的交通受到严重的阻碍。运河中断影响了南北交通，也关系到每年数百万石漕米的运来北京。清政府虽然一再试图修复，也只能使运河局部通航，而不易全线畅通。从这时起，东南一带的漕米大部分改由海道北运（1900年以后漕米就全部改为折钱征收，在北京向商人购粮）。六七十年代以后，沿海的轮船航运发展起来，由天津出口的海路交通逐渐替代了运河的重要地位。

帝国主义列强为了加紧对中国的掠夺和控制，曾经一再怂恿清朝政府修建铁路，并且在铁路的投资权和修筑权上进行了激烈的争夺。在19世纪末到20世纪初的十多年中，由北京通向各地的几条铁路干线先后修成。1896年底，京津间的铁路首先通车。以后在1907年通达奉天，称为关内外铁路。1905年由北京南达汉口的铁路（最初称为卢汉铁路）全线通车。1909年，由杰出的中国工程师詹天佑主持修建的北京、张家口间的铁路，也在克服了技术上和财力上的许多困难后全线修通。最后，大致沿运河线南下的津浦铁路在1912年通车。此外，还有一些城郊短程铁路建成通车：琉璃河至周口店支线（1898

年），东便门至通州支线（1900 年），新城县高碑店至易州梁各庄支线（1902 年），良乡至陀里支线（1904 年），永定门至南苑支线（1906 年），西直门至门头沟铁路（1908 年）。这些铁路的相继通车，使北京和南北各地的交通大为便利，和全国的联系更加密切，北京开始成为国内近代化交通的重要枢纽。但是另一方面，帝国主义经济和政治势力也从此比以前更加直接和大规模地深入到北京和内地。铁路成为帝国主义倾销洋货和掠夺物资的重要动脉，北京和附近地区的半殖民地化程度也自此迅速加深。这些铁路大部分也是帝国主义投资的对象：关内外铁路借有英款，京汉铁路借的是比利时款（实际主要是法国垄断资本家出资），津浦路所借的是英、德两国的款，帝国主义就通过这些借款掠取厚利和特权。义和团运动时期，北京人民纷纷起来拆毁铁路，所反对的实际正是随铁路而深入的帝国主义侵略势力。

## 新型市政设施及建筑的出现

与世界先进都市相比，晚清北京的市政设施已是十分落后。但还是引进了一些新型的城市供水、照明、通讯设备，一些新式建筑出现在街头，古老的北京迈开了向近代化首都前进的艰难步伐。

1866 年，总税务司署设邮务办事处，办理邮递事务。1878 年，北京设送信官局。1897 年 2 月 20 日，大清邮政局成立。1904 年，中国加入万国邮联。大清邮政局的办公地点几经迁移，1907 年迁至东长安街。当年，“北京城内计有总局一处，支局 10 处，信柜 26 处，信筒 123 座，代售邮票所 68 处。”① 1911 年，邮政脱离海关，归邮传部接

① 《北京邮政史料》，北京燕山出版社 1988 年版，第 18 页。

管。5 月 30 日，统管全国邮政的邮政总局成立。

我国自设电报线始于 1879 年，直隶总督李鸿章在天津与大沽北塘海口炮台之间试设电报。1880 年，成立天津电报总局。以后又敷设了津沪电报线。1882 年，天津电报线到达京师。1908 年，电报归邮传部管理，形成了以北京为中心，连接各省及各大城市长达 9 万余里的电报线。

近代邮政、电报取代旧式驿递，强化了北京作为全国政令军令中枢的地位，有利于巩固国家的统一和加强我国与世界各国的联系。

电话，清末称“德律风”。1899 年，经营电话业务的天津官电局成立。是为中国自营电话之始。1903 年，清政府在帅府园安装磁石人工交换机。次年，东单二条电话局开业，下设西苑、南苑、米市大街、厂甸等 4 个分局。1910 年，北京最早的用户电话总机在清宫安装，容量 10 门。到辛亥革命前夕，北京电话局在城区及近郊区安装电话 3300 门，并经营北京至通县、天津、塘沽、大沽的长途电话。

1888 年，清政府在西苑设发电厂，1890 年正式发电照明。同时，在西郊颐和园东宫门右侧安装了由德国进口的发电机，供园内照明之用。1904 年，京师华商电灯有限公司于正阳门内西顺城根成立，装机 300 千瓦，在城内主要街道安装电灯。1912 年，又有两台 1000 千瓦的电机并网发电，使城内电灯达到 3 万盏。

北京自来水工程始于 1908 年筹建的京师自来水有限公司，公司由周学熙创建，募集资本 300 万元。自 1908 年 5 月开工到 1910 年 3 月 20 日供水，建成孙河水厂、东直门水厂、300 余里输水管线和一个总公司、十个分公司。

晚清北京出现了一些西洋风格的建筑，主要是宗教建筑、各国公使馆、洋行、银行、医院、饭店等。天主教北堂（西什库）、南堂

（宣武门内）、东堂（王府井大街）、西堂（西直门内）几经兴废，庚子后，或整修，或重建，其建筑富丽堂皇，尤为引人注目。中国政府机构也修了一些西式办公楼，如大理院、度支部、军咨府、北京自来水公司等。西太后在国家财政极端困难的情况下历时 3 年，耗资 500 万两，在中南海建成海晏堂，其建筑仿俄，室内陈设购自法国巴黎，极尽奢华。海晏堂专作接见、宴请外国女宾之用。建成后，她本人只用过 4 次。

作为一种文化现象，西洋建筑的出现是一种进步。当时，已经有人探讨融合中西建筑艺术的途径。但是，由于缺乏统一规划，西式建筑的无序出现，还是破坏了北京原有城市建筑的严整布局。

## 园林建筑

清朝前期，随着国力的鼎盛，北京的园林建筑也达到了历史最高水平。晚清，经历了英法联军和八国联军的破坏。以三山五园为代表的皇家园林多数变为一片废墟。同治、光绪两朝，对部分皇家园林进行了修复。

1873 年，西太后与同治皇帝决定重修被英法联军焚毁的圆明园。由于国家财政困难，恭亲王奕䜣等重臣再三反对，进行了 10 个月的修复工程被迫下马。1900 年，八国联军占领北京，圆明园又遭破坏。1904 年，清政府裁撤圆明园委署主事及所属官缺。

光绪年间，又有重修西苑三海和清漪园（颐和园）工程。两项工程均挪用了海军衙门开办经费、海军常年经费、海防捐、关东铁路经费等。两项工程均于遭八国联军破坏后再次修复，且加进了一些西式景点，如电灯、电话、轻便铁道、西式楼房等。重修后的颐和园宏伟秀丽，是北京最大的皇家园林。

恭王府一角

晚清北京，有一批留存至今的王公大臣的府第，其建筑布局严整，精巧别致，各具特色。如什刹海前三座桥西北的恭王府、王府井大街北口东厂胡同的余园（漪园）、东城金鱼胡同的那桐府花园。西郊王公园林，著名的有现今北京大学校园内的承泽园、蔚秀园、淑春园、鸣鹤园、朗润园，清华大学校园内的熙春园。

晚清北京园林在气势和规模上远不如前期，但仍不失为我国园林建筑的瑰宝。

## 人口、环境与生态平衡

清朝政府对北京人口的统计，到1908年以后才有比较可靠的实地调查数字。根据光绪三十四年（1908年）民政部的统计表，这一年北京内外城的人口总数是七十万零五千余人，细数略如下表：

| | |
|---|---|
| 内城人口（男女） | 414528 人 |
| 外城人口（男女） | 291076 人 |
| 内外城共计 | 705604 人 |

可注意的是当时八旗人口在内外城的数字：

| | |
|---|---|
| 内城八旗男女人口 | 223248 人 |
| 外城八旗男女人口 | 13523 人 |
| 内外城八旗共计 | 236771 人 |

即八旗人口共占全城人口总数的三分之一左右，特别是在内城，八旗人口占了一半还多。这原是清统治者害怕人民攻击，加强京城防卫的一种措施，同时也表现了北京城内不事生产的寄生者之众多。

至于顺天府二十多州县的人口总数，按宣统元年（1909 年）民政部的统计，是：

| | |
|---|---|
| 男 | 1991096 人 |
| 女 | 1743620 人 |
| 共计 | 3734716 人 |

其中包括学龄儿童 327895 人。

在 1908 年的统计表中，还有一项内外城人口职业分别统计表，总数是二十七万余人，大概是除去八旗和女子以后的其余男子人数，原表细分为：

| 职别 | 内城 | 外城 |
|---|---|---|
| 官员 | 5591 人 | 2529 人 |
| 士绅 | 4403 人 | 453 人 |
| 农业 | 363 人 | 461 人 |
| 工业 | 19475 人 | 45381 人 |

| | | |
|---|---|---|
| 商业 | 40692 人 | 40046 人 |
| 兵勇 | 23328 人 | 444 人 |
| 书吏 | 1475 人 | 200 人 |
| 差役 | 2528 人 | 1702 人 |
| 杂业 | 31504 人 | 44110 人 |
| 无业 | 3635 人 | 1573 人 |
| 乞丐 | 143 人 | |
| 共计 | 133137 人 | 136899 人 |

这种职业的区分，显然是很不科学因而也不准确的。例如商业一项内，可能店主和店员都算在内，而“工业”一项内，也很难确知其具体内容。（这一年的整个统计数字可靠性也还值得怀疑。）按照这个统计，全城的官员、士绅和书吏、差役、兵勇等共有四万二千多人，加上前述八旗人口，则不事生产而寄生在北京的统治者及其依附者共有二十七万多人，约占全城人口的百分之四十，这个数字明显地表现出北京城市在反动统治时期的寄生性和消费性。

另外，根据一个关于外城娱乐行业的统计表，知道外城共有戏园九所，茶馆多达二三三所，酒肆有三六〇所。尤其可惊的则还有“妓寮”三五〇所，妓女的数字未列，但至少总有数千人之多。这些数字就更加说明了北京既是反动统治者最集中寄生的城市，也是他们花天酒地挥霍浪费的场所，和劳动人民极端贫困的生活形成了鲜明的对比。

晚清北京经历了太平天国北伐、1860 年英法联军之役和 1900 年八国联军之役，导致人口大量死亡及流离失散。清政府鼓励贫困旗人迁移到京外谋生，控制了在京八旗户口的增加。因此，晚清北京人口的增长率很低。但是，由于国家贫穷落后，无力供养京师人口。北京及其周边地区的生态环境恶化，自然灾害不断。加之政府腐朽无能，城市管理水平极端落后，防灾减灾的能力极低，致使人口与环境的矛盾格外尖锐。

近代，北京地区水旱蝗雹疫等灾害的发生频率危害程度不断增高。据韩光辉统计，乾隆至道光 115 年中发生危及人民生命破坏农田的灾害 257 县次，年均 2.2 县次。咸丰同治 24 年间发生 61 县次，年均 2.5 县次。光绪宣统 37 年间发生 142 县次，年均 3.8 县次。[①] 1873 年，京郊水灾，受灾村庄 2750 个。1876—1878 年，大旱，饥荒遍野。1887 年，京东大水，通州水几冒城，自是无岁不水。1890 年，大雨成灾，1118 村受损，房屋田地尽被洪水淹没。北京城内“无室不漏，无墙不倾，东舍西邻，全无界限，而街巷至结筏往来。”“畿南大水直至右安门外。大树皆倒，几欲入城。”[②] 1893 年，永定河水泛滥，大水高过卢沟桥面，桥上石栏冲走数十块，人夫牲畜房屋，冲去无算。京师前三门水深数尺，不能启闭。1894 年 7 月 17 日夜，“大雨雷，烈风拔木。大清门、天安门、端门、午门、太和门门闩齐断，多年大树偃覆纵横，自来无此烈风也。”[③] 京郊九州县村庄 870 个受灾。1907 年春旱，小麦枯死，秋田多未播种。夏季又遭水灾，340 个村庄受损。

北京城区的道路多为土路，少量铺石子或石板。小胡同无排水沟，只有大街才有，且多为明沟。负责沟渠道路维修的官员只知贪污分肥，偷工减料。以致道路坑凹不平，沟渠淤塞，给市民的出行造成极大困

① 韩光辉：《北京历史人口地理》，北京大学出版社 1996 年版第 220—221 页。
② 震钧：《天咫偶闻》，第 191、194 页。
③ 震钧：《天咫偶闻》，第 20 页。

难。“天晴时则沙深埋足，尘细扑面，阴雨则污泥满道，臭气蒸天。”①

京师建筑，自皇宫及大臣府第均为木质结构，极易发生火灾。但灭火手段、消防组织数百年无进步，对大的火灾竟无法抵御。咸丰末，户部失慎，火三日不息，存案尽毁。1875 年 6 月 18 日，刑部失火，延烧房屋十余间。1889 年，天坛祈年殿遭雷击起火，一昼夜始息。1890 年 1 月 6 日，紫禁城太和门失火。人们束手无策，只能看着冲天大火将贞度门、太和门、昭德门及附近皮库、茶库烧成灰烬。2 月 15 日是光绪皇帝大婚的日子。来不及重修太和门，只好请京城工匠扎起一座彩门。1899 年 6 月 14 日，石碑胡同军器厂火药库被轰，“大声如地震，屋宇皆摇阖，厂房均震飞，地陷巨坑。右邻尼庵、禅房、香积，尺椽不存，唯佛殿仅在。四旁人家，毁屋无算，伤人亦无算。”②

频繁的自然灾害，加上清政府及官僚地主的巧取豪夺，严重破坏了京郊农村的社会生产力和城市的商业手工业。随之而来的是城市粮食和生活必需品短缺，物价不断上涨。如 1709 年，小米每仓石价银 1.2 两，1899 年即上涨到 3.5 至 4.9 两。城市的贫民、饥民、乞丐逐年增多。大批旗人，有些甚至是八旗王公的子弟，无能谋生，也沦入贫民的行列。政府为稳定社会秩序，在京城各处遍设粥厂，免费施粥；搭盖简易房屋，地铺鸡毛，称为“鸡毛房”，供无家可归的乞丐避寒。一些民间社会救济组织，为灾民募集衣被食品。所有这些救济措施，比起贫民乞丐的巨大需要，无异于杯水车薪。一到寒冬季节，每天都有冻饿而死的穷人陈尸街头。

---

① 《燕京杂记》，第 114 页。

② 《燕都丛考》，第 355 页。

## 第七节 晚清北京的文化

近代时期北京在思想文化上发展变化的特点，是资产阶级新文化、新思想与封建主义旧文化、旧思想的斗争。长期以来，北京一直是封建统治和封建文化在国内最主要的中心，到了近代，随着封建统治的腐朽衰落，封建文化也表现出极度的空虚颓废，但还是为一直盘踞在北京的封建统治者所支持而继续存在着，并且往往和帝国主义在文化侵略中所散布的奴化思想结合起来。另一方面，随着资本主义经济在国内的生长发展，以及西方资本主义文化的影响，资本主义文化也在北京发展起来。新兴的资产阶级虽然在文化思想上带来了新的内容，但是由于中国资产阶级的十分软弱，他们在政治上与封建主义帝国主义妥协的同时，在文化上也表现出软弱、妥协和缺乏生命力。戊戌变法时期康、梁等人所宣传的资产阶级维新改良文化思想，本身就是与封建文化思想妥协的产物，其中还包括简单转贩来的西方资本主义文化思想。从十九世纪末叶起，在北京出现了资产阶级的新式学校，不久就代替了千百年来的科举制度和八股文，成为培养资产阶级知识分子和宣传资产阶级文化思想的重要场所。大致与学校同时在北京开始出现的近代报刊，多数也是资产阶级宣传“新学”、“西学”以与封建主义“旧学”、“中学”对抗的工具。

### 近代初期开明知识分子在北京的文化活动

封建文化在近代时期总的是在腐朽没落之中，从形式到内容都表现出空虚和颓废。清统治者所提倡的宋明理学、古文经学和科举八股都是如此。但在近代初期中国社会受到西方资本主义的侵略而发生重大变化的时候，地主阶级中有一小部分开明知识分子睁开眼睛来看世界和中国局势，有的还提出了学习西方、抵抗侵略和改革社会政治的主张，他们是中国传统文化中优良部分的代表者，也是后来资产阶级维新派政治家在思想上的先驱。这些人在北京的活动，主要表现在提倡今文经学和从事国内外历史地理的研究工作。

清代的经学学者一向以古文经学为正统。经过乾嘉时期的崇尚考据，学术上已愈来愈走向支离烦琐。鸦片战争前后，正是中国社会变化的一个重大转折时期。这种变化反映在地主阶级中一部分倾向变革的知识分子的思想上，像龚自珍、魏源等人，力图扭转学术上烦琐考订的风气，而主张“经世致用”，并崇尚今文《尚书》的公羊传以对抗古文经学。今文经学和古文经学其实都是已经僵化了的东西，龚自珍等实际是借用今文经学的词句，便于附会发挥自己对于社会政治的看法。经过龚自珍等人的提倡，崇尚今文经学在北京成为知识分子中的一种风气。从道光九年开始，以黄爵滋和龚自珍为首，联合思想相近，气味相投的知识分子如魏源、张维屏、张际亮、潘曾莹等人，在北京宣武坊南陶然亭、三官庙、龙树院经常举行“雅集”，互相唱酬。这些人无形中成为道光年间北京知识分子中一个活跃的小团体，他们几人以后在反对英国鸦片侵略，反对穆彰阿、琦善等屈辱投降时的言论和行动，都是比较突出的。龚自珍的诗句说：“但开风气不为师”，他以自己对社会政治病态的敏锐感触，以自己奇伟瑰丽的文章、诗词和所提倡的今文经学，确实在晚清的封建士大夫中开创了一个新的风气。到十九世纪末叶，资产阶级维新派如康有为、梁启超等，就继承并运用了今文经学这一面旗帜，来发挥和宣传自己对社会政治的主张，介绍资本主义思想。这在当时的历史条件下，还是一种避免被认为“离经叛道”（但也并不能完全避免）而不得不用的方法，同时也就具有一定的进步意义。

清代中国版图自康熙、乾隆时期以后，逐渐大体奠定下来，内地和西北、东北边疆地区关系日渐密切，中国和俄国间自十七世纪后半期起，曾有将近二百年的和平往来关系，而西方资本主义侵略者则在沿海进行骚扰和武装侵略，这些客观现实情况，都在一部分地主阶级知识分子中引起探索关于西方和中国边疆地区新知识的努力。林则徐和魏源在沿海进行抵抗外国侵略的实际工作中，编纂了《四洲志》和《海国图志》。在北京的一些知识分子当十九世纪中叶前后，写出了不少关于金元历史、西北地理的著作。其中较有成就的如徐松的《西域水道记》（1823 年），祁韵士的《藩部要略》（1846 年），张穆的《蒙古游牧记》（1867 年），李光廷的《汉西域图考》（1870 年）。而何秋涛编写的《北徼汇编》或名《朔方备乘》（1865 年）着重介绍俄罗斯的历史和地理，记述了中俄之间的传统友好关系，在今天还是值得珍视的成果。

## 新式学校在北京的产生及发展

在戊戌变法时期，资产阶级维新派重要主张之一是废科举、办学校。他们要求停止完全不切实用、徒然空耗士子精力的八股取士制度，代之以资产阶级式的学校教育制度。1898 年的维新运动时期，在北京设立了京师大学堂（校址在景山东街马神庙）。戊戌变法迅速失败后，京师大学堂虽然是仅存下来的一个“新政”项目，实际上未能完全摆脱封建旧式书院的窠臼。学生所学的还是为考科举用的四书、五经和八股文章。学堂又经过八国联军的抢劫驻兵后，1902 年重新恢复。这时学堂所设部门科目中，半殖民地统治下西方传来的资本主义和旧有的封建主义的内容纷然杂陈，预科、正科之外，还设有速成科、进士馆、医学馆、实业学堂、译学馆①。

1903 年（癸卯年），清政府公布了近代中国第一部全国统一的从小学到大学的完整学制，称为“癸卯学制”。1905 年，废科举制，设立学部，为全国最高教育行政机关。近代教育制度由此建立。

按照全国统一的学制，京师大学堂进行了调整。至 1910 年，大学正科为 7 科 13 门，增设了一批新课程。一批师范院校、高等院校、中等专门学校陆续创立。其中有：高等实业学堂（1904 年）、贵胄学堂（1905 年）、法律学堂（1905 年）、政法贵胄学堂（1908 年）、京师优级师范学堂（1908 年）、女子师范学堂（1908 年）等。

1908 年，美国国会决议退还部分庚子赔款，用于资助中国留美学生。清政府在北京侯位胡同成立游美学务处，考选留美学生。1911 年，在西郊海淀清华园成立清华学堂，是为以后的清华大学。

和高等学校的设立约略同时，新式中、小学教育也于 20 世纪初在北京开始举办。1905 年科举制度废止后，短期内比较集中地出现了一些新办的中学、小学。据 1909 年的统计，北京城内共有中学二十二所，学生一千五百余人；小学二百三十九所，学生八千九百余人。学生主要是些官绅子弟，他们以上学堂来取得“出身”资格以便做官。有许多学校是各省在北京的“同乡京官”共同举办以教育他们自己的

① 预科分为“政科”和“艺科”。大学正科在 1910 年开办，称为“分科大学”，设经科、法科、文科、格致科、农科、工科、商科。速成科设仕学馆和师范馆，“凡京员五品以下，八品以上，以及外官候选及因事留京者，道员以下，教职以上，皆准应考入仕学馆；举、贡、生监等皆准应考入师范馆”。进士馆以新进士年在三十五以下者入馆。译学馆的前身是 1862 年设立的同文馆，仍然专学外国语文，训练外文翻译人员。

子弟的，如山东公立学堂、皖学堂、豫章学堂、四川公立中学堂、江苏公立学堂、豫学堂、湘学堂、滇学堂等等。绝大多数的学龄儿童仍然没有上学受教育的机会。有些居民为了使自己的孩子能略识几个字，也只能把孩子送到称为“散学”的私塾中去读一些《三字经》、《百家姓》、《千字文》、《六言杂字》、《龙文鞭影》等浅近的读物。这些私塾由贫苦的教师私人开设，通常只有一间教室，容纳五六个到二三十个学童。在1906年前后，北京城内共有私塾五六百处①。

1905年以后，北京还开始有少数的“女学堂”出现，女学堂大致都由贵族官僚举办，像肃亲王办的和育女学堂，请日本女教师教一些贵族妇女。官僚办的豫教女学堂，规定只收中产以上家庭的女生，和一般劳动人民的女青少年是根本无缘的。

## 北京初期的报刊

直到19世纪末，北京除官报外基本上无所谓报刊。从清初开始有一个名荣禄堂的南纸铺发行一份《京报》，抄录“上谕”和每天由内阁发抄的一些奏折。从光绪年间开始又发行一种《谕折汇存》，集录几天京报的内容。这些都是官报。1872年外国教会在北京出版了一种《中西闻见录》，由京都施医院编辑，不久移上海发行，改名《格致汇编》，这实际是一种介绍简单科学知识的杂志。戊戌变法前维新派发行的《中外纪闻》是第一种民办报纸，但不久即停刊。二十世纪初年北京才出现了一些正式报纸，其中一部分是小型的白话报。辛亥革命前

① 私塾门口通常都贴着“择吉来学，溺爱免送”的纸条，旁边写着学费数目，如“每月谢金，习字三吊，四书四吊”等。

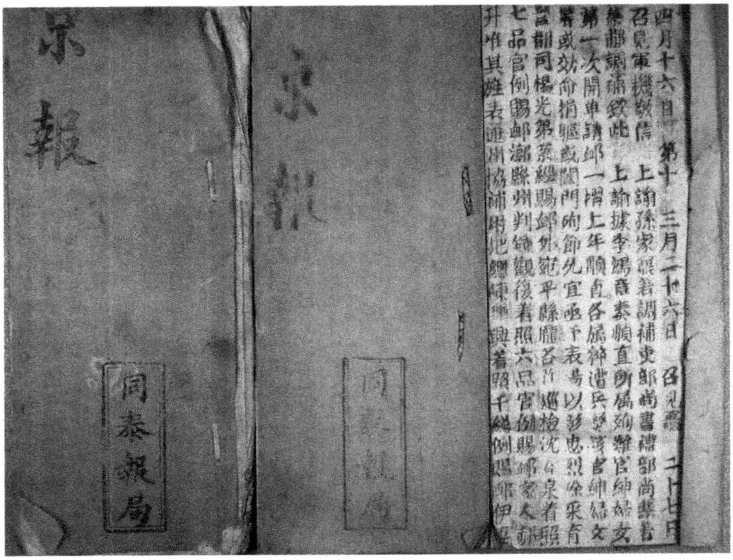


《京报》

立宪派在北京办的《刍言报》很风行。同时帝国主义者也开始在北京办报，大肆宣传侵略有理的谬论，如日本军国主义者办的《顺天时报》就从1901年创刊。辛亥革命后北京报纸大大增加，但很多是代表袁世凯政府立场的刊物，如《亚细亚日报》等。资产阶级革命派的报纸十几年中以上海为中心，他们在北京没有势力，报纸难以立足。新文化运动以后，北京报刊才真正活跃起来。

## 帝国主义者在北京举办的宗教文化事业

宗教文化侵略是帝国主义者变中国为半殖民地的基本侵略手段之一，它和政治、军事、经济侵略密切配合，企图从精神上来麻醉中国人民，削弱中国人民反抗侵略的意志，以达到他们“和平”征服的目的。

第二次鸦片战争以后，外国宗教文化侵略势力，从沿海逐渐扩张

西什库教堂

到内地。在北京，法国用这次战争中勒索的赔款，在城内修建东、西、南、北四座天主教堂。英、美以及其他资本主义国家也纷纷在北京建立教会。许多教堂、教会都兼办学校，有的还兼办医院。

他们也注意用文化手段来吸引和影响中国的统治阶级和上层知识分子。英、美传教士丁韪良、李提摩太、林乐知、李佳白等，以“介绍西方文明”为名，到北京结识奕䜣、李鸿章等权贵，进行政治活动。丁韪良曾先后被任为同文馆和京师大学堂的总教习。美国教会于 1888 年在北京设立汇文大学，由美国公使田贝和海关总税务司英人赫德担任副校长。

美国教会在北京创办的中小学有：育英学校（1864 年）、潞河书院（小学，1867 年）、崇实中学（1891 年）、贝满女校（1895 年）等。还有几所大学也是美国教会创办的，汇文大学（1893 年）、潞河书院（1893 年）、华北协和女子大学（1905 年）、燕京女子大学

（1906 年）。从十九世纪六十年代开始，便有外国人在北京行医。1906 年，在东单北帅府园东口开办了协和医药堂，即后来的协和医学院。

外国教会学校的课程中，宗教课占一定的比重，课程的主干是自然科学、人文及社会科学各学科，学生不多，但影响很大。

# 第九章　民国时期的北京（1912—1949年）

从1912年到1928年，北京是中华民国的首都，也是各派军阀争夺的中心。1928年，北伐完成，北洋军阀在北京的统治被推翻，国民政府定都南京，改北京为北平特别市。北京暂时失去了中国首都的崇高地位，但仍是国家北方的政治与军事重镇。九一八事变后，北京成了处于国防前沿的危城，伟大的抗日战争就是在这里爆发的。此后八年，北京一直处在日本侵略军的军事占领之下。到1945年光复时，北京已是疮痍满目。

然而，北京毕竟是一座英雄的城市，现代中国的许多先进思潮、进步运动都是在北京产生的，北京是中国共产党的发祥地之一。北京人民在中国共产党的领导下，经过28年艰苦卓绝的英勇奋斗，终于1949年迎来了千年古都的新生。

## 第一节　北洋军阀在北京的统治和北京人民的反抗斗争

### 迁都之争和北京兵变

清帝退位以后，在迁都问题上，以孙中山为代表的革命派与袁世凯之间展开了一场斗争。选举袁世凯以前，临时参议院曾根据孙中山的提议，决定首都定在南京，不许迁移，袁世凯必须到南京就任。孙中山一再强调说："惟临时政府地点，仍须设立南京。南京是民国开基，长此建都，好作永久纪念，不似北京地方，受历代君主的压力，害得毫无生气，此后革故鼎新，当有一番佳境。"① 他的目的是把袁世凯调离北京这个封建老巢，并把他放在南方革命势力的监督之下。但袁世凯以北方形势不稳为借口，坚决不肯离开北京，并以"军队暴动，皇族蠢动，外国干涉"来威胁南方。1912 年 2 月 25 日，孙中山派遣的迎袁专使蔡元培等五人到达北京，袁世凯一面以隆重的礼节表示欢迎，并假装同意南下，一面却策划了一次大规模的兵变。

29 日晚，袁世凯的爪牙曹锟所率领的第三镇士兵突然在朝阳门外东岳庙哗变，到东城、南城、北城大肆放火洗劫。蔡元培等专使在煤渣胡同的住所也被抢掠一空，专使们慌慌张张逃到使馆区避难。正在这时，袁世凯派人把专使们找来，商议南下的问题。袁世凯以预谋的兵变证明了自己不能离开北京的鬼话，专使们惊魂未定，也就议决致电南京参议院主张让袁世凯在北京就职。参议院在妥协派操纵之下，立即表示同意，并在 4 月 2 日决议迁都北京。

袁世凯一手制造的兵变给北京造成了极大的破坏。经过 29 日晚上的焚烧和劫掠，许多店铺门口都贴着"抢劫一空"的条子。变兵大抢一阵之后，仍回到城外驻地。第二天，京防营务处总理陆建章和毅军统将姜桂题却宣称这次事变是"土匪作乱"，搜捕了很多拾取变兵丢在街上的衣物的贫苦百姓，诬指为土匪，把这些无辜贫民抓到天桥处死，企图用无辜百姓的鲜血来掩盖他们的罪行。这天晚上，毅军又在

① 李新主编：《中华民国史》第一编（下），第 492 页，中华书局 1982 年。

西城哗变，接着天津、保定等地也都发生兵变。一贯以屠杀人民为业的北洋军疯狂地到处烧杀抢劫，北京城内尸体遍地，四千多家店铺被抢，损失达九千多万两白银，北京市民的生命财产和市区建筑受到很大损失。同时，帝国主义各国也以兵变为借口，在京津一带增兵，外国兵公然以“维持秩序”为名，在北京街道上横行，我国主权遭到严重的破坏。反动派的血腥暴行使人民逐步认识到其狰狞阴险的面目。

## 袁世凯在北京的黑暗统治

袁世凯利用实力地位和阴谋手段在迁都问题上取得了胜利，于是，北京便以“民国首都”的地位成为北洋军阀封建独裁统治的中心。早在清帝宣布退位的第二天，袁世凯就妄自以清帝“委任”建立民国和北方各省军阀政客“拥戴”的身份，在北京组织了非法的“临时政府”。经过迁都斗争，袁世凯于 1912 年 3 月 10 日在北京正式宣誓就职。4 月，临时政府和临时参议院迁到北京。

1912 年 8 月 24 日，孙中山到达北京。在京居留一月，与袁世凯共商建国大计，晤谈了十三次。孙中山多次谈及迁都，认此为最大问题。在与各报记者的谈话中，“先生极主张迁都，其地点或在南京，或在武昌，或在开封均可。谓北京乃民国首都，而东交民巷乃有大炮数尊，安置于各要隘，殊与国体大有损辱。且北京乃前清旧都，一般腐败人物，如社鼠城狐，业已根深蒂固，于改良政治颇多掣肘。又以地势衡之，北京地点偏于东北，当此满、蒙多事之秋，每易为外人所挟制。故迁都问题，实为目前之急务。”[①] 当时，袁世凯在北京的统治日益巩

① 《孙中山全集》第二卷，第 426—427 页，中华书局 1982 年。

固，孙中山孤掌难鸣，迁都一事只能不了了之。

民国首都北京的行政建置基本上沿袭清朝，只是在1913年改州为县，如延庆州改延庆县，昌平州改昌平县，通州改通县。顺天府改称京兆地方，辖20县。撤销内城、外城两个巡警厅，在前门户部街设一京师警察厅。

辛亥革命不但没有触动封建、半封建的经济制度，而且也没有破坏封建专制下的一套军阀官僚政治机构，而帝国主义、大地主、大买办在经过革命震动之后，又迫切要求建立起稳定的集权统治。于是袁世凯便在这个基础之上不断加强自己的独裁统治。他破坏了临时约法规定的责任内阁制，使内阁成为自己的附属品，又用威逼和收买等手段使议会屈服于自己的意志。很多过去的革命党人在清朝被推翻后也就不再有什么革命理想，与立宪派、旧官僚等同样成为追逐权力地位的政客。这时，同盟会的一些领导人如宋教仁等，仍然幻想在袁世凯手下组织“政党内阁”，维持共和政体，实行一点资产阶级式的民主。他们在北京政界奔走游说，联络了一些由立宪派和旧官僚组织的小党派，组成了一个为国会选举而奋斗的国民党，并且在1912年年底举行的正式国会选举中赢得了半数以上的议席①。但袁世凯立即粉碎了他们的幻想。1913年3月，袁世凯的爪牙刺杀了正在积极活动、准备担任“政党内阁”总理的宋教仁。4月，袁世凯政府不顾国会的反对，与五国银行团（英、法、德、日、俄）代表在北京签订了总数达二千五百万镑的“善后大借款”。五国银行团取得了垄断借款权、指定借款用途、监督盐税等特权，袁世凯则依靠外国的借款来维持巨额的军

① 国民党在选举中获胜后，以梁启超等为首的拥护袁世凯的集权统治的各个小党派联合组成“进步党”与国民党对抗。

费开支，并加紧准备发动内战。6 月，北洋军大举南下，准备武力接收国民党控制下的南方各省。国民党军队被迫抵抗，爆发了“二次革命”。国民党和袁世凯在南方打得血流遍野，而在北京的国民党议员却不肯丢掉自己的职位，继续充当着袁世凯的工具。这种情况表明，国民党已经严重蜕化。但是，这时的国民党毕竟是有光荣革命历史和崇高威望的党。在孙中山的领导下，国民党改组为中华革命党，成为反抗袁世凯独裁统治的重要革命力量。

袁世凯在打败国民党军队后，迫不及待地想立刻登上正式大总统的宝座。10 月 6 日，国会举行大总统选举会。这天，袁世凯派了几千名便衣军警、侦探、兵痞和流氓组成所谓“公民团”，把国会围得水泄不通，大嚷大叫不选出他们所中意的总统就不让议员出去。选举会从上午八点一直到晚上十点，投了三次票，袁世凯才勉强当选。暴徒们见任务已完成，于是大叫“大总统万岁！”纷纷解围领赏。这就是袁世凯所吹嘘的民主共和。这样的丑剧在以后北洋军阀统治时期曾屡次在北京演出。

袁世凯不但是把临时约法所规定的资产阶级民主制度破坏无遗，而且实行了血腥的特务统治。在北京，设立了京畿军政执法处，由大刽子手陆建章主持。历任内务总长、内阁总理的赵秉钧则是袁世凯手下的特务首脑。北京城内密探遍布，反对袁世凯的人随时都有被逮捕、处死或暗杀的危险。

## 袁世凯的帝制活动及其败亡

袁世凯既然继承了清朝专制统治的一套政治机构，他的集权活动又受到了国内外反动势力的大力支持，于是便进而企图恢复君主专制，建立“子孙万代”的独裁统治。

在他当选大总统后，立即解散了国民党，并且把国会议员赶出北京。接着又在1914年篡改了临时参议院所订的临时约法，规定大总统“总揽统治权”并且不向国会负责，成为终身制的独裁者。为了准备恢复帝制，他还公然在北京大力推行复古运动，处处模仿清朝。

这时，第一次世界大战已经爆发，日本以对德作战为借口，派兵侵占了我国山东的大片领土。日本并且以支持袁世凯称帝为交换条件，1915年1月向袁世凯秘密提出严重损害我国主权的二十一条，在北京举行谈判。不久，这个阴谋活动被揭露了，全国人民极为愤怒，各地工、农、商、学各团体的抗议电报雪片似地飞到北京，各界人士掀起了抵制日货和爱国储金运动。留日学生也派代表回国，到北京和各大城市演说宣传。北京人民不断举行集会，募集救国捐，很多人在会上发表激烈的演说，痛骂日本侵略者。有的人大声疾呼，有的人悲愤痛哭，有的人写血书……对日本的侵略野心和袁世凯政府的卖国行为表示了无比的愤怒。5月9日，袁世凯接受了日本侵略者修改后的条件，这种卖国行为受到了全国人民的激烈反对，各地群众纷纷举行游行、集会，和日本侵略者发生冲突。

袁世凯签订了卖国条约以后，认为有了外国主子做靠山，更为猖狂地进行其帝制活动。1915年8月，杨度①等人发起“筹安会”，鼓吹君主立宪。8月23日，筹安会在石驸马大街正式成立，北京的政客和各省军阀在北京的代表都纷纷加入，并组织了各省的“公民团”在北京进行请愿活动，要求恢复帝制。9月19日，袁世凯的心腹爪牙梁士

① 筹安会组织者有杨度、孙毓筠、严复、刘师培、李燮和、胡瑛六人。杨度晚年参加了中国共产党。

诒等又在安福胡同组织所谓“全国请愿联合会”。帝制党不断向各地发出密电，指示各地制造民意，进行“请愿”。各地官吏也就纷纷派出“请愿代表”来到北京。此外，在北京活动的还有拼凑或雇佣的所谓“商会请愿团”、“教育会请愿团”、“妇女请愿团”以至“乞丐请愿团”和“妓女请愿团”等等名目。

袁世凯对外卖国对内镇压的黑暗统治早已引起人民的痛恨，他的帝制活动更使人民的反袁情绪发展到顶点。经过辛亥革命运动，民主共和国的观念已经深入人心，袁世凯企图倒转历史的车轮，无异于自己跳到群众愤怒的火海中。曾经抱着不同政治目的支持袁世凯帝制活动的帝国主义各国，此时也逐渐看到这很危险，企图中途加以制止，却为袁世凯所婉言拒绝。进步党领袖梁启超等人，本来对袁世凯在政治上寄予很大希望，在与国民党竞争中曾为袁世凯政权帮闲，此时看到袁世凯走上必将毁灭的前途，深为之惋惜。在劝阻无效后，他们便组织一批军事和政治力量进行反袁活动的准备。

袁世凯这时已迷惑于自己所制造出来的一片拥护袁氏称帝舆论的假象，迷信于自己所掌握的军事和政治实力足以镇压各种反叛势力和不同意见者，并寄希望于帝国主义者的支持。他在实现其皇帝梦的准备过程中企图以假造民意的手段遮掩人民的耳目，以监狱和屠杀来压制群众的反抗。在帝制活动期间，因有反对帝制的嫌疑而被暗杀、逮捕的难以数计，仅被北京军政执法处非法刑讯和屠杀的就至少有数百人。军政执法处被称为鬼门关，设有很多牢笼，其中的乙号牢笼在不到一年的时间内就先后监禁过八十四人，其中七十八人遭到屠杀。同时，袁世凯对舆论也进行严格的控制，各地大批报刊被勒令停刊，北京的报纸由辛亥后的一百种左右降到只剩二十种。

早在9月间，袁世凯就已设立了“大典筹备处”，大修宫殿，并且还准备好了龙袍、玉玺等物，短短几个月中就用掉了两千万元巨款。经过几个月假造民意的把戏以后，袁世凯在12月12日正式宣布帝制，准备在1916年1月1日登基，宣布改元“洪宪”。而在登基以前，清朝的一套制度和排场实际上已经恢复了。

袁世凯的称帝立即激起了人民的反抗。当时北京流传着很多反袁的传说和歌谣，其中的一首是：“钟楼高，鼓楼矮，假充万岁袁世凯。铜子改老钱，铁杆打老袁……”①，鲜明地表达了人民强烈的反袁要求。在袁世凯的统治势力比较薄弱的西南各省，首先掀起了大规模的反袁运动。辛亥革命时期云南起义的领导者、爱国的军事家蔡锷这时已摆脱了袁世凯对他的监视，从北京出走，由日本绕道回到云南领导反袁斗争。1915年年底到1916年年初，西南各省纷纷宣布起义。北洋派的地方军阀在群众反袁情绪高涨的情况下也采取了两面派的投机态度；帝国主义各国看见袁世凯的地位已经无法维持，便也抛弃了他而另外寻找新的工具。袁世凯走投无路，最后气急成病，于1916年6月6日死去。

## 段祺瑞的反动统治和张勋复辟

反袁运动曾经发展到相当广阔的规模，但是以孙中山为代表的资产阶级革命派没有成为运动的领导，广大群众只是自发地参加了斗争。袁世凯死后，他手下的头号军阀段祺瑞以国务总理的职位登台执政，反袁运动结束。

袁世凯的死并没有改变中国的政治局面，中国人民仍然处在帝国

① （李）雪如编：《北平歌谣续集》序，1930年，明社版。

主义封建军阀的统治下，只是帝国主义由共同支持袁世凯转为各自扶持一些军阀，使中国处于更加分裂混乱的状态，军阀混战连年不绝。这时期的北京仍然是北洋军阀专制统治的中心和政客角逐的场所[①]。1917 年，这里还演出了一幕复辟的丑剧。这年，为了对德宣战的问题，投靠日本的段祺瑞和投靠美国的总统黎元洪及其在国会中的拥黎派发生冲突[②]，清朝遗孽张勋等企图乘机操纵，实现其恢复清朝统治的梦想。5 月，黎元洪下令将段祺瑞免职，各地北洋派军阀立即纷纷宣布独立，并气势汹汹地派兵向北京进发，决心以武力推倒总统和国会。地方军阀的“大盟主”[③] 张勋则假装调停人，在黎元洪邀请下率领五千“辫子兵”来到北京。接着，康有为化装成老农人模样，带着他所草拟的准备在复辟后颁发的“宪政纲领”和一些“诏令”，偷偷地溜进北京。6 月 30 日晚，驻在城外的大批辫子兵蜂拥入城。7 月 1 日，张勋宣布清室复辟，派出辫子兵监视电信局、车站及通往紫禁城的各街道，防止人民起来反抗。

袁世凯的帝制活动曾加速了自己的毁灭，张勋也逃不掉同样的命运。段祺瑞利用人民反对帝制的情绪组织了讨逆军进攻北京。7 月 7 日到 12 日，在北京郊区和北京城内发生了几次战事，张勋的军队迅速溃败，段祺瑞重新控制了北京政权。

段祺瑞再次登台后，将北洋军阀的另一大头目副总统冯国璋迎到北京，以抵制黎元洪复职。从此，总统、总理都是实力派，北京的政争也就更加剧烈了。

---

① 这时国民党已经瓦解，国民党人与进步党人又重新组合成一些小团体，其中以梁启超为首的一派称为“研究系”，支持段祺瑞；另一派称为“宪政商榷会”，支持黎元洪。

② 黎元洪一派没有自己的武力，在国内主要依靠西南军阀的支持。

③ 当时北洋派地方军阀组成了督军团，推张勋为“大盟主”。

1917 年 8 月 14 日段祺瑞政府正式公布对德宣战，接着便以编练“参战军”为名，与日本签订了一系列秘密的或半公开的借款协定，借款总额达 1.45 亿日元之多[①]。日本通过借款加强了对北京政府的控制，攫取了大量经济特权，甚至还取得了军队训练权。段祺瑞则依靠日本的金钱、军火和军事人员大力扩充军队，加紧对其他派系的地方军阀实行武力吞并政策。内战的规模日益扩大，人民的痛苦也更加深重了。

1918 年 8 月，由段祺瑞政府用贿选和指派的办法所炮制的新“国会”在北京开幕了。这个国会的黑暗程度更加超过了旧国会，段祺瑞的心腹爪牙徐树铮所组织的安福俱乐部占据了半数以上的议席，以卖国贼曹汝霖为首的新交通系也占了重要地位。这个国会完全成为段祺瑞政府的御用工具。

## 北京人民反抗斗争的进一步发展

北洋军阀的统治越来越凶暴，帝国主义的侵略不断加深，中国人民的反抗斗争也逐渐走向新的高潮。北京人民继反对二十一条的斗争以后又开展了一系列反抗斗争。

1916 年，法帝国主义企图扩大天津法租界，强占老西开地区，激起了天津人民的激烈反抗，全国各地人民也都起来积极支援天津人民的斗争。北京人民多次举行集会，抗议法国的侵略行为，并进行了抵制法国钞票、货物和抵制法国招募华工的斗争。北京中法银行的钞票

---

① 这些借款主要由日本首相的私人代表西原龟三经手，通常称为“西原借款”。其中绝大部分都是在段祺瑞第二次执政以后签订的。

急剧贬值，几乎在挤兑下倒闭。11 月 26 日，全国公民会在北京宣武门大街江西会馆成立，天津、东北等地都派了代表参加大会。会上，对外交官员的卖国行为进行了揭露和谴责，对天津人民特别是天津工人的爱国斗争表示了热烈的赞扬和支持。在这期间，北京公民会还派出了代表到南京等地活动。北京人民的斗争有力地打击了法帝国主义，对这次斗争的最后取得胜利起了积极作用。

1917 年 11 月，日本侵略者在山东非法设立“民政署”的消息传到北京，北京大学山东籍学生立即起来反对，联合了其他各校的山东籍学生举行集会，发出通电，表示强烈的抗议。

1918 年，段祺瑞政府与日本秘密谈判签订丧权辱国的《中日共同防敌军事协定》。日本以共同防敌为借口，企图控制中国的军事，并以中国的东北作为干涉苏俄的基地。留日学生首先知道了这个消息，立即罢课回国，进行斗争。5 月 18 日，留日学生第一批三十多人回到北京。段祺瑞政府急忙派了便衣侦探监视他们的行动，并且禁止他们集会，但他们终于突破了政府的监视，同北京大学学生邓中夏等人取得了联系，共同商定了行动计划。5 月 20 日晚，在北大西斋饭厅召开了群众大会，北京各学校都派了代表参加。大会决定第二天到总统府请愿。

5 月 21 日，在北京爆发了我国学生运动史上第一次大规模的游行请愿斗争。这天上午，北京大学、高等师范、高等工业专门学校、法政专门学校、医药专门学校、农业专门学校、中国大学等校学生两千多人到总统府请愿。同一天，全国商会联合会的代表也由天津到北京请愿。

军阀政府对学生运动采取了高压手段，加强邮电检查，扣押学生的宣传品，北京教育部并以取消公费威胁留日学生。

当时新兴起的学生运动十分缺乏政治斗争的经验，也还不可能得到工人阶级的领导，因此这次斗争没有取得什么结果就结束了。但是经过这次斗争，北京和其他一些地方的学生却开始建立了自己的组织。北京一部分学生首先组织了“学生救国会”（最初叫学生爱国会），并且派代表到天津、济南、南京、上海等地联络。经过一个多月的时间，组成了我国第一个近乎全国性的学生团体——学生救国会，为以后爱国学生运动的进一步开展打下了良好的基础。

## 第二节　新文化运动和五四运动

### 初期新文化运动在北京的开展

辛亥革命以前，中国资产阶级在经济上、政治上都还很软弱。在思想文化上反映资产阶级要求的“新学”，也没能有力地打击封建旧文化，从而为辛亥革命在思想上开辟道路。辛亥革命以后，特别是第一次世界大战爆发以后，中国民族资本主义有了进一步发展，资产阶级的队伍有所扩大，同时，一些进步的知识分子从封建军阀的黑暗统治中受到了教训，力图寻找新的出路。在这种情况下，兴起了一个比较有力的资产阶级新文化运动。当时，北京是全国的政治中心和文化中心，很多学校、报刊和进步知识分子都集中在这里，因而北京也就成了新文化运动的中心。

1915 年 9 月，陈独秀主编的《新青年》杂志在上海创刊，首先揭起了新文化运动的大旗。1917 年，在北京大学校长蔡元培“思想自由，兼容并包”方针的指导下，新文化运动的倡导者陈独秀、李大钊、胡适等被聘请到北京大学，北京大学的进步学生迅速团结在他们周围，形成了新文化运动的核心阵地。

《新青年》封面

这场新文化运动的主力是资产阶级、小资产阶级激进民主主义者。他们认为，要反对封建军阀的专制统治，首先必须在思想上进行革命。当时，以袁世凯等为代表的反动势力极力提倡复古尊孔，宣扬封建伦理道德和宗教迷信，企图用这些陈腐不堪的货色来巩固他们的反动统治，甚至鼓吹恢复专制帝制。针对这股反动逆流，新文化运动举起了“民主”和“科学”的大旗。当时，陈独秀、李大钊等在北京写了很多文章，对封建礼教、封建道德进行猛烈攻击，指出这些东西都是为专制制度和君主复辟服务的。陈独秀在《旧思想与国体》一文中指出：“按孔子的教义，乃是教人忠君孝父从夫，无论政治伦理，都不外这种重阶级尊卑三纲主义，……若用此种道理做国民的修身大本，不是教他拿孔教修身的道理来破坏共和，就是教他修身修不好，终久要做乱臣贼子”。“我们要诚心巩固共和国体，非将这种反对共和的伦

陈独秀像

理、文学等旧思想完全洗刷得干干净净不可”。李大钊更以革命的乐观主义精神热情地号召大家以不断革新的精神努力创造光明的未来。他在《今》一文中写道：“‘今’所以可爱的道理全在凭他可以为创造将来的努力，决不在得他可以安乐无为”。

与思想革命相配合，1917 年 1 月，胡适在《新青年》上发表《文学改良刍议》，主张以白话文为“中国文学之正宗”。2 月，陈独秀在《文学革命论》一文中提出了文学革命的口号，提出反对为封建主义服务的贵族文学、古典文学、山林文学，指出：这三种文学“其形体则陈陈相因，有肉无骨，有形无神，乃装饰品而非实用品。其内容则目光不越帝王权贵、神仙鬼怪及其个人之穷通利达”。“今欲革新政治，势不得不革新盘踞于运用此政治者精神界之文学”。他提出的文学革命的方向则是建设“平易的、抒情的国民文学”，“新鲜的、立诚的写实文学”，“明了的、通俗的社会文学”，实质上就是要打倒封建的旧文学，建立资产阶级的新文学。

1918 年 4 月到“五四”运动前夕，我国文学革命的旗手鲁迅在北京写作了《狂人日记》、《孔乙己》、《药》等批判现实主义作品。在这些作品中，深刻地揭露了封建制度、封建礼教的吃人本质，刻画了被压迫、被蹂躏的下层群众的悲惨处境和他们在封建势力的政治压迫和思想毒害下形成的精神上的愚昧和麻木，指出了资产阶级革命者严重脱离群众因而也不为群众所了解的根本弱点。虽然当时鲁迅还没有接受马克思主义，还看不见中国革命的正确方向，但他却深刻地揭露了中国社会内部的矛盾，对旧制度进行了愤怒的控诉和有力的鞭笞，对人民群众表现了无限的同情和期望。这些作品在中国文学史上揭开了崭新的一页。在这段时期中，他还在《新青年》上连续发表了二十多篇战斗力极强的杂文，创造了用文艺进行战斗的新形式。

随着新文化运动的发展，为了更广泛地传播资产阶级文化，白话文日益受到重视，也开始被广泛地使用。白话文的使用并不是这时才开始，早在 1904 年，北京就已经出现白话的报纸，至于白话的文学作品更是很早就出现了，但在文章中普遍使用白话文却是 1918 年开始的。

这个时期，北京各学校的社团活动也逐渐活跃。在北京大学成立了“阅书报社”、“雄辩会”、“新闻研究会”等组织（总计不下十五六种），进行反对旧文化、旧道德，提倡新文化、新道德的活动。例如雄辩会曾进行科学与宗教的辩论，结果是主张科学必将战胜宗教的一派获得胜利。

新文化运动的兴起引起了封建势力的仇视，新旧文化之间展开了激烈的斗争。北京大学的旧派人物刘师培、林纾、辜鸿铭等利用讲课、讲演等场合攻击新文化、新道德，辜鸿铭甚至公开宣传中国应当由皇帝来统治。新派进行了坚决的回击。这时，讲演会成为双方进行斗争的一种重要形式。1918 年 5 月间，北京大学举行的讲演会达到每天平均四次之多，最多时一天就有十次。讲演的内容极为广泛，包括哲学、经济学、文学、自然科学等各个方面，新旧派的斗争深入到各个文化领域。在斗争中，新派取得了很大的胜利，北京广大青年知识分子越来越多地团结在新派周围，如饥似渴地吸取着新思想、新文化。

初期新文化运动由于局限于资产阶级的范畴，本身具有不少的弱点，不能指出前进的正确方向，在对群众的看法，对政治斗争的态度方面也有错误。陈独秀等人对促进初期新文化运动的发展做出了重要贡献，但他们夸大了群众落后的一面，由于他们认为中国共和政治的破产是由于“多数国民口里虽是不反对共和，脑子里实在装满了帝制时代的旧思想”，因之他们错误地认为“将国民脑子里所有反对共和的旧思想一一洗刷干净”是当前最重要的任务，而忽视了反对帝国主义、反对封建军阀的政治斗争，陈独秀甚至还对段祺瑞等大军阀抱有一些幻想。但是尽管如此，初期新文化运动仍然有巨大的历史功绩，它猛烈地攻击了封建文化、封建道德，冲击了封建思想的统治地位，在广大群众特别是进步的青年知识分子中唤起了追求新思想的强烈要求，从而为十月革命以后马克思主义在中国的传播开辟了道路。

## 马列主义的真理传到了北京

1917 年 11 月 7 日，在列宁和布尔什维克党的领导下，俄国无产阶级和劳动人民取得了十月革命的伟大胜利，创立了世界上第一个无产阶级专政的社会主义国家。十月革命的伟大胜利，改变了整个世界历史的方向，开辟了世界历史上无产阶级革命的新时代。十月革命对中国发生了划时代的伟大影响。“这时，也只是在这时，中国人从思想到生活，才出现了一个崭新的时期。中国人找到了马克思列宁主义这个放之四海而皆准的普遍真理，中国的面目就起了变化了。”①

北京人民最初听到十月革命的消息，是经过帝国主义国家的通讯社的歪曲报导而来的。反动军阀政府和帝国主义者，异常害怕十月革命对中国发生影响。他们采取种种办法封锁十月革命的新闻，阻止人民了解十月革命的真相。他们恶毒地污蔑十月革命和布尔什维克为“暴乱”、“过激派”、“洪水猛兽”等。但是，北京人民冲破谎言和污蔑的重重乌云终于知道了十月革命。1917 年 11 月 11 日《晨钟》报第一次向北京人民报道了十月革命胜利的消息。

① 毛泽东《论人民民主专政》，《毛泽东选集》第四卷，第 1475 页。

长期以来在黑暗中探索中国民族解放道路的先进知识分子，对世界各地革命的发生是非常敏感的。十月革命的消息传到中国后，他们首先受到了极大的鼓舞，看到了中国和世界的光明的未来。他们从学习西方资本主义转变到学习马克思主义。以李大钊为代表的革命民主主义者，在北京最先接受了俄国人民介绍过来的马克思列宁主义，成了中国第一批具有初步共产主义觉悟的知识分子。接着，以他们为桥梁，无产阶级革命的影响在北京和全国逐渐传开了。

## 李大钊对十月革命和马列主义的初步宣传

1918 年 7 月 1 日，李大钊在《言治》季刊上发表了《法俄革命之比较观》一文。这是我国第一篇热烈歌颂和欢呼十月革命的论文。它向北京人民和全国人民第一次说明了十月革命的真相，明确地指出了十月革命的性质及其伟大历史意义。文章指出："俄罗斯之革命是二十世纪初期之革命，是立于社会主义上之革命，是社会的革命而并著世界的革命之彩色者也。"他以满腔的热情号召人民起来迎着十月革命的曙光前进。"翘首以迎其世界新文明之曙光，倾耳以迎其建于自由、人道上之新俄罗斯之消息，而求所以适应此世界的新潮流，勿徒以其目前一时

李大钊像

之乱象遂遽为之抱悲观也。”①

同年11月，正当帝国主义和北京的反动军阀们把第一次世界大战的结果，当做协约国的“公理”的胜利大肆庆祝宣扬时，李大钊在天安门前发表了著名的演说《庶民的胜利》，又在《新青年》上发表了《Bolshevism的胜利》的著名论文。他用已经初步掌握了的马克思主义观点，揭露了第一次世界大战的帝国主义性质，指出这是一次“资本家政府的战争”。并指出由于工人阶级的觉悟，十月革命的胜利，使得这次战争的结果，不是帝国主义的胜利，而是庶民的胜利、布尔什维主义的胜利、社会主义的胜利。他更进一步指出十月革命胜利后，世界历史已经进入了社会主义革命的新时代，中国人民应该沿着十月革命的道路前进。他说：“1917年的俄国革命，是二十世纪中世界革命的先声”。随着十月革命的胜利，奥匈革命、德国革命风起云涌，欧洲正处在无产阶级革命的高潮之中。“赤色旗到处翻飞，劳工会纷纷成立，……像这般滔滔滚滚的潮流，实非现在资本家的政府所能防遏得住的”。他怀着崇高的爱国主义精神，热情地召唤中国人民起来促进这个潮流的发展。他以强烈的信念，高度的革命乐观主义精神，信心百倍地宣布：在世界革命的群众运动面前，在这雷霆万钧的力量打击下，什么皇帝、贵族、军阀、官僚、帝国主义，这一切世界历史上的渣滓必然灭亡，社会主义、共产主义必然要在全世界取得胜利。他说：“由今以后，到处所见的，都是Bolshevism战胜的旗。到处所闻的，都是Bolshevism凯歌的声。……试看将来的环球，必是赤旗的世界！”②

1919年1月5日，李大钊在《新纪元》一文中，更进一步召唤生

① 李大钊：《法俄革命之比较观》，《李大钊选集》，第102、104页。

② 李大钊：《Bolshevism的胜利》，《李大钊选集》，第112、117页。

活在黑暗中的北京人民和全国人民，应该快起来沿着十月革命照亮了的道路前进。他说："我们在这黑暗的中国、死寂的北京，也仿佛分得那曙光的一线，好比在沉沉深夜中得一个小小的明星，照见新人生的道路。我们应该趁着这一线的光明，努力前去为人类活动，做出一点有益人类工作"①。同年2月他在《青年与农村》一文中，更进一步号召革命的知识青年和学生，接受十月革命的经验，与工农群众相结合，发展中国的工农革命运动。指出："要想把现代的新文明，从根底输到社会里面，非把知识阶级与劳工阶级打成一气不可"②。"五四"运动前夕，李大钊曾亲自到开滦煤矿向工人宣传十月革命的伟大意义。

## 学生爱国团体和进步刊物的出现

在世界革命高潮的影响下，通过李大钊的宣传和指导，先进的知识分子对无产阶级革命无限向往，"劳工神圣"成为风行一时的口号。北京出现了许多以学生为主的爱国团体。当时学生团体的思想倾向，是比较复杂的，每一个团体中又包括许多思想信仰不同的人，但是，他们是在爱国的思想基础上结合起来的。帝国主义侵略的加紧和苏俄和平外交政策的宣布与援助被压迫民族解放的政策的影响，促使拥护或同情俄国革命的力量成为当时学生运动的主流。例如，当日本帝国主义和段祺瑞借口防止"苏俄的威胁"签订《中日共同防敌军事协定》时，留日学生的请愿书中就明确指出，苏俄政府"早已宣言，绝不侵害他国"，而"日人蓄意谋我已久，但有机会，即逞野心，此次

① 李大钊：《新纪元》，《李大钊选集》，第121页。
② 李大钊：《青年与农村》，《李大钊选集》，第146页。

出兵条件，不过借题发挥”。

这时的许多新出现的进步学生团体都是受李大钊直接或间接的领导和指导的。例如1918年冬天，在李大钊同志的领导下，北京大学进步学生邓中夏、赵世炎、黄日葵等秘密组织了马克思主义研究会①。李大钊曾在学习会上介绍了马克思的《资本论》。李大钊等人又团结了一些进步分子于1918年6月组织了“少年中国协会”。由学生救国会创办的《国民》杂志（1919年1月创刊），曾得到李大钊的帮助。邓中夏、黄日葵等都在《国民》杂志担任负责工作。北京大学一些学生办的《新潮》杂志也得到李大钊的积极帮助。这两个杂志社的成员很复杂，其中邓中夏、黄日葵等已开始接受马克思主义，但多数成员仍是资产阶级民主派，此外还有一些无政府主义者、国家主义者等等。尽管如此，它们当时在反对封建文化、促进青年知识分子接受新思想等方面，仍然起了一定的积极作用。它们冲破了军阀政府的限制，开创了我国青年学生办刊物的先例。

北京大学红楼

① 华中工学院编：《五四运动文辑》，第3页。

毛泽东同志在当时也受到过李大钊的影响和指导。1918 年 9 月，为了送湖南青年赴法勤工俭学，也为了更多地接触十月革命后的新思潮和在北京的先进分子，毛泽东第一次来到北京。那时，留法预备班的一个班设在北大，毛泽东等八人就住在北大附近景山东街三眼井吉安东夹道七号的一间民房里。不久，他到北大图书馆担任助理员工作，和李大钊、邓中夏等经常讨论研究中国的出路问题。他还积极参加了马克思主义研究会、少年中国学会等团体的活动，认真研究马克思列宁主义的理论。1918 年 11 月上旬和 1919 年 3 月中旬，他还两次到长辛店。当时长辛店也设有一个留法预备班，他一方面是去了解这个预备班的情况，争取扩大班次，以满足全国各地进步学生勤工俭学的需要，另一方面又详细了解了当地工人的生产和生活情况，研究工人运动问题。3 月，他离开了北京。他在北京虽然只有短短的几个月，但学习了马克思列宁主义，开始由激进的革命民主主义者向共产主义者转变。①

## 新文化运动在向前发展

为了适应人民日益觉醒的新形势，李大钊还和陈独秀等在 1918 年 12 月创办了《每周评论》，及时评述国内外大事，指导革命运动的发展。这个刊物在“五四”前夕发表了《共产党宣言》的摘译，译文前的按语中说：“这个宣言是马克思、恩格斯最先最重大的意见”，“是表示新时代的文书”。这本刊物还登了一些有关北京劳动人民状况的文章。李大钊等通过这个刊物开始了对军阀统治的猛烈攻击，把官僚、

① 李锐：《毛泽东同志的初期革命活动》。

军人、政客列为“三害”，号召人民起来对这“三害”进行斗争。这个刊物成为发动群众进行反帝、反封建斗争的战斗号角。1919 年 2 月，研究系的《晨报》副刊在李大钊的积极倡导和帮助下进行了重大的改革，成了宣传马克思列宁主义和激进民主主义思想的园地之一①。

1919 年 3 月，邓中夏等人发起组织了“平民教育讲演团”，每逢星期日或假日便分组到北京的游艺场所、集市、庙会（如隆福寺、护国寺、白塔寺等）讲演，宣传反对日本帝国主义的侵略和救国的方法等，听讲的人十分踊跃。这是学生运动与劳动群众相结合的初步开端。

十月革命后，以李大钊为代表的革命民主主义者已接受了马克思列宁主义，成了具有初步共产主义思想的先进战士。这就使 1915 年以来的新文化运动中统一战线的思想基础，有了本质上不同的因素。这就使新文化运动向前发展了，开始带上了一定程度的社会主义倾向，并开始把反封建的思想斗争与反帝反军阀的政治斗争初步结合起来。

随着十月革命影响的扩大，马克思列宁主义的开始传播和新文化运动的向前发展，一个新的革命大风暴就必然要到来了。妄图阻挠马克思主义在中国传播的势力这时也表现了他们的惊惶、挣扎和哀号。有的人在北大课堂上竭力维护“孔子哲学”。刘师培、黄侃在 1919 年 3 月办了个《国故》月刊，大声疾呼“国学沦丧”了，叫嚷着要“昌明中国固有之学术”。美国学者杜威为了抵制十月革命后马列主义在中国的传播，于 1919 年 4 月来中国，宣传他的实用主义哲学。胡适便于 1919 年 3 月间在北京几次发表宣传实用主义的演说，为杜威鸣锣开道。这时，新文化运动中两条道路的分野，已有了明显的迹象。具有

① 研究系在当时受到当权的安福系的排挤，与当权派有一些矛盾，李大钊有效地利用了这个矛盾来扩大革命的宣传阵地。

初步共产主义觉悟的知识分子，虽然还是少数，但他们的影响在迅速扩大，他们的力量在迅速增强，他们代表了新文化运动的发展方向，代表了中国革命的方向。

## 五四运动在北京

1919 年 1 月，协约国在巴黎召开和平会议。中国曾于 1917 年对德宣战，因此以战胜国名义派代表参加会议。在美、英、法等国的操纵下，巴黎和会拒绝讨论中国代表提出的取消列强在华特权和“二十一条”的要求。4 月 30 日议定的“凡尔赛和约”，规定将德国在山东掠夺的权利全部让于日本。中国在巴黎和会上外交失败的消息传到国内，群情激愤，北京的学生首先奋起抗争。

5 月 3 日晚，北京大学的学生和来自十三所中等以上学校的学生代表在北大法科礼堂集会，议决通电巴黎和会中国代表，坚决不在和约上签字；通电各省于“五七”国耻纪念日，举行游行示威；定于 5 月 4 日在天安门举行学界大示威。5 月 4 日下午，北京大学、北京高师等学校的 3000 多名师生在天安门前集会，高呼“外争国权，内惩国贼”、“拒绝和约签字”等口号。大会通过了《北京学生界宣言》。会后，游行队伍出中华门，行经东交民巷使馆区西口，火烧卖国贼曹汝霖的住宅赵家楼，痛打了藏在曹宅的另一名卖国贼章宗祥。大批军警赶到，捕去学生 32 名。5 月 5 日，各校学生实行总罢课，要求释放被捕学生。北京学生的爱国行动，得到上海、天津等十几个大城市学生和各界人士的同情与支持。5 月 7 日，政府被迫释放学生，但仍坚持高压政策。6 月 3 日、4 日，又有 800 多名在街头讲演的学生被捕。大逮捕激起了大反抗。6 月 5 日，上海工人罢工、商人罢市、学生罢课，声援北京学生。京奉铁路、京汉铁路的工人也举行了罢工。至此，由北京开始的爱国运动波及全国 20 多个省、100 多个城市。军阀政府不得不释放被捕学生，罢免三卖国贼曹汝霖、章宗祥、陆宗舆的职务。6 月 28 日，出席巴黎和会的中国代表拒绝在和约上签字。五四运动取得了伟大胜利。

## 中共北京区委的诞生

五四运动成了新文化运动的转折点，在各种社会思潮的互相撞击中，科学共产主义的理论吸引了越来越多的爱国进步青年。1919 年 9 月，《新青年》出版“马克思主义专号”。1920 年年初，李大钊即与陈独秀探讨过建党问题。3 月，李大钊在北京大学组织马克思学说研究会。4 月，共产国际代表维经斯基到达北京，与李大钊商谈筹组中国共产党。10 月下旬，中国共产党北京小组成立。11 月底，北京小组定名为中共北京支部。北京支部在华北地区大力开展工人运动，筹建党的组织，为中国共产党的诞生奠定了坚实的基础。1921 年 7 月，北京支部派张国焘、刘仁静赴上海出席中国共产党第一次全国代表大会。张国焘主持会议，并被选为中央局组织部主任。11 月，根据中共中央指示，中共北京区执行委员会成立。

在中共北京区委领导下，北京的工人运动蓬勃发展起来。1922 年 8 月，长辛店 3000 名工人举行罢工。1923 年 2 月 4 日，长辛店铁路工人为抗议军阀吴佩孚镇压工人运动宣布罢工。2 月 7 日，反动军警开枪镇压工人，工人纠察队队长葛树贵等 5 人牺牲，28 人重伤，32 人被捕。北京的工人运动转入低潮。

# 第三节　北洋军阀政权的覆灭

## 军阀混战在北京

袁世凯死后，北洋军阀分成了三个大的集团：冯国璋、曹锟、吴佩孚的直系；段祺瑞的皖系；张作霖的奉系。他们为争夺对中央政府的控制权，在故都北京上演了一次又一次军阀混战的闹剧。

1920 年 7 月 14 日，直皖战争爆发。双方军队在京汉铁路涿县、高碑店、琉璃河和京奉铁路杨村一带交战。吴佩孚率军奇袭西路皖军前敌指挥部，同时有奉军两个旅由天津进攻皖军背后，皖军全线崩溃。7 月 18 日，段祺瑞求和辞职，直、奉军阀控制了北京政府。

1922 年 4 月 29 日又发生了第一次直奉战争。双方在长辛店、固安、马厂一带激战。西路奉军在长辛店战败，中路固安、西路马厂奉军同时失败。5 月 5 日，奉军败退军粮城，以后又撤出山海关外。

直系在战胜皖系、奉系后，立即赶走他们不满意的大总统徐世昌，6 月 11 日，请黎元洪到京就任大总统。黎任职不到一年，1923 年 6 月 8 日，曹锟策动北京军警闯入总统府索饷，组织市民请愿团包围总统府，又断水断电。黎元洪无奈，只好出走天津。10 月 5 日，曹锟以 5000 元一票贿买国会议员，当选为大总统，世称“贿选总统”。

孙中山率先通电全国宣布讨曹，并同奉系张作霖、浙江卢永祥结成反直三角同盟。在苏联和中国共产党的帮助下，孙中山提出联俄、联共、扶助农工三大政策，组织革命武装，改组国民党，实现国共合作，积极准备北伐。

1924 年 9 月，第二次直奉战争爆发。正当吴佩孚指挥直军主力与奉军在山海关、长城一线激战时，受革命影响的直系大将冯玉祥由古北口回师，10 月 23 日入北京，占领电报局、电话局和车站等交通、通讯枢纽。冯玉祥派兵包围中南海，切断了总统府电话线，总统卫队缴械。“贿选总统”曹锟被软禁在中南海延庆楼内。

辛亥革命后，宣统皇帝溥仪一直住在紫禁城内，反对民国，又享受着民国的种种优待。北京政变后，新内阁接受冯玉祥的建议，修改了清室优待条件。1924 年 11 月 5 日，溥仪被驱逐出故宫，移居后海甘水桥醇亲王府邸。接着，清室善后委员会成立，对故宫保存的历代文物进行清点、登记、整理、保管，以防遗失或毁损。段祺瑞等人对冯玉祥驱逐溥仪大为不满，而孙中山来电表示嘉许，指出：“复辟祸根既除，共和基础自固。”①

## 孙中山在北京病逝

冯玉祥在北京政变成功后，即电请孙中山北上主持大计。段祺瑞、张作霖亦电请孙中山早日入京。1924 年 11 月 10 日，孙中山发表《北上宣言》。13 日，偕宋庆龄离粤北上，经香港、上海、日本到天津。12 月 31 日，孙中山扶病由津抵京，受到北京各界群众 10 万人的热烈欢迎。

此时，北京的政治局势严重恶化。张作霖、段祺瑞联合，排斥冯玉祥。11 月 14 日，中华民国临时执政府成立，段祺瑞就任临时总执政。孙中山主张召开国民会议，废除不平等条约。段祺瑞于 1925 年 2

① 《孙中山年谱》，第 363 页，中华书局 1980 年版。

月 1 日在北京召开善后会议，抵制国民会议。孙中山进京后即一病不起，入协和医院，确诊为肝癌。西医医治无效，移居铁狮子胡同，改聘中医治疗。孙中山在病中，仍指示国民党抵制善后会议，不与军阀妥协。1925 年 3 月 12 日上午 9 时 30 分，伟大的革命家孙中山在北京病逝，享年五十九岁。

孙中山的到来，极大地促进了国民革命运动在北京地区的高涨。在国共两党的领导下，北京人民为孙中山举行了隆重的葬礼。19 日，先生灵柩移至中央公园社稷大殿，民众护灵致哀者逾十万人。24 日正式发表致祭，十日之内，在北京的国共两党党员及各团体前往悼祭致哀者达数十万人。4 月 2 日，公祭礼成，先生灵柩移往西山碧云寺暂厝石塔内，送殡者数十万人。

## 国民革命与奉系政权垮台

孙中山逝世后，广州政府积极准备北伐。在北洋军阀统治的心脏地区，中共北京地方委员会在以李大钊为首的中共北方区执行委员会的领导下，积极开展反帝、反军阀的国民革命运动。设在京城翠花胡同的国民党北京执行部，在于右任、李大钊、王法勤、丁惟汾、于树德、恩克巴图等人主持下，与中共北方区委友好合作，共同领导北京地区的革命运动，准备迎接北伐军的到来。

1925 年 6 月 3 日，北京三万多人参加声援“五卅”惨案的示威游行。10 日，北京的学生、工人 20 多万人在天安门举行国民大会，会后举行示威游行。25 日是全国总示威日，北京大学等五百多个团体在天安门举行全世界被压迫民族国民大会。

1925 年 10 月 26 日，北京各学生团体共约 5 万余人举行游行示威。

当天，数万群众到吉兆胡同段祺瑞住宅，准备驱逐段祺瑞，推翻执政府。由于控制京津的国民军的动摇和国民党右派的破坏，没有达到预期目的。

孙中山逝世后，反对三大政策的国民党右派的反共活动日益猖狂。1925 年 11 月 23 日，国民党右派十余名在北京西山碧云寺孙中山灵前，非法召开国民党一届四中全会，通过了“取消共产党在国民党之党籍”、“开除国民党中央执行委员会之共产党员”、“解除俄顾问鲍罗廷”等决议。会议还决定取消国共合作的国民党北京执行部，另立右派掌权的北京执行部。这次会议被称为“西山会议”，参加会议的人被称为“西山会议派”。1926 年 1 月，在中国共产党的支持下，国民党第二次全国代表大会通过了弹劾西山会议派的决议案。但整个事件还是给北京的革命运动造成了消极影响。

1926 年 3 月 12 日，日本帝国主义公然干涉中国内政，派军舰炮击正与奉军作战的国民军。国民军奋起反击。同日，日本联合英、美等八国向北洋政府提出最后通牒，要求撤除津沽防务。帝国主义的野蛮行径激起了中国人民的无比愤怒。3 月 18 日，北京各界 5000 余人在天安门前集会。会后，群众赴铁狮子胡同段祺瑞执政府请愿，要求拒绝八国通牒。段祺瑞竟令军警开枪，打死群众 47 人，伤 200 余人，制造了震惊全国的“三一八”惨案。事后，北洋军阀政府发布通缉令，要逮捕李大钊等国共两党领导人。李大钊被迫转入地下，继续领导北方革命。4 月 9 日，冯玉祥的国民军包围执政府，段祺瑞仓皇逃入东交民巷，于 4 月 20 日通电辞职，退居天津。

为了阻挡广州国民革命军的北伐，直系吴佩孚、奉系张作霖组成联盟，共同攻击控制京津的国民军。国民军接受李大钊和苏联顾问的意见，退到南口、张家口一线。北京政界元老王士珍、赵尔巽、江朝宗、熊希龄四人出面组织维持会，在城内维持治安。不久，张宗昌的直鲁联军开进北京。北京市民又一次惨遭劫掠。《京报》社长邵飘萍和《社会日报》主笔林白水先后被杀害。从4月15日到8月15日，直奉军阀组织“讨赤联军”40余万人，从三面进攻国民军。南口大战持续4个月，吸引了大批军阀部队，有力地支援了北伐军在两湖地区的进军。

1926年4月20日临时总执政段祺瑞辞职后，北京便没有了国家元首，由内阁代行总统职权。直奉两派军阀争夺内阁控制权的斗争愈演愈烈，京城政潮迭起。从1926年6月22日到1927年6月16日，换了三届内阁，平均寿命不到四个月。政府财政困难，连政府各部门、军警和学校教员的工资都难以按时发放。1926年中秋节前，京师卫戍部队冲进国务院索饷。总理及各部总长被困在内阁会议室十几个小时，饮食俱无。财政部长顾维钧说：“有十三个军警部门参加了示威。在北京出现这种情况，表明政府是多么无能，甚至在首都也是这样。”①

1926年8月，吴佩孚率军南下两湖抵挡北伐军，奉系军阀便完全控制了北京。张作霖垂死挣扎，决定抛弃宪法和约法，实行军事独裁统治。12月1日，张作霖在天津自称安国军总司令。27日，安国军总司令部迁到北京庆王府。

1927年4月6日，张作霖下令军警冲入东交民巷苏联大使馆，逮捕了一些苏联外交官和李大钊等国共两党领导人数十名。4月28日，在京师警察厅举行了秘密的军法会审，李大钊及国共两党干部十九人被判处绞刑，英勇就义。

1927年4月中旬到6月初，武汉国民政府领导的北伐军与冯玉祥

① 《顾维钧回忆录》（1），第295页，中华书局1983年版。

国民军联合作战，在河南战役中击败张学良指挥的奉军主力。奉军被迫撤到黄河以北。为了挽回失败的命运，张作霖在北京组织了中华民国军政府，6 月 18 日，在怀仁堂就任中华民国军政府陆海军大元帅。

在北方政局剧烈动荡的同时，蒋介石于 1927 年 4 月 12 日发动反革命政变。4 月 18 日，南京国民政府成立。1928 年 2 月 28 日，国民政府将各派系所辖军队改编为四个集团军。蒋介石、冯玉祥、阎锡山、李宗仁分任第一、二、三、四集团军总司令。4 月 7 日，蒋介石宣布再度北伐。5 月，北伐军到达北京外围。奉军开始自京津撤退。6 月 3 日，张作霖乘专车回东北，于 4 日凌晨在沈阳皇姑屯被日本关东军炸死。北京政界元老组织了治安维持会，指挥警察和奉军的一个旅维护秩序。6 月 8 日，京津卫戍司令阎锡山的部将商震自广安门入城，和平接管北京。6 月 15 日，国民政府宣布：中国统一告成。

## 第四节　华北重镇北平特别市建置沿革

1928 年南北统一后，国民政府迁首都于南京，6 月 28 日，改北京为北平特别市，设北平特别市政府，同时撤销京兆地方。改直隶省为河北省，前京兆尹所管辖之二十县划归河北省。大兴、宛平两县政府原驻城内，分东、西而设治，至是移宛平县署于卢沟桥，移大兴县署于南苑黄村。9 月，河北省会由天津迁北平。

1930 年 6 月至 12 月，北平特别市改称北平市，降为河北省辖市。12 月，又升格为北平院辖市（即国民政府行政院直辖市），河北省政府又迁回天津。

1928 年，京师警察厅改为北平市公安局。1929 年，公安局为节省经费，将内外城20区合并为11区。内城6区，外城5区。

与在民国成立时一样，1928年，政界和舆论界人士就迁都问题展开过热烈的讨论。国民党以实现孙中山的遗愿为由，决定迁都南京。首都南迁，减弱了中央政府对辽阔的北部边疆的重视程度，这恐怕是不容回避的事实。

北京毕竟是元、明、清三朝的都城。1928年后，北京暂时失去了首都城市的地位，但仍是中央政府及各派政治势力极为关注的地方。

## 新军阀在北京的活动

1928年6月25日，北平政治分会成立，以李石曾为主席，冯玉祥、阎锡山、李宗仁、白崇禧等为委员。政治分会是国民党中央政治委员在国内各重要地区设立的政治指导机关，并直接对政治委员会负责。其任务为专理政治，不兼党务，对所管辖地方之政治问题有决议权，可直接交由地方政府执行，同时，向上报告。政治分会之委员，必须经中央执行委员会指定。从1928年6月到1930年9月，阎锡山控制平津地区，也控制北平政治分会。

7月6日，四个集团军总司令蒋介石、冯玉祥、阎锡山、李宗仁来到北平西山碧云寺，在孙中山灵前举行庄严的祭灵仪式，宣告统一大业完成。1929年，南京中山陵竣工，5月26日，孙中山灵榇自西山启运。北京有30万人参加了自香山到前门车站的护灵队伍。28日，孙中山遗体运抵南京，30日公祭，6月1日安葬。

推翻了旧的军阀政权，新军阀的地方割据势力已成。蒋、冯、阎、李四大集团又开始新一轮争夺。

1928年7月，蒋介石在北平召开非正式军事会议，讨论裁军问题。何应钦报告说，国民革命军已有84个军，300个师，人数达到220万，每月军费开支至少6000万元。总司令部希望将军队减少至80个师120万人。将全国划分为十二个军区，每个军区拥有4—5万人的部队。整编裁军，有利于国家统一和财政状况的改善，但是，蒋介石提出的《军事善后案》掩藏着极大的私心，冯、阎、李为维护各自的利益均表示反对。

为了加强中央政府对北平的控制，蒋介石于1929年1月派宋子文将平津地区的主要税收收归国有。3月1日，国民党中央政治会议致电北平政治分会，要求其于3月15日前撤销，自即日起停止办公。3月21日，蒋介石利用唐生智夺取白崇禧统帅的湘军部队，消除了桂系在平津的势力；唆使阎锡山扣押冯玉祥，驱除冯系在北平的官员。

帮助蒋介石击败李宗仁、冯玉祥后，阎锡山发现自己处境危险，又主动联冯反蒋。1930年3月，阎锡山接管了南京政府在北平的机构。北平市政府宣布与中央断绝关系。5月，蒋冯阎中原大战开始。7月，以汪精卫为首的改组派、以邹鲁为首的西山会议派联合冯阎李共同反蒋。8月，各派反蒋势力在中南海召开中国国民党中央党部扩大会议，决定组织国民政府，推阎锡山为政府主席，于9月19日在怀仁堂宣誓就职。9月18日，张学良发出拥蒋通电，东北军精锐随即入关，各派反蒋人物迅即逃散。10月，中原大战以蒋介石的胜利而告结束。

1930年9月22日，东北军进驻北平。张学良代替阎锡山控制平津地区，到1933年3月。平津卫戍司令于学忠、北平市公安局长鲍毓麟均为东北集团人物。1931年4月，张学良在北平顺承王府设陆海空军副总司令行营。1931年秋，日本发动九一八事变，张学良执行蒋介石的不抵抗政策，东北迅速沦陷。12月15日，张学良辞全国海陆空军副总司令，改任北平绥靖公署主任。1932 年 1 月 30 日，任新成立的北平政治分会常委。1935 年 8 月，北平绥靖公署撤销，张学良代任军事委员会北平分会委员长。1933 年 2 月 4 日热河失守，3 月 11 日，张学良引咎辞职。何应钦代理北平军分会委员长。在民族危机的紧要关头，南京中央政府加强对北平的统治，其政治意义是十分明显的。

## 北平军民的爱国救亡运动

1931 年九一八事变后，日本迅速侵占东北。热河沦陷后，日本扩张到长城一线，北平直接感受到侵略的威胁。

1928 年后，一度沉寂的北平群众爱国运动又蓬勃发展起来。1931 年 9 月 20 日，中共中央和日共中央联合发表反对日本帝国主义侵略行动的宣言。22 日，中共中央号召“组织群众的反帝运动，发动群众斗争，来反对日本帝国主义的侵略”。同日，北京大学学生会提出“息止内争，集中军队，一致对外”。[①] 28 日，北平各界 250 余团体召开抗日救国大会，20 多万人参加。随后，北平市工界抗日救国联合会、北平西郊农民抗日救国会、东郊农民义勇军、北平商民救国会相继成立。

为了敦促国民党政府放弃不抵抗政策，实行对日抗战，北平学生组织南下示威团。12 月 1 日，南下示威团 230 名学生在前门车站上车不成，同学们横卧在铁轨上数小时，终于上了火车。4 日，北大又有第二批同学一百多人南下。5 日，南下示威团在南京市区列队示威时，被军警殴打捆绑，扣押到孝陵卫兵营。6 日，200 多名学生被押回北平，还有 80 多名留在南京，与来自全国各地的学生举行了联合示威。

① 《北京大学日刊》1931 年 9 月 24 日。

1932年，北平市抗日团体联合会为支援上海“一二八”抗战，于2月7日组织了大规模集会游行。抗日演讲会、筹款义演、募捐活动动员了越来越多的群众投入抗日救亡的热潮。北京大学组织了沪案宣传队和慰劳上海抗日将士募捐团，组织学生军，开设军训课程。清华大学教职员决定每日捐款5000元，救护受伤将士。燕京大学举行隆重集会，公祭抗日阵亡烈士。

燕山山脉和长城是北京的屏障，历来为兵家必争之地。1933年初，日军侵占山海关与热河后，即以重兵向长城一线推进，企图“确保对长城重要关门的控制，调整对华北方面战备，同时，扫荡省内残敌并维持治安”。① 北平军分会何应钦指挥中央军第十七军徐庭瑶部和各派系部队共约25万御敌，一部分守平津察东，大部沿长城布防。宋哲元第二十九军在喜峰口、罗文峪多次击退日军进攻。二十九军武器落后，即组织大刀队与敌军拼杀。中央军第十七军在古北口抗击日军。第二十五师关麟征部与日军第八师团及第三旅团主力激战三昼夜，毙伤日军不下2000名，二十五师付出4000人伤亡的代价。长城抗战是九一八事变后中国军队第一次认真的抵抗。中国军队装备落后，蒋介石正集中精锐围剿南方的红色根据地，不愿继续增援。4月初，日军攻陷石门寨、海阳、秦皇岛，使坚守长城一线的中国军队腹背受敌。5月下旬，日军攻占长城各口，并向长城以南推进，抵达顺义、通县、香河，构成对北平三面包围的态势。5月31日，《塘沽协定》签订，日军继续控制长城各口，取得了随时可对北平发动进攻的优势地位。

北平人民热烈拥护长城抗战，各校组织战地服务团，直接到前线运输物资、救护伤员、鼓舞士气。同学们纷纷参加扩大募捐，购置钢

① （日）《战史丛书·大本营陆军部》（1），第336页，朝云新闻社1974年版。

盔、鞋袜和军用物资。北京大学组织了前线慰问团到古北口慰问。中国军队士气高昂，作战顽强，人民的拥护是重要原因。

1933年5月26日，冯玉祥、方振武、吉鸿昌在张家口组织察哈尔民众抗日同盟军。同盟军连克康保、宝昌、沽源等县。7月，收复重镇多伦。中国共产党积极支援冯玉祥，动员北平等地的青年学生参加同盟军。8月，在蒋介石的威胁破坏下，冯玉祥辞职下野。10月，抗日同盟军余部在方振武、吉鸿昌领导下转战丰宁、怀柔、密云、顺义等地，在大小汤山失败。1934年年初，吉鸿昌加入中国共产党。11月9日，他在天津被国民党特务逮捕，24日在北平英勇就义。

## 一二·九运动

以北平为中心的华北地区当时包括五省（冀、鲁、晋、绥、察）二市（北平、天津），面积约100万平方公里，是全国主要的棉、麦产地，矿产、工业、交通均居全国前列。日本占领东北后，又制定了华北政策，其核心是将华北从中国中央政府的控制下分离出去。具体方案是：1. 华北五省独立。2. 华北自主。3. 设立自治中心地带。4. 设立局外中立裁兵地区。① 1935年5月，日军派出装甲车队在河北省主席办公楼前列阵，飞机在平津上空低飞示威，迫使北平军分会委员长何应钦让步。根据中日双方口头达成的协定，即“何应钦梅津美治郎协定”，实际上已将中央政府的势力从华北排挤出去。日本又策动以“华北自治”为目标的地方暴动。1935年6月，汉奸白坚武在丰台武装暴动，被挫败。11月25日，日本扶持汉奸殷汝耕成立“冀东防共

① （日）秦郁彦：《日中战争史》，第62—63页，原书房1979年版。

自治政府”，将北平郊区的通县、平谷、顺义、密云、怀柔、昌平六县划归“自治政府”管辖。在日本的压力下，南京政府于11月26日决定撤销北平军分会，任命二十九军军长宋哲元为冀察绥靖主任。12月5日，决定建立半自治性的冀察政务委员会，宋哲元任委员长。

华北即将变成第二个伪“满洲国”。北平学生惊呼：“华北之大，已经安放不下一张平静的书桌了。”1935年12月9日，在中共北平临时工作委员会的领导下，北平青年学生数千人举行了声势浩大的示威游行。在王府井大街南口，学生遭到军警的大刀、木棍、皮鞭和水龙的袭击，有百余人受伤，30多人被捕。10日，北平学生总罢课。12月16日是冀察政务委员会预定成立的日子，清晨，以北京大学、清华大学、东北大学、中国大学为主力，一万多名学生从四面八方汇集天桥，连同沿途加入的群众约3万人。天桥市民大会决议通电全国。会后举行示威游行。全国几十个大中城市的学生和各阶层人民声援北平学生的英勇斗争，掀起抗日救亡运动的高潮。1936年1月初，北平学生组织南下扩大宣传团，深入工厂、农村，动员群众奋起抗日。1936年2月1日，中共领导的中华民族解放先锋队（简称“民先”）在北平师范大学宣告成立。毛泽东说：“一二·九运动推动了七七抗战，准备了七七抗战。”①

## 卢沟桥事变与北平沦陷

1935年12月18日成立的冀察政务委员会虽然有些亲日派，但最重要的部门均由以宋哲元为首的第二十九军将领控制。二十九军曾在

① 毛泽东：《一二九运动的伟大意义》，《文献与研究》1985年第6期。

长城抗战中立下赫赫战功，是有光荣的抗日传统的部队。宋哲元虽在经济贸易领域对日妥协，在主权问题上毫不让步，并宣布“冀察外交今后将严格遵守中央政府的政策”。[①] 日本政府通过建立亲日政府使华北脱离中国的目标落空，于是积极准备以武力分割华北。

1936 年 1 月 13 日，日本制定《处理华北纲要》，确定“处理华北由中国驻屯军司令官负责”。依据 1901 年《辛丑条约》，日本取得了在华驻军保护使馆及京师至海通道的特权。1936 年 4 月，日本开始加强驻屯军，将其司令官由少将级改为中将级，由天皇亲授，兵员增加两倍多，成为诸兵种合成的野战重兵集团。1936 年 9 月，日本驻屯军占领丰台中国军兵营。丰台位于平汉、平津铁路交叉点，失去丰台，北平即陷入北、东、南三面包围之中，只有西南方向卢沟桥一个出口。1937 年 6 月，日军以夺取宛平县城和控制卢沟桥为目标，实施大规模军事演习。7 月 7 日晚，日军又在宛平县城附近演习，借口一名士兵失踪，提出进城搜索和中国守军撤退等无理要求，被中国军队拒绝。7 月 8 日凌晨 5 时 30 分，日军发动进攻，占领回龙庙和平汉铁路桥头阵地。二十九军三十七师第二一九团吉星文团长奋起抵抗，一天之内击退日军三次进攻，收复回龙庙和铁路桥。

卢沟桥的炮声传来，北平学联立即组织了抗敌后援会，派代表慰问英勇杀敌的二十九军将士，发起万条麻袋运动，支援前线。北京的工人、农民自发地行动起来，为部队修路、运输、送饭。

事变发生后，南京政府和北平当局仍希望以和谈与让步息事宁人。日方则以和谈为掩护，迅速从东北、朝鲜调兵两个师团增援平津战场。7 月 19 日，日本政府决定进攻华北、山东、上海，命令华北日军攻占

① 《传记文学》第 23 卷第 1 期，第 8 页，台北传记文学社。

平津，南向至保定、独流镇一线。7 月 25 日，日军进攻廊坊，切断平津交通。27 日，动员 3 个师团增援华北战场。28 日，日军对北平发动总攻。中国军三十七师、三十八师收复丰台，占领造甲村日军机场，缴获敌机 7 架。日军集中优势炮兵和空军轰炸南苑中国军队。二十九军副军长佟麟阁、一三零师师长赵登禹先后为国捐躯。中国军损失惨重，撤出南苑。晚 11 时，宋哲元下令全军向永定河南岸撤退。7 月 29 日，北平沦陷。这是近代以来，继 1860 年英法联军战争、1900 年八国联军战争后，北京第三次被外国侵略军攻占。

## 第五节　沦陷时期的北平

### 日本在北平的殖民统治

北平地区位于中国华北、东北、内蒙古三大战略区的结合部，地位十分重要。日本人认为，在征服中国的战争中，北平将是向华北、西北进攻的最重要的战略基地。在关东军进攻苏联的战争中，北平驻军将保障日军的侧翼。1937 年 8 月 31 日，日本将投入华北的部队编为华北方面军，司令部设在天津，1938 年 1 月迁至北平铁狮子胡同，司令官寺内寿一大将。方面军辖两个军：第一军以第六、第十四、第二十师团为骨干编成；第二军以第十、第十六、第一零八师团为骨干编成；加上方面军直辖的第五、第一零九师团，共计 8 个师团，约 37 万余人。随着战争的持久化，华北方面军的兵力不断增加，到 1945 年日本投降时，拥有 4 个军、4 个直属旅团，共计 12 个师团的兵力。

但是，以华北之大，区区十几个师团的日军根本无法控制。于是，日本政府决定以华制华，在占领区扶植各种傀儡政权，以达成征服中国的实际目标。在沦陷初期，北平出现了汉奸江朝宗组织的北平市地方维持会，在日本顾问指导下活动。8 月 6 日，伪北平市政府成立，1938 年改称北平市公署。

1937 年 9 月 4 日，华北方面军设立以喜多诚一少将为首的特务部，直接负责建立汉奸政权。12 月 14 日，日本人扶植的“中华民国临时政府”在中南海成立，临时政府设行政委员会，由汉奸王克敏任委员长。临时政府的统治区包括河北、河南、山西、山东四省。1938 年 4 月 17 日，临时政府宣布改北平为北京。1940 年 3 月汪精卫在南京建立伪“国民政府”，北平“临时政府”改称“华北政务委员会”，名义上属汪伪政府管辖，实际上仍受华北方面军控制。

1937 年 12 月，日本特务部还组织了以实施奴化教育为目的的新民会，会长王克敏，顾问为日本华北方面军司令长官。新民会在华北各省、市、县沦陷区设有分会，由伪政权的行政首脑任分会长。在日本人的操纵下，新民会通过图书报刊、新闻广播、游艺娱乐等手段宣传“中日亲善”、“共存共荣”等反动思想。

为了掠夺中国战略资源，日本于 1938 年 3 月 26 日在北平成立“日华经济委员会”。日军强行接管华北的交通、邮电、钢铁、煤炭、电力、纺织企业，由满铁控制的兴中公司经营。成立于 1938 年 4 月的华北开发股份有限公司及 17 个分公司（包括兴中公司），垄断了华北的交通、电力、盐业、棉花、煤、铁等重要部门。日本人控制的中国联合准备银行强制发行纸币联银券，以取代中国政府的法币，垄断华北的金融命脉。华北的粮食、棉花被大量运往日本，以致粮食奇缺，粮价飞涨。1943 年 10 月，北平小米售价比战前贵 74 倍，玉米贵 72 倍，白面贵 100 倍，连用杂粮、麸皮、豆饼、树叶制的混合面也无货可供。[①] 每到冬季，就有大批冻饿而死的贫民倒卧街头。

通过实行鸦片专卖制度，日本帝国主义者得到了毒害中国人的精神与健康、掠夺中国人的金钱的双重收获。1942 年年底，全市经日本人许可营业的鸦片零售所 300 家，白面及吗啡房 200 家，地下私营的吸毒馆多达 3000 余家。全市有烟民 15 万，白面、吗啡、海洛因吸食者 10 万人，共计 25 万，占全市人口的七分之一。[②]

对英勇的北平人民的抗日斗争，日本占领军进行了长达八年的血腥镇压。设在沙滩红楼的北平日本宪兵队本部和伪北平市政府领导的警察局，专事搜捕、刑讯爱国人士。从 1941 年 3 月 30 日到 1942 年 12 月 10 日，日华北方面军进行了五次大规模的整顿治安运动。日军在抗日根据地反复地进行扫荡，实行烧光、抢光、杀光的“三光政策”，挖封锁沟，在长城两侧制造无人区，使上百万的农民丧失田地和家园。

## 北平地区的抗日斗争

北平沦陷后，广大青年学生响应中国共产党的号召，有的奔赴平西山区、华北平原，加入抗日游击队；有的奔赴延安，参加革命。他们和工农相结合，和工农的武装八路军、新四军相结合，成为创立敌后抗日根据地的骨干力量。北平的大学陆续向西南、西北大后方转移。北京大学、清华大学、天津南开大学在昆明合组国立西南联合大学。北平大学、北平师范大学、天津北洋工学院在陕南合组国立西北联合大学。大批教授、学生南下，将救亡的火种撒向大后方。一部分革命

① 《华北新报》1943 年 10 月 27 日。

② 北京文史资料研究委员会编：《日伪统治下的北平》，第 391 页。

学生则留在北平从事秘密的抗日斗争。

日本占领军为了欺骗中国人，特别注意物色有声望有地位的实力人物充当傀儡。但是，除了极少数卖国求荣的汉奸，绝大多数北平政界、军界、商界、文化教育界的著名人士拒绝与侵略者合作，宁愿抛弃优越的生活条件到大后方为抗战尽力。由于种种原因走不了的，则宁闭门隐居，过清苦的生活，也不接受敌人高官厚禄的诱惑。

吴佩孚将军为北洋元老，在中国军界有很高的声望。日本人一直在威逼利诱，企图动员他出山。吴将军虽困居危城，却大义凛然，始终拒绝屈服，保持了崇高的民族气节，于 1939 年 12 月 4 日被敌人暗害。

在彭真、聂荣臻主持的中共中央北方分局（晋察冀分局）领导下，八路军在北平周边建立了平西、平北、平东、平南四块抗日根据地，使北平长期处在包围之中。中共北平地下党组织不仅搜集日军情报，还秘密筹集药品、发报机、印刷机等大批八路军急需的物资运往根据地，有力地支援了根据地军民的反扫荡、反封锁斗争。

留在敌后的国民党军队也参加了北平周围的游击战争。1938 年 7 月冀东暴动，起义武装编成冀东抗日联军四十三个总队，其中共产党领导的有二十五个，国民党控制的约十五六个。国民政府在华北敌后组建冀察战区，以鹿钟麟为总司令，统一指挥冀察区的国民党正规军、游击队、地区团队约十余万人与日军进行游击战。鹿钟麟和八路军建立了良好的合作关系。国民党的情报组织多次在北平城内组织暗杀日军军官，惩处著名汉奸。1940 年，冀察战区副司令石友三因准备投敌被部下处决。1943 年，又一位副司令庞炳勋叛变投敌。国民党领导的河北敌后游击战走向衰落。

1945 年 8 月 14 日，日本天皇宣告正式接受无条件投降。北平人民经过艰苦卓绝的八年抗战，终于迎来了历史性的胜利。10 月 10 日，在故宫太和殿举行受降仪式。敌华北方面军司令官根本博中将向第十一战区司令长官孙连仲将军递交了投降书。10 月 18 日，负责北平地区受降的第九十二军军长侯镜如到达北平，20 日接管城内防务。

## 第六节　北京的新生

### 和平的幻灭

抗战胜利后，饱经忧患的北平人民迫切希望在和平的环境下生活，医治战争创伤。当权的国民党政府在美国政府支持下，却把北平变成了华北地区最大的内战基地。

国民党军队在华北地区的战略指挥中心是军事委员会北平行营，下辖阎锡山的第二战区、傅作义的第十二战区、孙连仲的第十一战区。1945 年 9 月 3 日，蒋介石任命李宗仁为北平行营主任。平津地区军事由孙连仲指挥。10 月 30 日、12 月 13 日，何应钦、蒋介石相继飞抵北平，部署“剿共”军事。美国出动大批军舰、飞机抢先占领天津海口。从 9 月到 11 月，共运送 6 个军、17 个师，共 15 万军队到华北内战前线。[①] 国民党军在日伪军的配合下，抢占北平、天津、石家庄、保定、山海关等城市。北平伪宪兵司令黄南鹏、伪警察局局长崔建初摇身一变，被蒋介石委任为北平宪警联合办事处正副主任。

1945 年 10 月 10 日，国共两党签署《双十协定》。国民党却把谈

① 《聂荣臻回忆录》（下），第 592 页，解放军出版社 1984 年。

判和协定当做发动内战的掩护手段，蒋介石调动大军向华北解放区发动了大规模进攻，结果遭到失败。1946 年 1 月 10 日，国共两党签订停战协定和关于建立军事调处执行部的协议。1 月 13 日，军事调处执行部在北平正式成立，由中共代表叶剑英、国民党代表郑介民、美国人罗伯逊 3 人组成。军调部在最高军事三人小组即中共代表周恩来、国民党代表张治中、美国特使马歇尔领导下，负责调处国共双方的军事冲突，监督双方执行停战命令。中共驻北平军调部代表团、新华社北平分社的活动反映了人民对和平、民主的热切期望。但国民党在停战令下达的同时，即密令其军队迅速抢占战略要点，向解放区蚕食进攻。美国则以“调处”作掩护，送给蒋介石大批美援。1946 年 6 月，蒋介石悍然撕毁停战协定，向解放区发动全面进攻。1947 年 2 月下旬，中共驻北平军事调处执行部人员被迫全部返回延安。

## 失人心者失天下

日本投降后，国民党接受大员的巧取豪夺已使人民大失所望，其违背民意悍然发动内战的倒行逆施更使人民怒不可遏。

1946 年 12 月 24 日晚，两名美国水兵在东单操场强奸了北京大学女生沈崇。消息传出，长久郁积在人民心中的不满像火山一样喷发出来。12 月 30 日，北京大学、清华大学、燕京大学等校学生举行万人大游行。这一抗议美军暴行的正义行动得到全国人民的响应，形成了解放战争时期爱国民主运动的第一个高潮。

为了打内战，国民党政府将百分之八十的财政预算用作军费，为了弥补财政赤字，就大量发行钞票，造成恶性通货膨胀，物价扶摇直上。人民生活极度贫困，到了饥饿死亡的边缘。教育经费奇缺，广大师生员工的生活水平急剧下降。清华大学的学生首先发出了反饥饿的呼声。1947 年 5 月 20 日，北平几十所大中专学校的 15000 名学生举行反饥饿、反内战大游行。6 月 2 日，北平学生总罢课，在北大民主广场和各校举行内战死难军民追悼会。同一天，华北学联成立。反饥饿、反内战运动席卷全国，蒋介石国民党政府完全陷于孤立。毛泽东指出，“伟大的正义的学生运动和蒋介石反动政府之间的尖锐斗争”已经成为反对蒋介石反动统治斗争的第二条战线。他说：“学生运动的高涨，不可避免地要促进整个人民运动的高涨。过去五四运动时期和一二·九运动时期的历史经验，已经表明了这一点。”①

1948 年 4 月，北平学生进行了一系列反迫害、反饥饿的斗争，被称为“四月风暴”。6 月 9 日，举行“反美扶日”大游行。7 月 5 日，国民党特务在东交民巷开枪镇压东北学生，9 位学生中弹牺牲，37 人受重伤。7 月 9 日，北大等校学生一万多人示威游行，抗议屠杀学生。

国民党政府用逮捕、监禁、殴打、屠杀等残暴手段对付赤手空拳的学生，学生运动因而日益扩大。一切社会同情都在学生方面。国民党政府为人民所唾弃，垮台的日子已经不远了。

## 北平和平解放

1947 年，中国人民解放军在华北战场上取得了清风店、石家庄两个战役的胜利。蒋介石为了挽回败局，于 12 月撤销了孙连仲的保定绥靖公署，任命傅作义为华北“剿总”司令，统一指挥晋、察、冀、

① 毛泽东：《蒋介石政府处在全民的包围中》，《毛泽东选集》第四卷第 1223—1224 页，人民出版社 1965 年版。

热、绥五省军事。

1948年秋，解放战争进入决战阶段。在辽沈战役结束，淮海战役进行之际，中共中央又组织了平津战役。东北野战军入关后，从12月15日到21日，首先包围了天津、塘沽、唐山，切断了敌人海上退路，并与华北野战军一起对北平、天津、张家口之敌实行战略包围和战役分割。首先切断其西窜、南逃的道路，接着攻克新保安、张家口和天津，迫使北平守敌接受和平改编。

华北军区司令员聂荣臻将军知道中共中央已经有军政两手解决北平问题的打算后，他认为："我们应该努力争取和平解放北平，使北平这个文化古都免遭战火的破坏，使人民的财产免遭损失。"① 于是，他以个人名义，单独向毛泽东发了电报，建议在打下天津后，争取和平解放北平。中共中央回电表示完全同意。

中共中央华北局城市工作部部长刘仁为了使文化古都北平完整无损地回到人民手中，指示北平地下党发动群众护厂护校，特别是电力、电信、铁路、军工等部门的企业，防止南迁，防止破坏。对工程技术人员、科学家、教授、艺术家积极宣传党的政策，使尽可能多的知识分子留下来为建设新中国服务。

为了在万一和谈破裂被迫攻城时保护北平的古建筑，两名解放军夜访清华大学梁思成教授，请他在军用地图上标出重要的古建筑，并画出禁止炮击地区。②

1949年1月20日，傅作义将军接受了和平解放北平的条件。1月31日，中国人民解放军在群众的欢呼声中进入北平。2月3日，我军

① 《聂荣臻回忆录》（下），第701—702页。

② 林洙：《大匠的困惑》，第85页，作家出版社1991年版。

举行了庄严雄伟的入城式。

1949年3月25日，北平各界代表和民主人士到西苑机场热烈欢迎毛泽东主席、朱德总司令。同年9月21日至30日，中国人民政治协商会议在北平召开，决定中华人民共和国定都于北平，改北平为北京。

## 第七节　民国北京的城市建设与文化建设

### 城墙与城门

关于北京的城墙，梁思成是这样说的："环绕北京的城墙，是一件气魄雄伟、精神壮丽的杰作。它不只是为防御而叠积的砖堆，它磊拓嵯峨，是一圈对于北京形体的壮丽有莫大关系的古代工程。无论是它壮硕的品质，或它轩昂的外像，或它那样年年历尽风雨甘辛，同北京人民共甘苦的象征意味，总都要引起后人复杂的情感。"①

进入民国，北京的城墙开始变化。首先，为了便利交通，在城墙开了更多的门。1926年，在正阳门与宣武门之间辟和平门。1927年，张作霖入都，改名兴华门。1928年，北伐军进入北京，又恢复和平门的旧称。和平门打通了北新华街与南新华街，方便了内外城交通。日本占领时期，1939年，在内城东墙朝阳门南辟启明门，光复后改称建国门。内城西墙阜成门南辟长安门，光复后改称复兴门。

原有的城门也都进行了改建。各城门额，从前皆并书满汉文。1913年，内务总长朱启钤请名书法家邵炯章书汉文门名，刻石易之。

① 梁思成：《关于北京城墙废存问题的讨论》，转引自林洙《大匠的困惑》，第184页。

正阳门瓮城于 1914 年拆除，并在北门东、西各辟一门，供车马往来。1926 年改建宣武门桥。1931 年，拆宣武门瓮城。“保古机关因该城系旧都古建筑物，已有七百余年历史，有关名胜古迹，理应保存，上书当局，请求保留。但当局因欲表现观瞻，决将该瓮城拆除。”① 各城门箭楼，年久失修，逐渐坍塌。1927 年，民国政府拆除宣武、朝阳二门城楼，将拆下的楠木梁柱发卖，贴补官署欠薪。内外城墙上的防御设施，如旗炮房、堆拨房、储火药房等全部废弃。城垣驰道，蔓草荒芜，不复能行。

但北京内外城城墙总的形体还是完整的，其震撼人心的雄姿依然未改。1932 年冬，美国著名汉学家费正清乘坐火车来到北平。他首先看到的是一望无际的华北平原上耸立的高达 40 英尺的城墙、城墙正面顶上的雉堞、相距两箭射程向前突出整齐排列的棱堡、纯系目测的城墙长度，“所有这一切显示雄伟而结实的人工力量的城防工事，从平原上崛起，十分挺拔，至今几乎也并不因郊区而显得杂乱无章。世界上已没有像北京城那样的其他壮观了。”②

## 皇城与宫苑坛庙

皇城在内城正中，周长 9 公里多，围护着紫禁城。正南为大清门，1912 年改中华门。东南为长安左门，西南为长安右门，1912 年拆除，仅余门阙，俗称三座门。又辟南池子门、南长安街门、灰厂墙门以及南河沿、翠花胡同、宽街、厂桥、五龙亭等处皇城便门，打通了皇城

① 陈宗蕃：《燕都丛考》，第 565 页。

② 《费正清对华回忆录》，第 9 页，上海知识出版社 1991 年版。

四周交通。东安门于1924年拆去。西皇城1917年开拆。东皇城根、北皇城根拆于1924年至1927年。至此，皇城城墙仅留太庙以西天安门至北新华街一段。

民国元年的《清室优待条件》第三款称："大清皇帝辞位之后，暂居宫禁。日后移居颐和园。侍卫人等，照常留用。"① 紫禁城里，前朝太和殿、中和殿、保和殿划归民国，自1914年陆续开放，供公众参观。殿设古物陈列所。后廷仍属宫禁，归末代皇帝使用。溥仪和小朝廷为了维持奢靡的生活，筹集复辟经费，大肆盗卖宫内文物。内务府大臣和太监也效法他们的主子。北京市面上出现了许多来自内府收藏的珍宝字画。1923年6月26日夜，建福宫失火，把清宫储藏珍宝最多的十多处楼阁烧成一片焦土。"究竟在这一把火里毁掉了多少东西，至今还是一个谜。内务府后来发表的一部分糊涂账里，说烧毁了金佛2665尊，字画1157件，古玩435件，古书几万册。"② 事后，从灰烬中捡出"熔化佛像经版铜锡等项，共508袋，金色铜片及残伤玉器等项共43箱"③。

1924年，废帝溥仪被驱逐出宫，民国政府成立清室善后委员会，清点宫内文物。1925年，故宫博物院成立。1927年开放，分中、东、西三路，间日售票，任人游览。1933年年初，华北危急，故宫博物院将文物精品装了两万余箱，于2月5日启运南京。七七事变后，南京危在旦夕，这批文物又被运到大后方云、贵、川的寺院和溶洞中。1947年12月，全部国宝又运到南京集中。在南京政府垮台前，国民党把4200箱艺术珍品、文物古籍、宫廷档案运到台湾，收藏于台北

---

① 爱新觉罗·溥仪：《我的前半生》，第46页，群众出版社1978年版。

② 同上书第148页。

③ 陈宗藩：《燕都丛考》，第69页。

“故宫博物院”。劫余文物新中国成立后由南京运回北京故宫博物院。

故宫内阁大库存有明清两代档案。1909 年，大库屋坏漏雨。大学士张之洞奏请保留其中两库，其余四库焚毁。罗振玉说服张之洞将档案移交学部。学部转给历史博物馆。1921 年，历史博物馆经费短缺，将档案装 8 千麻袋约 15 万斤，估价 4 千元卖给一造纸厂。罗振玉以 12000 元买回，又以 16000 元卖给李盛铎。中央研究院再以 18000 元购藏。这些档案现存第一历史档案馆。

故宫而外，其余皇家坛庙宫苑也在民国成立后对公众开放。1914 年 10 月 10 日，社稷坛改中央公园，1928 年改称中山公园。先农坛亦于 1915 年改为城南公园。1925 年，北海公园、景山公园开放。1929 年，太庙改为和平公园。西苑中南海为民国总统府。袁世凯改海晏堂为居仁堂，仪銮殿为怀仁堂。1928 年民国迁都南京，1929 年中南海开放为公园，除居仁堂改国立图书馆外，瀛台等处均为游人品茗消闲之所。

昔日的皇家宫苑坛庙，入民国后开放为公众游览休息的地方。这无疑是一种进步。1919 年早春时节，在北京的青年毛泽东也曾游览过故宫、北海等皇家宫苑。后来，他回忆说：“我自己在北京的生活条件很可怜，可是在另一方面，古都的美对于我是一种丰富多彩、生动有趣的补偿。在公园里，在故宫的庭院里，我却看到了北方的早春。北海上还结着坚冰的时候，我看到了洁白的梅花盛开。我看到杨柳垂在北海上，枝头挂着晶莹的冰柱，因而想起唐朝诗人岑参咏北庭冬树挂珠的诗句：‘千树万树梨花开’。北京数不尽的树木激起了我的惊叹和赞美。”①

---

①（美）埃德加·斯诺：《西行漫记》，第 128 页，三联书店 1979 年版。

经济落后，政治腐败，战乱不已，使北京公园管理经费捉襟见肘，宝贵的文物古迹难以得到妥善的保护。1927 年，内务部以部员欠薪，准备砍伐先农坛古松柏变卖，虽经市民力争，还是有许多古松柏变成了富人的棺材和家私。一些公园坛庙变成了兵营，其建筑和林木也就在劫难逃了。一些有权势的军阀官僚公然盗运、拆迁公园内的木材、石料。如圆明园遗址内有许多精美石雕，几乎被盗运一空。到 20 世纪 40 年代末，大多数公园破败萧条，少有游人光顾。

## 交通建设

北京的街道是根据《周礼·考工记》设置的，即“国中九经九纬，经途九轨”。城内南北向与东西向各有九条主要街道，南北向的主要街道能并列行驶九辆马车。北京街道的宽阔举世闻名。但北京街道多系土路，故有“无风三尺土，有雨一街泥”之谚。光绪末年，民政部开始在北京修马路。民国成立后，西长安街、前门大街、西单、王府井、天安门陆续改修马路。“西长安街修柏油路，最为坦平，足为各路之模范。”① 王府井的柏油马路整齐可观。到 1935 年，北京内外城道路沥青、水泥混凝土、石渣和水泥灌浆石渣路面的总长度有 255.4 公里，主要大街的路灯由煤油灯改为电灯，但大部分路面的工程质量不高。

交通工具的近代化也开始起步。1900 年后，从日本引进人力车，称“东洋车”或“洋车”，最多时有几万辆。后来又引进自行车，有英国、德国、美国、日本制造的各种牌子。出租汽车于 1913 年出现，40 年代有 521 辆车在运营。1921 年 6 月 18 日，北京有轨电车股份有

① 陈宗蕃：《燕都丛考》，第 163 页。

限公司成立。1924 年 12 月 18 日，有轨电车开始运营，有 7 条营业线路：天桥到西直门、天桥到北新桥、东四到西四、北新桥到太平仓（平安里）、天桥到永定门、崇文门内到宣武门内、崇文门外到和平门外。1925 年，公共汽车开始营运。为城市服务的新式交通工具还有 1915—1916 年建成的环城铁路。

民国时期的前门火车站

民国时期的前门人力车站

北京交通工具的突出特点是新旧并存。1919 年，李大钊说："我常走在前门一带通衢，觉得那样狭隘的一条道路，其间竟能容纳数多时代的器物：也有骆驼轿，也有贴上'借光二哥'的一轮车，也有骡车、马车、人力车、自转车、汽车等，把二十世纪的东西同十五世纪以前的汇在一处。"①

## 教育、科技与文艺

1928 年前，北京既是国家的政治中心，也是文化中心。1928 年，北京失去了政治中心的地位，但仍是国家的文化中心。

北京拥有一批国内外知名的大学。它们既体现了国家高等教育的最高水平，也是学术新思潮的发源地。

1912 年 5 月 3 日，京师大学堂改名国立北京大学，成为第一所国立大学。严复以京师大学堂总监督继任北京大学校长。据 1918 年统计，北京大学教员总数 217 人，内有教授 90 人；学生 1980 人，其中研究生 148 人；设文、理、法三个学院、14 个系，是当时全国规模最大的大学。1947 年，发展为文、理、法、医、农、工 6 个学院。

北京师范大学，前身为 1902 年 12 月创办的京师大学堂师范馆，1908 年改为京师优级师范学堂，1922 年更名为北京师范大学。

清华大学，前身为清华学堂，是 1911 年清政府利用美国退还的庚子赔款修建的留美预备学校。辛亥革命后更名为清华学校，1925 年开始创办大学部，1928 年改建成国立清华大学。学校设文、理、法 3 个学院 15 个系。1947 年，有文、理、法、工、农 5 个学院 26 个系 23 个

---

① 李大钊：《新的！旧的！》，《新青年》第 4 卷第 5 号。

研究所。

清华大学

抗战前，除以上 3 所大学，北京的国立大学还有 2 所：北平大学和交通大学北平铁道管理学院。公立专科学校 2 所：国立北平艺术专科学校、北平市立体育专科学校。

北京有 10 所私立大学。资金雄厚、规模较大的是外国教会办的。如燕京大学，1919 年由北通州协和大学、北京汇文大学合并而成。1920 年，华北女子协和大学并入。首任校长为美国传教士司徒雷登。燕京大学是北京地区最著名的教会大学。中法大学、辅仁大学、北平协和医学院也都各具特色。由中国人筹资兴办的私立大学，有中国大学、朝阳大学、民国大学、华北学院、平民学院、郁文大学，这些学校资金短缺，规模较小。

1935 年，北京有高校 17 所，教职员 3803 人，在校学生 12242 人。

燕京大学

1948 年，有教职员 4109 人，在校生 17782 人。

1929 年成立的北平研究院，以研究学理、应用设计、发展文化事业为宗旨，先后设立物理学、镭学、化学、药物学、生物学、动物学、植物学、史学等 8 个研究所。研究院隶属南京教育部，是当时除中央研究院外中国又一个学术重镇。自民国成立迄抗战前，北京还有一批学者们发起的学术团体，如中国药学会（1912 年）、中国天文学会（1922 年）、中国地质学会（1922 年）、中国地质调查所新生代研究室（1926 年）、中国矿冶工程学会（1927 年）、中国营造学社（1929 年）、中央国医馆（1931 年）、中国物理学会（1932 年）、考古学社（1934 年）。

辛亥革命后，北京新建的近代公共文化设施，主要有北京图书馆、国立历史博物馆等。

北京图书馆，前身是 1910 年成立的京师图书馆，1926 年 7 月更名为国立京师图书馆。1928 年再改称北平图书馆。1929 年与北海图书馆合并。1931 年 6 月，一座宏伟的、具有鲜明民族特色的新馆大楼落成。北京图书馆藏有全套文津阁《四库全书》和八千余卷敦煌唐人写经、宋元精刊及抄本 12000 册。其藏书总量与设备水平，均为全国第一。

据 1948 年统计，国家、社会、各机关所设立的图书馆共有 22 处，还有 17 所大学、12 所中学、2 所小学图书馆，总共 53 处。

国立历史博物馆，1912 年开始在国子监筹备，1918 年迁至故宫午门城楼。1926 年 10 月 10 日，历史博物馆正式开放。展览一个月，参观者 185714 人次，其中第一天观众最多，为 45020 人次。1935 年统计，共有藏品 271681 件。

1913 年到 1914 年 10 月，民国政府从沈阳故宫运来文物 114600 件，从承德行宫运来 117700 件，建立古物陈列所，1914 年 10 月正式开放参观。先后开放的有太和、中和、保和、武英、文华、南薰等十余所殿堂。①

历史博物馆、古物陈列所与 1925 年 10 月 10 日成立的故宫博物院均在紫禁城内，形成了国内最大的文博展览中心。

在北京的大学、研究所、图书馆、博物馆内，集合了一群国内外知名的学者。他们中有很多人毕业于欧美著名大学，熟悉世界学术发展的前沿状态。他们在相对自由的学术氛围中工作，在许多新兴学科领域取得了重大进展。1929 年 12 月 2 日，考古学家裴文中在周口店发掘出猿人头盖骨化石，被定名为“北京人”，即是一项震惊世界的学

① 傅振伦：《北京国立历史博物馆史略》，《博物馆研究》1988 年 1 期。

术成果。

北京有一支庞大的文学艺术家队伍，其中不乏堪称大师的文学家、戏剧家、音乐家、画家。他们上承千年古都丰厚的文化积淀，又受欧风美雨和新文化运动的启蒙，在新诗、新小说、话剧、音乐、舞蹈、绘画的创作中均有不凡的业绩。传统的音乐、国画、书法篆刻、京剧、曲艺也都力求推陈出新，涌现出一批佳作。

科教文化事业的发展离不开稳定的政治与经济环境。日寇入侵和抗战后民国的政治经济危机给北京的科教文化事业以毁灭性的打击。学术机构解体，研究项目中断，学者们颠沛流离，穷困潦倒。在决定中国命运的人民解放战争中，北京的学生、教授、科学家、新闻记者、文艺工作者抛弃国民党，拥护中国共产党。他们坚信，共产党能使天下大治，国泰民安。

# 后　记

《北京史》初稿完成于1960年，是由北京大学历史系中国古代史教研室、中国近代史教研室和考古教研室的教师，包括一部分进修教师集体编写的。许大龄和陈庆华同志分别审读了初稿的古代部分和近代部分。在初稿编写过程中，翦伯赞同志和廖沫沙同志给予了亲切的关怀和指导，许师谦同志做了大量的组织工作。侯仁之同志参加了部分初稿的起草工作，并进行了具体指导。

参加1985年版修改定稿工作的有严文明（第一章，现在北大考古系）、葛英会（第二章，现在北大考古系）、张传玺（第三章第一节）、田余庆（第三章第二节）、吴宗国（第三章第三节）、周良霄（第四、第五章，现在中国近代史研究所）、许大龄、张仁忠（第六章）、商鸿逵、袁良义（第七章）、陈庆华、张寄谦（第八章）。参加修改工作的，还有北京市社会科学研究所阎崇年、辽宁社会科学研究院张玉兴。陈庆华审阅了全书大部分稿件。

参加1998年增订版修改工作的人员有：第一、二章：葛英会；第三章：张传玺、田余庆、吴宗国；第四、五章：周良霄；第六章：张仁忠、徐凯；第七章：徐凯；第八、九章：徐万民。

本次修订重印基本保留了1998年增订版的原貌，仅对个别字句进行了修订，同时替换了大部分的图片。

本书图片得到了首都图书馆北京地方文献部等单位和个人的帮助，在此一并致谢。

编写者

2012 年 5 月